华南师范大学哲学社会科学优秀学术著作出版基金（SKXSZZ1411）

上市公司信息披露机制对投资者保护的有效性研究

The Effectiveness of the
Information Disclosure
System of Listed Companies
for Investors Protection

张程睿 著

中国财经出版传媒集团

经济科学出版社
Economic Science Press

图书在版编目（CIP）数据

上市公司信息披露机制对投资者保护的有效性研究／
张程睿著. —北京：经济科学出版社，2016.2
ISBN 978 - 7 - 5141 - 6620 - 0

Ⅰ.①上… Ⅱ.①张… Ⅲ.①上市公司 – 会计分析 –
研究 – 中国 Ⅳ.①F279.246

中国版本图书馆 CIP 数据核字（2016）第 036618 号

责任编辑：王冬玲
责任校对：刘　昕
责任印制：邱　天

上市公司信息披露机制对投资者保护的有效性研究

张程睿　著

经济科学出版社出版、发行　新华书店经销

社址：北京市海淀区阜成路甲 28 号　邮编：100142

总编部电话：010 - 88191217　发行部电话：010 - 88191522

网址：www. esp. com. cn

电子邮件：esp@ esp. com. cn

天猫网店：经济科学出版社旗舰店

网址：http：//jjkxcbs. tmall. com

北京财经印刷厂印刷

三河市华玉装订厂装订

710×1000　16 开　22. 25 印张　350000 字

2016 年 3 月第 1 版　2016 年 3 月第 1 次印刷

ISBN 978 - 7 - 5141 - 6620 - 0　定价：45. 00 元

（图书出现印装问题，本社负责调换。电话：010 - 88191502）

（版权所有　侵权必究　举报电话：010 - 88191586

电子邮箱：dbts@ esp. com. cn）

前　言

　　投资者（特别是中小投资者）保护一直是各国证券市场发展中面临的重要问题。以上海证券交易所的成立为标志，我国证券市场已经历了 20 余年的迅猛发展，尤其是 2005 年启动的股权分置改革进一步助推了证券市场的深化。在中国证券市场的发展和变迁中，一系列信息披露制度相继颁布与实施，目的是加强证券监管，提高上市公司信息披露质量，保护投资者利益，维护市场有序运行。但是，对于具有"新兴＋转轨"双重属性的中国股市而言，证券市场在快速发展的同时暴露出上市公司进行盈余操纵，信息披露失真、不及时、不充分等违规问题严重，这表明解决投资者保护中的信息披露问题仍然艰巨，尤其是 2005 年股权分置改革之后，我国资本市场逐渐走向全流通时代，上市公司大股东、高管人员、机构投资者等成为拥有流通股份优势、资金优势和信息优势的新主体，其利益驱动促使我国资本市场的信息不对称和内幕交易的情况更加突出，保护中小投资者利益显得更加重要。在这样的转轨经济背景下，我国上市公司的信息披露机制对中小投资者保护的有效性究竟怎样？随着我国证券市场信息披露制度的日益完善，上市公司的信息披露是否达到了对投资者保护的预期效果？影响这种效果的制约因素是什么？股权分置改革对市场参与者的行为产生了怎样的影响？这对上市公司的信息披露监管制度提出了什么新的要求？怎样进一步完善制度并促进上市公司的信息披露对中小投资者的保护功能？这些问题是投资者保护工作中亟待回答和解决的关键问题，也直接关系到完善与健全我国的证券市场。

对于现有的信息披露机制对投资者保护效用问题的文献成果，至少存在以下局限可待进一步研究：（1）基于信息披露各要素与信息披露整体水平的对投资者保护效果的研究往往是分裂的，没有系统的内在逻辑将二者统一起来；（2）以股价、资本成本、市场流动性等指标反映市场信息不对称或者公司信息披露水平对投资者保护影响的效果，但除信息披露问题外，实际上对上述指标影响的原因很多，很难将其中上市公司信息披露机制对投资者保护的作用有效地分离出来；（3）在事件研究中，大都意在事后证实信息泄露的存在及其表现特征，没有有效区分信息在披露前后的分布以及信息是否被提前泄漏，因而鲜有文献针对上市公司信息泄露程度的影响因素进行深入分析，但这却是监管者分类监督并控制信息泄露、保护中小投资者利益的重要钥匙；（4）缺乏针对约束信息披露机制的投资者保护效果的内外因素的延伸分析，导致研究缺乏完整性，影响政策参考实用性；（5）由于数据收集与处理的巨大工作量，国内目前相关文献将研究样本仅局限于研究年份附近的3年左右，研究很难细化和深入，这对于观察制度的变迁及其有效性作用非常有限。据此，作者在努力对这些局限寻求突破的基础上，致力于对上述问题的研究与回答。

本书首先基于信息经济学、企业理论，分析了上市公司信息披露机制对投资者保护中的功能定位，并探析了信息披露各要素以及信息披露整体水平影响投资者保护效能的机理，从理论上构建了信息披露机制发挥对投资者保护效能的内在机理的分析框架。其次，梳理与总结了我国股票市场20余年上市公司信息披露制度的变迁历程与现状，从制度上分析了上市公司信息披露机制对投资者保护的影响。再次，基于自2001年至

2010 年的实证分析，研究上市公司信息披露机制对投资者保护功能的有效性及其逐年变化，分析我国信息披露制度及其逐年改进对投资者保护的预期效果。其中，将披露内容、信息质量、披露时间等披露要素与信息披露整体水平置于同一框架下，以事件披露直接的市场反应所体现的信息泄露、波动率、交易量等指标考察上市公司信息披露机制对信息不对称的影响，分别基于定期报告与临时报告从信息披露要素质量与整体质量的两个视角实证检验和分析上市公司信息披露机制对投资者保护的有效性。然后，基于委托—代理理论，从市场的不同发展阶段，在控制公司经营状况、特征的基础上，着重实证分析上市公司内部人的行为变化及其信息披露策略选择的动因，并考查公司内部治理结构、中介机构、法律制度等对控制人进行信息披露管理的监督和制衡能力，寻找在新的全流通市场环境下约束信息披露机制发挥对投资者保护效能的关键因素。最后，剖析中国目前转轨经济背景，基于本课题的研究发现与结论，从改善中小投资者保护的角度研究并提出我国上市公司信息披露机制的改进方向和路径。

本书在研究的时间跨度上，系统梳理了我国股票市场自正式建立以来长达 20 余年的时期内关于信息披露的监管制度变迁，实证考察了自 2001 年至 2010 年我国上市公司的信息披露机制对投资者（特别是中小投资者）的保护效能，形成我国证券市场投资者保护研究的重要数据库，也是股票市场建立以来对信息披露机制的投资者保护有效性的时间跨度最长、最完整的研究。在研究方法上，与以往研究不同的是，我们将信息披露的内容、方式、质量、时间等要素与信息披露整体水平置于同一框架下，分别从定期报告与临时报告的视角，将直接度量信息披露前的信息泄露指标与事件期的流动性指标相结合观察上市公司信息披露机制对投资者保护效能的影响，除理论推衍外，适时使用事件研究法、混合截面多元回归、面板数据回归等实证分析方法，更加注重研究内容的系统性和完整性，研究方法的科学性和严密性。在研究内容上，从建立信息披露机制发挥对投资者保护功能的机理的理论框架入手，基于市场制度变迁研究上市公司信息披露机制对中小投资者保护的有效性及其变化，并实证分析影响这种有效性的关键因素，从改善中小投资者保护的角度研究优化信息披露制度的路径与市场监管重点，在可公开检索的文献中，尚未发现类似的针对我国上市公司信息披露机制对投资者保护有效性的长时间跨度的系统性研究。本书的研究成果为完善公司治理结构、健全证券市场的信息披露制度提供了理论与实证依据，也为提高上市公司信息透明度、加强对中小投资者的权益保护提供了路径和方向。

本书与目前已出版的同类著作比较，涉及的中国证券市场制度及上市公司数据时间跨度较长，而且理论推衍与实证研究相结合，市场制度分析与上市公司信息披露实践相对应，问题与对策相呼应，内容范围与结构体系显得较为系统与完整。该研究成果不仅有利于加深对当前我国证券市场运转状况的认识，完善基于中国实际背景下的上市公司信息披露理论体系，而且对于我国会计法规、上市公司信息披露制度的改进和完善、证券市场的未来改革和发展都具有实际应用价值。本书可为证券监管部门、会计准则制定机构及有关政府决策部门提供政策参考依据；也可作为上市公司的高级管理人员、关注资本市场的理论工作者、证券公司、会计师事务所、律师事务所的证券从业人员、会计人员等的学习、研究与决策的参考资料。

本书不仅针对上市公司定期报告，而且涵盖财务重述、兼并收购、首发限售股减持等临时公告的信息披露的投资者保护效果研究，涉及内容多，数据量大且时间跨度长，作者倾尽心力耗时四余年完成此书。在此书的写作过程及项目研究中，谢清华、梁斯宁、高淑娴、林锦梅、蓝锦莹等研究生在数据的收集、整理与分析中付出了努力，在此衷心地感谢他们。

感谢华南师范大学哲学社会科学优秀学术著作出版基金（SKXSZZ1411）对本书出版的支持与资助！此外，在与本书相关的课题研究中，获得了教育部人文社会科学青年基金项目（09YJCZH048）与广东省哲学社会科学规划青年项目（08YO－04）的资助，在此一并感谢！

作者

2015 年 11 月

内容摘要

投资者保护是各国证券市场建设中的焦点问题，对于正处于"新兴＋转轨"的双重属性的中国证券市场而言，投资者保护问题关系到未来市场健康发展的关键，因而显得尤为重要。本书基于我国转轨经济背景，在建立信息披露机制对投资者保护效用的内在机理的理论分析框架下，系统梳理了我国股票市场20余年上市公司的信息披露制度的变迁，分别运用事件研究法、混合截面多元回归法、面板数据回归法等分析方法实证考察了自2001年至2010年我国上市公司的信息披露质量状况及其对投资者（特别是中小投资者）的保护功能及其有效性，以内部人动机、公司治理机制为切入点实证分析了影响上市公司信息披露机制对投资者保护效用的重要因素，并据此提出建设性建议。在可公开检索的国内研究文献中，尚未发现类似的针对上市公司信息披露机制对投资者保护效用的长时间跨度的系统研究。

本书认为上市公司信息披露对投资者的保护效用主要体现于降低信息不对称，提供定价功能与治理功能，降低投资者面临的逆向选择与道德风险。以公平、公开、充分披露为前提，确保信息质量的可靠性与披露的及时性，是抑制信息泄露以及内幕交易机会的根本，也是上市公司信息披露机制发挥对投资者保护进而促进市场有效的基本要求。据此，在对上市公司信息披露质量整体水平进行研究的基础上，将信息质量的可靠性与披露及时性作为信息披露的两大基本质量要素进一步分析。梳理20余年的上市公司信息披露制度的变迁，可以看到从我国证券市场建立以来公司信息披露制度逐渐朝着有利于投资者保护的方向完善；实践中上市公司的信息披露整体质量逐年好转，但信息质量的可靠性与披露的及时性仍需加强。

以事件研究法为基础，分别针对定期报告与临时公告，以我国年报披露、并购公告、财务重述以及首发原大股东减持披露等事件为对象，对我国 2001~2010 年信息披露事件前后的超额收益率、事件期的收益波动率与超额换手率进行观察并发现，总的来说，信息在披露前就已泄露并被知情者利用赚取了超额收益，不知情的中小投资者在其中遭受了损失。而且，亏损公司的信息更容易受到操纵；业绩预告有效地降低了年报公告前内部人利用信息操纵市场的可能性；代表"提高业绩、减少亏损、降低风险"的好消息财务重述更容易受到炒作；在并购交易双方中仅被并购方上市的公司在并购公告前信息泄露程度最大；首发限售股原大股东的减持导致公告后股价迅速下跌，其中，控股股东的减持效应更为显著；相对于国家控制的公司而言，民营控制公司原股东的减持带来更强的负面市场效应；由于各年政策与市场环境的影响，各年因信息泄露造成的市场提前反应也具有差异。

在对上市公司信息披露事件前后的市场效应进行观察的基础上，分别以定期报告年报披露、临时报告并购交易公告为研究事件，从信息披露的整体质量与质量要素（信息质量可靠性与披露及时性）的不同角度检验我国上市公司信息披露质量对投资者的保护效用。其中，投资者保护效用通过披露前的信息泄露程度、事件期的收益波动率与超额换手率等信息不对称程度指标分别与信息披露质量的相应模型回归结果中的信息披露质量变量的系数符号与显著性来判别，模型根据实际数据检验结果分别采用混合截面多元回归或者面板数据回归分析方法。实证研究结果表明，上市公司的信息披露在一定程度上发挥了对投资者的保护效用，体现为：（1）在控制了年份及其他重要变量的基础上，我国上市公司的信息披露质量对投资者保护的效用存在截面差异。而且发现，披露越不及时、信息可靠性越差的公司信息泄露程度越高，波动率越大，这种效果在向下进行盈余管理的公司中更显著，而向上盈余管理带来的财务乐观表象掩盖了公司的真实状况，对之难以分辨的中小投资者更容易跟风卷入被剥夺的漩涡之中；并购交易双方均上市的公司的信息披露的投资者保护效用较显著，它相对于交易双方仅一方上市的公司而言更加透明且信息更不易被操纵。（2）信息披露质量越差的公司在披露期间的交易量也越高，体现了我国市场的"跟风"特征，正是中小投资者的这种跟风的不理性参与和上市公司严重的信息不对称，造就了知情者在披露之前的市场剥夺，这种表现在被人为操控提高业绩的公司中更为严重。（3）不同的披露要素对投资者保护的效用并不一致，体现为信息质量的可靠性较披露的及时性而言对抑制披露前股价被操纵的程度效果更显著。（4）随着机会主义与监管的博弈变化，上市公司信息披露对投资者的保护效用自 2001 年至 2010 年在前进中螺旋式上升。其中，股权分置改革释放出来的解禁势力流通股在监管不配套的情况下一度增强了博弈中的机会主义力量，进而降低了信息披露的投资者保护效用。但 2007 年后信息泄露程度与收益波动率均逐步下降，表明以公平信息披露制度为代表的系列监管制度的加强对抑制利用内幕信息的机会主义寻租行为起到了积极作用。（5）机构投资者并不如设想的那样引导中小投资者理性投资，相反，在上市公司的信息披露前的股价操纵中推波助澜，助推了披露期间的股价波动，体现为机构投资者持股比例分别与信息泄露程度、收益波动率显著正相关。针对并购公告的研究还表明，机构投资者的剥夺行为对信息不对称程度更高的交易双方仅被并方一方上市的公司更加显著。（6）此外，我们还发现特有风险越高的公司信息泄露程度越高，收益波动率越大，换手率却越高，表明特有风险越高的公司更容易被利用炒作股价；亏损公司的信息泄露程度更高，收益波动率更大；与由国家控制的上市公司相比较，民营控制的上市公司在年报公告之前的信息泄露程度更大，意味着民营控制的公司更容易成为知情者信息操纵的对象。

上述研究表明，在我国证券市场，上市公司提高信息披露质量是可以改善投资者保护效用的。为此，我们从上市公司内部人信息披露策略的动机分析入手，实证考察内部人动机对上市公司信息披露质量的影响，以及公司内、外治理机制对抑制内部人私利动机的约束力，以期挖掘出影响信息披露质量的关键因素，为上市公司的信息披露质量改进提供依据。从 2001 年至 2011 年的实证研究发现，内部人的利益驱动对上市公司信息披露质量有重要影响，但我国上市公司治理机制对内部人信息操纵的制约力度较小。表现为：（1）保牌动机、管理层更换、公司亏损长期都是上市公司信息披露质量的消极因素，体现了我国法制对上市公司的低质量披露缺乏威慑作用，这些公司可以在长时期提供低质量的信息报告，更不用提这些公司的信息披露能发挥对投资者的保护作用；（2）同时发行外资股公司所代表的受到的更加严格的监管、更高程度的市场化环境、控股股东的国有性质、加强对第一大股东的股权制衡、管理层持股等有助于信息披露质量的提高，其中前三者表现出了长期一贯的积极作用；（3）再融资动机、大股东资金占用代表的掏空动机对上市公司信息披露质量的消极影响表现于2001～2011年的早期阶段，随着市场的完善与监管的强化，再融资动机的公司的披露质量到2011年得到好转，大股东资金占用对披露质量的负作用自2006年开始不再显著，但可能被替代的二级市场掠夺方式影响；（4）机构投资者2007年持有了大量的低披露质量公司的股份，以高涨的市场行情为掩护进行机会主义行为，但自2008年开始机构持股比例越多的公司信息披露质量趋于越高，表明机构的机会主义逐渐被遏制，2007年以后加强的监管发挥了效用；（5）董事长与总经理两职分离、独立董事对监督和制约内部人的私利行为及提高信息披露质量没有显著作用。

为进一步提高上市公司信息披露质量，降低市场信息不对称，促进信息披露机制对投资者的保护效用，基于以上结论，我们建议：（1）加大违规行为的法律风险与法律成本。加强和完善证券市场的民事诉讼制度（如建立股东集团诉讼、股东衍生诉讼机制、辩方举证等），切实落实违规责任人的法律责任以及对受害方的赔偿措施，加大对证券市场的监管力度和对违规行为的处罚力度，完善现有法律及其可操作性，提高违规成本，以从实质上规范公司信息披露和遏制违规市场操纵的行为，为广大中小投资者的利益保护提供强有力的法律保障。（2）加强分类与重点对象监管。根据我们的研究发现，可着重加强对披露期间异动公司的监管，监控公司内部人及其利益相关者的交易动向，监控导致股价过度变动的主要交易人的交易行为及其与公司内部人及其利益相关者的关系；加强对亏损公司、管理层更换公司、"好"消息重述公司、并购交易双方中仅被并购方上市的公司、民营控制公司、特有风险较高的公司、采用激进会计政策公司的信息披露与市场交易监管；加强对大流通股东的市场交易监管。（3）控制信息源头，完善公司治理机制。针对本研究结果，未来工作可以加强对中西部市场化程度不高的上市公司的信息披露制度建设的辅导与监管；适当降低第一大股东的股权集中度，加强其他股东对第一大股东的股权制衡作用；完善独立董事制度，保证独立董事的独立性，适当增加独立董事比例，落实和增强独立董事的责任感和监督权利，加大对公司内部人的监督作用；完善对上市公司管理者的激励约束机制，适当加大实施对管理者的基于股票的激励机制；在法律制度尚未健全的情况下，注意引导非国有上市公司的信息披露行为的进一步规范。（4）发展与规范机构投资者。研究发现，机构投资者并不如设想的那样引导中小投资者理性投资，相反，在上市公司的信息披露前的股价操纵中推波助澜。实质上，机构也是逐利团体，逐利的本质就可能导致其在监管不力的情况下利用资金优势、信息优势进行市场剥夺。因此，在大力发展机构投资者的过程中，加强对机构投资者的监管与规范也不容忽视。（5）完善上市公司信息披露制度，加大监管力度，改进对上市公司信息披露质量的考评体系，提高信息质量的可靠性与披露的及时性。研究表明：继续提高上市公司的信息披露整体质量，是增进对投资者保护的重要方向；提高信息质量的可靠性与披露的及时性是增强对投资者保护的有效途径，针对年报披露的"末班车"现象及其较差的投资者保护效果，提高披露及时性在当前显得尤为迫切。因此，除进一步完善上市公司的信息披露制度建设与监管外，改进对上市公司的信息披露考核的基础工作显得特别重要，其中，建议建立实质的奖励与惩罚机制补充效果有限的声誉机制，在整体考评的基础上，针对披露的及时性、信息质量的可靠性设置单项考核奖惩制度。

本书的贡献体现如下：（1）在研究的时间跨度上，系统梳理了我国股票市场自正式建立以来长达20余年的时间内关于信息披露的监管制度变迁，实证考察自2001年至2010年我国上市公司的信息披露机制对投资者（特别是中小投资者）的保护效能，形成我国证券市场投资者保护研究的重要数据库，也是股票市场建立以来对信息披露机制的投资者保护效用的最完整的研究。（2）在研究方法上，与以往研究不同的是，我们将信息披露的内容、方式、质量、时间等要素与信息披露整体水平置于同一框架下，分别从定期报告与临时报告的视角，沿着信息披露的整体质量与披露质量基本构成要素（信息质量的可靠性与披露的及时性）两条线，将直接度量信息披露前的信息泄露指标与事件期的流动性指标相结合观察上市公司信息披露机制对投资者保护效用的影响，并在事件研究中将事件窗内的信息在披露前和披露后的市场效应进行有效区分，注意了研究内容的系统性和完整性，研究方法的科学性和严密性。（3）在研究视角上，从上市公司的信息披露机制降低市场信息不对称、提供公平信息环境的角度研究我国证券市场的核心问题——投资者保护，这有利于我们认识在转轨经济背景下我国上市公司信息披露机制发挥投资者保护功能的效果，为我国会计法规、上市公司信息披露制度的改革和发展提供理论和实证依据。（4）在研究内容上，从建立信息披露机制发挥对投资者保护功能的机理的理论框架入手，基于市场制度变迁研究上市公司信息披露机制对中小投资者保护的效用及其变化，并实证分析影响这种效用的关键因素，从改善中小投资者保护的角度研究优化信息披露制度的路径与市场监管重点，在可公开检索文献中，尚未发现类似的系统性研究。我们的研究和结论为完善公司治理结构、健全证券市场的信息披露制度提供了理论与实证依据，也为提高上市公司信息透明度、加强对中小投资者的权益保护提供了路径和方向。

关键词：信息披露质量　投资者保护有效性　信息泄露　信息不对称

目　　录

第 1 章

绪　　论

1.1

选题背景及意义

投资者（特别是中小投资者）保护一直是各国证券市场发展中面临的重要问题。市场的信息不对称使投资者面临逆向选择和道德风险，从而引发了投资者保护中需要解决的两个基本问题：信息问题和代理问题。有效的上市公司的公开信息披露机制至少可以在投资者保护中发挥定价功能和治理功能，这同时也是防止内幕交易和证券欺诈行为、实现资本市场公平与效率的要求。以上海证券交易所的成立（1990 年 12 月）为标志，我国证券市场已经历了 20 余年的迅猛发展，尤其是 2005 年启动的股权分置改革进一步助推了证券市场的深化。在中国证券市场的发展和变迁中，一系列信息披露制度相继颁布与实施，目的是加强证券监管，提高上市公司信息披露质量，保护投资者利益，维护市场有序运行。但是，对于具有"新兴＋转轨"双重属性的中国股市而言，证券市场在快速发展的同时暴露出上市公司进行盈余操纵，信息披露失真、不及时、不充分等违规问题严重，这表明解决投资者保护中的信息披露问题仍然艰巨，尤其是 2005 年股权分置改革之后，我国资本市场逐渐走向全流通时代，上市公司大股东、高管人员、机构投资者等成为拥有流通股份优势、资金优势和信息优势的新主体，其利益驱动促使我国资本市场的信息不对称和内幕交易的情况更加突出，保护中小投资者利益显得更加重要。

在这样的转轨经济背景下，我国上市公司的信息披露机制对中小投资者的保护效果究竟怎样？随着我国证券市场信息披露制度的日益完善，上市公司的信息披露是否达到了对投资者保护的预期效果？影响这种效果的制约因素是什么？股权分置对市场参与者的行为产生了怎样的影响？这对上市公司的信息披露监管制度提出了什么新的要求？怎样进一步完善制度并促进上市公司的信息披露对中小投资者的保护功能？对这些问题的研究和回答，不仅有利于在理论上加深对当前我国证券市场运转状况的认识，揭示随着制度变迁信息披露机制发挥对投资者保护的效用及其约束机制，完善基于中国转轨经济背景下的上市公司信息披露理论体系，拓展投资者保护的研究视角；而且在实践中为投资者和监管者甄别上市公司经济活动和信息披露，对决策者在新的市场环境下改进和完善我国会计法规与上市公司信息披露等制度，改善上市公司治理机制、防止内幕交易和证券欺诈行为、保护中小投资者的利益，促进证券市场稳定健康发展都具有重要的现实意义。

1.2

文献综述

有关信息披露及其对投资者保护效果问题的研究成果更多地来自于证券市场发展较成熟的西方国家（Healy and Palepu，2001. Beyer et al.，2010；Berger，2011；Armstrong et al.，2010）的相关综述）。国内近年关于信息披露的研究虽然逐渐增多，但主要集中于分析信息披露的影响因素，对其实际的投资者保护效果的调查与实证研究显得较为零散且不系统。

针对目前文献，根据对信息披露的衡量方法，可将信息披露对投资者保护效果问题的研究大致分为两类：一类是针对上市公司整体披露水平的研究，分析公司整体披露水平对与投资者保护有关的指标的影响，这类研究通常用一个综合指数集中体现上市公司的信息披露水平，指数的计算往往基于信息披露的数量或者质量；另一类是基于对信息披露构成要素的市场反应的研究，从信息披露机制的构成要素出发，分别从披露的信息质量、披露内容、披露方式、披露时间和披露频率的选择来研究上市公司信息披露的市场反应，以此判断上市公司的信息披露行为对投资者保护的影响。

1.2.1　以综合指数反映的信息披露水平对投资者保护影响的研究

Bushman 和 Smith（2003）概括了公开信息降低投资者风险的三个渠道：（1）降低公司内部人（包括控股股东和管理者）和外部人之间的信息不对称，帮助投资者鉴别投资项目的好坏，减少投资者对项目价值的估价风险；（2）减少知情投资者与不知情投资者之间的信息不对称，减少逆向选择和流动性风险；（3）约束公司内部人的机会主义行为，降低外部投资者面临的可能被内部人剥夺的损失风险。前两个渠道实际上反映了上市公司信息披露机制对投资者保护的定价功能；第三个渠道则反映了信息披露机制的治理功能。

对于第一个渠道，Healy 等（1999）发现对于增加披露的公司，其股价在同期有显著的上升，而这种股价上升与当期的盈余表现无关；Gelb 和 Zarowin（2000）发现较高披露级别的公司与较低披露级别的公司相比较，前者具有较高的股价，且该股价与当期和未来盈余相关，该发现意味着公司的披露策略影响着信息渗入股价的速度。一些研究也通过检验公司信息披露水平对资本成本的影响角度反映出上市公司信息披露机制的定价功能，主要的思想和结论是：上市公司信息披露水平越高，市场信息不对称程度越低，投资者因信息风险而要求的回报也越低，因而导致公司的资本成本越低。这些研究如 Botosan（1997，2002，2004）、Piotroski（1999）、Ang 和 Brau（2002）、Schrand 和 Verrecchia（2002）、汪炜和蒋高峰（2004）、曾颖和陆正飞（2006）。

对于第二个渠道，国内外学者往往选择有关流动性的指标，如买卖价差、交易量、报价深度、股票收益波动率、知情交易概率等，用以反映市场信息不对称的程度，并分别建立了上述变量与公司资本成本之间的关系，考察公司的披露政策或披露水平对市场信息不对称的影响。总的思想是，公司的信息披露水平越高，市场信息不对称程度越低，投资者面临的逆向选择风险降低，市场流动性越好，体现信息不对称程度的买卖价差越小，交易量越大，报价深度越大，知情者交易概率越低，股价波动率较小（Glosten and Milgrom，1985；Admati and Pfleiderer，1988；Easley et al.，2002；Welker，1995；Leuz and Verrecchia，2000；Brown，2004；Petersen and Plenborg，2006；Brown and Hillegeist，2007；张程睿，2008）。Brown 和 Hillegeist（2007）分别研究了两种通过信息披露质量减少信息不对称性的可能的机制：（1）改变交易的知情和不知情的投资者的激励机制，从而使得私人投资者获悉相对较少的交易；（2）降低投资者发现以及交易内幕信息的可能性。研究结果显示，信息披露质量和信息不对称之间的负向关系主要是由后一种机制导致的。Asli Ascioglu 等（2012）以 1996 年至 2001 年纽约证券交易所上市公司为样本研究盈余管理对信息披露质量的负向作用，其研究结果表明，盈余管理增加了信息的不对称性，削弱了交易的流动性。

对于第三个渠道，大量的研究论述了信息披露质量在公司治理中的作用，高的信息透明度降低了控股股东和管理者代表的公司内部人与公司外部中小股东之间的信息不对称程度，因而也减少了内部人对外部中小投资者利益的占用及其他机会主义行为（La Porta et al.，1998；Johnson et al.，2000；Baek et al.，2004；Mitton，2002）。Mitton（2002）发现，在亚洲金融危机时期，信息披露质量高的公司有更好的市场业绩，因为在投资者利益保护欠佳的国家，提高信息披露质量能够减少大股东掏空的可能性；Barton 和 Waymire（2005）提供了来自美国缺乏财务报告管制时期的证据，发现在美国 1929 年股市大崩溃的时期，提供高质量财务报告的公司经历了相对较少的损失，这说明高质量的财务报告能够促进对投资者的保护。此外，一些研究验证了财务会计信息对经理人的薪酬契约、经理人变更的影响，如 Peng（2006）、Leone（2006）、Engel 等（2003）、Jenter 和 Kanaan（2006）等，表明高质量的信息披露对经理人的机会主义行为具有一定的约束作用。

以上研究分析与验证了以公司披露质量、披露数量、自愿性披露等方面所反映的公司信息披露整体水平与资本市场信息不对称程度之间的负相关关系，说明增进信息披露，有助于减少信息不对称，降低投资者面临的信息风险和道德风险，帮助投资者决策。但值得注意的是，上市公司的信息披露策略除涉及信息披露的数量和质量问题外，还涉及信息披露的时间、方式、频率等问题，即使是相同数量和质量的信息在不同的时间或者以不同的方式披露，它可能对市场信息不对称的分布的影响就会不同，对投资者保护的效果也不同，因此，仅使用基于信息披露数量或质量产生的一个综合指数的研究难以将研究问题细化和深入，对具体的政策参考作用也比较有限。

1.2.2　对信息披露构成要素的市场反应研究

细化信息披露的构成要素，公司信息披露机制通常包括披露内容、信息质量、披露时间、披露方式、披露频率等，除针对披露内容中的重要会计事项——盈余的市场反应的研究已成体系外，目前文献针对其余信息披露要素的市场反应探讨对投资者保护的研究相对较少，并且较为零散。关于盈余的市场反应的研究主要表明了会计盈余对投资者的决策相关性，即投资者在决策时不同程度地考虑了盈余信息（Ball and Brown，1968；Beaver，1968；Kothari，2001），但并没有论证盈余信息在信息披露前后的分布状况，因而并不能说明投资者在获取盈余信息上的公平性，不能说明盈余信息公告在解决信息不对称方面的作用以及相应的对投资者的信息保护作用。

对公司重大事项的公告的市场反应的考察是有关披露内容研究的另一重要内容。国外众多实证研究文献发现在收购事件公告之前股票价格与交易量会出现显著的、持续性的上涨（Keown and Pinkerton，1981；Dennis and McConnell，1986；Pound and Zeckhauser，1990；Arshadi and Eyssel，1993；Schwert，1996），通常认为导致这一现象的重要原因是信息出现了泄露，有知情人利用此泄露的信息进行了交易。Keown 和 Pinkerton（1981）研究公司兼并事件的市场反应，发现目标公司股价上涨总幅度的40%～50%出现在兼并事件首次公告前，且已在兼并计划首次公告前12个交易日显著体现，并据此推断内幕交易的普遍性，这种观点对要求美国加

强针对内幕交易的立法起到了积极作用；Schwert（1996）对 1975～1991
年 1814 例成功或失败的收购案例进行分析，得出了相似的结果；Meul-
broek（1992）以美国证券管理委员会 1980～1989 年公开查处的内幕知情
人交易案为样本，发现知情人利用泄露的内幕信息进行的交易直接导致重
大事件公告之前股价出现了显著的上涨，在知情人进行交易的日子里，股
价的上涨幅度达到整个事件上涨幅度的 43%，上涨幅度明显超过没有知情
人参与的交易日；Cornell 和 Sirri（1992）提供了另一个证据，他们研究了
被美国证监会查处的 Campbell Taggart 收购案中的内幕交易行为，发现利用
泄露的内幕信息，知情人的交易造成了 Campbell Taggart 股票价格与交易量
的大幅攀升；Frame 和 Lastrapes（1998）发现银行控股公司的收购公告导
致财富从收购公司转移到目标公司股东，其实证结果表明作为收购方的银
行控股公司获得的是负的平均超额收益率，而目标公司则是获得正的平均
超额收益率；Bris（2000）研究了收购中的内幕交易，他剔除了收购者事
前购入的股份、收购传闻、机构投资者购买的股价效应和外部投资者的幸
运交易的影响，发现内幕交易掠取了收购总收益的较大比例；Gao 和 Oler
（2012）通过跟踪目标公司在收购公告前几天的交易活动发现在价格显著
变动之前出现了异常高的交易量，并且在收购公告对外披露前目标公司主
动销售的增加量抵消了主动购买量。在相当长的一段时间内，研究人员致
力于寻找一种有效的方法发现信息泄露并追查利用这些信息进行的交易，
但是由于价格的波动与交易量的变化混合了知情人的内幕信息、流动性交
易者的需求与不知情人对信息的预期三方面因素，因此，要从中准确提取
是否存在信息泄露并确认因此造成的影响成为一件非常困难的工作。国
内，部分学者则通过研究长时间窗口的价格变动来判断是否存在信息的提
前泄露。何佳和何基报（2001）通过对在利润出现大幅波动、高送转、重
大投资事件和控制权转移等重大事件的信息披露的研究，发现在多数情况
下，重大事件的信息在公告前就已泄露，内部人可能利用信息优势损害外
部投资者利益；孙铮等（2003）分析了 1997～1999 年的 133 起大股东变更
事件，发现在收购前 120 天至公告后 20 天内，目标公司的股东取得了高达
25.95% 的显著超额报酬率，但这些超额报酬的取得绝大部分都在公告之
前，说明交易中信息泄露的存在；蒋义宏（2003）对 2001 年发布业绩预

告的 242 家上市公司按预增、预减、预盈、预亏分成四种类型，分别考察
了预告的信息含量以及预告公司在年报正式披露前后的股价反应，结果发
现，预告具有市场预期效应，公告之前市场通常具有一定的提前反应；张
新等（2003）认为，中国存在内幕交易且比成熟市场更加严重；祝红梅
（2003）运用事件研究法实证检验了 1999～2002 年非金融企业上市公司资
产重组事件的交易价格及其交易量，证实了无论是上市公司的股价还是其
交易量在公告前都有非常明显的波动，说明在该事件中存在着相当严重的
股价操纵和内幕交易行为；张维和邹高峰（2004）以中国 2000～2003 年
发生的 108 起通过协议转让方式发生的上市公司实际控制人变更事件为研
究样本，发现控制权转移期间上市公司的股东平均获得 6.359% 的累积超
额收益率，上市公司控制权转移信息存在明显的提前泄露现象；肖淑芳和
李阳（2004）也运用了事件研究法对上交所全体 A 股上市公司进行实证研
究，并以 2001 年年报中净利润的同比增长率超 100%、2002 年年报中该指
标超 30% 以及控制权转移的信息披露为重大事件，发现上述两类事件与股
价的异常波动明显相关，从而证实了中国的股票市场上确实存在着严重的
内幕交易行为；刘军和余鹏翼（2008）通过控制权转移的并购事件的实证
分析证实了在该事件首次公告日前存在信息泄露的现象，并指出短期内目
标公司的股东可从该事件中获得高额的超额收益，但是于长期而言，企业
价值可能受损；孙健（2008）以 2000～2006 年发生控制权协议转让的 193
家目标上市公司为样本，发现股票价格从宣告日前 30 天就开始显著上升；
孙健和程小可（2010）针对上述样本的进一步的研究发现，在控制权转让
宣告日前后的买卖价差、交易量等指标有显著提高，同时在宣告日前的事
件窗口中，买卖价差与交易量之间呈显著正相关，证实了在控制权转移事
件中宣告日前确实存在着信息泄露。邓淑芳等（2007）实证分析了 1993～
2003 年第一大股东控制权转让的 437 起事件的信息泄露情况，发现收购方
的终极所有权属性与信息泄露严重程度有着显著的相关关系，表现为当收
购人为民营企业时，非公开收购信息进入股价的速度要明显地慢于国有企
业收购人；当地方国有企业为收购人时，其非公开收购信息进入股价的速
度又明显地快于其他两类企业。综上所述，国内外学者在上市公司重大事
件公告日前后是否造成股票价格和交易量的异常波动这一问题的研究上得

到基本一致的结论，通过事后的分析和检验都肯定了上市公司重大信息披露公告日前后，普遍存在信息泄露与内幕交易行为。但是，这些研究大都意在事后证实信息泄露的存在及其表现特征，而针对上市公司信息泄露程度的影响因素进行深入分析的文献却较少且不系统，而这却是监管者分类监督并控制信息泄露、保护中小投资者利益的重要钥匙。此外，国内现有文献针对并购交易信息泄露的研究的年份主要集中在 2006 年以前，股权分置改革后我国市场股份逐步实现全流通，内部人的利益实现方式发生了巨大的变化，拥有信息优势、资金优势、流通股份优势的内部人可能更有动机利用信息在二级市场获取超额收益使中小投资者遭受损失。所以，进一步的研究可以考虑扩大研究期间，观察和分析 2006 年以来并购交易的信息泄露情况，并以之与 2006 年之前的信息泄露状况进行对比，这有利于深入了解我国转轨经济状况下证券市场上市公司的信息披露制度、实践及其对投资者的保护状况。

对于信息披露的时间和频率，陈向民和谭永晖（2002）的研究表明，市场对公告发布接近截止日的公司的报告有较强烈的反应，上市公司每年发布信息的频率呈明显上升的趋势；提高上市公司的信息披露频率有望平衡公司股票价格的波动，引导投资者的投资决策，但同时也指出如果公司的盈余出现剧烈的变动，上市公司公告的频率也会随之提高。陈向民和林江辉（2004）进一步检验了公司信息披露频率对股价波动的滤波效应的影响，发现我国上市公司信息披露频率的逐年提高并没有对预期的滤波效应带来实质的改善，说明信息披露频率不能代表信息披露质量，且小公司利用信息披露操纵股价的现象具有普遍性；Andrew Van Buskirk（2012）运用美国零售板块 386 家公司的面板数据来研究企业信息披露的频繁程度与信息不对称的关系，该研究结果表明，披露频率高（文中用的是月度收入指标披露）与信息不对称性的减少并没有必然的联系，然而，披露信息越详细越丰富，数量越大，则越会降低信息的不对称性，说明信息披露与信息不对称性两者的关系是多维度的，应结合所披露信息的特性加以研究。张程睿和林锦梅（2011）以深交所 2007～2009 年年报披露的 A 股上市公司为样本，发现我国上市公司及时的信息披露对抑制信息泄露具有显著效用，而且它一方面披露的及时性与信息质量在抑制信息泄露上具协同作用；另一方面及时披露还可以弥补信息质量差的缺陷，减少信息泄露，对信息质量具有替补作用。

对于信息披露质量，Jeffrey（2011）以盈余的准确度、应计质量以及分析师的一致性衡量财务信息的质量，发现较高的信息质量是与较低的市场流动性风险相关联的，而且当市场流动性遭受较大冲击时，上述负相关的关系会表现得更加显著。张宗新（2009）以信息披露时间、披露频率和可靠性来综合衡量信息披露质量，发现我国上市公司利用信息披露时间、披露频率和可靠性权衡选择策略进行盈余管理，从而对公司信息披露质量造成重要影响。上市公司重大事件信息披露具有较大信息含量，但信息质量并不高，重大事件信息提前泄露明显，不同投资者之间信息不对称分布严重破坏了证券市场公平秩序，对外部投资者权益造成严重损害。

对于以上基于信息披露构成要素的研究，值得注意的是，信息披露直接的市场反应通常更多地依赖于披露的内容，如果披露的内容本身存在真实性问题，则不论市场反应如何分布，均不能以之测量对投资者保护的有效性。

综上所述，目前关于上市公司信息披露对投资者保护影响的研究成果具有以下局限：（1）缺乏关于信息披露机制对投资者保护效能的内在机理分析，使基于信息披露各要素与信息披露整体水平的对投资者保护效果的研究分裂开来；（2）第一类研究常以股价、资本成本、市场流动性等指标反映市场信息不对称或者公司信息披露水平对投资者保护影响的效果，但除信息披露问题外，实际上对上述指标影响的原因很多，很难将其中上市公司信息披露机制对投资者保护的作用有效地分离出来；（3）第二类研究中大部分成果没有有效区分披露之前和披露之后的市场反应，故不能可靠地判断信息在披露前后的分布及信息是否被提前泄露，也难以判断投资者是否公平地获取信息，以及信息披露对投资者保护的有效性；（4）在对重大事件的研究中，大都意在事后证实信息泄露的存在及其表现特征，而针对上市公司信息泄露程度的影响因素进行深入分析的文献却较少且不系统，但这却是监管者分类监督并控制信息泄露、保护中小投资者利益的重要钥匙；（5）缺乏针对约束信息披露机制的投资者保护效果的内外因素的延伸分析，导致研究缺乏完整性，影响政策参考实用性；（6）由于数据收集与处理的巨大工作量，国内目前相关文献将研究样本仅局限于研究年份前后的 3 年左右，研究很难细化和深入，这对于观察制度的变迁及其有效性作用非常有限。

上述局限正是本研究努力突破的方向。

1.3

研究目的与内容

1.3.1 研究目的

本项目的研究目的是，基于我国转轨经济背景，突破上述研究局限，建立信息披露机制对投资者保护效用的内在机理的理论分析框架，系统梳理我国股票市场上关于上市公司的信息披露监管制度及其变迁、信息披露的实践以及相应的市场反应，实证考察我国上市公司的信息披露机制对投资者（特别是中小投资者）的保护功能及其有效性，分析我国市场和制度的变迁对上市公司内部人行为的影响及其信息披露策略选择的动因，挖掘约束信息披露机制发挥对投资者保护效能的关键因素，并以此为基础研究我国上市公司信息披露机制的改进方向和路径，以期为加强中小投资者保护、信息披露监管以及未来的证券市场改革提供科学的理论和实证依据。

1.3.2 研究内容

（1）基于信息经济学、企业理论和证券市场微观结构理论，分析上市公司信息披露机制在对投资者保护中的功能定位，并探析信息披露各要素以及信息披露整体水平影响投资者保护效用的机理，寻求有效度量信息披露机制对投资者保护功能的方法，以从理论上构建一个关于信息披露机制发挥对投资者保护效能的内在机理的分析框架。

（2）梳理和总结我国股票市场的发展历程及相应的投资者保护制度、信息披露制度的变迁，剖析上市公司信息披露的历程和现状，从制度上分析其对投资者保护的影响。

（3）基于自 2001 年至今的调查和实证分析，研究上市公司信息披露机制对投资者保护功能的有效性及其逐年变化，分析我国信息披露制度及其逐年改进对投资者保护的预期效果。将披露内容、信息质量、披露时间等披露要素与信息披露整体水平置于同一框架下，以事件披露直接的市场反应所体现的信息泄露、波动率、交易量等指标考察上市公司信息披露机制对市场信息不对称的影响，分别从信息披露的两个视角实证检验和分析上市公司信息披露机制对投资者的保护效用。

（4）基于委托代理理论，基于市场的不同发展阶段，在控制公司经营状况、特征的基础上，着重实证分析上市公司内部人（包括控股股东与管理者）的行为变化及其信息披露策略选择的动因，并考查公司内部治理结构、中介机构、法律制度等对控制人进行信息披露管理的监督和制衡能力，寻找在新的全流通市场环境下约束信息披露机制发挥对投资者保护效能的关键因素。

（5）剖析中国目前转轨经济背景，分析未来中国经济和证券市场发展和改革方向，从改善中小投资者保护的角度研究并提出我国上市公司信息披露机制的改进方向和路径，供决策者参考。

1.4

研究思路与结构安排

本项目的研究思路如图 1-1 所示。

基于上述研究思路，本书的结构分为 8 章。

第 1 章，绪论，主要是对研究背景、研究意义、研究内容、研究思路与方法等进行说明，为本项目后续研究作出铺垫和必要交代。

第 2 章，上市公司信息披露机制对投资者保护的理论分析框架，是本研究的理论基础，从信息对资本市场形成和资本市场效率的重要作用分析入手，以信息不对称理论为核心基础，分析信息不对称对资本市场生存和效率的影响，并利用相对有效市场理论，论述上市公司信息披露机制对投资者保护的原因与方式，并据此提出研究假设，讨论与确定上市公司信息

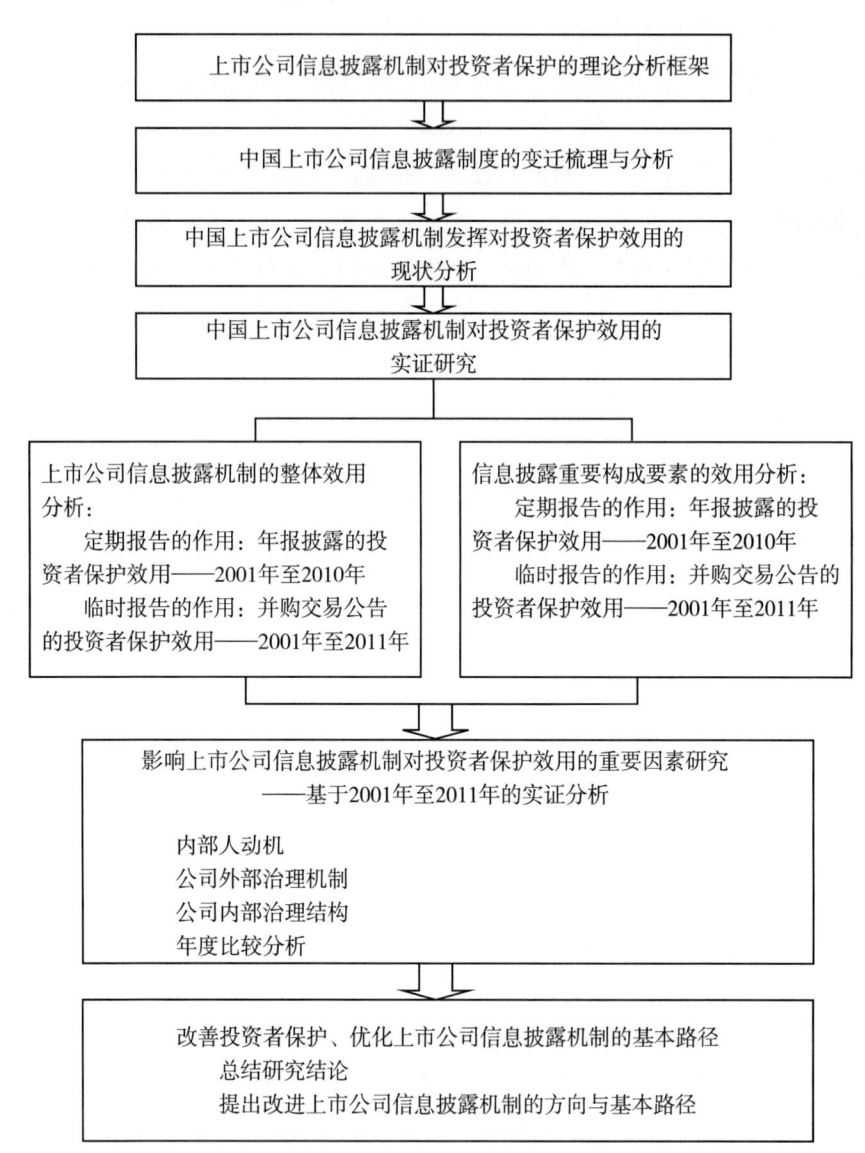

图 1-1 研究的思路

披露质量与投资者保护效用的衡量指标。

第3章，中国上市公司信息披露制度的变迁分析，是本研究的制度基础，分别从宏观层面和微观角度（即从定期报告的角度）梳理与分析我国上市公司信息披露制度的变迁过程与现状。

第 4 章，信息披露对投资者保护的现状分析，通过事件研究法直接度量信息披露前的信息泄露程度值、事件期的收益波动率与交易量，考察上市公司信息披露对市场信息不对称及投资者保护的效用状况。为从不同的角度考察上市公司信息披露实践对投资者的保护作用，分别观察和分析了定期报告披露与临时报告披露的信息泄露状况，其中，定期报告采用代表性强的年报披露，临时报告采用并购交易公告、大股东减持披露与财务重述公告。

第 5 章与第 6 章，基于不同的报告方式与内容，从信息披露整体水平与披露构成要素的两个视角检验了中国上市公司信息披露机制对投资者的保护效用。其中第 5 章从定期公告的角度，对上市公司年度报告信息披露对投资者的保护效用进行检验和分析；第 6 章从重大事件临时公告的角度，对上市公司并购交易中的信息披露对投资者的保护效用进行检验和分析。

第 7 章，实证分析了影响上市公司信息披露机制对投资者保护效用的重要因素，基于内部人动机与公司治理分析，检验了 2001 年至 2011 年影响我国上市公司信息披露质量的内部人动机，以及公司治理结构对内部人基于私利动机操纵信息披露的约束效力。

第 8 章，研究结论与启示，在总结研究结论的基础上，结合我国证券市场未来的改革与发展方向，提出改善投资者保护、优化上市公司信息披露机制的基本方向与路径。

1.5

研究方法

本书使用的研究方法如下：

（1）采用规范分析的方法，以信息经济学、企业理论、证券市场微观结构理论为基础，对现有相关研究成果进行归纳和分析，以理论推衍构建在转轨经济背景下上市公司信息披露机制发挥对投资者保护效能的内在机理的理论分析框架。

（2）采用实证分析方法，基于自 2001 年至 2010 年的纵向调研数据，研究中国上市公司信息披露机制对投资者保护的效用，以及制约这种效用发挥的上市公司信息披露策略选择的动因和关键因素，其中用到参数、非参数的显著性检验，事件研究，Logit多元排序选择回归分析，混合截面的多元回归分析，面板数据回归分析等实证研究方法。

（3）与以往研究不同的是，我们将自2001年以来的长时期的纵向时间跨度内将信息质量、披露时间、披露内容、披露方式等要素与信息披露整体水平置于同一框架下，将披露直接的市场反应体现的信息泄露指标与事件期内反映交易的流动性指标相结合观察上市公司信息披露对市场信息不对称的影响，注意了研究内容的系统性和完整性、研究方法的科学性和严密性；在事件研究中，将事件窗内信息在披露前和披露后的市场效应进行了有效的区分，弥补了原有研究从事件窗整体上考察信息披露的市场效应而无法识别信息在披露前后在有关参与者之间的分布和投资者获取信息的公平性。

1.6

本书贡献

本书的特色和主要贡献体现如下：

（1）在研究的时间跨度上，系统梳理了我国股票市场自正式建立以来在长达20余年的时间内关于信息披露的监管制度变迁，实证考察了自2001年至2010年[①]我国上市公司的信息披露机制对投资者（特别是中小投资者）的保护效能，这可以形成我国证券市场投资者保护研究的重要数据库，也是股票市场建立以来对信息披露机制的投资者保护效用的最完整的研究。

（2）在研究方法上，与以往研究不同的是，我们将信息披露的内容、方式、质量、时间等要素与信息披露整体水平置于同一框架下，分别从定期报告与临时报告的视角，沿着信息披露的整体质量与披露质量基本构成要素（信息质量的可靠性与披露的及时性）两条线，将直接度量信息披露前的信息泄露指标与事件期的流动性指标相结合观察上市公司信息披露机

---

① 其中涉及并购交易的数据以及第7章的数据年限是2001年至2011年。

制对投资者保护效用的影响，并在事件研究中将事件窗内信息在披露前和披露后的市场效应进行有效区分，注意了研究内容的系统性和完整性、研究方法的科学性和严密性。

（3）在研究视角上，从上市公司的信息披露机制降低市场信息不对称、提供公平信息环境的角度研究我国证券市场的核心问题——投资者保护，这有利于我们认识在转轨经济背景下我国上市公司信息披露机制发挥投资者保护功能的效果，为我国会计法规、上市公司信息披露制度的改革和发展提供理论和实证依据。

（4）在研究内容上，从建立信息披露机制发挥对投资者保护功能的机理的理论框架入手，基于市场制度变迁研究上市公司信息披露机制对中小投资者保护的效用及其变化，并实证分析影响这种效用的关键因素，从改善中小投资者保护的角度研究优化信息披露制度的路径与市场监管重点，在可公开检索文献中，尚未发现类似的系统性研究。我们的研究和发现为完善公司治理结构、健全证券市场的信息披露制度提供了理论与实证依据，也为提高上市公司信息透明度、加强对中小投资者的权益保护提供了路径和方向。

第2章

上市公司信息披露机制对投资者保护效用的理论分析

本章从信息对资本市场形成和资本市场效率的重要作用分析入手，以信息不对称理论为核心基础，分析信息不对称对资本市场生存和效率的影响，并利用相对有效市场理论，论述上市公司信息披露机制对投资者保护的原因与方式，并据此提出研究假设，讨论与确定上市公司信息披露质量与投资者保护效用的衡量指标。

2.1

信息不对称与资本市场

在市场经济体制中，作为解决资本供求矛盾应运而生的资本市场，为各种资本融通提供了桥梁，其基本目标就是将储蓄和投资机会进行最优配置，实现资源的有效配置。公司的相关信息是投资者了解公司的基础，影响着投资者对公司的估价。如果对价格的人为干预越少，价格主要依据信息形成，市场若能达到信息有效，市场就能达到资源配置的帕累托有效。在这种情况下，信息是价格形成的基础，而价格是引导资源配置的机制（吴联生，2001）。因此，信息决定着资本的流向与流量，是市场优化资源配置的依据，它在促进储蓄向投资转化和资源配置中具有核心作用，是资本市场生存与发展的基石。

但市场的资源配置是否有效，有限的资本能否流向最具发展潜力的项目，则取决于资本市场的有效性。Fama（1970）将市场有效划分为三个层次：弱式有效、半强式有效和强式有效。如果证券价格充分地包含和反映了其历史价格的信息，则证券市场达到弱式有效；如果证券价格反映的不仅是历史价格信息，而且反映了所有公开的相关信息，则证券市场达到半强式有效；如果任何市场参与者知道的所有信息（公开信息和内部信息）都已反映在证券价格中，则证券市场达到强式有效。这意味着，在弱式有效市场上，投资者可以利用内部信息以及部分未经市场解读的公开信息获取超常报酬；在半强式有效市场上，投资者可以利用内幕信息获取超常报酬；在强式有效市场上，投资者无法利用任何信息获取超常报酬。显然，在弱式有效市场和半强式有效市场，市场的资源配置效率远没有达到如强式有效市场的最优状态。然而，强式有效市场要求市场信息透明，并且投资者可以同时免费地获得同质的完全信息，这在现实环境中并不存在，它是人们追求的理想。

实际上，现实的市场广泛地存在着信息不对称，即交易各方之间信息分布并不均衡，表现为一些人比另外一些人更具信息优势，例如，公司内部人（如经理和大股东）较外部投资者更加了解公司的经营状况，知情者较其他不知情投资者更加熟悉公司的风险和前景等。信息不对称会导致逆向选择和道德风险问题，这使投资者在交易中承担额外的信息风险，对市场的正常运作以及经济体制的公平有效性具有重大影响。逆向选择表现为信息优势者利用信息优势与信息劣势者进行不公平交易以剥夺信息劣势者的利益并获取超常报酬，这与信息劣势者的交易意愿和利益相违背。例如，企业家较投资者拥有更多的关于公司投资机会价值的信息，存在对投资者夸大其价值的动机，投资者承担着对投资公司预期价值的估价风险；知情者有动机利用优先信息与不知情投资者进行交易以赚取超额报酬，不知情投资者承担着与知情者之间的不公平交易风险。逆向选择至少带来以下问题：第一，信息劣势的投资者如果觉察到逆向选择的情况，或在长期的交易中处于受损状态，就可能撤出市场，这将使市场变窄并可能最终导致市场失灵。第二，促使好公司退出市场，市场充斥着"柠檬"（lemons，劣质品），形成柠檬问题（Akerlof，1970）。第三，由于管理者隐瞒了坏消息，公司的股东不了解公司经营管理的真实情况，低水平管理者被市场淘汰的可能性减少，经理人才市场无法正常运作，管理者的平均管理水平下降，致使公司质量降低，市场运作效率下降。道德风险表现为，投资者投资后不能观察到公司控制者的全部行为，利益驱动促使控制公司的企业家或控股股东有可能通过各种方式剥夺投资者投入的资金，从而使投资者面临相应的风险。道德风险会导致两类典型的代理问题：在股权高度分散的公司，主要体现为管理者和外部股东之间的代理冲突，管理者有动机偏离股东的利益采取行动，在经营中有可能做出损害股东利益的行为，例如，管理者可能利用投资者投入的资金获取额外津贴、支付超额报酬、作出有损外部投资者利益的投资决策或者经营决策等（Berle and Means，1932；Jensen and Meckling，1976）；在股权集中的公司，主要体现为大股东与中小股东之间的代理冲突，大股东享有相对集中的控制权，成为公司实质上的内部人，在对中小投资者保护较弱的环境下，控制权力的增大会诱发其侵占公司和其他股东利益的行为，如控股股东将公司资产出售给其拥有较高现金收益权的公司、付给自己较高的报酬、为自己拥有较高现金收益权的公司提供贷款担保、内幕交易等（La porta et al.，1999；Shleifer and Vishny，1997；Johson and La porta et al.，2000；张程睿，2008）。道德风险以及相应的代理问题如果得不到遏制，投资者担心投入的资本存在被公司管理者或控股股东剥夺的风险，从而减少投资甚至退出市场，滞碍资源配置效率。可见，如果信息问题不解决，逆向选择和道德风险得不到控制，由此而生的柠檬问题与代理问题逐步恶化，资本市场不能正常运转，影响资源配置的有效性，严重的甚至可能致使市场失灵和崩溃（张程睿，2008）。

信息不对称使投资者并不能完全获得公司的相关信息，甚至部分获得的公司信息可能还是不真实的，内部信息的泄露使得信息在投资者之间的分布也存在差异，投资者特别是处于信息劣势的投资者，在交易中面临程度不同的逆向选择和道德风险问题，这对投资者的投资和交易决策造成极大影响。信息不对称程度越高，投资者面临的逆向选择和道德风险越严重，以信息为依据形成的市场价格与其价值的偏离越大，市场有效性受到的破坏就越大。因此，按照 Fama（1970）对市场有效的三分法，在现实环境中，强式有效市场并不存在，只可能是半强式和弱式两种情况。然而，实际上，市场有效只是相对的，并不能断然地将市场划分为弱式有效和半强式有效两个类型（吴联生，2001）。因为现实中的信息错综复杂，种类繁多，市场不仅对不同信息的反映程度不同，而且反映时间和速度也不同。从市场发展的时序来看，市场整体上是一个从无效到有效的渐进连续过程，弱式有效、半强式有效、强式有效实际上是市场从无效到有效过程中的三种状态。根据目前研究，从市场对各种信息反映的平均意义上讲，我国市场相对有效程度较低，而美国等西方市场相对有效程度较高。

可见，信息不对称程度越低，信息被充分吸纳进价格的概率越高，市场有效程度越高；而信息不对称程度越高，信息被充分吸纳进价格的概率越低，证券价格与公司内在价值的偏离度越大，市场有效程度越低。因此，降低信息不对称程度，是促进市场相对有效程度提高的前提，而欲降低市场信息不对称程度，就必须提高公司的信息披露质量。所以，上市公司的信息披露质量对改善信息不对称并增进资本市场有效程度具有重要意义。此外，市场有效的相对性还意味着：（1）市场有效的前提是市场要获悉相应的信息，而且市场获取信息方式的速度越快，市场就能够越早对信息进行反映，也能够越早地达到充分反映的程度，市场相对有效程度越高。与其他信息获取方式（如个别披露、私人信息传递）相比较，公司信息的公开披露是让市场以最快速度得知信息的方式，因此，公司信息的公开披露是市场提高有效性的重要条件（吴联生，2001）。（2）如果由于内部信息的存在而导致信息不完整或者信息是错误的，会造成市场价格与公司内在价值的偏离，从而影响市场的有效程度。因此，确保公司披露信息的真实性（即信息质量可靠），并进行充分披露，降低内部信息的存在空间，这是促进市场相对有效程度的必要前提。（3）公司若能及时公开披露相关信息，一方面投资者可以及时获取公司相关信息，并及时校正前期决策；另一方面也可以减少内部人借以从信息优势中获利的时间，使得证券价格与内在价值的偏离能得到及时的校正，提高市场有效性，由此可见，公司信息披露的及时性对提高市场相对有效程度具有重要作用。因此，公司真实、充分、及时地公开披露信息是提高资本市场相对有效程度的重要条件，这样的信息披露其实是充当了一种信息传递机制，它将相关的信息从公司内部传递到公司外部，并据以提高公司信息透明度，降低信息不对称，促进投资者投资决策的有效性，使市场价格与公司内在价值的偏离度降低，资源配置效率提高（张程睿，2008）。

2.2

信息披露机制与投资者保护

综合上述分析可知，在市场经济体制中，信息作为价格的生成依据引导着资本市场的资源配置，是资本市场生存和发展的基础，决定着市场资源配置的效率。但市场广泛地存在着信息不对称，以管理层和大股东为代表的公司内部人与外部投资者之间的角色差异，决定了交易双方在获取公司信息时存在优、劣位势之分，信息不对称使投资者面临逆向选择和道德风险，这使处于信息劣势的外部投资者在交易中处于被动地位，面临着被具有信息优势的内部知情者不公平交易甚至掠夺的风险，结果可能导致柠檬问题（Akerlof，1970）和代理问题（Jensen and Mecking，1976），外部投资者如果觉察到自己长期处于受损或者被剥夺状态，就会逐渐退出市场，市场变窄甚至失灵。同时，信息不对称使得现实的资本市场只能是相对有效的市场，降低信息不对称是提高资本市场相对有效程度的主要途径。因此，怎样提高投资者利益保护水平促进市场有效是各国证券监管工作的重心，其中为投资者提供公平的投资环境，保障投资者对上市公司信息的知情权尤为重要，公开的信息披露作为最快最公平的信息传播方式成为缓解市场信息不对称、解决柠檬问题和代理问题、保护投资者利益的机制而受到重视。而披露内容完整、披露信息可靠、披露及时则是公开披露的根本要求，这样的公开披露特征才可以降低内部信息以及利用内部信息进行市场掠夺的存在机会与空间，降低市场信息不对称，保护外部投资者利益。所以，以公平的公开披露机制替代私人信息传递与选择性披露，充分、完整地对外披露信息，确保信息质量的可靠性与披露的及时性，是上市公司信息披露机制发挥对投资者保护进而促进市场有效的基本要求。

2.2.1 信息披露整体质量

上市公司信息披露对投资者的保护效用主要体现于缓解信息不对称、解决柠檬问题和代理问题，为投资者提供定价功能和治理功能，国内外许多学者围绕这一问题提供了理论和实证依据，如 Leuz（2003）、Brown 和 Hillegeist（2007）、Bushman 等（2003）、张宗新（2009）、张程睿（2008，2011）等。但是，以公司管理层和控股股东为代表的公司内部人与外部投资者的利益并非完全一致，各种私利动机可能促使内部人为掩盖真相而操纵数字或者违规披露。欲消除所有信息操纵、达到完全可靠无偏的披露制度因成本过高而并非最优（Core，2001），这为公司内部人留下了选择和操纵信息的机会和空间，尽管各国证券监管的强制披露要求为企业的信息披露提供了一个基本的和最低标准框架。因此，基于各种利益动机，如契约、资本市场交易、迎合或规避管制、转移上市公司资产、管理层更换以及我国特有的保牌、再融资等动机，上市公司内部人可能进行信息披露的选择和操纵，导致公司之间的信息披露质量具有差异（Healy and Palepu，2001；张程睿，2010）。

不同披露质量的信息对投资者保护的作用存在差别，高质量的信息披露提供了公司状况的真实信息，降低了公司内外部的信息不对称，有利于外部投资者了解和掌握公司发展状况并帮助其决策，有助于其定价功能和信息功能的发挥，如 Madhavan（1995）的实证检验表明上市公司信息披露越规范、透明度越高，则越容易获得投资者的认可，公司的股价也就越高；Barton 和 Wymire（2004）以 1929 年在纽约股票交易所上市的 540 家公司为样本，发现提供高质量财务报告的公司在股市大崩盘之际，相较于其他公司经历了更小的股价下跌，而提供低质量财务报告的企业，投资者对其经营能力与股票价值的预期明显下降。另外，我国证券市场投机氛围重，不知情者"跟随现象"明显，在法制不健全的情况下，"跟随现象"和公司的低透明度往往被某些知情者利用并成为其诈取广大普通不知情投资者利益的工具（张程睿，2008）。总之，高质量的信息披露意味着公司信息披露完整、真实、及时，它有利于降低公司内外部的信息不对称，减少内部人及其利益相关者对公司信息的私人占有，减少信息被提前泄露并降低内部人或知情者利用信息进行炒作或内幕交易的空间和机会，有助于外部投资者公平地获取信息并帮助其决策，保护外部投资者的利益；而低质量的信息披露不利于改善甚至加重市场信息不对称，增加内幕交易造成对不知情投资者的市场剥夺，一些研究已为此提供了证据（Botosan，

2004；Leuz and Verrecchia，2000；Ascioglu et al.，2012）。因此，可以认为，在其他条件一定的情况下，信息披露整体质量越高，信息泄露程度越低，市场信息不对称程度越低，投资者保护效用越高，反之则相反。

2.2.2 披露要素

公司的信息披露质量代表的是公司的信息披露策略对外实施的整体结果，体现的是公司信息披露的整体水平。但是，在公开、充分披露的前提下，如前所述，确保被披露信息的可靠性与披露的及时性，是上市公司信息披露机制发挥对投资者保护功能的基本要求，因此，可以将信息的可靠性与披露的及时性作为信息披露机制的两大基本要素。诚然，形成信息披露整体质量水平结果的要素除了这两大基本要素外，还包括披露频率、披露媒介、披露内容等其他众多要素，但这些要素对信息披露整体质量水平及其对投资者保护功能的贡献归根结底是要通过信息的可靠性与披露的及时性才能体现，因为不管一年信息披露多少次，通过何种媒介披露，披露何种内容，信息本身可靠与及时披露才是对投资者保护的根本①。因此，在对信息披露整体质量进行分析的基础上，本研究还着眼于信息披露的这两大基本要素——信息的可靠性与披露的及时性，分析信息披露机制对投资者保护的效用。

信息的可靠性代表信息本身质量的高低，体现信息内容的完整性、真实性、客观性与准确度，它是公司信息披露质量的前提和重要保证。如果信息本身就是错误的，甚至是虚假的，更难以提及信息披露的投资者保护作用。在我国证券市场的早期阶段，由于缺乏有效的投资者保护机制与虚假信息披露追责机制，上市公司信息披露虚假案例层出不穷、屡见不鲜，如银广夏、蓝田股份、亿安科技等。近年来，随着监管部门对上市公司信息披露监管制度的加强，上市公司大肆的虚假信息披露行为得以逐步收敛，但违规行为却更加隐蔽，滥用会计政策、盈余操纵掩盖财务真相的行

---

① 实际上，一些研究表明高披露频率与信息不对称的减少并没有必然的联系，如 Andrew Van Buskirk（2012），陈向明与林江辉（2004），因为若错误的信息被多次发布反而会进一步增加市场信息不对称，增加市场风险。

为仍较普遍（表 4 - 2 显示，我国上市公司的操控性应计利润从 2001 年至 2010 年并未实质上改善与下降）。上市公司的信息披露效果显然受到信息可靠性的影响，相对于信息可靠性高的公司而言，信息可靠性低的公司透明度低，信息不对称程度越高，越容易被知情者利用及进行股价操纵，投资者保护情况则越差。

此外，信息披露是否及时，直接关系到外部投资者（特别是中小投资者）能否拥有一个公平的信息与交易环境，并决定其信息获取的时机和买卖决策。以内部管理者或控股大股东为代表的内部人是上市公司的运营者或者实际控制人，具有天然的信息优势，他们决定公司的重大事件，包括披露什么信息以及何时披露信息。公司内部人与外部股东之间的利益冲突、大股东与中小股东之间的利益冲突致使内部管理者或控股大股东不可能把公司的经营状况、发展前景等信息毫无保留地对外披露。"好消息早，坏消息晚"（Givoly and Palmon，1982）的现象说明公司具有披露时机选择行为，披露是否及时受到披露内容的好坏以及内部人的动机等因素的影响。而外部投资者（特别是中小投资者）要等到信息披露之后才能获得公司的相关信息，处于天然的信息劣势。若上市公司的既有信息披露越晚，信息由内部人向其利益相关者泄露的可能性就越大，也为内部人及其利益相关者提供了内幕交易的时间和机会。这样，在信息披露之前，具有信息优势的内幕交易者已经在股票市场上进行交易。他们的交易行为会促使股票价格变动，使股价在信息公布前就已经开始往信息公布后的股价方向变动（Sinha and Gadarowski，2010；朱红军和汪辉，2009），这表现为信息披露之前股价已出现异常波动，超额收益率提前出现，即市场提前对信息作出反应。而信息披露之后却可能出现"见光死"的现象，即信息的市场反应变弱，股价违背信息内容变动，而才获得消息的中小投资者如果此时参与交易，就很可能成为被"套牢"的对象，成为逆向选择的受害者。此外，如果上市公司信息质量较差，可靠性较低，那么较早或及时的披露一方面可以抑制信息在内部人和利益相关者范围内的扩散或缩减内部人及其利益相关者进行内幕交易的时间和机会；另一方面也可以提高投资者或监管者及早发现问题的概率。所以，在减少信息泄露、防止内幕交易方面，及时披露也是信息质量要求的有益补充，对于信息可靠性较差的公司尤其如此。综上分析可知，信息披露越及时，披露前的信息泄露就越少，内幕交易发生的概率越低，投资者保护越好；年报披露越不及时，披露前的信息泄露就越多，内幕交易发生的概率越高。

2.2.3　研究假设

综上所述，如果公司信息披露机制对投资者保护有效，在市场交易中，一方面意味着信息泄露及内幕交易的概率较低；另一方面，公司高质量信息披露对投资者保护的有效性优于低质量的信息披露。前者体现于所有投资者在信息披露事件中公平地获取了信息，投资者依据新的信息进行决策与交易，剔除市场宏观影响后，相应的基于公司信息的市场反应（如股价、收益率与交易量的变化与波动等）主要出现于披露之后且反应方向与信息内容一致，此时，公司信息披露对市场交易中的投资者的保护程度高；但如果市场反应在披露之前就向着本应在披露之后的方向移动（Sinha and Gadarowski，2010），如好消息公布前股价已大幅上涨，坏消息公布前股票就遭到异常抛售，则说明有人利用提前取得的信息进行交易并谋取了私利，所有投资者并没有公平地获取信息，造成交易基础不公，此时，公司信息披露对不知情投资者的保护有限。后者体现于，高质量的信息披露导致公司与外部投资者之间的信息不对称程度较低，投资者基于公开获得的信息进行公平交易，信息公告前市场异常反应的概率较低，内幕交易的机会较小；但如果信息披露质量较差，公司与外部投资者之间的信息不对称程度较高，信息泄露与内幕交易可能性大，相应地市场提前反应，投资者保护效用低。因此，提出：

假设 1：在其他条件一定的情况下，与低质量的公司信息披露水平相比较，高质量的公司信息披露水平可以抑制信息泄露、减少内幕交易，促进对投资者的保护效用。

假设 2：在其他条件一致的情况下，披露信息的可靠性与利用内部信息进行内幕交易的可能性负相关，与投资者保护效用正相关。

假设 3：在其他条件一致的情况下，信息披露的及时性与披露前的信息泄露及内幕交易的可能性负相关，与投资者保护效用正相关。

2.3

信息披露质量与投资者保护效用的衡量

2.3.1　信息披露质量的衡量

根据上述分析，我们分别从公司信息披露的整体水平质量、要素质量（信息可靠性与披露及时性）两方面探讨与分析上市公司的信息披露质量及其对投资者的保护效用。

2.3.1.1　信息披露整体质量的衡量

概括目前文献对信息披露整体水平的衡量，主要有三种方法：一是直接使用有关组织对信息披露的评价结果，如 Sengapta（1998），Healy、Hutton 和 Palepu（1999），Lundholm 和 Myers（2002），张程睿（2008）等；二是研究者自建披露指数进行衡量，如 Lang 和 Lundholm（2000），Guo、Lev 和 Zhou（2004），崔学刚（2003，2004），张宗新（2009）等；三是研究者选择某些能反映公司信息披露水平的特殊披露（如盈余预测、收益透明度）替代衡量，如 Bhattacharya 等（2003）、杨之曙和彭倩（2004）、黄娟娟和肖珉（2005）。对于以自建指数的衡量方法存在的问题是：（1）大多数的研究都以信息披露的量来代替信息披露的质，而这对于我国现实的不完善的资本市场信息披露环境来说是很不合适的；（2）较多的评价体系均以公司部分信息披露情况为基础设计，难以对公司信息披露的整体进行衡量；（3）在权重确定上，主观性体现较强，客观性有待提高；（4）指数构建的主观性使得衡量指标成为有噪音的测度，削弱了研究结果的解释能力，同时自建的指数因巨大的工作量还使得小样本研究影响研究结果的解释能力，且研究难以复制和验证。而个别代理指标更难以反映公司信息披露整体质量的综合测度。因此，为使研究更具说服力和客观性，我们决定采用权威机构连续公开发布的信息披露考评结果衡量我国上市公司的信息披露整体质量。

深圳证券交易所自 2001 年开始对在深交所上市的公司的信息披露进行年度评级,评级依据为《深圳证券交易所股票上市规则》,以上市公司该年度每一次信息披露行为为依据,以一个年度为一个考核期间,分别对公司信息披露的及时性、准确性、完整性和合法性进行等级考评,考核主要针对公司对强制披露规定的履行情况,也兼顾自愿披露的真实性和合法性考核。考核结果分为优秀、良好、及格、不及格四个等级,上市公司每年的考核评级情况都会于次年年初在深圳证券交易所网上公布[①]。深交所的考评等级是目前我国唯一连续公开的对上市公司信息披露的评价结果[②],而且兼具权威与专业性,因此,本研究采用深交所自 2001 年开始的对上市公司信息披露的考评等级衡量上市公司的信息披露整体质量。由于不能获得深交所对上市公司信息披露的考评分数,只能得到公开的考评等级,我们以考评等级衡量上市公司的信息披露整体质量,将公司信息披露整体质量设定为分类变量进行研究。因此,深圳证券交易所对上市公司的信息披露考评等级实际上是对上市公司信息披露总体质量的反映,若以变量 Qual 代表公司信息披露整体质量,则优秀等级公司信息披露整体质量最高,以之为比较基准,设 Qual = 0;良好等级次之,Qual = 1;及格等级再次,Qual = 2;不及格等级公司信息披露整体质量最低,Qual = 3。因此,Qual 实际上是上市公司信息披露整体质量的反向衡量指标,Qual 越大,信息披露整体质量等级越低;Qual 越小,信息披露整体质量等级越高。

2.3.1.2 信息披露质量要素的衡量

1. 信息的可靠性

信息的可靠性代表信息的真实性、客观性与准确度,目前文献对信息可靠性衡量的代表指标是操控性应计利润(张宗新,2009),本研究也以它衡量披露信息的可靠性。在对操控性应计利润计量的诸多模型中,我们

---

① 上海证券交易所虽然于 2001 年制定了上市公司信息披露工作考核办法,但除 2001 年外,该考评结果并没有继续公开发布。

② 一些研究机构或研究者也构建了上市公司信息披露质量的考评体系,但要么具体数据不公开,要么考评体系的打分只维持短暂的几年,没有连续性,如南开大学的公司治理指数、魏明海等(2010)、高明华等(2010)。

选择了 Ball 和 Shivakumar（2006）对 Jones（1991）截面修正模型的修订模型，因为它考虑了会计制度内在特性对应计利润确认的影响，在估计中加入了现金流量的因素，我们认为更加符合实际。[①]

$$ACC_{it} = \alpha_1 \cdot (1/A_{it}) + \alpha_2 \cdot \Delta REV_{it} + \alpha_3 \cdot PPE_{it} + \alpha_4 \cdot CFO_{it} + \alpha_5 \cdot DCFO_{it}$$
$$+ \alpha_6 \cdot DCFO_{it} \times CFO_{it} + \varepsilon_{it} \qquad (2.1)$$

其中，$ACC_{it} = EBXI_{it} - CFO_{it}$，$ACC_{it}$、$EBXI_{it}$、$CFO_{it}$分别表示总应计利润、营业利润与经营活动现金净流量；

ΔREV_{it}是公司 i 当期主营业务收入和上期主营业务收入的差额；

PPE_{it}是公司 i 当期固定资产原值；

CFO_{it}是公司 i 当期经营活动现金净流量；

$DCFO_{it}$是虚拟变量，当 CFO_{it}小于 0 时，$DCFO_{it}$取值为 1，否则取值为 0。

A_{it}是公司期初总资产；

ACC_{it}、ΔREV_{it}、PPE_{it}、CFO_{it}均是经期初总资产 A_{it}规模调整后的数值。

以模型（2.1）分年分行业[②]回归计算出参数 α_1—α_6 的估计值 $\hat{\alpha}_1$—$\hat{\alpha}_6$ 后带入模型（2.2），计算出非操控性应计利润 NDA_{it}：

$$NDA_{it} = \hat{\alpha}_1 + \hat{\alpha}_2 \cdot \Delta REV_{it} + \hat{\alpha}_3 \cdot PPE_{it} + \hat{\alpha}_4 \cdot CFO_{it}$$
$$+ \hat{\alpha}_5 \cdot DCFO_{it} + \hat{\alpha}_6 \cdot DCFO_{it} \times CFO_{it} \qquad (2.2)$$

则操控性应计利润 DA_{it}的计算如下：

$$DA_{it} = TACC_{it} - NDA_{it} \qquad (2.3)$$

考虑我国应计利润的操控范围，参照夏立军（2003），在模型（2.1）的回归分析中，$ACC_{it} =$ 公司营业利润 − 经营活动现金流量，而在计算 DA_{it} 的（2.3）中，$TACC_{it} =$ 公司净利润 − 经营活动现金流量。$TACC_{it}$也是经期

---

① 实际上，针对目前各种估计操控性应计利润的模型，我们使用获得的数据几乎都进行了相应的估计，在对操控性应计利润的 10 余个估计值的分析中，发现 Ball 和 Shivakumar（2006）的模型估计结果更符合我国实际。

② 剔除金融行业，针对证监会行业分类，我们将数目较少的性质相似的 C2 与 C9 合并，最终划分为 20 个行业进行分年分行业分类回归：A、B、E、C0、C1、C29、C3、C4、C5、C6、C7、C8、D、F、G、H、J、K、L、M，后文回归分析中的行业控制也按此分类进行控制。

初总资产 A_{it} 规模调整后的数值。

计算得出的 DA_{it} 有正负值之分，分别表示正向和负向的盈余管理，但不管方向如何，其绝对值 absDA 的大小均代表了盈余管理的程度。显然，盈余管理的程度 absDA 越大，盈余信息的可靠性越差；而盈余管理的程度 absDA 越小，盈余越接近真实值，盈余信息的可靠性越好。考虑到 DA_{it} 的不同方向可能产生的市场反应不同，在后文的回归分析中，我们根据 $DA_{it} > 0$ 与 $DA_{it} < 0$ 进行了分组分析。

2. 披露的及时性

国内外学者在研究及时性时，主要采用年报披露时滞作为披露及时性的替代变量。年报披露时滞与及时性负相关，即年报披露时滞越小，年报披露越及时。年报披露时滞的计算主要存在两种标准：第一种标准是将年报披露日与所属会计年度结束日（12月31日）之间的日历天数作为披露时滞；第二种标准是将年报披露日与所属会计年度结束日之间的交易天数作为披露时滞。这两种计算标准的分歧在于是否将节假日包括在披露时滞内（朱晓婷和杨世忠，2006）。由于第一种计算标准简单易操作，而且符合我们的思维习惯，因此本书采用日历天数标准来计算上市公司年报披露时滞。为消除变量之间的数据较大的度量差异，本书在回归分析中使用年报时滞系数 Tim（Tim = 年报披露时滞天数/365）作为及时性的反向衡量变量。

2.3.2 投资者保护效用的衡量

本研究的主要目的是考察我国上市公司的信息披露机制是否发挥了对投资者的保护效用，因此对投资者保护效用的衡量成为关键。信息披露对投资者保护的直接目的就是减少信息不对称，防范内部人或知情者利用信息优势侵占其他外部投资者的利益。如果信息披露质量较差，例如公司违规或者推迟披露，反映公司真实状况的信息仍被内部人或者知情者占有，或者信息在公布前就提前泄露，那么，知情者就有利用公司信息进行提前交易或者操纵的可能，导致在信息公告前股价便向公告后的股价方向移动，公司信息公告前的累计超额收益率越高，知情者在公告前利用信息优势掠夺其他不知情投资者的程度越高，投资者的保护程度越低，反之，则相反。在市场信息不对称程度较高、投资者保护效用不好的情况下，除了可能发生上述的信息泄露与内幕交易外，还可能引起事件公告期股票收益波动率与交易量的变动。通常来讲市场信息不对称程度越高，交易风险越大，股票收益波动率越高；市场信息不对称程度越高，理性投资者越会减少交易的意愿，导致交易量下降，换手率降低（Leuz and Verrecchia，2000）。因此，我们可以通过分析上市公司信息公告前的信息泄露程度以及事件公告期收益波动率与交易量的变化来观察信息披露的投资者保护效用。

2.3.2.1　信息泄露程度

借鉴 Sinha 和 Gadarowski（2010）计算信息泄露值的方法，采用事件研究法用信息公布前的累计超额收益率（preCAR）度量信息泄露，并以之反映对投资者的保护效用。考虑到信息既包含好消息也包含坏消息，如果是好消息，知情者会提前执行买入交易，这可能导致股价在公告日之前就上涨，导致公告日前正的超常收益；如果是坏消息，知情者会提前执行卖出交易，这可能导致股价在公告日之前就下跌，导致公告日前负的超常收益。但不管是正的超常收益还是负的超常收益，都代表着公告日前就已经出现信息泄露，好信息与坏消息对超额收益率有正负符号的影响，因此有别于 Sinha 和 Gadarowski（2010），本书将以公告前累计超常收益率的绝对值 abspreCAR 衡量披露的信息泄露程度，测度投资者的保护水平，abspreCAR 越大，信息泄露程度越大，投资者保护效用越差；abspreCAR 越小，信息泄露程度越小，投资者保护效用越好。

其中，

$$CAR_i = \sum_{t=-t_1}^{+t_2} AR_{it} \tag{2.4}$$

$$preCAR_i = \sum_{t=-t_1}^{-1} AR_{it} \tag{2.5}$$

$$abspreCAR = |preCAR_i| = \left| \sum_{t=-t_1}^{-1} AR_{it} \right| \tag{2.6}$$

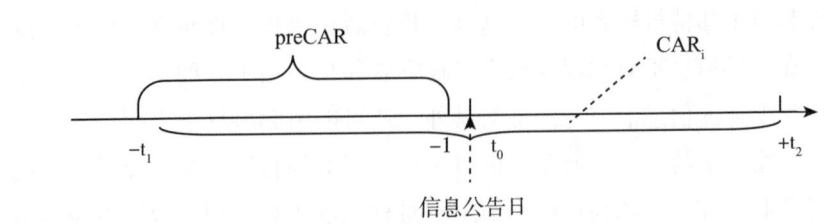

图 2 - 1　累积超额收益率的时间分布

如图 2 - 1 所示，以信息公告日为事件披露的基准日（t = 0），preCAR_i 是证券 i 在公告前（$-t_1$，-1）天的累计超额收益率；CAR_i 是证券 i 在公告事件期（$-t_1$，$+t_2$）天的累计超额收益率；AR_{it} 表示证券 i 在 t 日的超额收益率。

AR_{it} 的计算：首先通过市场模型（2.7）使用事件窗前 200 个交易日的个股收益率与相应交易日的日市场收益率回归获得系数 α_i、β_i 的估计值 $\hat{\alpha}_i$、$\hat{\beta}_i$，将两个估计值代入模型（2.8），计算出个股期望收益率 $\text{ER}_{i,t}$：

$$R_{i,t} = \alpha_i + \beta_i \times R_{m,t} + \varepsilon \tag{2.7}$$

$$ER_{i,t} = \hat{\alpha}_i + \hat{\beta}_i \times R_{m,t} \tag{2.8}$$

其中，$R_{i,t}$ 为个股日收益率，$R_{m,t}$ 为流通市值加权平均市场日收益率；$ER_{i,t}$ 为个股期望收益率。

然后根据公式（2.9）计算出超额收益率 AR_{it}：

$$AR_{i,t} = R_{i,t} - ER_{i,t} \tag{2.9}$$

样本全体的日平均超额收益率 AAR 和累积平均超额收益率 CAAR 分别为：

$$AAR_{i,t} = \left(\sum_{i=1}^{N} AR_{i,t} \right) / N \tag{2.10}$$

$$CAAR_{i,t} = \left(\sum_{i=1}^{N} CAR_{i,t} \right) / N \tag{2.11}$$

其中，N 是样本股票的数目。

需要说明的是，我们并没有采用以信息公告日之前的累计超额收益率（preCAR）与整个事件期的累计超额收益率（CAR）的比值来衡量信息泄露程度（Sinha and Gadarowski，2010；朱红军和汪辉，2009），因为这样的方法有一个前提，即所有上市公司的事件期都是一致的（例如事件期涵盖范围都是在信息公告日前后 10 天内或者 5 天内等），也即分母的时间涵盖期对所有的公司都一样，这显然不太符合实际。例如就年报披露而言，可能有的公司披露之后的市场反应持续较久，而另一些公司却可能出现"见光死"现象，因此，统一地用一个事件期计算的 CAR 作为分母去和信息公告日前的 preCAR 进行比较，反而不比只用信息公告日之前的累计超额收益率 preCAR 来衡量信息泄露程度更为合理。但在对年报披露的分析中，我们可以以之为一个辅助参考指标。

2.3.2.2　收益波动率

股票收益波动率反映收益率的振动幅度，即收益率的离散程度。股票收益的适度波动体现了股票的活跃程度，但是过度的波动却反映了股票的风险较高。公司信息透明度越低，与外部普通投资者间的信息不对称程度越高，公司股票就越容易被内部人或少数信息知情者（如获得私人信息的大机构）操纵并利用信息优势获取超常收益，造成股价的大幅波动，French 和 Roll（1986）的研究表明收益率的波动性主要与普通投资者获得的信息流相关，即普通投资者获得的上市公司的信息的数量和质量越高，收益率的波动性就越低。此外，Lobo 和 Mahmoud（1989），Lang 和 Lundholm（1993），Leuz 和 Verrecchia（2000）以及 Cheng、Courtenay 和 Krishnamurthi（CCK，2005）等的研究也将股票收益率（或股价）的波动程度作为了信息不对称程度的代理变量，例如 CCK（2005）证明了新加坡市场上自愿性披露与股价波动率所代表的信息不对称程度负相关。股价的相对平稳反映了公司和投资者之间信息不对称程度较弱，股价的较低波动性意味着低程度的信息不对称，高波动性意味着高程度的信息不对称（Leuz and Verrecchia，2000）。然而，收益波动率也受其他一些与信息无关的因素的影响，如 Bushee 和 Noe（2000）表明了披露对股价波动率的影响是复杂的，它可能受被公司吸引的投资者类型的影响。我们使用经市场调整的股票收益波动率进行检验，如果公司提高信息披露质量能改善信息不对称，则预期高披露质量公司的收益波动率会相对较小。

对收益波动率，根据 Heflin 等（2001，2003）的研究，考察短窗口的收益波动性，股票的收益波动性可用超额收益率的平方和来表示。

股票收益波动率（ARV_{it}）可定义如下：

$$ARV_{it} = AR_{it}^2 \qquad (2.12)$$

其中，事件窗（$-t_1$，$+t_2$）内某个股的平均超额收益波动率计算如下：

$$AARV_i = \sum_{-t_1}^{+t_2} AR_{it}^2/t \qquad (2.13)$$

2.3.2.3 超额换手率

超额换手率代表的交易量指标是流动性的衡量指标，它体现了投资者买卖公司股票的意愿，这种交易公司股票的意愿应该与信息不对称的程度呈负相关，即低程度的信息不对称是和较高的交易量相关的（Leuz and Verrecchia，2000）。一些实证研究支持了将交易量作为信息不对称的反向的代理变量，如 Easley 等（1996）表明随着交易量的增加，以信息为基础的交易（指那些根据私人信息优势进行的交易）的概率在减少，Grammig 等（1999）在德国市场为此提供了证据。Leuz 和 Verrecchia（2000）发现公司披露增加与交易量正相关，但 Cheng、Courtenay 和 Krishnamurthi（2005）证明了披露水平与交易量存在负相关关系，这与 Leuz 和 Verrecchia（2000）的德国公司研究相反，其认为这是因为增加的披露导致了知情交易者交易活动减少从而引起平均交易量的下降所致。但是，如果投资者不够理性，跟风严重，很容易被利用和被引诱，卷入知情者或者"庄家"提前设下的圈套，体现出来交易量也会增加。此外，交易量也受一些与信息无关的因素的影响，包括投资者的投资组合的调整、流动性冲击、风险偏好的改变等，因此，交易量或许并没有专一地抓住投资者的逆向选择问题。如果公司提高信息披露质量能改善信息不对称，则理论预期交易量与信息不对称负相关。

超额换手率（AT_{it}）为：

$$AT_{it} = \frac{V_{it} - V_{it-1}}{V_{it-1}} - \frac{V_{mt} - V_{mt-1}}{V_{mt-1}} \qquad (2.14)$$

其中：AT_{it} 表示 t 日第 i 只股票的超额换手率；

V_{it} 表示 t 日第 i 只股票个股交易金额；

V_{it-1} 表示 t－1 日第 i 只股票个股交易金额；

V_{mt} 表示 t 日市场交易总金额；

V_{mt-1} 表示 t－1 日市场交易总金额；

$AT_{it} > 0$ 表示事件信息使得相对于市场交易而言更加活跃，$AT_{it} < 0$ 表示事件信息使得相对于市场交易而言更加萎缩。

其中，事件窗（$-t_1$，$+t_2$）内某个股的平均超额换手率 AAT_{it} 为：

$$AAT_i = \left(\sum_{t=-t_1}^{+t_2} AT_{it} \right) / t \tag{2.15}$$

t 是事件窗（$-t_1$，$+t_2$）覆盖的天数。

由式（2.9）与式（2.12）、式（2.14）所知，本研究中所使用的股票收益波动率与超额换手率均剔除了市场的影响。

第3章

我国上市公司信息
披露制度的变迁

本章分别从宏观层面和微观角度（即从定期报告的角度）分析我国上市公司信息披露制度的变迁过程与现状。

3.1

引言

信息披露制度（Information Disclosure System），也称信息公开制度、公开披露制度，是指上市公司依照法律规定必须将其自身的财务状况、经营成果等信息和资料向证券监管部门和证券交易所报告，并向社会公开或公告，以便接受社会公众的监督、使投资者充分了解上市公司情况的制度。信息披露制度是各国证券法律制度的重要原则。

作为一个新兴加转轨的资本市场，我国证券市场的运作机制还不完善。目前，我国证券市场上有着数量巨大的中小投资者，他们对上市公司的了解渠道比较单一，投资决策主要依赖于上市公司的信息披露。然而，可能由于信息披露成本较高，抑或信息披露涉及商业机密，抑或为了谋取自身更大利益，上市公司负责人对信息披露的积极性往往不高，甚至隐瞒披露、提供虚假信息、进行内幕交易，从而侵犯投资者的利益。这就要求我国证券监管部门制定并有效执行信息披露制度，对上市公司以及上市公司股东、经营管理者的信息披露行为加以规范和监管，从而更好地保障投资者的利益，维护证券市场的良好秩序，促进社会资源的更优配置。

3.2

我国上市公司信息披露制度的变迁过程及现状

我国证券市场起步比较晚，市场发育还不够成熟。新中国上市公司信息披露制度起步于 1990 年，在借鉴了美国等西方发达国家较为完善的证券市场信息披露制度的基础上，以及在自身证券市场的不断实践过程中，经过 20 余年的发展，已取得了重大进展，形成了一套比较完善的体系。

3.2.1 我国上市公司信息披露制度的变迁过程

3.2.1.1 起步阶段

我国证券市场的恢复和起步是从 1981 年国家发行国库券开始的，股票的发行始于 1984 年，证券市场交易则始于 1986 年。到 1990 年，全国证券场外交易市场已基本形成。随着场外交易市场的形成，场内交易市场也迅速发展起来。然而，此时还没有所谓的证券监管和信息披露制度。

1990 年，上海证券交易所、深圳证券交易所相继成立，这才标志着我国证券市场开始发展。同年，中国人民银行制定了《证券公司管理暂行办法》。随后，上海、深圳两地一些地方性法规也相继出台。《上海市证券交易管理办法》、《深圳市股票发行与交易管理暂行办法》、《股份制试点企业会计制度》等的颁布、实施对上市公司信息披露行为作了进一步规范，使我国证券市场开始朝着规范化方向发展。在这一时期对信息披露的规范以地方性规范为主。

3.2.1.2 初步建立阶段

1992 年 10 月，国务院证券委员会（简称国务院证券委）和中国证券监督管理委员会（简称中国证监会）宣告成立，标志着我国证券市场统一监管体制开始形成，同时为全国性信息披露规范的制定和执行奠定了基础。

1993 年 4 月，国务院发布了《股票发行与交易管理暂行条例》。同年 6 月，中国证监会发布了《公开发行股票公司信息披露实施细则（试行）》。9 月，国务院证券委发布了《禁止证券欺诈行为暂行办法》。12 月，《公司法》获得第八届全国人民代表大会常务委员会第五次会议通过，使得我国证券市场的监管提升到全国性的层面。随后，中国证监会于 1994 年出台了《公开发行股票公司信息披露的内容与格式准则第 1 - 6 号（试行）》，财政部在 1997 年 5 月又颁布了《企业会计准则——关联方关系及其交易的披露》。这些法律法规和部门规章的颁布和实施，使我国信息披露制度从地方性规范逐渐过渡为全国性规范。除了要求上市公司就其公开发行股票履行信息披露义务，也对公司上市以后的持续信息披露义务及其相应的行为做出了规定，上市公司的信息披露行为得以更好地规范和监管。虽然法律法规和部门规章的制定和执行方面都还不完善，但无疑已有了很大的发展。

3.2.1.3　自成体系阶段

1997 年至 1998 年爆发的"亚洲金融危机"，在一定意义上促成了《证券法》的出台以及《公司法》的第一次修订。随着《证券法》的正式实施，我国开始将证券发行与证券交易纳入法制轨道。

《企业财务会计报告条例》、《公开发行股票公司信息披露的内容与格式准则》[①]、《公开发行证券的公司信息披露编报规则》、《公开发行证券的公司信息披露规范问答》、《股份转让公司信息披露施细则》、《上市公司股东持股变动信息披露管理办法》、《上海证券交易所股票上市规则》、《深圳证券交易所股票上市规则》等法律法规、部门规章和自律性规范的颁布和不断修订，对上市公司信息披露行为和上市公司股东、管理者行为的规范更加细致、更加科学合理，也加大了对违反信息披露规定者的立法处罚、执法力度。在这一阶段，信息披露规范的操作性明显增强，我国证券市场的信息披露制度体系基本形成，并朝着更好地保护投资者利益、维持"公开、公平、公正"市场秩序的目标不断发展。

---

　　① 后来被修改为《公开发行证券的公司信息披露内容与格式准则》。

3.2.1.4　成熟阶段

2005 年以来，我国立法部门和证券监管部门对原有的《公司法》、《证券法》和《刑法》等相关法律法规、部门规章以及证券交易所的自律性规范进行了修订，并出台了《上市公司与投资者关系工作指引》、《首次公开发行股票并上市管理办法》、《上市公司信息披露管理办法》、《上市公司重大资产重组管理办法》、《上市公司收购管理办法》、《首次公开发行股票并在创业板上市管理暂行办法》、《信息披露违法行为行政责任认定规则》、《关于上市公司建立内幕信息知情人登记管理制度的规定》等新制度，也对上市公司分红、退市整理、重新上市等重大事项的披露要求进行规范和细化，还逐渐关注上市公司的社会责任和环境保护责任。沪、深证交所也着力修改和出台分别针对主板、中小企业板和创业板上市公司的信息披露和规范运作指引，并对上市公司的信息披露工作进行考核。

这一阶段从信息披露的时间、内容、方式、程序等方面对原有框架内信息披露制度进行了调整和改进，不仅提高了对上市公司信息披露及时性、准确性、真实性的要求，加强了对上市公司以及上市公司股东、经营管理者信息披露行为的规范和监管，对信息披露违法行为的行政责任作了相关规定，也逐渐关注上市公司股东、董事以及高级管理人员可能利用内幕信息进行内幕交易的行为并对其进行约束，加强了对投资者和上市公司的保护力度，是提高信息披露效率和透明度的阶段。经过长时间的努力，我国上市公司信息披露制度已经较为健全。

3.2.2　我国上市公司信息披露制度的现状

我国现行的上市公司信息披露制度体系可分为四个层次。第一层次为基本法律，主要是指《公司法》、《证券法》和《刑法》等全国人大及其常委会制定或通过的法律；第二层次为行政法规和法规性文件，主要包括国务院制定的相关行政法规；第三层次为部门规章和规范性文件，主要是指中国证监会等机构制定的上市公司信息披露制度规范；第四层次为自律性规范，主要是指沪、深证券交易所制定的《股票上市规则》、信息披露指引和规范运作指引等。上市公司信息披露制度的具体变迁过程如附录1中附表3-1"我国上市公司信息披露制度规范体系变迁"所示（相关制度规范更新至2013年7月31日）。

目前，我国已经形成了以《证券法》、《公司法》为主体，相关的行政法规、部门规章、证交所的自律性规范等规范性文件为补充的全方位、多层次的上市公司信息披露制度体系。该体系从上市公司信息披露的原则性规范到操作性规范，从信息披露的时间、内容、形式、手段到程序等事项，参考国际通行的规范，已经作出了较为科学合理的规定，基本达到了国际水平。

3.3

定期报告披露制度的变迁

针对定期报告受重视的普遍程度，以及梳理信息披露制度变迁过程中的工作复杂度，本章重点对上市公司定期报告披露制度的变迁进行梳理与分析。

3.3.1 定期报告的重要性

我国上市公司信息披露制度主要包括首次公开发行信息披露制度和持续性信息披露制度，也对证券市场其他有关参与者的信息披露行为进行了规范。根据上市公司信息的不同披露时点，可以将我国现行上市公司信息披露制度分类为首次披露、定期报告、临时报告和其他披露（见图3-1）。

上市公司信息披露制度的内容也可分类为强制性信息披露和自愿性信息披露，即不仅规定上市公司披露能够直接反映公司财务状况和经营业绩的强制披露信息，还鼓励其自愿披露盈利预测信息等其他非强制披露，但对投资者决策有重大影响的信息。

定期报告，作为持续性信息披露和强制性信息披露的重要组成部分，是投资者了解上市公司相关信息的重要来源，也是投资者分析上市公司经营状况并进行投资决策的重要依据。因而，定期报告披露制度的制定和执行成为上市公司信息披露制度的核心内容和证券监管部门的重点关注内容。实现定期报告披露的真实性、准确性、完整性、及时性具有重大意义，也在一定程度上影响着整个证券市场的发展。定期报告是指上市公司在规定的时期向社会公众、投资者披露的包括公司财务状况、经营成果、投资情况等对公司具有重大影响的信息、事项和资料的财务报告。定期报告包括年度报告和中期报告，而中期报告包括半年度报告和季度报告。在定期报告中，年度报告的重要性更为显著。

下面将从年度报告、中期报告（包括半年度报告和季度报告）披露制度的变迁来分析我国上市公司信息披露制度的变迁情况。

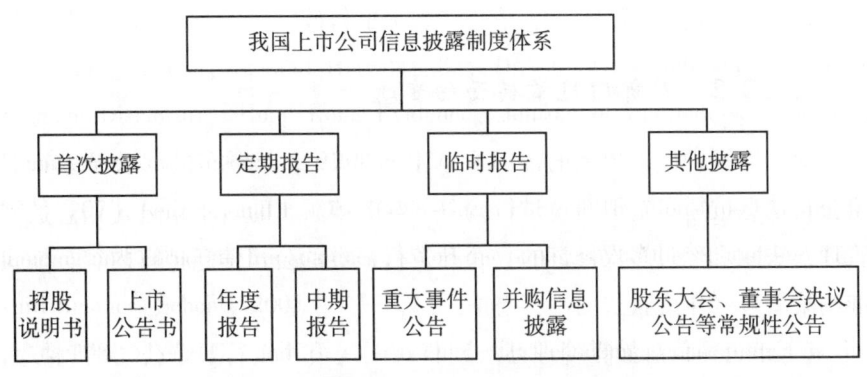

图3-1　我国现行上市公司信息披露制度体系

3.3.2　年度报告披露制度的变迁

3.3.2.1　在基本法律和行政法规层面的变迁

2004年修订的《证券法》对上市公司年度报告的规定没有发生变化。2005年修订的《证券法》则对年度报告的披露内容进行了修改，变化内容主要有：报送主体更为规范，由"股票或者公司债券上市交易的公司"变更为"上市公司和公司债券上市交易的公司"；要求披露公司的实际控制人；对虚假记载、误导性陈述或者重大遗漏的责任人和免责人做出更清晰的规定；国务院证券监督管理机构除了对上市公司年度报告、中期报告、临时报告以及公告的情况进行监督外，还要对上市公司控股股东和信息披露义务人的行为进行监督。

《公司法》在年度报告披露方面的变化也集中在 2005 年的修订中。主要变化内容是：增加了对"一人有限责任公司"的特别规定；披露年报的主体增加了"一人有限责任公司"；财务报告披露的内容增加了"重大诉讼"这一项；要求上市公司必须依照法律、行政法规的规定，公开其财务状况、经营情况及重大诉讼，在每会计年度内半年公布一次财务会计报告。

约束年度报告的行政法规主要有《股票发行与交易管理暂行条例》和《企业财务会计报告条例》，没有发生较大的修改。

3.3.2.2　在部门规章层面的变迁

对年度报告作出规定的部门规章主要是 1993 年颁布的《公开发行股票公司信息披露实施细则（试行）》[①]、2007 年颁布的《上市公司信息披露管理办法》和经过多次修订的《公开发行证券的公司信息披露内容与格式准则第 2 号〈年度报告的内容与格式〉》。

《上市公司信息披露管理办法》相对于《公开发行股票公司信息披露实施细则（试行）》的变化主要在于：年度报告中的财务会计报表应当经过审计；编制并披露财务报告的时间从原来的 120 日更改为 4 个月；强调公平信息披露；明确规定了年度报告应当记载的内容；上市公司未在规定期限内披露年度报告的，中国证监会应当立即立案稽查，证券交易所应当按照股票上市规则予以处理。

对年度报告的披露规定得最具体的是《公开发行证券的公司信息披露内容与格式准则第 2 号〈年度报告的内容与格式〉》。从 1994 年正式制定后，《年度报告的内容与格式》经历了 1995 年、1997 年、1998 年、1999 年、2001 年、2002 年、2003 年、2004 年、2005 年、2007 年、2012 年共十一次修订，详见附录 2 中附表 3 - 2 "《年度报告的内容与格式》变迁"。

---

① 已被中国证监会 2007 年颁布的《上市公司信息披露管理办法》替代。

通过《年度报告的内容与格式》十一次修订的内容变化可以看出，对上市公司信息披露的内容范围从窄到宽，披露要求越来越科学合理，兼顾上市公司的信息披露成本和投资者的信息需求，增加了如上市公司实际控制人，前十大股东持股变动情况，董事、监事、高级管理人员的持股变动及薪酬情况，公司的重大关联交易事项，重大诉讼，仲裁事项，投资，现金分红，退市风险，内部控制等披露内容，也增加了反映上市公司经营业绩的会计数据和财务指标，删除了一些过时的、不必要的披露要求，越来越重视信息披露的真实性、准确性、及时性和可理解性。

3.3.3　中期报告披露制度的变迁

3.3.3.1　在基本法律和行政法规层面的变迁

2005 年修订的《证券法》对中期报告披露方面的变化和对年度报告披露规定的变化是一致的，主要是：报送主体更为规范，由"股票或者公司债券上市交易的公司"变更为"上市公司和公司债券上市交易的公司"；对虚假记载、误导性陈述或者重大遗漏的责任人和免责人做出更清晰的规范；国务院证券监督管理机构除了对中期报告的信息披露进行监督外，还要对上市公司控股股东和信息披露义务人的行为进行监督。

2004 年以前的《公司法》要求上市公司必须按照法律、行政法规的规定，定期公开其财务状况和经营情况，在每会计年度内半年公布一次财务会计报告。2005 年修订时增加了披露"重大诉讼"的要求。

约束中期报告的行政法规主要有《股票发行与交易管理暂行条例》和《企业财务会计报告条例》，没有发生较大的修改。

3.3.3.2　在部门规章层面的变迁

与年度报告类似，对中期报告作出规定的部门规章主要是 1993 年颁布的《公开发行股票公司信息披露实施细则（试行）》、2007 年颁布的《上市公司信息披露管理办法》、经过多次修订的《公开发行证券的公司信息披露内容与格式准则第 3 号〈半年度报告的内容与格式〉》以及《公开发行证券的公司信息披露编报规则第 13 号〈季度报告内容与格式特别规定〉》。

《上市公司信息披露管理办法》相对于《公开发行股票公司信息披露实施细则（试行）》的变化主要在于：中期报告的披露时间由"每个会计年度的前 6 个月结束后 60 日内"更改为"每个会计年度的上半年结束之日起 2 个月内"；季度报告在每个会计年度第 3 个月、第 9 个月结束后的 1 个月内编制完成并披露，第一季度季度报告的披露时间不得早于上一年度年度报告的披露时间；除特殊情况外，中期报告无须经会计师事务所审计。

对半年度报告的披露规定得最具体的是《公开发行证券的公司信息披露内容与格式准则第 3 号〈半年度报告的内容与格式〉》。从 1994 年正式制定后，《半年度报告的内容与格式》经历了 1996 年、1998 年、2000 年、2002 年、2003 年、2007 年、2013 年共 7 次修订。另外，2008 年中国证监会发布的《关于修改上市公司现金分红若干规定的决定》中对"重要事项"的披露内容进行了修改。详见附录 3 中附表 3 "《半年度报告的内容与格式》变迁"。

通过《半年度报告的内容与格式》七次修订的内容变化可以看出，要求上市公司信息披露的项目内容逐渐增加并细化，尽量避免重大遗漏、虚假陈述或者严重误导，对上市公司信息披露的真实性、准确性、完整性和及时性要求不断提高，在不导致上市公司信息披露成本过高的前提下尽量满足投资者的信息需求，市场的透明度不断提高。

季度报告披露制度发生的变迁主要体现在《公开发行证券的公司信息披露编报规则第 13 号〈季度报告内容与格式特别规定〉》。从 2001 年正式制定后，《季度报告内容与格式特别规定》经历了 2002 年、2003 年、2007 年、2013 年共 4 次修订。2001 年规定上市公司应披露简要的合并利润表与合并资产负债表。2002 年修订要求采用数据列表方式，列示报告期（期末）主要会计数据及财务指标以及资产负债表、利润表。此后的几次修订不断补充、细化对上市公司季度报告的内容和格式规范的披露要求。2007 年修订要求季度报告披露的内容主要有：重要提示、公司基本情况、重要事项、附录等，要求披露公司财务报表和主要会计报表项目、财务指标发生大幅度变动的相关信息、重大事项等。2013 年修订对季度报告的内容和格式规范做出了更加明确具体的要求。季度报告披露制度的出台和不断修订，对于加强我国上市公司运营的透明性、信息披露的及时性起着重要作用，体现了我国信息披露制度在不断完善，也是我国证券监管水平进一步与国际接轨的标志。

3.4

我国上市公司信息披露制度的变迁特点

与美国等发达国家证券市场的信息披露制度变迁相似，我国上市公司信息披露制度的变迁主要包括披露内容和披露手段的变迁，变迁方向是向市场的高透明度发展，追求"公开、公平、公正"的良好秩序，变迁特点主要有以下几点。

（1）信息披露内容的范围从窄到宽，越来越重视投资者的信息需求，强调信息披露的真实性、准确性、完整性和可理解性。

从对《年度报告的内容与格式》、《半年度报告的内容与格式》、《季度报告内容与格式特别规定》、重大资产重组、收购、分红、退市等披露规范的出台和不断修订过程中可以看出，对上市公司定期报告（年报、半年报、季报）和临时公告的披露要求正不断提高，要求上市公司信息披露的项目内容逐渐增加并细化，强化对实际控制人的披露，增加了如上市公司实际控制人，前十大股东持股变动情况，董事、监事、高级管理人员的持股变动及薪酬情况，公司的重大关联交易事项，重大诉讼，仲裁事项等披露内容，也增加了反映上市公司经营业绩的会计数据和财务指标的披露，对上市公司信息披露的内容范围从窄到宽，披露要求越来越科学合理。在不导致上市公司信息披露成本过高的前提下，对上市公司信息披露的真实性、准确性、完整性和可理解性要求不断提高，要求信息披露不断满足投资者的信息需求，从而降低信息不对称程度、提高市场透明度。

（2）以正式规定替代临时性规定，信息披露规则明细化，格式趋向统一，语言精练准确，具有较强的可操作性。

我国信息披露制度不断以正式性规定代替临时性规定（例如以 2007 年颁布的《上市公司信息披露管理办法》替代 1993 年颁布的《公开发行

股票公司信息披露实施细则（试行）》），并先后制定《公开发行股票公司信息披露的内容与格式准则》、《公开发行证券的公司信息披露编报规则》、《公开发行证券的公司信息披露规范问答》等更为详细的信息披露指南，而且不断对这些规则进行修订，及时淘汰落后法规条文，对上市公司年度报告、中期报告、法律意见书等规定了相应的披露内容与格式，信息披露规范的可操作性明显增强。

（3）信息披露手段从落后到先进，信息披露载体从报刊等纸质材料发展到互联网。

信息披露手段是指上市公司进行信息披露的方式和渠道。起初，我国上市公司主要通过报刊等纸质材料来进行信息披露。随着信息技术的发展，我国证监会、沪、深证交所已经建立了专门的互联网网站，并利用互联网来披露上市公司信息，信息披露手段从指定报刊转向指定报刊和指定国际互联网网站相互补充。

（4）信息披露的时间间隔越来越短，信息披露的及时性要求不断提高。

我国《证券法》、《公司法》、《公开发行股票公司信息披露实施细则（试行）》、《上市公司信息披露管理办法》、经过多次修订的《公开发行证券的公司信息披露内容与格式准则第 2 号〈年度报告的内容与格式〉》、《公开发行证券的公司信息披露内容与格式准则第 3 号〈半年度报告的内容与格式〉》等法律法规中都对上市公司年度报告、中期报告的内容和格式披露作出了要求，并不断根据信息披露及时性要求进行修改。另外，季度报告披露制度、业绩预告制度的出台和不断修订，表明我国进一步制定了提高信息披露及时性的相关制度，信息披露及时性的要求不断提高，也标志着我国证券监管水平进一步与国际接轨。

（5）信息披露制度从地方性规范发展为全国性规范，形成了以证监会为核心的上市公司信息披露的集中统一监督管理体系。

我国信息披露制度建设初期，仅有《上海市证券交易管理办法》、《深圳市股票发行与交易管理暂行办法》、《股份制试点企业会计制度》等地方性信息披露规范，直到国务院证券委和中国证监会成立，我国证券市场统一监管体制才开始形成。《公司法》、《证券法》、《股票发行与交易管理暂行条例》等法律法规和部门规章的颁布和实施，使我国证券市场的监管提升到全国性信息披露规范的层面，并形成了以我国证监会为核心的上市公司信息披露的集中统一监督管理体系。

3.5

我国现行上市公司信息披露制度存在的问题

虽然我国在证券市场信息披露制度建设方面已取得了可喜的成绩，但进行信息披露法制建设的时间较短，经验不足，在信息披露制度的制定与实施方面仍存在一些问题。

（1）上市公司在信息披露中仍存在不少违规行为，例如信息披露不真实、不准确、不完整、不及时，甚至利用其信息优势、时间优势进行内幕交易。

借鉴西方发达国家的经验，我国一直强调强制性信息披露制度，加强引导自愿性信息披露，要求上市公司必须真实、准确、完整、及时地公开披露公司的重大事项和有关信息。然而，出于对自身利益的最大化追求，我国上市公司及上市公司信息披露义务人不可能完全自愿地披露公司相关信息、特别是对其不利的信息，不少公司甚至存在隐瞒披露、提供虚假或严重失实信息的现象。另外，从信息披露制度的变迁可以看到年度报告的披露时间从原来的 120 日更改为 4 个月，半年度报告则从原来的 60 天更改为两个月，没有进行根本上的变革。信息披露时间过长，一方面，给了部分上市公司足够的时间对其财务报告进行粉饰或造假；另一方面，内幕信息知情人可能利用其信息优势、时间优势进行内幕交易，从而侵犯广大中小投资者的利益。

（2）对信息披露法律责任的规定尚不够具体，缺乏相关的法律责任制度。

目前已有部分法规对违反信息披露的行为进行界定并规定了违规责任人要负行政责任、刑事责任和民事责任，但对怎样追究责任人的责任、责任人之间的责任如何划分等问题，还缺乏相关的规定或者规定得不够具体。例如，我国尚未专门针对内幕交易立法，虽然《证券法》及相关法律法规已对内幕交易行为进行了界定，但仅有少数法律规范涉及内幕交易行为人的法律责任，因而缺乏威慑力。再如，我国较少对违反信息披露及时性的法律责任做出规定，《证券法》中仅对违反信息披露真实性、准确性和完整性的行为规定了民事赔偿责任，而未将违反信息披露及时性的行为纳入民事赔偿责任条款中，对上市公司拖延披露信息行为的处罚明显不足。

（3）对信息披露的监管和执行力度不足。

我国对上市公司信息披露的监管主体是国务院证券委、中国证监会和沪、深证交所，但各自的职责和权限有所不同。国务院证券委是最高证券管理权力机关，主要负责加强证券市场的宏观管理，统一协调股票、债券、国债等有关政策。中国证监会主要负责上市公司首次信息披露的监管。证交所主要负责对上市公司持续性信息披露的监管。各有关部门之间可能没有建立起良好的磋商和信息沟通机制，导致监管效率不高、监管时效性差、监管和执行力度不足等问题。由于我国没有建立起动态的包括事前、事中监管的监管体系，监管手段单一（基本为事后监管），以及缺乏必要的执法手段（例如缺乏民事赔偿制度，只能对违规的上市公司处以罚款等行政处罚），致使上市公司的违规操作和不规范披露的成本很低，存在从不法行为中获利的机会。具有信息优势、时间优势和资金优势的上市公司、机构投资者相互勾结进行内幕交易、操纵股市的现象时有发生。虽然证券监管部门每年都查处违规案件，也可以见到违反证券法律法规或是对其有关信息没有进行及时披露的上市公司受到监管部门公开谴责、内部批评及立案调查，但违规的具体事实、相关人员的具体责任、处罚决定的具体根据没有完全公开，因而警示作用不大。

3.6

本章附表

本章附表参见附录。

1. 附表 3 - 1　我国上市公司信息披露制度规范体系变迁表
2. 附表 3 - 2　《年度报告的内容与格式》变迁表
3. 附表 3 - 3　《半年度报告的内容与格式》变迁表

第 *4* 章

上市公司信息披露对投资者
保护的现状分析

4.1

引言

　　信息披露机制对投资者的保护作用主要表现为减少信息不对称，为投资者提供公平的信息渠道与环境。早期的基于市场的研究主要根据上市公司内部人在信息披露中的可操作领域，从会计准则的选择（如 Leuz, 2003；Covrig, 2007）、会计方法的选择（如 Bradshaw et al., 2004）、披露政策的选择（Heflin et al., 2005；Brown and Hillegeist, 2007）等方面考察了上市公司信息披露策略对市场信息不对称或者公司资本成本的影响，而相应的市场信息不对称指标大多采用一定期间的市场流动性指标均值替代，属于对信息披露发挥对投资者保护效用的间接衡量。其实，要想观察信息披露机制是否发挥了对投资者的保护作用，最直接有效的方法就是了解所有投资者在信息披露事件中是否公平地获取了信息，即在信息披露之前信息是否已经被泄露从而造成交易基础的不公，这可以通过观察信息披露前的市场反应获知。因为如果信息在披露之前就已经泄露，而且有人利用这种信息优势进行交易获取超额收益的话，他的行为会反映在股价、收益波动率等市场指标里，那么通过观察与比较信息披露前后的超额收益率、超额交易量以及收益波动率等指标，就可以了解信息在披露前后的分布，了解是否有人利用信息优势损害了不知情的投资者的利益，即信息披露是否发挥了对投资者的保护效用。事件研究法为我们观察信息披露前后的信息分布提供了基础。但目前关于盈余公告市场反应的事件研究也主要关注会计盈余对投资者的决策相关性，并没有论证盈余信息在信息披露前后的分布状况或盈余信息被提前泄露的程度，因而不能直接观察盈余信息披露对市场信息不对称状况的影响以及对外部投资者保护的作用。

　　鉴于此，本章拟通过度量上市公司信息披露前的信息泄露值及信息在披露前后的分布状况，考察上市公司信息披露对市场信息不对称及投资者保护的作用。为从不同的角度考察上市公司信息披露实践对投资者的保护作用，我们分别观察和分析定期报告披露与临时报告披露的信息泄露状况，其中，定期报告采用代表性强的年报披露，临时报告采用并购交易公告披露、大股东减持披露与财务重述披露。

4.2

样本选择与数据来源

　　以沪、深交易所的成立为标志，从 1990 年建立至 2000 年，我国股市发展很快，也为国企改革做出了巨大贡献，但很不规范，上市公司造假、违规披露等行为充斥着整个市场，郑百文、银广夏、蓝田股份、东方电子等造假丑闻陆续被浮出水面。2000 年 6 月证监会发布了《关于加强上市公司监管工作的意见》、《进一步加强 ST、PT 公司信息披露监管工作的通知》，2000 年 12 月证监会发布《关于完善公开发行证券公司信息披露工作的意见》，随后，2001 年沪、深两个交易所相继发布了《上市公司信息披露工作考核办法》，这标志着我国上市公司信息披露制度建设逐步走向规范。因此，我们选取 2001 年至 2010 年所有披露年报的上市公司为最初样本。当使用深交所考评等级衡量上市公司的整体信息披露水平时，研究样本的原始样本为 2001 年至 2010 年在深圳证券交易所上市的非金融行业 A股上市公司①，进行如下筛选：

　　（1）剔除金融企业；

---

① 上交所没有公布对上市公司的信息披露考评等级。

（2）剔除在年报公告日前后 30 天内有其他重要事件宣告的样本，以避免其他重大事件的影响；

（3）剔除因股权分置改革而停牌交易的公司；

（4）剔除被暂停上市的公司以及首次公告日前、后连续 5 个交易日停牌的公司，以避免其他重要因素的影响；

（5）剔除市场交易数据不能满足事件窗前 200 个交易日数据的公司以及其他变量缺失的样本公司；

最终获得 5499 个样本，样本的年度分布详见表 4 - 1。

表 4 - 1　　　　　　　　深交所模型样本分布与分类

年份	深交所考评公司					研究样本				
	优秀	良好	及格	不及格	小计	优秀	良好	及格	不及格	小计
2001	30	201	251	35	517	29	184	231	25	469
2002	40	239	197	33	509	40	222	180	27	469
2003	41	268	173	25	507	41	254	153	21	469
2004	30	303	147	22	502	28	277	144	20	469
2005	55	308	149	35	547	54	281	122	26	483
2006	59	313	188	32	592	55	256	143	17	471
2007	66	363	234	27	690	60	254	180	23	517
2008	80	454	206	19	759	69	378	171	13	631
2009	97	550	147	18	812	94	458	127	15	694
2010	135	693	171	16	1015	128	548	138	13	827
合计	633	3692	1863	262	6450	598	3112	1589	200	5499

当对披露要素进行分析时，研究的原始样本扩大为 2001 年至 2010 年在沪、深证券交易所上市的非金融行业 A 股上市公司，经上述标准筛选后最终获得 12850 个样本，样本的年度分布如表 4 - 2 所示。

本研究数据来源于万德（Wind）金融数据库、国泰安数据库以及锐思数据库，我们对有关数据进行了各库之间的核对或补充，有疑问的直接上证监会或者交易所网站查询公告或者年报。数据的整理与处理主要采用 Stata11.0。

4.3

上市公司的信息披露质量状况

表4-1列示了深交所对上市公司信息披露的考评结果，它反映了公司信息披露的整体质量水平。从2001年至2010年，获得优秀与良好等级的公司逐年增加，而获得不及格等级的公司逐年下降，体现了上市信息披露整体质量的逐年上升。

表4-2   信息披露质量的分年均值统计

年份	样本数	DA 均值	absDA 均值	DA < =0		DA >0		(｜I｜-｜J｜) 的 T 检验值
				样本数	均值（I）	样本数	均值（J）	
2001	1028	-0.0047	0.0417	466	-0.0512	562	0.0339	4.9955***
2002	1104	-0.0081	0.0450	550	-0.0533	554	0.0368	4.254***
2003	1164	-0.0047	0.0425	578	-0.0475	586	0.0375	3.3257***
2004	1200	-0.0095	0.0490	600	-0.0585	600	0.0395	4.0166***
2005	1264	-0.0087	0.0472	586	-0.0603	678	0.0359	6.5612***
2006	1256	-0.0078	0.0434	644	-0.0500	612	0.0366	4.3995***
2007	1297	0.0014	0.0651	676	-0.0611	621	0.0694	-1.3027
2008	1438	0.0076	0.0632	662	-0.0604	776	0.0656	-0.5898
2009	1502	0.0029	0.0583	721	-0.0577	781	0.0588	-0.2373
2010	1597	-0.0006	0.0494	840	-0.0476	757	0.0514	-0.6705
合计	12850	-0.0028	0.0511	6323	-0.0548	6527	0.0465	4.2042***

注：1. ***、**、*表示显著性水平分别为0.01、0.05、0.1；

2. DA代表操控性应计利润；absDA代表操控性应计利润DA的绝对值；I代表当DA≤0时DA的均值；J代表当DA>0时DA的均值；T代表I的绝对值｜I｜与J的绝对值｜J｜的差异显著性检验的T值。

如第2章所述，对于我国信息披露的要素，我们主要关注信息的可靠性与披露的及时性。信息的可靠性我们采用年报披露盈余的操控性应计利润的绝对值 absDA 来衡量，absDA 越大，盈余可靠性越差；absDA 越小，盈余越接近真实值，可靠性越好。采用年报披露日期与年度结束日期（12月31日）之差——披露时滞 Tim1 来衡量年报披露的及时性，Tim1 越长，年报披露及时性越差；Tim1 越短，年报披露及时性越好。表 4 - 2、表 4 - 3 分别列示了年报披露盈余质量 absDA 与及时性指标 Tim1 的年度分布。为了更好地观测年报披露盈余质量的状况，表 4 - 2 还列示了 DA 以及 DA > 0、DA ≤ 0 时的操纵性应计利润均值及其样本分布，由于 DA 是所有样本的均值，其中有正负值的抵消，所以其均值总体来说要小于 absDA。图 4 - 1 列示了年报信息质量的年度趋势比较图，由该图可以看到，absDA 在 2001 ~ 2006 年一致徘徊在 0.0417 ~ 0.0490 之间，2007 年度突然增长至 0.0651，增长幅度较大（DA > 0、DA ≤ 0 时的 DA 值有同样的趋势），之后逐步下降。我们认为，这是由于 2007 年是上市公司采用新会计准则的第一年，原来以账面价值计价的一些项目，如交易性金融资产、可供出售金融资产、投资性房地产等，按照新会计准则采用公允价值计价，而 2007 年是中国股市膨胀的一年，因而在一些公司 2007 年年报中确认了大量原来没有的非实现利得，导致应计利润的增加；另外，根据新的减值准则应对相关资产进行减值测试确定相应的减值与损失，部分公司 2007 年确认了较大的减值损失，导致应计利润降低。前者导致当 DA > 0 时 DA 继续上升，后者导致当 DA ≤ 0 时 DA 继续下降，再加上 2007 年是执行新准则的首年，一些公司可能利用这个契机故意调高或者调低利润，出现执行准则的不规范行为，这都会导致 2007 年年报的 absDA 剧增。2007 年以后，一方面在政府对新准则执行的辅导和监管下上市公司执行准则逐步规范；另一方面之前确认的应计利润在后期也有逐步转回的趋势，所以出现下降。比较 DA > 0 与 DA ≤ 0 时的 DA 的绝对值，2001 年至 2006 年上市公司的 absDA 在 DA ≤ 0 时的值显著大于 DA > 0 的相应值，但 2007 年至 2010 年上市公司的 absDA 值在 DA ≤ 0 时却小于 DA > 0 的相应值，但后者并不显著，这说明 2001 年至 2006 年我国上市公司以向下的盈余管理为主，2007 年后向上盈余管理增多，并略大于向下的盈余管理水平（见表 4 - 2）。

表 4 - 3 列示了 A 股上市公司 2001 ~ 2010 年年报披露月份频数统计数据，观察年报的披露时间，平均来说年报在上个会计年度结束 88.87 天后

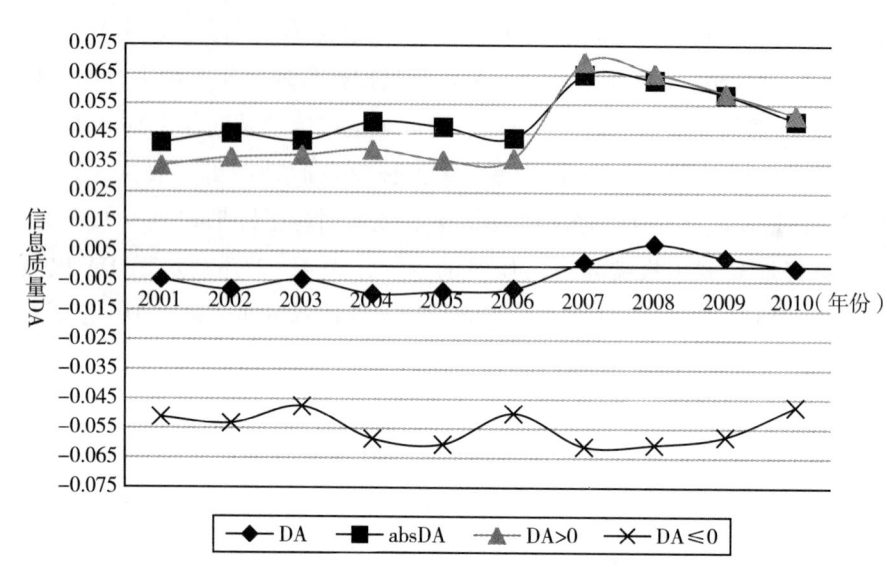

图 4-1 年报信息质量的年度趋势比较图

公布，但上市公司选择在三月、四月披露年报的比例却高达 87.07%，这说明年报披露确实存在较为明显的"赶末班车"现象；2001 年至 2005 年以及 2007 年还存在超过规定期限（4 个月）披露年报的公司，2008 年后超期披露的情况得到了好转。然而，表 4-3 与图 4-2 均表明，从 2001～2010 年，年报披露的及时性并没得到实质上的改善，其中 2008 年年报的披露时滞均值最长，为 91.61 天，可能是受金融危机的影响。

表 4-3　　　　　　　　年报披露月份频数统计表

年份	样本数	平均时滞 Tim1	披露月份									
			一月		二月		三月		四月		大于四月	
			数目	比例（%）	数目	比例（%）	数目	比例（%）	数目	比例（%）	数目	比例（%）
2001	1028	85.779	19	1.85	111	10.80	434	42.22	462	44.94	2	0.19
2002	1104	87.701	56	5.07	109	9.87	402	36.41	530	48.01	7	0.63
2003	1164	87.711	26	2.23	156	13.40	464	39.86	516	44.33	2	0.17
2004	1200	88.529	31	2.58	115	9.58	468	39.00	582	48.50	4	0.33

续表

年份	样本数	平均时滞 Tim1	披露月份									
			一月		二月		三月		四月		大于四月	
			数目	比例(%)	数目	比例(%)	数目	比例(%)	数目	比例(%)	数目	比例(%)
2005	1264	90.572	28	2.22	140	11.08	466	36.87	625	49.45	5	0.40
2006	1256	90.378	30	2.39	109	8.68	469	37.34	648	51.59	0	0.00
2007	1297	88.841	32	2.47	171	13.18	482	37.16	611	47.11	1	0.08
2008	1438	91.606	9	0.63	137	9.53	578	40.19	714	49.65	0	0.00
2009	1502	87.995	28	1.86	167	11.12	640	42.61	667	44.41	0	0.00
2010	1597	88.649	45	2.82	121	7.58	778	48.72	653	40.89	0	0.00
合计	12850	88.873	304	2.37	1336	10.40	5181	40.32	6008	46.75	21	0.16

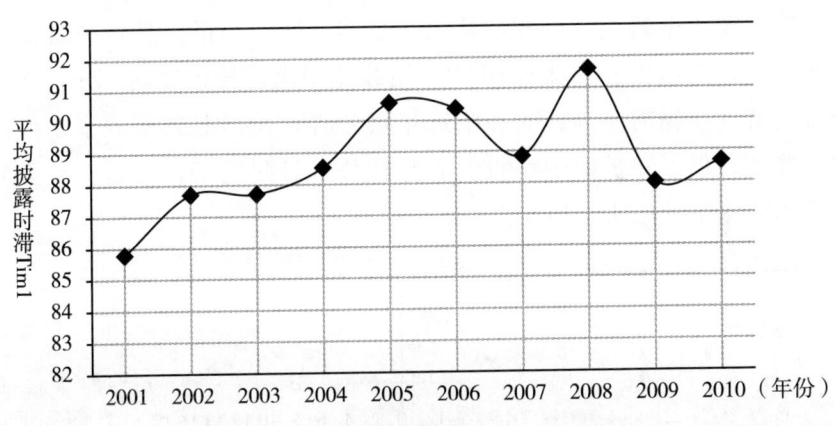

图 4 - 2　年报披露及时性的年度趋势图

4.4

年报信息披露的泄露效应

4.4.1　整体样本的分析

以年报公告日为事件日 t_0，计算并观察样本公司公告日前后 30 天的超额收益率以及累计超额收益率，发现超额收益率在公告日前便开始出现明显异动，图4-3、图4-4分别列示了公告日前后30天总体样本公司（12850个样本）的平均超额收益率与累计平均超额收益率的走势图。

由图4-4可以看出，总体样本的累计平均超额收益率CAAR从公告日前就出现明显的攀升，这种快速上升的趋势止于信息公告的前一天，并从公告当天起出现下滑。这表明，在年报公告前相关信息就已经被泄露。图4-5和图4-6列示了事件窗（-30, 30）内总体样本公司的平均超额换手AAT与平均波动率AARV走势。我们可以看出，超额换手率在年报公告日前后3天突然上升，交易量放大，且在年报公告后也表现出较大的波动；公告日之前收益率就出现异常波动，在公告日前后（-10, 2）波动程度最大。结合超额收益率、超额换手率以及收益波动率的表现，我们认为，总体而言，年报信息在公告前就已经泄露，大约从公告日前10天开始收益率出现异常波动，知情者在公告前就逐步提前布局，而在临近年报公告日卖出股票获取了丰厚的超额收益，但不知情的中小投资者却在公告日附近高价接盘，陷入知情者提前布下的陷阱，遭受损失。

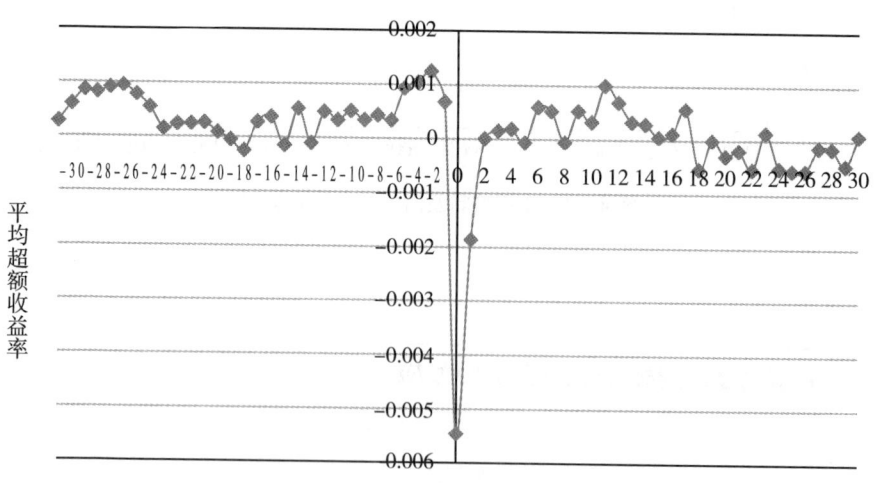

图4-3　年报披露前后的平均超额收益率

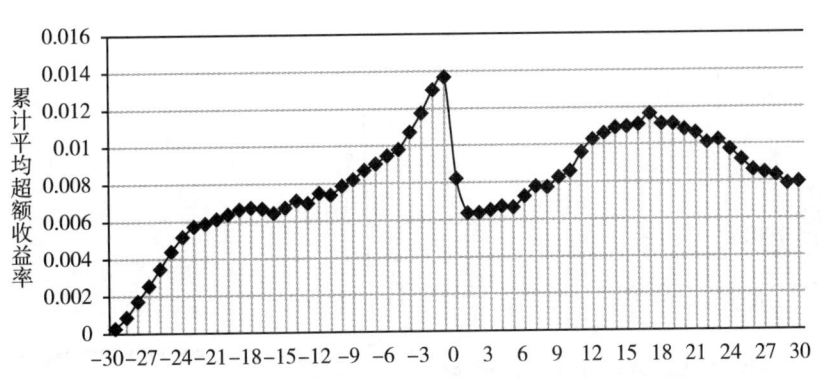

图 4 - 4 年报披露前后的累计平均超额收益率

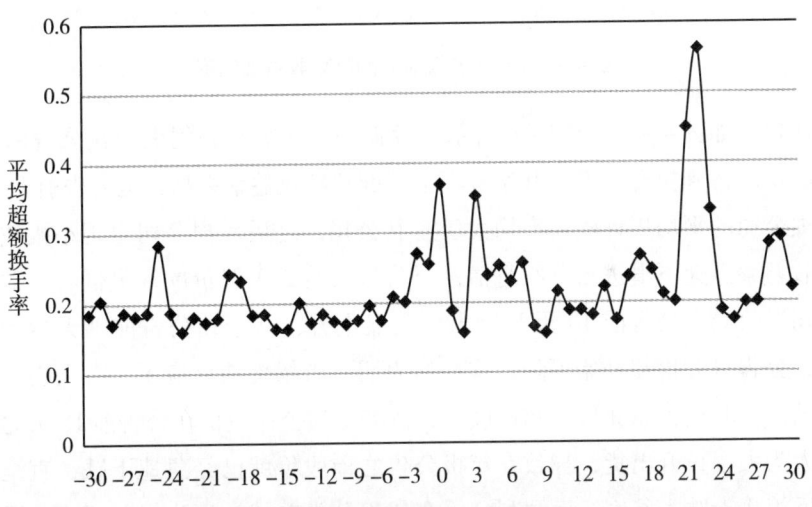

图 4 - 5 年报披露前后的平均超额换手率

4.4.2 盈利公司与亏损公司的比较分析

为了避免年报信息中"好"消息与"坏"消息对市场效应的抵消作用，我们根据投资者关注的关键指标——净利润，对年报信息进行分组，观察亏损公司与盈利公司的不同市场表现及信息泄露情况。图 4 - 7、图 4 - 8、图 4 - 9、图 4 - 10 分别列示了亏损公司与盈利公司在年报披露前后 30 天的平均超额收益率、累计平均超额收益率、波动率与超额换手率的走

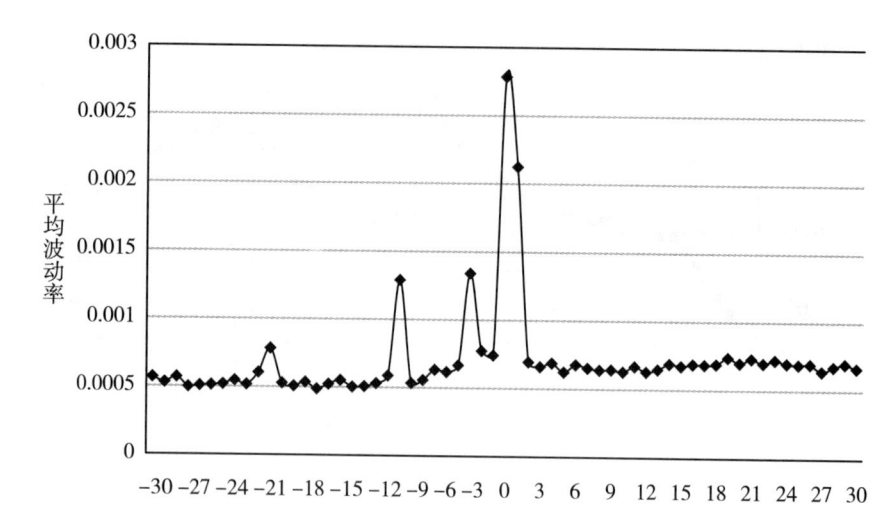

图 4-6 年报披露前后的平均收益波动率

势比较。如图 4-7、图 4-8 所示，亏损公司与盈利公司大约在公告前 30 天股价均得到拉升，但一开始亏损公司的超额收益率更高，至公告前 16 天亏损公司的平均累计收益率均大于盈利公司，之后亏损公司出现小幅波动后收益率急速下滑进入下跌行情，至公告后第 2 天股价跌入最低谷；盈利公司股价约在公告前 10 天开始出现明显上升，并于在公告前 1 天达到峰值，公告日股价却开始下降，这些均表明，市场提前反应了，有人提前获得消息并利用信息获取了超额收益，例如亏损公司股价在公告前 15 天之前被人为大幅拉升出货，导致在年报公告之前股价就已经急速下跌，直至公告后第 2 天跌入谷底；而盈利公司在年报公告前就被逐步提前买入，股价在公告前 1 天达到峰值，知情者却利用股价高位出货，不知情的散户在高位接盘，公告日并没有因为盈利带来股价的上涨，而因为被知情者的恶意操纵盈利公司股价下跌，在高位接盘的不知情的中小投资者却因为公司盈利而遭受损失。此外，如图 4-9、图 4-10 所示，两组公司大约都在公告日前后（-10，2）的区间内波动率最大，在（-2，7）之间的超额换手率最高，但盈利公司的波动幅度以及超额换手率较亏损公司小得多。表 4-4 的 A 部分列示了亏损公司与盈利公司在各时间窗口的累计超额收益率、超额换手率以及波动率的差异显著性 T 检验，该检验结果表明，与盈利公司相比较，亏损公司在公告前（-30，-16）的累计超额收益率显著大于盈利公司的相应值，而在（－15，－1）的累计超额收益率降为负值小于盈利公司的相应值，但在（－15，－1）的累计超额收益率的绝对值却大于盈利公司的相应值，并且亏损公司的超额换手率更大，波动幅度更加显著，这说明亏损公司被利用信息泄露受到操纵的可能性更大。另外，由于亏损公司占总体样本量的比例较低（约14.5%），因此平均之后，图4－7、图4－8、图4－9、图4－10中全样本的平均超额收益率、累计平均超额收益率、波动率与超额换手率的走势与盈利公司相应指标的走势基本一致。

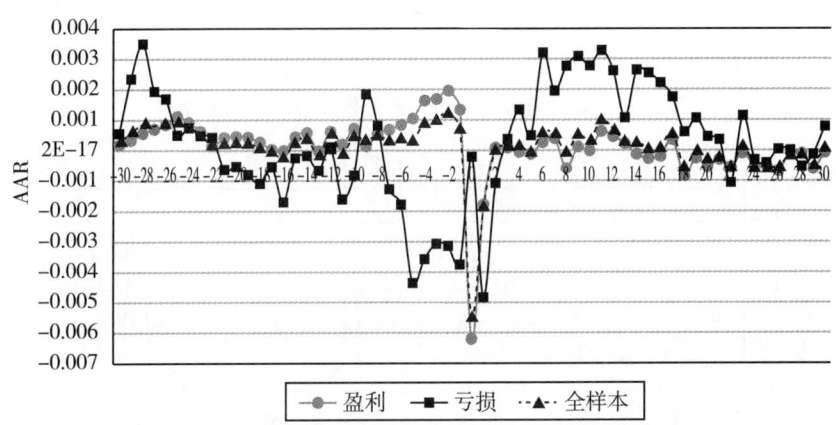

图 4 – 7　盈利与亏损公司年报公告前后的平均超额收益率

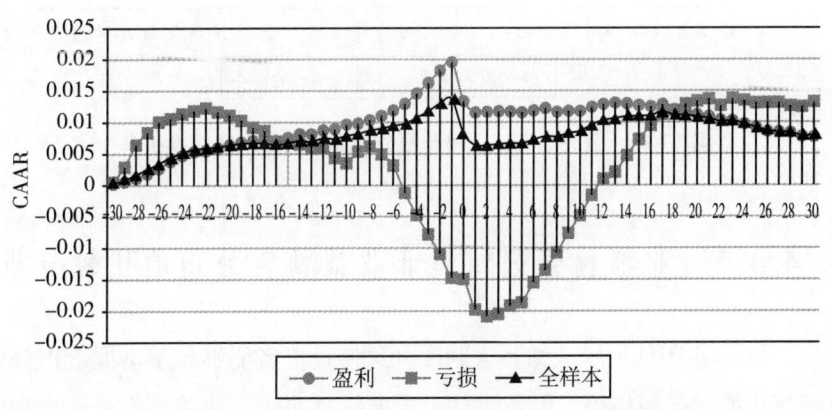

图 4 – 8　盈利与亏损公司年报公告前后的累计平均超额收益率

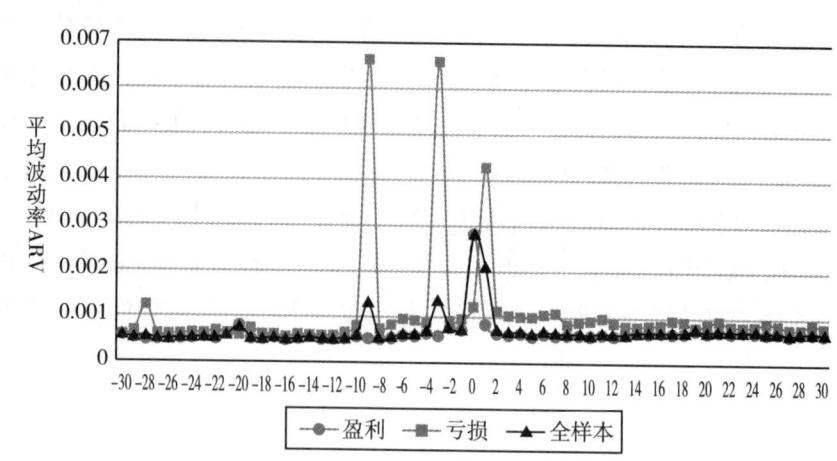

图 4 - 9　盈利与亏损公司年报公告前后的平均波动率

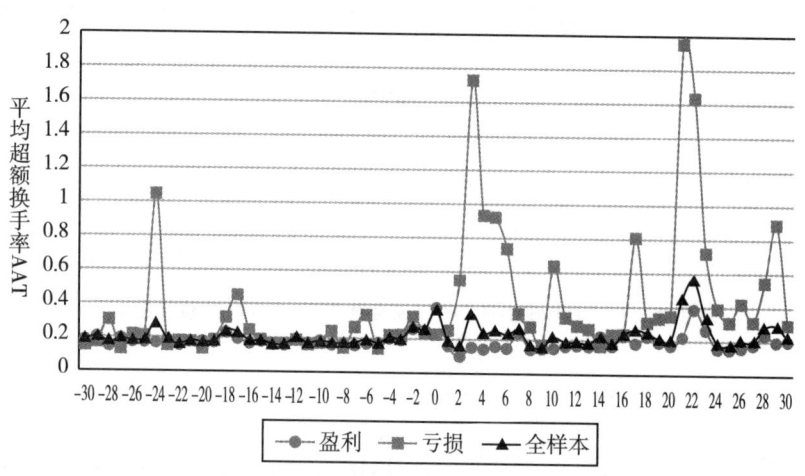

图 4 - 10　盈利与亏损公司年报公告前后的平均超额换手率

4.4.3　业绩预告公司与非业绩预告公司的比较分析

2000 年我国推出了业绩预告制度，这使投资者能够较早掌握上市公司业绩变化的方向和趋势。但是，对于年报信息而言，业绩预告是否会造成对年报关键信息的泄露而被机会主义者利用？为此，我们将样本分为业绩预告组与非业绩预告组，前者在年报披露之前进行了业绩预告，而后者在年报披露前没有进行业绩预告，比较该两组样本的市场反应指标。图 4 - 11、图 4 - 12、图 4 - 13、图 4 - 14 分别列示了业绩预告组与非业绩预告组在年报披露前后 30 天的平均超额收益率、累计平均超额收益率、波动率与超额换手率的走势。如图 4 - 11、图 4 - 12 所示，两组公司在公告前 30 天股价均得到拉升，并在公告前 1 天达到峰值，但约在公告前 20 天开始，非业绩预告组的累计超额收益率大于业绩预告组的相应值，表 4 - 4B 部分对两组样本的 preCAR（ - 20， - 1）的检验表明，该差异在 10% 的水平上显著，这说明业绩预告不会增加年报信息泄露被利用的程度，相反可以降低信息被操纵的程度。由图 4 - 13、图 4 - 14 及表 4 - 4B 部分可以发现，业绩预告组的超额换手率较大，波动率较高，这是由于提前进行行业业绩预告的公司其业绩增长或者下降的幅度较上年一般较大，这种较大幅度的变动带来市场的反应较大。

表 4 - 4　　　　　　　　　　　样本组差异的显著性检验

A	盈利组均值 I	亏损组均值 J	｜I｜－｜J｜差异	T
N	11220	1630		
preCAR（ - 30， - 16）	0.0044	0.0088	- 0.0044	- 4.0438 ***
preCAR（ - 15， - 1）	0.0046	- 0.0061	- 0.0015	- 1.1478 *
AT（ - 2， 7）	0.1996	0.6275	- 0.4279	- 2.8034 **
ARV（ - 10， 2）	0.0008	0.0021	- 0.0013	- 1.9945 *
B	非业绩预告组均值	业绩预告组均值	差异	T
N	5560	7290		
preCAR（ - 20， - 1）	0.0038	0.0023	0.0015	1.8179 *
AT（ - 2， 7）	0.2156	0.2815	- 0.0659	- 1.7706 *
ARV（ - 10， 2）	0.0006	0.0013	- 0.0007	- 2.4615 **

注：1. ***、**、* 表示显著性水平分别为 0.01、0.05、0.1；

2. N 为样本数；

3. T 代表盈利组指标绝对值｜I｜与亏损组相应指标绝对值｜J｜的均值差异显著性检验的 T 值。

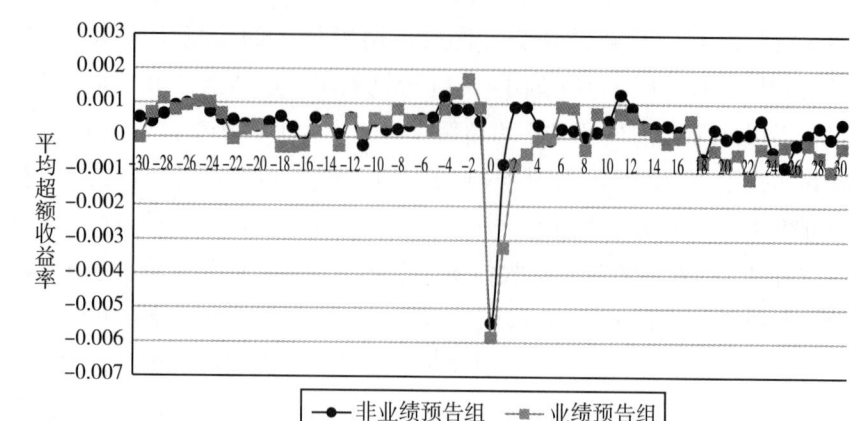

图 4-11 业绩预告与非预告公司年报公告前后的平均超额收益率

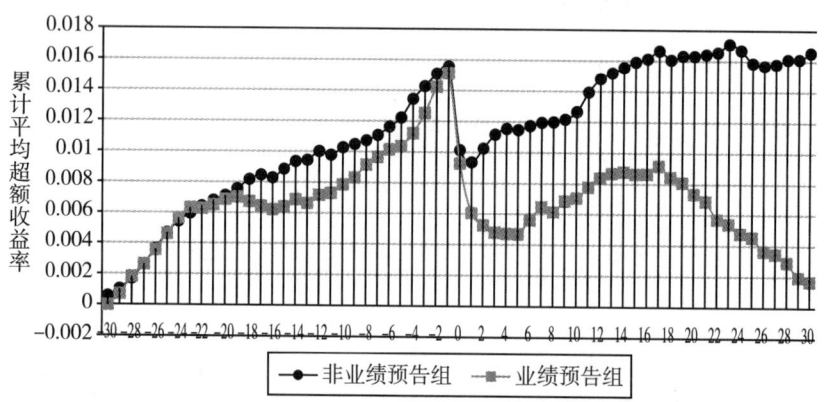

图 4-12 业绩预告与非预告公司年报公告前后的累计平均超额收益率

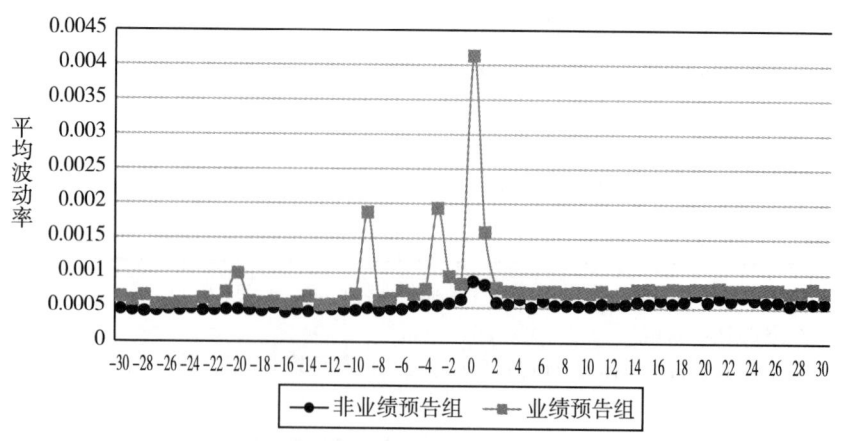

图 4-13 业绩预告与非预告公司年报公告前后的平均波动率

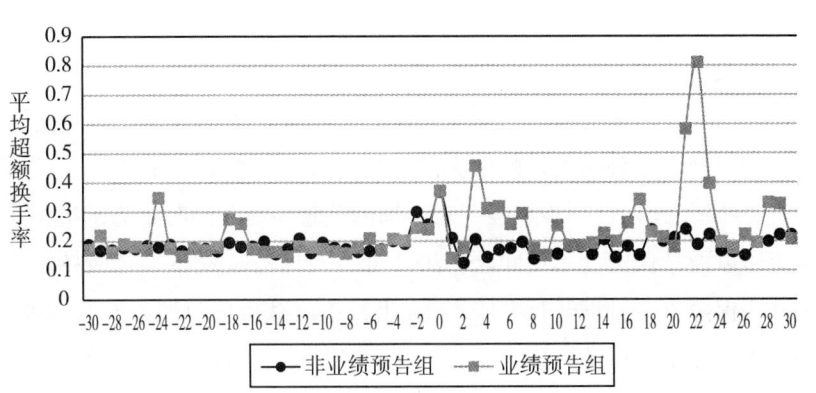

图 4 - 14　业绩预告与非预告公司年报公告前后的平均超额换手率

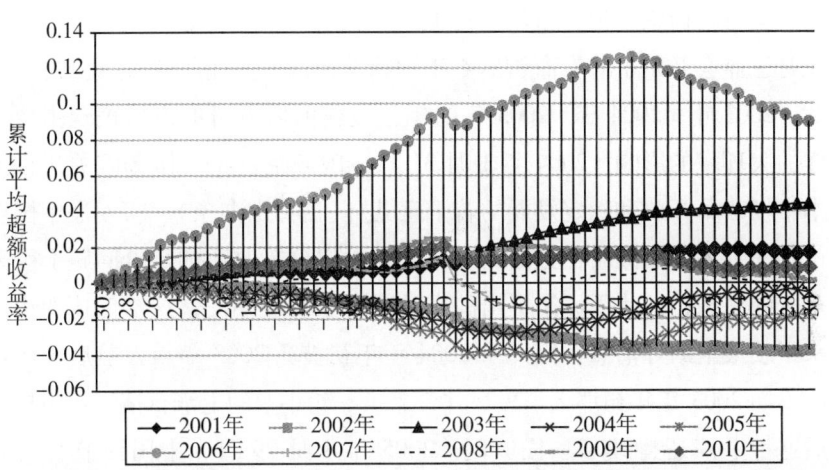

图 4 - 15　各年年报公告前后的累计平均超额收益率

4.4.4　年度比较分析

图 4 - 15 列示了 2001 年至 2010 年各年样本公司在年报公告日前后（-30，30）的累计平均超额收益率 CAAR 的走势。如图 4 - 15 所示，总体上，2002 年、2004 年、2005 年年报披露之前累计超额收益率有下滑趋势，而其余 7 年样本公司的累计平均超额收益率在年报公告日前均出现不同程度的向上攀升趋势，平均而言在公告前 10 天上升幅度开始更加明显，

其中，2006 年年报的市场反应更为显著，而且公告后股价在一定时段内保持平稳并没有立即下跌，这些表现与年报披露时期的政策、市场环境等因素有关。① 2000 年爆出的基金黑幕②引发了公众对 90 年代以来基金公司、证券公司以及上市公司大量的肆无忌惮的违规、造假行为的关注，政府也因此自 2001 年开始进一步加强了对市场的监管。与此同时，为解决国有股份不流通以及社保资金不足问题，2001 年 6 月国务院发布了《减持国有股筹集社会保障资金管理暂行办法》，提出按市价减持国有股补充社保基金，市场进入恐慌下跌行情，进入了长达 4 年的熊市。市场逐步走低，交易量萎缩，证券公司挪用客户保证金、集中持股、违规理财等行为泛滥，整个证券行业的历史遗留问题和风险在熊市中积累并逐步放大，证券公司资金紧张，全行业面临亏损，市场极度低迷，投资者失去对市场的信心，2003 年 8 月证监会开始了对券商长达 4 年的综合治理，关闭了 31 家证券公司。因此，2002 年、2004 年、2005 年的年报披露前后下滑的市场表现主要受这样的大环境的影响。2004 年 1 月 31 日，国务院发布《国务院关于推进资本市场改革开放和稳定发展的若干意见》（俗称国九条），将发展中国资本市场提升到国家战略任务的高度，并在股权分置改革的定价问题上引入了对价的思想，替代了原来提出的市价减持国有股办法，这给低迷的市场带来了政策上的好消息，因此于 2004 年年初披露 2003 年年报前后，市场反应不如 2003 年年初那么消极，并带来了一轮小幅的上涨行情，年报披露之后这种上涨还持续了一段时间。2005 年 4 月 29 日，中国证监会发布《关于上市公司股权分置改革试点有关问题的通知》，正式启动上市公司股权分置改革试点工作。同时，相关的市场监管法律与规章制度也根据新经济时代的特征逐步修订与完善，如 2005 年 10 月 27 日第十届全国人大常委会第十八次会议通过了新修订的《中华人民共和国证券法》与《中华人民共和国公司法》（2006 年 1 月 1 日起施行）；2006 年 2 月 15 日财政部发布了新的《企业会计准则》（2007 年 1 月 1 日起施行）；2007 年 1 月 30 日证

---

① 根据《上市公司信息披露管理办法》，某年的年报应在第二年的前 4 个月内披露，如 2006 年报应在 2007 年的前 4 月披露。

② 2000 年 10 月，《财经》杂志发表了题为《基金黑幕——关于基金行为的研究报告解析》的文章，由此引起了中国基金业、证券界乃至整个财经业界，甚至政府监管部门的巨大反响。

监会颁布并施行了《上市公司信息披露管理办法》。2006 年 5 月 17 日，中国证监会发布《首次公开发行股票并上市管理办法》，至此，中国股市发行股票不再有非流通股标签，我国股市进入全流通时代。股市经过 4 年多的漫漫熊市，随着对股权分置改革的认识与理解，投资者信心逐步重拾，2006 年 5 月市场进入大幅上涨行情，交易量剧增，股权分置改革新释放出来的部分流通股也逐步参与到市场，这导致了 2007 年年初披露 2006 年年报前后市场的突出表现。2007 年 8 月底券商综合治理完成，对券商的监管工作转入常规监管，2007 年年底上证指数达到 6124 点。2008 年，受美国次贷危机引发的国际金融危机的影响，我国股市逐渐下滑，至 2008 年 10 月 28 日上证指数跌至 1664.93 点的谷底。为抵御金融危机的负面影响，2008 年 11 月 9 日，国务院发布实施扩大内需十项措施，启动 4 万亿元的投资计划，货币政策由从紧过渡到适度宽松，政策的刺激稳定了股市的下跌趋势。综上所述，虽然在各年年报公布之前市场就出现明显的提前反应，表明有知情者利用信息优势掠夺不知情的中小投资者获取了超额收益，但由于各年的政策与市场环境对投资者的决策发生作用，因而各年年报公布之前因信息泄露造成的市场提前反应也具有差异，因此，考察上市公司信息披露对投资者保护的效用必须控制年份的影响，以从宏观上控制政策与市场环境变化的影响。

为了避免其他因素的作用，我们截取了年报披露前更短期间的累计平均超额收益率观察信息泄露对投资者保护的影响。表 4 - 5 列示了各年年报公告前 （-5，-1） 的 abspreCAR 均值，为了更好地观测年报披露前的市场反应，表 4 - 5 还列示了 preCAR 以及盈利公司、亏损公司的 abspreCAR

表 4 - 5   preCAR （-5，-1） 的分年度描述性统计

年份	样本数	preCAR	abspre-CAR	inf	盈利公司		亏损公司		I - J T检验值
					样本数	abspreCAR 均值 （I）	样本数	abspreCAR 均值 （J）	
2001	1028	0.0063	0.0276	0.4646	884	0.0268	144	0.0326	- 2.1275 **
2002	1104	- 0.0031	0.0274	0.4195	941	0.0246	163	0.0434	- 7.0965 ***

续表

年份	样本数	preCAR	abspre-CAR	inf	盈利公司		亏损公司		I－J T检验值
					样本数	abspre-CAR 均值（I）	样本数	abspre-CAR 均值（J）	
2003	1164	0.0050	0.0349	0.4425	1016	0.0334	148	0.0451	－3.9787***
2004	1200	－0.0069	0.0425	0.4349	1027	0.0384	173	0.0666	－8.6479***
2005	1264	－0.0059	0.0490	0.4146	1027	0.0433	237	0.0734	－8.5728***
2006	1256	0.0231	0.0656	0.4940	1116	0.0623	140	0.0921	－3.2046***
2007	1297	0.0064	0.0605	0.4373	1196	0.0598	101	0.0692	－1.688*
2008	1438	0.0085	0.0499	0.4615	1199	0.0476	239	0.0616	－3.902***
2009	1502	0.0069	0.0376	0.4598	1321	0.0360	181	0.0494	－4.9032***
2010	1597	0.0052	0.0390	0.4698	1493	0.0384	104	0.0479	－2.7431***
Total	12850	0.0048	0.0438	0.4509	11220	0.0417	1630	0.0588	－12.4439***

注：1. ***、**、*表示显著性水平分别为0.01、0.05、0.1；

2. T代表盈利组指标绝对值I与亏损组相应指标绝对值J的均值差异显著性检验的T值。

均值及其年度样本分布，由于 preCAR 是所有样本的均值，其中有正负值的抵消，所以其均值总体来说要小于 abspreCAR。图 4－16 分别列示了全样本、盈利组公司与亏损组公司的 abspreCAR 的年度趋势比较，由该图可以看到，三组样本具有相似的年度走势，在 2001 年至 2006 年逐渐上升，到 2006 年报披露之前（2007 年年初）达到峰值，之后逐渐下降，这种特征与如前所述的各年政策与市场环境状况一致。值得一提的是，股权分置改革虽然从制度上解决了中国上市公司的非流通股问题，但是这部分新释放出来的流通股股东是公司的大股东，其具有资金优势与信息优势，法制与监管的不力可能促使这些流通大股东成为在二级市场上剥夺中小投资者利益的新群体，市场的牛市上涨行情则会掩盖和进一步加剧这种剥夺，这在一定程度上导致了 2006 年报披露前（2007 年年初）的 abspreCAR 的巨大增长。为保证投资者获取信息的公平，促进市场健康发展，2006 年 8 月深圳证券交易所发布了《上市公司公平信息披露指引》，2007 年 1 月 30 日证监会发布了《上市公司信息披露管理办法》，这一方面进一步强化了上市公司的信息披露监管；另一方面强制所有上市公司执行公平信息披露规定，遏制信息泄露以及内幕交易。机会主义寻租行为与监管的博弈致使 abspreCAR 自 2007 年年报披露（2008 年年初）开始逐渐下降，彰显了信息披露监管制度对投资者保护的效用。另外，图 4 - 16 显示亏损组公司各年的 abspreCAR 显著高于盈利组公司的相应值，表 4 - 5 中的对盈利公司与亏损公司的 abspreCAR 的差异显著性检验也表明该差异具有显著的统计学意义，这进一步说明了亏损公司被利用信息进行股价操纵的可能性更大。

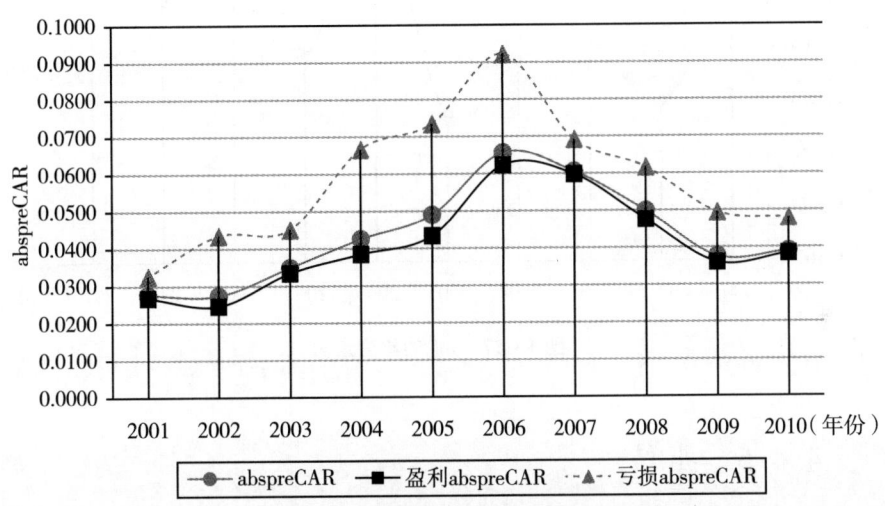

图 4 - 16　abspreCAR 的年度走势

为了进一步观察年报披露前的信息泄露程度以及投资者保护状况，参照朱红军和汪辉（2009），我们也使用了年报公告前（- 5，- 1）的累计超额收益率 preCAR（- 5，- 1）与年报公告影响期（假设为（- 5,5））的累计超额收益率 CAR（- 5，5）的比值 inf 来进一步度量年报披露前的信息泄露程度，各年 inf 的均值分布参见表 4 - 5，由该表可知，2001 年至 2010 年我国上市公司年报披露的信息泄露程度为 41.5% ~ 49.4%，均值为 45.09%，远高于美国市场的均值 20%（Sinha and Gadarowski，2010）；从图 4 - 17 inf 的年度走势可以看出，2006 年年报的信息泄露程度 inf 最高，这与前述的对 abspreCAR 的分析一致，2007 年年报披露前 inf 有所下降后，2008 年年报披露前又开始出现小幅回升，这意味着加强监管、遏制利用信息泄露的内幕交易与市场操纵行为还任重道远。基于第 2 章所述的原因，后文分析信息泄露主要基于 abspreCAR 指标。

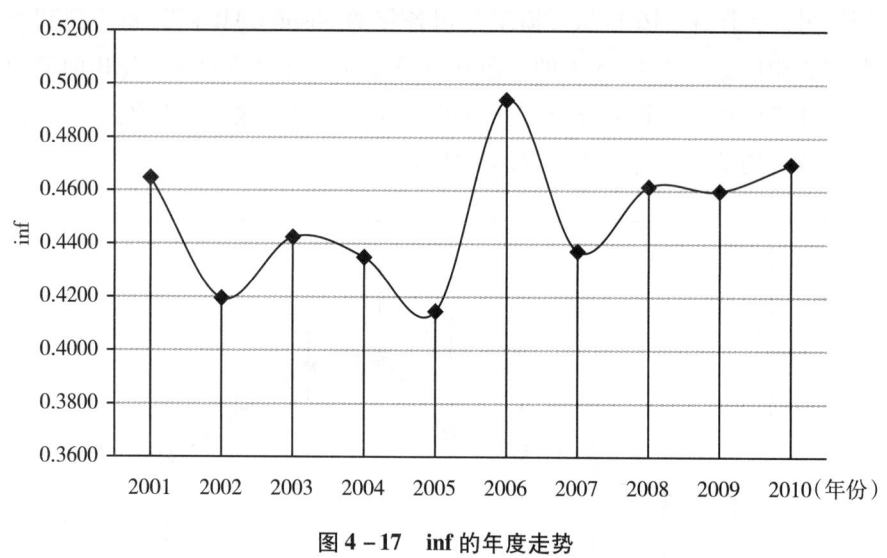

图 4 - 17　inf 的年度走势

4.4.5　小结

从年报披露的盈余质量来看，2001 年至 2006 年我国上市公司以向下的盈余管理为主，2007 年后向上盈余管理增多，并略大于向下的盈余管理水平；2007 年因采用新会计准则以及受市场行情的影响，操控性应计利润达到峰值。从年报披露的及时性来看，年报披露的及时性 2001 ~ 2010 年并没有得到实质上的改善，存在明显的"赶末班车"现象。考察年报披露前的信息泄露效应，总的来说大约从公告日前 10 天超额收益率就出现明显的异常波动，累计平均超额收益率出现明显攀升并止于信息公告前 1 天，超额换手率在年报公告日前 3 天突然上升，交易量放大，表明年报信息在公告前就已泄露，并被知情者利用赚取了超额收益，不知情者在其中遭受了损失。进一步的分组研究表明，亏损公司的信息更容易受到操纵，亏损公司信息披露的中小投资者保护情况更差；业绩预告并不会加剧年报的信息泄露，相反，公开的业绩预告披露有效地降低了年报公告前内部人利用信息操纵市场的可能性。年度分析表明，由于各年政策与市场环境的影响，各年年报公布之前因信息泄露造成的市场提前反应也具有差异，其中，2006 年年报披露前的信息泄露及内幕交易现象最为显著，这很大程度上是股权分置改革带来的"大小非"解禁诱发出新的有实力的机会主义群体寻租，而市场的牛市上涨行情掩盖和进一步加剧了这种对中小投资者的剥夺，但以公平信息披露规则为代表的系列监管制度对上市公司的信息泄露发挥了抑制作用，表现为自 2007 年以后年报披露前的 abspreCAR 出现了逐年下降。

4.5

财务重述披露的投资者保护状况

4.5.1　财务重述披露的相关制度

表 4 – 6 列示了与财务重述披露有关的制度。

表 4 – 6　　　　　　　　　财务重述披露的相关制度

制度	制度发布机构	发布、实施或者修订日期	财务重述相关规定
《中华人民共和国证券法》	全国人民代表大会常务委员会	2005 年 10 月 27 日修订并发布，自 2006 年 1 月 1 日起施行	对上市公司及相关人员对于年度报告中虚假记载、误导性陈述或者重大遗漏导致投资者遭受损失的赔偿责任做出了规定，从法律的高度保护投资者

续表

制度	制度发布机构	发布、实施或者修订日期	财务重述相关规定
《企业会计准则第28号——会计政策、会计估计变更和会计差错更正》	财政部	1998年6月25日发布《企业会计准则——会计政策、会计估计变更和会计差错更正》，并于1999年1月1日起暂在上市公司施行；2001年年初进行了修订。2006年2月15日重新发布了《企业会计准则第28号——会计政策、会计估计变更和差错更正》，自2007年1月1日起施行，原准则同时废止	企业应当在重要的前期差错被发现的当期财务报表中调整前期相关数据。明确规定了本期发现的与前期相关的非重大会计差错和重大会计差错，分在影响损益和不影响损益的条件下应该调整的内容和采取的更正方法，以提高会计信息的有用性，保护投资者的利益
《企业会计制度》	财政部	2000年12月29日	第一百三十六条在1998年版《企业会计准则——会计政策、会计估计变更和会计差错更正》的基础上补充规定企业滥用会计政策、会计估计及其变更，应当作为重大会计差错予以更正
《进一步提高上市公司财务信息披露质量的通知》	中国证监会	最早发布于1999年10月10日证监会计字〔1999〕17号文件，于2004年1月6日重新修订并发布	明示企业经理层应向董事会提交详细说明差错的原因、内容及影响的书面材料，董事会应对差错更正做出专门决议和正确的会计处理；注册会计师审计时应适当关注企业会计差错更正的原因、处理与披露，对于滥用会计差错更正的情况要求纠正

续表

制度	制度发布机构	发布、实施或者修订日期	财务重述相关规定
《公开发行证券的公司信息披露编报规则第19号——财务信息的更正及相关披露》	中国证监会	2003 年 12 月 1 日	严格规定了更正后财务信息的格式要求（第四条），并明确要求对以前年度已经公布的年度财务报告进行更正需要聘请相关资格的会计事务所对更正后的年度报告进行审计（第五条），并且要求更正后的财务报表中受更正事项影响的数据应以黑体字显示
《关于加强上市证券公司监管的规定》	中国证监会	2009 年 4 月 3 日	指出如果企业向社会公开披露和向监管部门报送的年度报告中存在重大数据差异，企业应当以临时报告方式及时进行披露并充分说明产生差异的原因
《公开发行证券的公司信息披露编报规则第15号——财务报告的一般规定》（2010年修订）	中国证监会	2010 年 1 月 11 日	规定本期发现的前期会计差错可以采用追溯重述法或未来使用法进行处理，采用追溯重述法处理的，应披露前期会计差错内容、批准处理情况、受影响的各个比较期间报表项目名称以及累积影响数；采用未来适用法处理的，应披露重大会计差错更正的内容、批准处理情况、采用未来适用法的原因

4.5.2　样本选择与数据来源

对财务重述早期年份的研究已散落在现有文献中，我们关注 2006 年新企业会计准则颁布之后财务重述的披露及其市场效应，故将样本设定为 2007 年到 2010 年的对年报进行财务重述（对年度报告进行补充或更正公告）的 A 股上市公司，并剔除金融企业以及相关市场交易数据缺失的公司。由于多次重述引起的信息泄露程度更大，但这类公司样本量却极小，为避免其对本研究的影响，我们将年度重述次数多于 2 次的公司剔除，最后整理共得到 694 份财务重述公告样本，参见表 4 - 7。

表 4 - 8 根据财务重述的类型进行了分类统计，按照重述的类型，财务重述被分为补充类、更正类、补充更正类。其中，补充类公告占样本比例最高，达 49.14%；补充更正类最少，为 13.40%。

本研究数据来自于万德数据库以及深圳证券交易所、上海证券交易所、中国证券报的官方网站，数据整理与分析主要使用软件 stata11.0。

表 4 - 7 样本数据选择过程

年　　份	2007	2008	2009	2010	合计
全样本（重述 1 次）	343	276	238	245	1102
剔除金融公司后的样本	299	219	168	185	871
剔除无市场交易数据后的样本	252	166	134	142	694

表 4 - 8 样本类型分布

财务重述类型	数量	比例（%）	说　　明
补充类公告	341	49.14	只发生补充更正公告，不发生更正公告
更正类公告	260	37.46	只发生更正公告，不发生补充公告
补充更正公告	93	13.40	补充更正都发生
合计	694	100	

4.5.3　财务重述公告的信息泄露效应

4.5.3.1　超额收益率

以财务重述公告日为事件日 T_0，表 4 - 9 列示了财务重述公告日前后（- 10，10）全体样本公司的平均超额收益率的描述性统计分布及其 T 检验。从表 4 - 9 可以看出，在事件窗口（- 10、10）中，全样本公司的超额收益率的中位数分别都小于 0，平均值除了 - 5 日的 0.0008837 为正数外均小于 0，而且均值 T 检验表明除了在公告前 - 9 日、- 7 日和公告日后 6日之外均不显著，这验证了魏志华等（2009）的结论，即重述公告整体而言具有非显著的负面市场反应。目前观点普遍认为，财务报告重述的内容无论是"好"消息或者"坏"消息，表明之前样本公司有违背企业会计准则或者有关财务会计制度的要求进行披露，导致投资者对重述之后的财务报告的可信程度存在怀疑，引起负面市场反应。

表 4 - 9　　　　　　　　全样本公司的平均超额收益率

时间	最小值	最大值	中位数	均值	标准差	T 检验
- 10	- 0.098062	0.130887	- 0.002851	- 0.00101	0.029340	- 0.8748
- 9	- 0.100816	0.103155	- 0.003278	- 0.00198	0.028102	- 1.7875 [*]
- 8	- 0.077832	0.119851	- 0.001459	0.000281	0.026786	0.2666
- 7	- 0.095506	0.123877	- 0.004687	- 0.002710	0.027962	- 2.4577 [**]
- 6	- 0.091625	0.106481	- 0.002001	- 0.000225	0.026706	- 0.2137
- 5	- 0.095209	0.104928	- 0.001667	0.000883	0.028312	0.7915
- 4	- 0.10480	0.130262	- 0.002610	- 0.000243	0.029282	- 0.2106
- 3	- 0.102109	0.111289	- 0.003060	- 0.001386	0.027768	- 1.2661
- 2	- 0.106807	0.126450	- 0.001888	- 0.000272	0.028125	- 0.2453
- 1	- 0.109249	0.113004	- 0.001930	- 0.001260	0.029883	- 1.0692
0	- 0.106975	0.143299	- 0.004863	- 0.001096	0.032131	- 0.8653
1	- 0.096613	1.191770	- 0.003236	- 0.000444	0.055855	- 0.2017

续表

时间	最小值	最大值	中位数	均值	标准差	T 检验
2	-0.106491	0.101929	-0.001847	-0.000426	0.028306	-0.3820
3	-0.134627	0.156864	-0.002585	-0.000438	0.029619	-0.3756
4	-0.083751	0.118302	-0.002105	-0.000420	0.027679	-0.3850
5	-0.131653	0.090026	-0.002103	-0.000569	0.026288	-0.5494
6	-0.101842	0.103538	-0.004459	-0.003686	0.025701	-3.6373 ***
7	-0.104538	0.153844	-0.003506	-0.000831	0.028881	-0.7296
8	-0.104911	0.135834	-0.002697	-0.000948	0.028475	-0.8445
9	-0.087161	0.093467	-0.002299	-0.000990	0.026813	-0.9371
10	-0.086503	0.144434	-0.002839	-0.000728	0.026490	-0.6973

注：*** 、** 、* 、分别表示显著性水平为 0.01、0.05、0.1（双尾）。

以上分析表明全样本公司的财务重述的市场反应总的来说并不显著，我们猜想这是由于重述内容的不同导致市场反应不同而被全样本综合所致，比如"好"消息公司可能带来正的超额收益率，"坏"消息公司可能带来负的超额收益率，二者合成一个样本后，超额收益率的均值就被综合了。为此，我们进一步把样本分为"好"消息的样本与"坏"消息的样本进行分析。如果重述内容为增加收益、减少损失或规避风险，我们将其定义为"好"消息的重述；如果重述内容为减少收益、增加损失或发生风险，我们将其定义为"坏"消息的重述；把与收益、损失、风险无关的重述定义为"中性"消息的重述。如表 4-10 所示，财务重述中无关紧要的中性消息数目最多，占 62.82%；"好"消息的重述为 82 个，占了比例的 11.82%，"坏"消息为 176 个，比例为 25.36%。

表 4-10　　　　　　　　重述消息的"好""坏"分类

	数量	比例（%）
"好"消息	82	11.82
"坏"消息	176	25.36
中性消息	436	62.82
合计	694	100

图 4 - 18 与图 4 - 19 分别列示了"好"消息样本公司、"坏"消息样本公司与全样本公司在财务重述公告日前后（-5，5）的平均超额收益率以及累计平均超额收益率的走势比较图。如图所示，与全样本公司在公告日前后较弱的市场反应相比较，"好"消息样本组的平均超额收益率在公告前3天就出现了向上的提前反应，到公告日当天达到峰值而后急速下降，表明有消息优势者提前利用好消息在市场赚取超额收益，不知情者在公告日当天高位接盘后随后被套遭受损失；"坏"消息样本组的平均超额收益率在公告前被向上拉升，而到公告日急速下降，表明有知情者在公告日前就开始出货准备；全样本公司的表现因为被"好"消息公司与"坏"消息公司的反应抵消后，所以表现为不显著的弱的负市场效应。

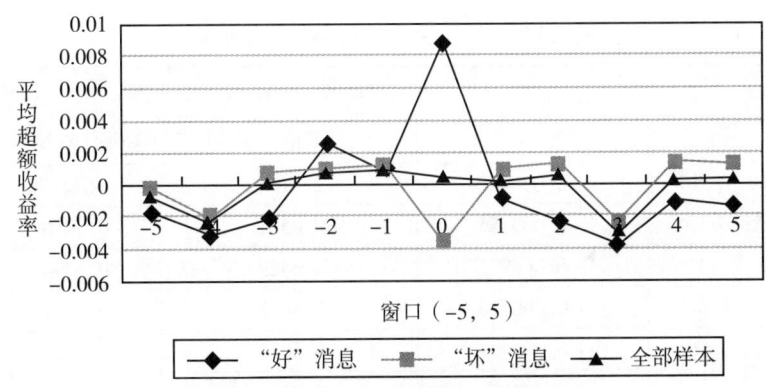

图 4 - 18　财务重述公告前后的平均超额收益率

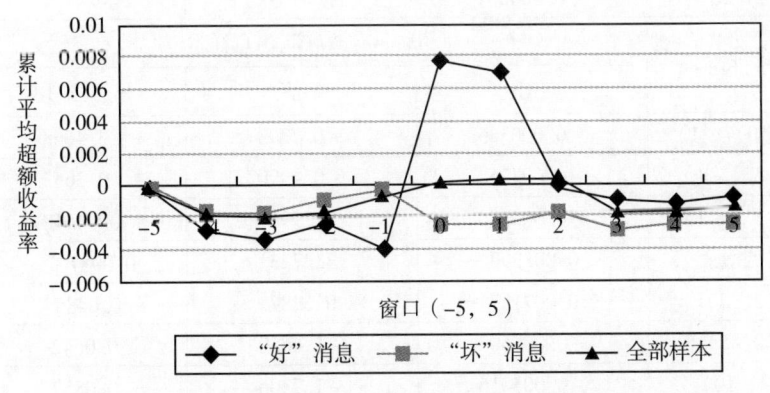

图 4 - 19　财务重述公告前后的累计平均超额收益率

　　表 4-11 列示了全样本公司、"好"消息样本公司以及"坏"消息样本公司在不同的事件窗口内的平均超额收益率及其 T 检验结果，三组样本的比较及其 T 检验结果与上述对图 4-18 与图 4-19 的分析一致。表 4-12 列示了财务重述公告前的信息泄露值 abspreCAR（-5，-1）的年度均值以及"好"消息公司与"坏"消息公司样本的比较差异，可以看出，无论是"好"消息公司、"坏"消息公司还是全样本公司，它们的 abspreCAR（-5，-1）从 2007 年至 2010 年均逐渐下降，表明利用财务重述信息在其公告前进行操纵剥夺不知情投资者利益的行为逐年缓解；总体上，"好"消息公司的 abspreCAR（-5，-1）略大于"坏"消息公司的相应值，说明在财务重述公告中，"好"消息公司的信息更容易受到炒作。

表 4-11　　　　　　　财务重述公告前后各窗口内的平均超额收益率

事件窗	Panel1：全样本		
	AAR	T 值	Sig（双尾）
（-10，-1）	-0.000792	-2.1185	0.0345 *
（-5，-1）	-0.000455	-0.8501	0.3956
（-3，-1）	-0.000972	-1.3429	0.1798
（0，1）	-0.000770	-0.5845	0.5591
（2，3）	-0.000432	-0.5033	0.6149
（2，5）	-0.00046	-0.8141	0.4159
（2，10）	-0.001004	-2.7842	0.095 *
（-10，10）	-0.000881	-0.1072	0.4201
事件窗	Panel2："好"消息样本		
	AAR	T 值	Sig（双尾）
（-10，-1）	-0.000345	-0.7293	0.4668
（-5，-1）	-0.004264	-0.4990	0.7653
（-3，-1）	-0.005580	2.2997	0.0454 **
（0，1）	0.008293	3.3723	0.0087 ***
（2，3）	0.007157	0.6987	0.0485 **
（2，5）	-0.005507	-1.4650	0.0642 *
（2，10）	-0.005016	-1.7306	0.0852 *
（-10，10）	-0.001866	-0.0220	0.2447

事件窗	Panel3："坏"消息样本		
	AAR	T 值	Sig（双尾）
（−10，−1）	− 0.000146	− 0.0259	0.8369
（−5，−1）	− 0.000267	− 0.0299	0.6654
（−3，−1）	− 0.001553	− 1.3572	0.0596 *
（0，1）	− 0.002203	− 3.2758	0.0072 ***
（2，3）	− 0.001877	− 2.5946	0.0456 **
（2，5）	− 0.000519	− 0.4370	0.0837 *
（2，10）	− 0.001026	− 0.0393	0.5933
（−10，10）	− 0.000872	− 0.8347	0.3577

注：***、**、*、分别表示显著性水平为 0.01、0.05、0.1（双尾）。

表 4 − 12　　　　　　　abspreCAR（−5，−1）的年度均值

年份	2007	2008	2009	2010	Total
好消息	0.0729 **	0.0504	0.0383	0.0364	0.0558 *
坏消息	0.0418	0.0436	0.0446	0.0380	0.0424
全样本	0.0576	0.0477	0.0458	0.0392	0.0500

注：***、**、*、表示"好"消息样本与"坏"消息样本的 abspreCAR（−5，−1）差异检验的显著性水平分别为 0.01、0.05、0.1（双尾）。

4.5.3.2　超额换手率

表 4 − 13 列示了窗口（−10，10）财务重述全样本公司的平均超额换手率的描述性统计与 T 检验，图 4 − 20 中列示了窗口（−10，10）财务重述全样本公司的平均超额换手率的走势，可以看出，虽然总体上财务重述公司与市场相比具有显著不为零的换手率，但换手率大致在公告前两天就出现了异常放大，表现活跃，直至公告后 1 天达到峰值后急速回落。

表 4 − 14 列示了"好"消息公司与"坏"消息公司在不同时间窗口内的平均超额换手率的比较及其差异 T 检验，我们发现除窗口（0，1）外，"好"消息公司的平均超额换手率均显著大于"坏"消息公司的平均超额换手率。

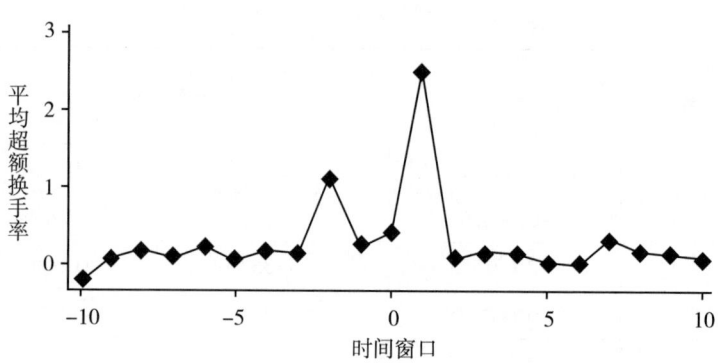

图4-20　窗口（-10，10）的平均超额换手率

表4-13　　　　　　　　全样本公司的平均超额换手率

时间窗口	均值	T检验	时间窗口	均值	T检验
-10	-0.236403	-0.0030	+1	2.512290	0.3166***
-9	0.072476	0.0460	+2	0.061362	0.0732*
-8	0.177834	0.0027***	+3	0.161564	0.0486**
-7	0.108861	0.0010*	+4	0.145809	0.0383**
-6	0.194605	0.0190**	+5	0.017802	0.5019
-5	0.052851	0.1513	+6	0.001627	0.9634
-4	0.169542	0.0279**	+7	0.338801	0.0014***
-3	0.138249	0.0028**	+8	0.162261	0.0004***
-2	1.122660	0.2948***	+9	0.135838	0.0006***
-1	0.235779	0.0039***	+10	0.096953	0.0288**
0	0.392591	0.0133**			

注：***、**、*、分别表示显著性水平为0.01、0.05、0.1（双尾）。

表4-14　"好"消息和"坏"消息样本公司的平均超额换手率检验

时间窗口	"好"消息	"坏"消息	差异的T检验值
（-10，-1）	0.001282	0.001179	2.8966***
（-5，-1）	0.001271	0.001195	2.7470***
（-3，-1）	0.001261	0.001211	1.7394*

续表

时间窗口	"好"消息	"坏"消息	差异的 T 检验值
(0，1)	0.001169	0.001246	− 1.7166*
(2，3)	0.001240	0.001152	1.7113*
(2，5)	0.001239	0.001129	2.6583**
(2，10)	0.001224	0.001081	3.5353***
(− 10，10)	0.001247	0.001144	2.7188**

注：***、**、*、分别表示显著性水平为 0.01、0.05、0.1（双尾）。

4.5.3.3　收益波动率

根据前面对超额收益率的分析可知，在财务重述公告日前后，"好"消息产生正的超额收益率，"坏"消息产生负的超额收益率，都会引起市场的一定波动，表 4-15 列示了"好"消息公司与"坏"消息公司在各窗口内的平均波动率的比较与 T 检验，我们发现除了在窗口（−10，−1）、（2，10）、（−10，10）内的平均波动率二者表现出差异外（好消息公司平均波动率显著高于坏消息公司的相应值），其余窗口两组样本的波动率并无显著差异。为此，我们将"好"消息公司与"坏"消息公司作为一组特殊消息样本与全体样本公司的平均波动率进行比较分析，如图 4-21 所示，两组样本公司的收益波动率均在公告日前 3 天上升，至公告日后 1 日达到最高，之后回落，而且"好"消息公司与"坏"消息公司的波动率显著高于全体样本公司。

表 4-15　样本公司重述公告前后累计窗口内的平均收益波动率检验

时间窗口	"好"消息	"坏"消息	差异的 T 检验值
(−10，−1)	0.00107	0.00084	0.0377**
(−5，−1)	0.001006	0.000809	0.1799
(−3，−1)	0.000756	0.000915	0.3431
(0，1)	0.001339	0.000891	0.1145
(2，3)	0.001161	0.000742	0.1259

续表

时间窗口	"好"消息	"坏"消息	差异的 T 检验值
（2，5）	0.001023	0.000774	0.1815
（2，10）	0.001070	0.000807	0.0390[**]
（-10，10）	0.001093	0.000829	0.0010[***]

注：*** 、** 、* 、分别表示显著性水平为 0.01、0.05、0.1（双尾）。

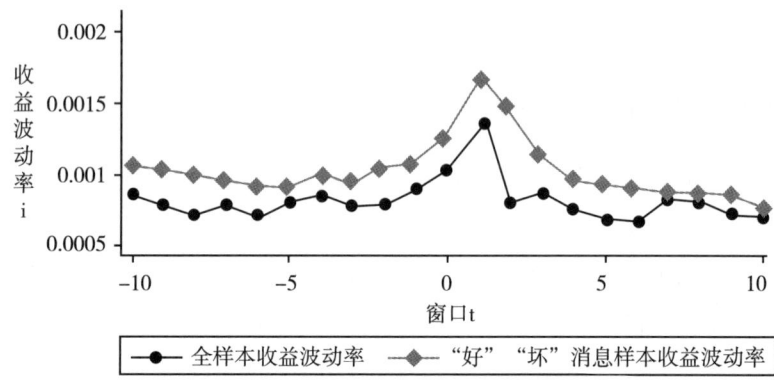

图 4-21　窗口（-10，10）平均收益波动率波动图

4.5.3.4　小结

综合市场反应的三个主要指标，我们对 2007 年至 2010 年发生财务重述的 A 股上市公司在重述公告日前后的市场表现可知，"好"消息重述公司和"坏"消息重述公司都在重述公告日前后具有异常的超额收益率、超额换手率与波动率，而且重述"好"消息的公司表现更为强烈。但是，我们也看到，市场在重述公告之前就出现异动，在公告日之前 3 天超额收益率就开始攀升，至公告日后收益率急速下跌，并在公告日前后（-2，1）伴随着巨大的超额换手率，给市场带来剧烈的波动，这表明重述信息在公告之前就已泄露，知情者利用信息提前布局掠夺其他不知情的中小投资者获取了超额收益，而后者在其中遭受了巨大损失。

4.6

并购信息披露的投资者保护状况

4.6.1　并购活动的发展与信息披露制度

21 世纪初以来，我国上市公司并购重组的基本法律法规体系逐步确立，公司间的并购重组活动也因此得以发展。由于长期以来我国上市公司存在着非流通股，因此，早期的上市公司并购重组活动大多是协议转让的方式，市场化程度不高。随着 2005 年股权分置改革的启动，上市公司股份逐渐实现全流通，这为上市公司的并购重组活动的市场化发展提供了空间，上市公司并购重组交易规模的增速大大提高。如图 4 – 22 所示，从 2006 年以来，中国并购市场不断发展壮大，无论是数量上还是金额上，双双呈现曲线上涨的态势。然而，随着中国并购市场的迅猛发展，也出现了各种因利益驱动而产生的损害企业价值以及中小投资者利益的行为，上市公司并购重组在利益相关者之间信息泄露严重，弱监管力度导致并购重组甚至成为中国 A 股内幕交易案件的高发地带。在并购重组交易中，信息优势者利用内幕消息牟得超额收益，致使大部分处于信息弱势的中小投资者遭受巨额损失，违背市场的"三公"原则，屡遭损失的投资者对市场失去信心，这对证券市场的发展带来严重不利。因此，抑制信息泄露以及内幕交易是并购重组交易监管中的重中之重。

表 4 – 16 列示了目前与并购交易活动有关的主要法律与规定。其中，《证券法》与《上市公司信息披露管理办法》都明确规定发生可能对上市公司证券及其衍生品种交易价格产生较大影响的重大事件，投资者尚未得知时，上市公司应当立即披露，说明事件的起因、目前的状态和可能产生的影响等。具体的，《上市公司收购管理办法》主要规定了公司收购各主要披露义务人的披露层次、内容、时限和方式等；《上市公司重大资产重组管理办法》则主要是以上市公司为披露义务方，对其购买或出售大规模

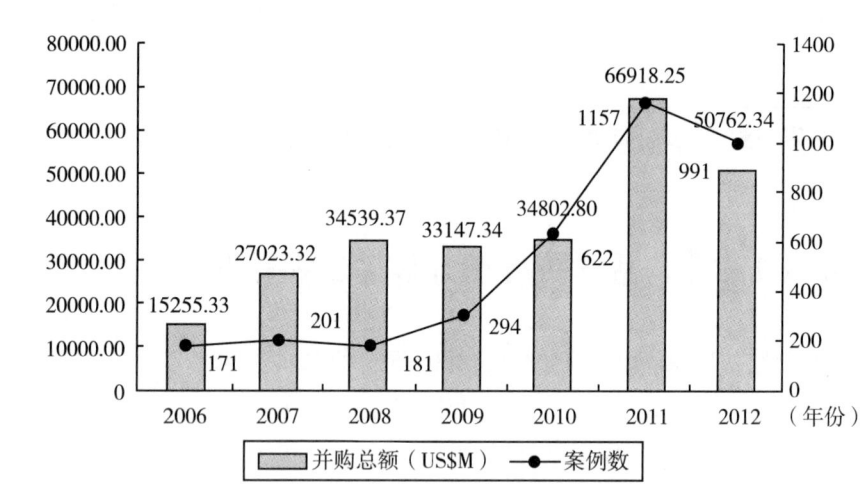

图 4 – 22   2006～2012 年中国并购市场发展趋势①

资产和以定向增发为方式的重组业务的披露规则进行约束。这些制度均强调，并购交易各方必须及时、公平地披露或者提供信息，保证所披露或者提供信息的真实、准确、完整，不得有虚假记载、误导性陈述或者重大遗漏；任何单位和个人对所知悉的重大事件信息在依法披露前负有保密义务；禁止任何单位和个人利用重大事件信息从事内幕交易、操纵证券市场等违法活动。

表 4 –16   与并购交易相关的主要信息披露制度

制度	信息披露相关规定	备　　注
《证券法》	发生可能对上市公司股票交易价格产生较大影响的重大事件，投资者尚未得知时，上市公司应当立即将有关该重大事件的情况向国务院证券监督管理机构和证券交易所报送临时报告，并予以公告，说明事件的起因、目前的状态和可能产生的法律后果	2005 年 10 月 27 日修订并发布，自 2006 年 1 月 1 日起施行；1999 年最初发布

① 数据来源：清科研究中心 http：//research. pedaily. cn/201201/20120110290229. shtml。

· 80 ·

续表

制度	信息披露相关规定	备　注
《上市公司信息披露管理办法》	在内幕信息依法披露前，任何知情人不得公开或者泄露该信息，不得利用该信息进行内幕交易；发生可能对上市公司证券及其衍生品种交易价格产生较大影响的重大事件，投资者尚未得知时，上市公司应当立即披露，说明事件的起因、目前的状态和可能产生的影响；涉及上市公司的收购、合并、分立、发行股份、回购股份等行为导致上市公司股本总额、股东、实际控制人等发生重大变化的，信息披露义务人应当依法履行报告、公告义务，披露权益变动情况	自 2007 年 1 月 30 日颁布并施行，原关于信息披露的系列规定：证监上字〔1993〕43 号、证监研字〔1993〕19 号、证监上字〔1996〕26 号、证监上字〔1996〕28 号、证监信字〔1998〕50 号、证监公司字〔2000〕63 号、证监公司字〔2001〕69 号、证监公司字〔2003〕7 号同时废止
《上市公司收购管理办法》	上市公司的收购及相关股份权益变动活动中的信息披露义务人，应当充分披露其在上市公司中的权益及变动情况，依法严格履行报告、公告和其他法定义务。在相关信息披露前，负有保密义务。信息披露义务人报告、公告的信息必须真实、准确、完整，不得有虚假记载、误导性陈述或者重大遗漏。具体披露规定详见"第二章 权益披露"	自 2006 年 9 月 1 日起施行。中国证监会发布的《上市公司收购管理办法》（证监会令第 10 号〔2002〕）同时废止
《上市公司重大资产重组管理办法》	任何单位和个人不得利用重大资产重组损害上市公司及其股东的合法权益；上市公司实施重大资产重组，有关各方必须及时、公平地披露或者提供信息，保证所披露或者提供信息的真实、准确、完整，不得有虚假记载、误导性陈述或者重大遗漏；任何单位和个人对所知悉的重大资产重组信息在依法披露前负有保密义务；禁止任何单位和个人利用重大资产重组信息从事内幕交易、操纵证券市场等违法活动。具体披露规定详见"第四章 重大资产重组的信息管理"	自 2008 年 5 月 18 日起施行，原中国证监会发布的《关于上市公司重大购买、出售、置换资产若干问题的通知》（证监公司字〔2001〕105 号）同时废止

4.6.2　样本选择及数据来源

本项目将并购研究限定于交易的主动方（并购方）通过现金购买、股权置换或者两者兼而有之的途径获得另一方（被并购方）的股份达到一定比例，从而导致被并购方的控制权发生变更的行为。我们所讨论的并购交易包括以兼并（Merger）或者收购（Acquisition）方式取得的，也包括直接控股人变更而终极控制人不变更的情形。由于我们的主要目的是观察并购交易带来的信息泄露情况，这显然关系到交易的双方，因此虽然是同一次并购交易，但我们可以分别从被并购方和并购方的市场表现进行比较和分析，考虑到数据的公开和可获得性，并购交易双方同时考虑的只涉及交易双方均上市的情况。而之前的文献主要基于并购标的物——被并购方进行相关研究。

我们以 2001 年至 2011 年在上海交易所和深圳交易所上市的所有发生过并购交易的非金融行业 A 股上市公司为原始样本，进行以下筛选：

（1）对于同一次并购交易进行了多次公告的，只保留首次公告日作为该事件的公告日 T_0，观察之前的信息泄露情况；

（2）剔除在首次并购宣告日前后 30 天有股利分配、盈利宣告等其他重要事件宣告的样本，以避免其他重大事件的影响；

（3）剔除被暂停上市的公司以及首次公告日前连续 5 个交易日停牌的公司，以避免其他非并购因素的影响；

表 4-17　　　　　　　　　　样本分布与分类

年份/组别	①	②	③	④	合计
2001	133	165	233	233	764
2002	186	144	313	310	953
2003	149	172	384	400	1105
2004	356	267	478	485	1586
2005	295	214	382	405	1296
2006	250	213	346	382	1191

续表

年份/组别	①	②	③	④	合计
2007	261	289	330	383	1263
2008	327	424	406	441	1598
2009	361	427	567	542	1897
2010	390	501	555	547	1993
2011	353	504	506	496	1859
合计	3061	3320	4500	4624	15505

（4）剔除市场交易数据不能满足事件窗前 200 个交易日数据的公司以及其他变量缺失的样本公司。

最终获得 15505 个样本。表 4－17 列示了本研究样本的年度分布以及分类情况。如表 4－17 所示，我们根据并购交易中所涉及的双方是否上市将样本公司分为四组：①交易双方仅被并购方是上市公司，而并购方不是上市公司的样本；②交易双方仅并购方是上市公司，而被并购方不是上市公司的样本；③交易双方均为上市公司情况下被并购方上市的样本；④交易双方均为上市公司情况下并购方上市的样本。并购事件原始数据来源于万德（Wind）金融数据库，经手工分类整理；其他交易以及变量数据除采集于该数据库外，我们还收集了国泰安数据库以及锐思数据库的相关数据，并进行了相互的核对或者补充，有疑问的直接上证监会或者交易所网站查询公告或者年报。

4.6.3　并购信息披露的市场泄露效应

4.6.3.1　总体样本分析

以首次公告日为事件日 T_0，计算并观察样本公司公告日前后 30 天的超额收益率以及累计超额收益率，发现平均而言超额收益率在公告日前 10 天便开始出现明显异动，图 4－23 列示了公告日前后 20 天总体样本公司（15505 个样本）的累计平均超额收益率的走势。

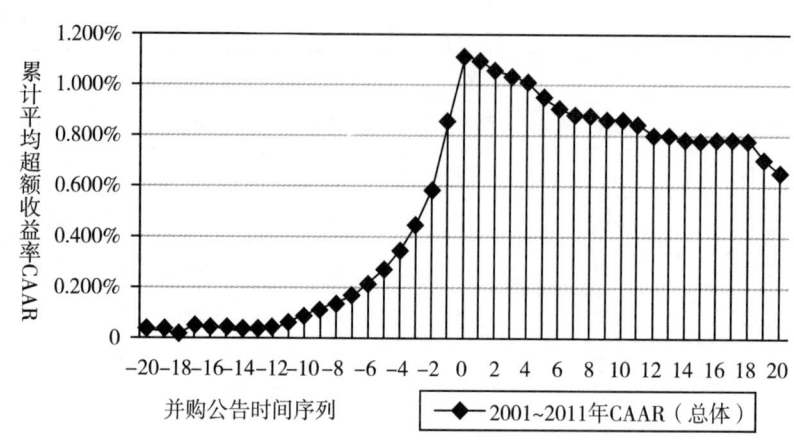

图 4 - 23   2001 ~ 2011 年总体样本 CAAR 走势

由图 4 - 23 可以看出，总体样本的累计平均超额收益率 CAAR 从公告日前 10 天起，开始出现明显的攀升，这种快速上升的趋势止于信息公告的当天，并从公告当天起出现下滑。这表明，在首次公告前并购交易信息已经被泄露。

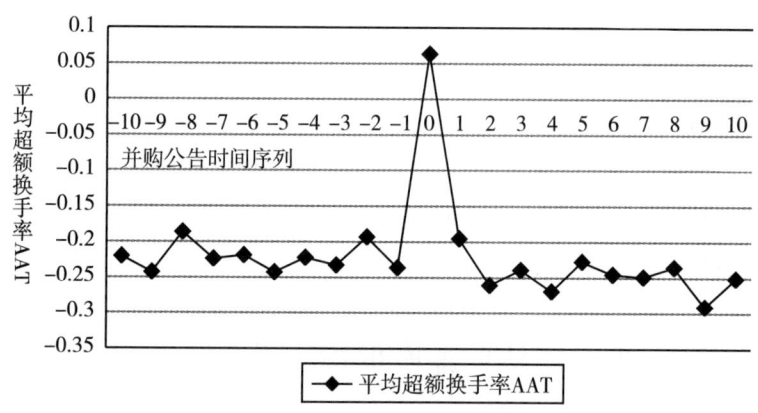

图 4 - 24   2001 ~ 2011 年总体样本 AAT 走势

图 4 - 24 和图 4 - 25 列示了事件窗（- 10，10）内总体样本公司的平均超额换手 AAT 与平均波动率 AARV 走势。我们可以看出，超额换手率在并购事件正式公告日突然上升，交易量异常放大，在这天而在并购事件公告后却出现了急剧的下滑，并较低于并购事件正式公告前；公告日之前收益率就出现异常波动，在公告日前后（- 1，1）波动程度最大。结合超额

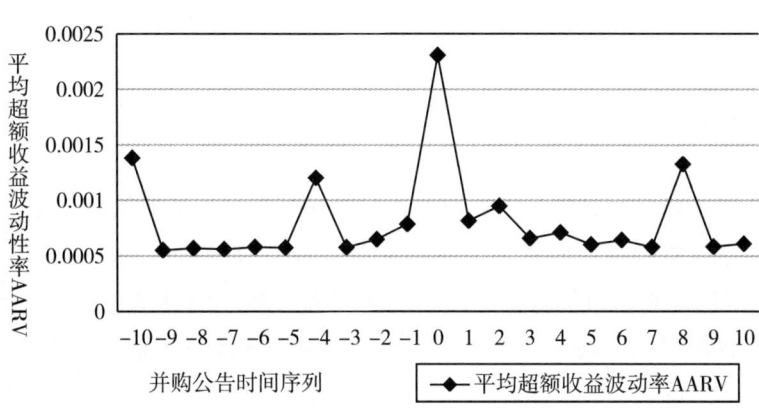

图 4 - 25　2001 ~ 2011 年总体样本 AARV 走势

收益率、超额换手率以及收益波动率的表现，我们认为，总体而言，并购信息在公告前就已经泄露，知情者在公告前就逐步提前买入股票，而趁公告当日卖出获取了丰厚的超额收益，但不知情的中小投资者却在公告当日高价接盘，陷入知情者提前布下的陷阱，遭受损失。

表 4 - 18　各事件窗的累积平均超额收益率描述性统计及 T 检验

累积平均超额收益所属区间	观测值	平均值	标准差	最小值	最大值	T 值
preCAR （ - 20，- 1）	15505	0.59%	0.08	- 16.40%	20.20%	9.36***
preCAR （ - 15，- 1）	15505	0.60%	0.07	- 13.90%	17.70%	11.02***
preCAR （ - 10，- 1）	15505	0.59%	0.05	- 11.10%	14.50%	13.53***
preCAR （ - 5，- 1）	15505	0.49%	0.04	- 7.87%	11.00%	15.30***
CAAR （ - 20，20）	15505	0.26%	0.12	- 26.00%	29.50%	2.72***
CAAR （ - 15，15）	15505	0.31%	0.10	- 22.00%	26.40%	3.69***
CAAR （ - 10，10）	15505	0.40%	0.09	- 18.00%	22.10%	5.87***
CAAR （ - 5，5）	15505	0.33%	0.06	- 12.60%	16.80%	6.78***

注：*、**、*** 表示各事件窗内的累计平均收益率分别在 10%、5%、1% 水平下显著异于 0。

表 4 - 18 列示了不同的事件窗口的平均累计收益率的描述性统计及其 T 检验。如表 4 - 18 所示，各事件窗内平均累计收益率均在 1% 水平下通过 T 检验，说明其显著不为 0，而且公告日前的 preCAR （ - 20，- 1）、pre-

CAR（－15，－1）、preCAR（－10，－1）以及 preCAR（－5，－1）均值均高于各事件期的 CAAR（－20，20）、CAAR（－15，15）、CAAR（－10，10）、CAAR（－5，5）的均值，说明中国上市公司并购交易中存在信息泄露的现象。

为了避免并购消息中"好"消息与"坏"消息的抵消作用，我们对各窗口的平均累计超额收益率的正值和负值进行分组分析，以正值组代表"好"消息带来的市场效应，以负值组代表"坏"消息带来的市场效应，分组后各窗口的平均累计超额收益率的描述性统计与 T 检验见表 4 - 19。由表 4 - 19 可以看出，各个事件窗下的正负两组的观测值个数分配比较平均，且各窗口的 CAAR 值相对于表 4 - 18 更加明显异于 0，例如 preCAR（－10，－1）的最高值达到 14.50%，其最低值为－11.10%，其正值组中均值为 4.75%，负值组别中均值为－3.94%，而在全样本中的均值仅为 0.59%。这进一步说明我国上市公司并购交易存在提前信息泄露，且提前获取信息者利用信息优势获取了超额收益。

表 4 - 19　各事件窗的超额收益率描述性统计指标（分别正负值统计）

累计平均超额收益所属区间	观测值（正值组）	观测值（负值组）	平均值（正值组）	平均值（负值组）	标准差	最小值	最大值
preCAR（－20，－1）	7983	7522	6.67% ***	－5.86% ***	0.08	－16.40%	20.20%
preCAR（－15，－1）	7969	7536	5.85% ***	－4.95% ***	0.07	－13.90%	17.70%
preCAR（－10，－1）	8086	7419	4.75% ***	－3.94% ***	0.05	－11.10%	14.50%
preCAR（－5，－1）	8062	7443	3.53% ***	－2.80% ***	0.04	－7.87%	11.00%
CAAR（－20，20）	7767	7738	9.92% ***	－9.42% ***	0.12	－26.00%	29.50%
CAAR（－15，15）	7749	7756	8.61%	－7.98% ***	0.1	－22.00%	26.40%
CAAR（－10，10）	7848	7637	7.10% ***	－6.46% ***	0.09	－18.00%	22.10%
CAAR（－5，5）	7792	7713	5.16% ***	－4.54% ***	0.06	－12.60%	16.80%

注：*、**、*** 表示各事件窗内的累计平均收益率分别在 10%、5%、1% 水平下显著异于 0。

4.6.3.2　分组样本分析

如 4.6.2 所述，我们将样本分为四组，图 4 - 26 列示了四组样本的累计平均超额收益率走势。

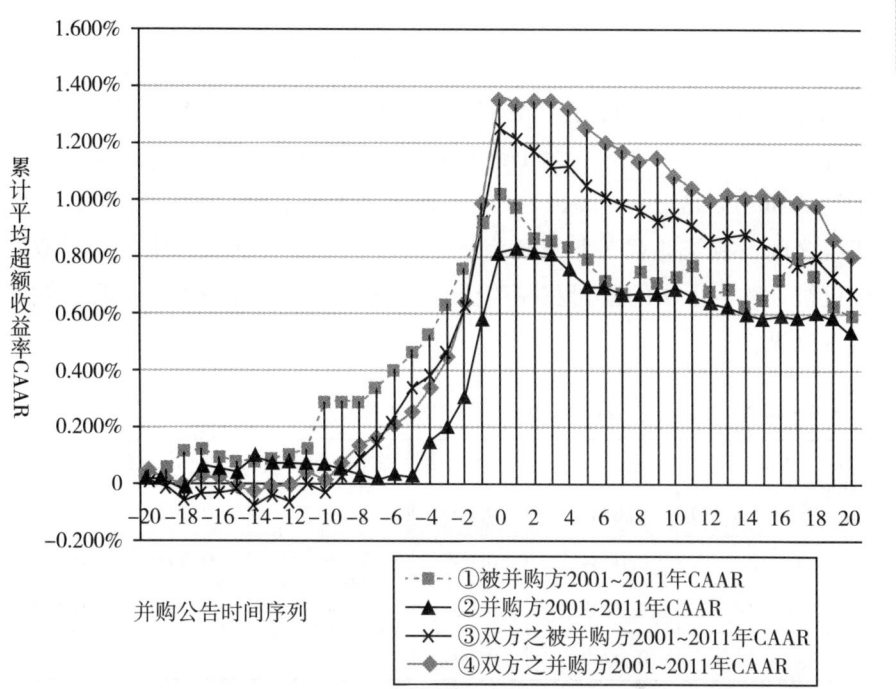

图 4－26　2001～2011 年按交易双方是否上市分组样本的 CAAR 走势

如图 4－26 所示，①代表并购交易双方中仅有被并购方是上市公司而并购方不是上市公司的样本组，被并购方 CAAR 走势以 $\cdots\blacksquare\cdots$ 表示；②代表并购交易双方中仅有并购方是上市公司而被并购方不是上市公司的样本组，并购方 CAAR 走势以 $\blacktriangle$ 表示；③代表并购交易双方均为上市公司情况下的被并购方样本组，被并购方 CAAR 走势以 $\times$ 表示；④代表并购交易双方均为上市公司情况下的并购方样本组，并购方 CAAR 走势以 $\blacklozenge$ 表示。与总样本 CAAR 走势图相似（见图 4－23）每一个组别的 CAAR 的走势基本一致，均呈现以下特征：从公告日前 10 天开始超额收益率出现显著攀升，且上升的趋势止于信息公告的当天，并从公告后出现下滑，表明各组样本公司在信息公告前均存在信息泄露。但比较各组之间的超额收益情况可以发现，在公告日前（-1，-20），第①组的平均累计超额收益率 CAAR 均高于其他三组，直到公告日前一天，第④组的 CAAR 跃居第一，其次是第③组，而第②组在公告前后都处于最后，这说明四组之间在公告前的信息泄露存在差异。

我们对以上四组样本在并购交易公告前的信息泄露程度 abspreCAR（－20，－1）进行差异检验，如表4－20所示，单因素方差分析结果表明总体上四组样本间具有显著差异，而进一步的各组间的差异检验表明，这种显著差异主要来自于第①组与其余三组之间的差异，总的来说，第①组的 abspreCAR（－20，－1）分别显著大于其余三组，但第②、③、④组之间没有统计意义上的显著差异。这说明在并购交易中，交易双方中仅被并购方上市的公司在并购公告前信息泄露程度最大，更容易被知情者操纵。

表4－20　　　　　　各组间 abspreCAR 的单因素方差分析

样本组间比较	F 值/均值差	相伴概率	样本组间比较	F 值/均值差	相伴概率
组间差异（总体）	3.884***	0.009	② － ③	0.0029	0.310
① － ②	0.0064**	0.040	② － ④	0.0018	0.521
① － ③	0.0093**	0.001	③ － ④	－ 0.0011	0.681
① － ④	0.0082**	0.004			

注：1. 信息泄露程度 abspreCAR 的时间区间为（－20，－1）；

2. 方差齐性检验表明，四组样本的 abspreCAR（－20，－1）具有方差齐性；

3. *、**、*** 分别代表均值差的显著性水平为 0.1、0.05 和 0.01。

4.6.3.3　年度分析

图4－27列示了2001年至2011年各年样本公司在公告日前后（－20，20）的平均累计超额收益率 CAAR 走势。如该图所示，虽然各年的 CAAR 由于受各年政策、市场环境等因素的影响走势不完全一致，但2001年至2011年间各个年份样本公司的平均累计超额收益率在公告日前均出现向上攀升，平均而言在公告前10天上升幅度开始更加明显。其中，2007年的市场反应更为显著，而且公告后股价在一定时段内保持平稳并没有立即下跌，这与2007年高涨的市场行情相关，2007年部分股权分置改革后的上市公司"大小非"股逐渐解禁，并且为了适应股权分置改革后市场发展的需要，证监会

发布了系列推动市场化并购重组的政策①，激励并购市场的迅猛发展。但由于缺乏监管，高涨的市场行情同时伴随着违规交易，拥有信息优势、资金优势的解禁股东演变为新的二级市场上对中小投资者的掠夺者，如延边公路案、杭萧钢构案等。为维护市场秩序，2007 年 1 月 30 日，证监会发布了《上市公司信息披露管理办法》，在 2006 年 8 月深圳证券交易所发布的《上市公司公平信息披露指引》的基础上，确定了在所有上市公司中全面施行公平披露规则，其中规定：信息披露义务人应当同时向所有投资者公开披露信息；在内幕信息依法披露前，任何知情人不得公开或者泄露该信息，不得利用该信息进行内幕交易。为提高并购重组审核工作的质量和透明度，2007 年 7 月 17 日证监会发布《关于在发行审核委员会中设立上市公司并购重组委员会的决定》，并制定《中国证券监督管理委员会上市公司并购重组审核委员会工作规程》；2007 年 9 月 5 日证监会出台了《内幕交易认定办法》和《市场操纵认定办法》对内幕交易进行监管。因此，2007 年是并购市场行情高涨的一年，也是众多监管制度陆续出台的一年。

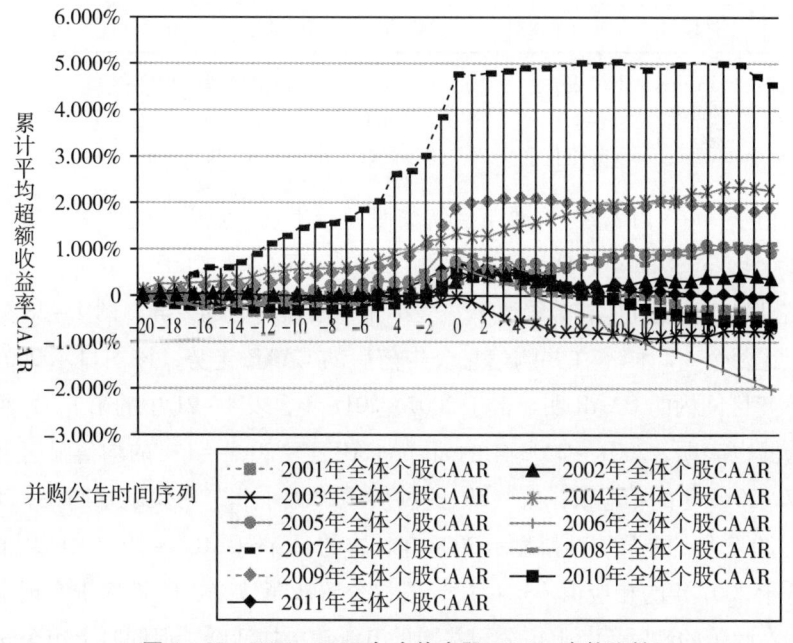

图 4 - 27　2001 ~ 2011 年全体个股 CAAR 走势比较

① 如 2006 年 7 月 31 日，证监会发布了新的《上市公司收购管理办法》。

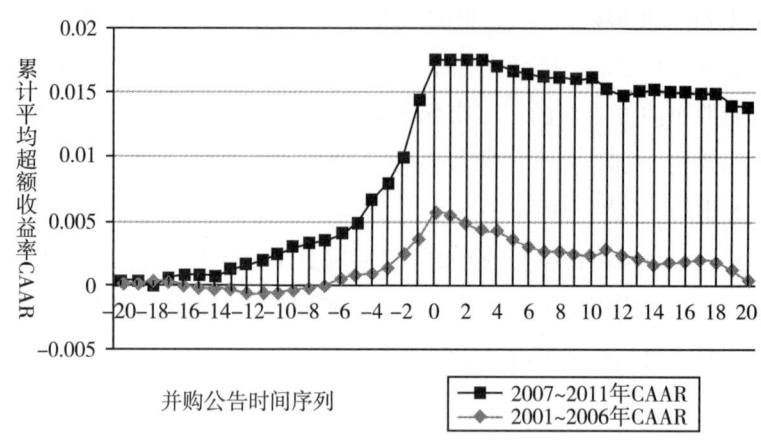

图 4 - 28   2001 ~ 2006 年与 2007 ~ 2011 年全体个股 CAAR 走势比较

表 4 - 21   年度分组间的 abspreCAR 单因素方差分析

序号	组别 I	I 均值	组别 J	J 均值	I - J 均值差	F 值
(1)	2001 ~ 2006 年	0.0693	2007 ~ 2011 年	0.0933	- 0.024	292.09 ***
(2)	2006 年	0.0988	2007 年	0.1421	- 0.0433	55.558 ***

注：1. abspreCAR 代表并购公告前（ - 20, - 1）的信息泄露程度；

2. 方差齐性检验表明，各组样本的 abspreCAR（ - 20, - 1）具有方差齐性；

3. *、**、*** 分别代表均值差的显著性水平为 0.1、0.05 和 0.01。

由于 2007 年股权分置改革后解禁股开始出现，我们以之为界，进一步将 2001 年至 2011 年划分为两个时段：2001 ~ 2006 年、2007 ~ 2011 年，以比较信息泄露程度在股权分置改革"大小非"解禁前后的差异。图 4 - 28 列示了上述两个期间样本在并购信息公告前后的 CAAR 走势，该图显示 2001 ~ 2006 年区间内的 CAAR 明显低于 2007 ~ 2011 年，表 4 - 21 中的第（1）组差异检验也表明，2001 ~ 2006 年的 abspreCAR（ - 20, - 1）的均值显著低于 2007 ~ 2011 年的相应值；第（2）组检验了"大小非"解禁敏感期——2006 年与 2007 年的差异，结果显示 2006 年样本的 abspreCAR（ - 20, - 1）均值显著低于 2007 年的相应值。这说明，股权分置改革以来，股权逐步实现全流通，在政策的激励下，上市公司并购重组活动更加活跃，但同时上市公司流通股比例提高，公司的控股股东或大股东等获利的方式、途径增加，因而抛售手中股票从而获利的可能性增加，但监管力度不够，不能很好地规范这种行为，导致内部人利用信息优势操控并购交易信息的可能性加大，使中小股东的合法合理权益进一步遭受侵害。

表 4 - 22　　　　　　　　2001～2011 年 abspreCAR 的年平均值

年份	2001	2002	2003	2004	2005	2006	2007	2008	2009	2010	2011
abspreCAR1	5.00%	5.06%	5.34%	6.76%	7.93%	9.67%	12.64%	10.18%	8.21%	7.75%	6.72%
abspreCAR2	3.67%	3.28%	4.15%	4.98%	5.25%	6.87%	9.60%	7.55%	6.05%	5.38%	5.09%

注：abspreCAR1 代表并购公告前（-20，-1）的信息泄露程度；abspreCAR2 代表并购公告前（-10，-1）的信息泄露程度。

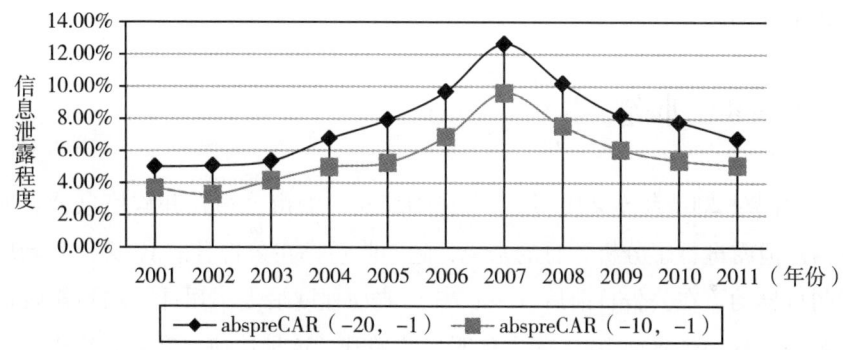

图 4 - 29　2001～2011 年个股 abspreCAR 的年平均值

表 4 - 22 和图 4 - 29 分别列示了 2001 年至 2011 年公告前 abspreCAR（-20，-1）与 abspreCAR（-10，-1）的平均值及其发展趋势，abspreCAR 在两个时间区间的年度走势一致。可以看出，以 2007 年为分水岭，2001 年至 2007 年并购交易带来的公告前的信息泄露程度逐渐增大，其中 2001 年至 2003 年增长缓慢，从 2004 年至 2007 年增长较快，这表明随着股权分置改革的进程以及并购重组活动的逐步推进，知情者利用监管漏洞和并购交易提前布局获取超额收益的市场掠夺行为日渐猖獗，到 2007 年达到峰值。2007 年之后，abspreCAR 的平均值逐渐下降，这意味着 2006 年 8 月深圳证券交易所发布的《上市公司公平信息披露指引》、2007 年 1 月 30 日证监会发布的《上市公司信息披露管理办法》以及为提高并购重组审核工作的质量和透明度针对并购重组及内幕交易发布的系列监管政策发挥了效用。此外，从图 4 - 29 中可以看出 2007 年后的信息泄露程度的均值比

2006 年前还是偏高，说明 2007 年后上市公司并购交易信息泄露的程度下降速度较之前的上升速度缓慢，这是因为尽管以公平信息披露规则为代表的系列监管制度对上市公司并购交易信息泄露具有抑制作用，但是各种试图利用并购交易信息优势获取超额收益的机会主义仍然存在，股改释放出来的新的流通股群体因利益驱使凭借其占有的资金优势与信息优势伺机于制度之外寻租，从而加剧了上述剥夺市场中小投资者利益的行为，因此，监管制度的执行更加艰难。但总的来说从 2007 年以后信息泄露程度开始逐年下降，这表明以公平信息披露原则为代表的系列信息与并购监管制度对信息泄露的抑制作用强于股改后因加剧的机会主义寻租导致的对并购信息泄露情况的恶化程度。

4.6.4　小结

我们对 2001 年至 2011 年发生并购交易的上市公司在并购信息公告前的信息泄露进行了分析，总的来说，超额收益率在公告日前 10 天便开始出现明显异动，在公告日前后（ -1，1）波动程度最大；累计平均超额收益率 CAAR 从公告日前 10 天起出现明显的攀升，这种快速上升的趋势止于信息公告的当天，之后出现下滑；超额换手率在并购事件正式公告日突然上升，交易量异常放大，而在公告后却出现了急剧下滑。这表明并购信息在首次公告前就已泄露，知情者在公告前就逐步提前买入股票，而趁公告当日卖出获取了丰厚的超额收益，但不知情的中小投资者却在公告当日高价接盘，陷入知情者提前布下的陷阱，遭受损失。进一步的对并购交易双方的分组研究表明，在并购交易中，交易双方中仅被并购方上市的公司在并购公告前信息泄露程度最大，更容易被知情者操纵。年度分析表明，2001 年至 2011 年间各个年份样本公司的平均累计超额收益率在公告日前均出现向上攀升，平均而言在公告前 10 天上升幅度开始更加明显；由于并购市场的快速发展以及"大小非"解禁诱发出的新的有实力的机会主义群体寻租，2007 年的信息泄露及内幕交易现象最为显著；但以公平信息披露规则为代表的系列监管制度对上市公司并购交易信息泄露发挥了抑制作用，表现为自 2007 年以后并购交易前的信息泄露程度出现了逐年下降趋势。

4.7

首发限售股原股东减持信息披露与投资者保护

　　目前，我国限售股的类型主要包括：股权分置改革限售股、首发限售股、再融资股和其他限售股，前两类是限售股的主要组成部分。股权分置改革限售股，是指 2006 年前已上市的公司中非流通股份股东通过支付对价等方式获得上市流通权的限售期股份。首发限售股，是指股权分置改革以后、新发行股票上市公司的股东持有的在锁定期受到限制流通的股份。主要来源于新股 IPO 公开发行前原股东持有的股份以及在发行过程中其他投资者通过网上发行与网下配售而获得的股份。国内学者前期对大股东限售股减持的研究主要集中于股改限售股，而对首发限售股大股东的减持关注较少，而且随着股权分置改革的结束，首发限售股将替代股改限售股成为限售股的主力军（见图 4 - 30），因此，我们将注意力集中于首发限售股大股东减持时的信息泄露状况。

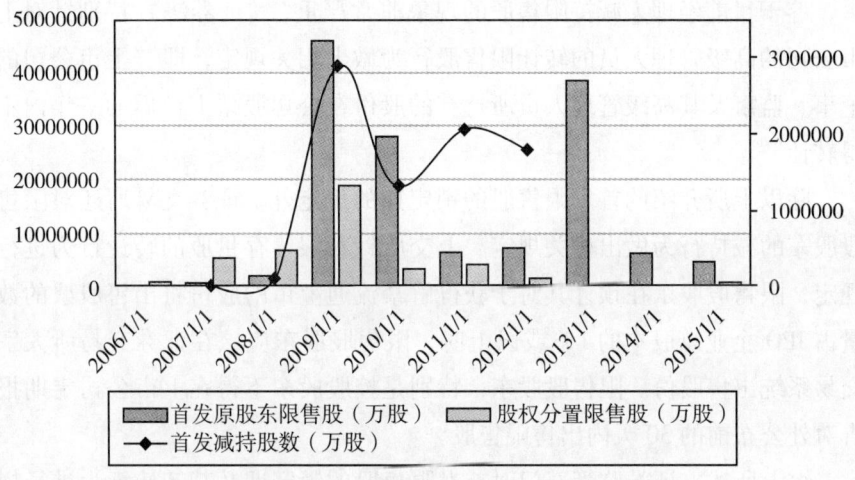

图 4 - 30　首发原股东限售股与股权分置限售股的对比①

① 　根据万德（Wind）数据库数据来源整理成图。

4.7.1 首发限售股的锁定期与信息披露规定

根据《上海证券交易所股票上市规则》规定，上市公司发行人所持有的在首次公开发行前已持有的股份，在股票首次公开上市后一年内不得转让该限售股票；而对于上市公司的实际控制人及其一致行为人则规定，其首发股份在 36 个月内不得转让①。即首发原股东限售股的锁定期一般为 12 个月，控股股东、实际控制人及其一致行动人的原持有股份的锁定期为 36 个月。

根据《管理办法》规定，"参与首次公开发行股票询价及网下配售的机构投资者，应承诺其网下配售股份的持有期不少于 3 个月；战略投资者持有所获配售的股份的期限应当不少于 12 个月"②。即首发机构限售股和首发战略限售股的锁定期分别为不低于 3 个月及 12 个月。而首发一般限售股是指一般法人投资者通过网上摇号中签方式取得首发股份，其锁定期一般为 3 个月至 1 年。

鉴于目前经理人减持限售股的现象非常严重，《证券法》特别针对上市公司的高级管理人员的转让限售股行为做出相关规定，即"上市公司的董事、监事及其高级管理人员所持有的股份在公司股票上市后的一年内不得转让"③。

除以上所介绍的首发限售股的锁定期的规定外，证券交易所还对限售股股东的减持行为做出相关规定。上交所针对限售存量股的转让行为进行规定，限售股股东在预计其对于获得解禁流通上市的股份将出售股票的数量占 IPO 企业总股本的 1% 或以上时，限售股股东应该在证券交易所大宗交易系统出售股份。限售股股东，特别是控股股东不得在上市公司定期报告对外公布前的 30 天内出售限售股。

综上所述，证券监管部门对首发限售股的锁定期及其转让行为进行规定，具体可见表 4 - 23：

---

① 资料来源：《上海证券交易所股票上市规则》。
② 资料来源：《证券发行与承销管理办法》。
③ 资料来源：《证券法》。

表 4 – 23 首发限售股的锁定期

首发限售股类型	股东类型	锁定期
首发原股东限售股份	一般发起人	12 个月或以上
	控股股东、实际控制人及一致行为人	36 个月或以上
首发一般限售股份	网上申购的一般法人投资者	3 个月、6 个月或 1 年
首发机构限售股份	网下配售的机构投资者	3 个月、6 个月或 1 年
首发战略限售股	参与首发股份配售的战略投资者	12 个月或以上
	董事、监事及高级管理人员	12 个月

为规范股票市场上限售股转让行为，保护中小股东的权益，证券交易所要求限售股股东转让限售股时需要执行信息披露义务。具体见表 4 – 24。

表 4 – 24 限售股股东的信息披露义务

法律依据	信息披露相关规定
《证券法》、《上市公司收购管理办法》、《上市公司解除限售存量股份转让指导意见》	对于持有占上市公司总股本 5% 以上的股东，当其持股比例降至 5% 以下时，应当在变动后两天内向公众报告①
《上海证券交易所大宗交易系统解除限售存量股份转让业务操纵指引》	"已实现股权分置改革的上市公司，其股份变动比例达 1% 时必须予以公告"②
《上交所发布大宗交易系统专场业务办理指南》	当控股大股东及其一致行为人减持股份后，致使上市公司控制权发生变化的，应当编制权益变动表并对外公布③

4.7.2 首发原股东的减持行为与信息泄露

4.7.2.1 样本选择与数据来源

随着股权分置改革的进程，我国首发限售股自 2009 年开始大量出现（见图 4 – 30），因此我们选取自 2009 年至 2012 年首发限售股解禁后的减

---

① 资料来源：《证券法》及《上市公司收购管理办法》中关于限售股转让的相关规定。
② 资料来源：《上交所发布大宗交易系统专场业务办理指南》。
③ 资料来源：《上交所发布大宗交易系统专场业务办理指南》。

持事件，观察其信息泄露情况。从 2009 年至 2012 年，共有 1284 次首发限售股解禁事件，涉及公司数达 896 家。其中，363 家公司在首发限售股解禁后发生减持，减持次数达 977 次。由于首发机构及一般股东的持股比例均低于 1%，无须承担对外公告义务，无法取得其减持数据。因此，本书只针对首发限售股原股东解禁后减持的事件进行分析。

首发限售股原股东的减持数据，来源于 Wind 数据库中"重要股东二级市场交易（明细）"表。其中，限售股减持股份的时间及公告时间、发生减持的大股东名称、减持的数量及减持后持有股份的数量直接摘自 Wind 数据库，而减持的比例以及减持前后持股比例则根据"重要股东二级市场交易（明细）"表和"上市以来股本变动"表中的减持数量、减持后持股比例以及总股本计算得出。发生减持的大股东在减持前的股东地位，是根据锐思金融数据库中的"主要股东名单与股权结构"表以及上市公司对外公布的招股说明书以及定期报告来确定。上市公司股价、经营、股权等的基本信息均来自国泰安数据库。首发限售股解禁时间及相关数据来自 Wind 数据库中的"限售股解禁阶段"表。

4.7.2.2 首发原股东的减持行为

表 4－25 对首发原股东减持发生的公司数量进行了描述性统计。

表 4－25　　　　　　首发限售股减持公司数量的统计描述

	公司数量	占解禁公司总数比例（%）	占减持公司总数比例（%）	公司数量	占解禁公司总数比例（%）	占减持公司总数比例（%）
		2009 年			2010 年	
发生减持公司	66	51		75	33	
其中，						
控股股东	16	12	24	17	7	22
国有企业	22	17	33	24	10	32

续表

	公司数量	占解禁公司总数比例（%）	占减持公司总数比例（%）	公司数量	占解禁公司总数比例（%）	占减持公司总数比例（%）
		2011 年			2012 年	
发生减持公司	138	35		152	37	
其中，						
控股股东	31	8	22	14	3	9
国有企业	21	5	15	14	3	9

从表 4-25 中可以看出，从 2009 年至 2012 年，IPO 上市公司原股东减持首发限售股的公司数量的绝对数是逐年上升的，说明随着首发限售股被解除锁定的数量的逐年增大，锁定期结束后有更多的原股东加入减持限售股的队伍。2009 年、2010 年和 2012 年，发生控股股东减持的公司数量均维持在 15 家左右，而在 2011 年发生控股股东减持的公司数量最多，达到 31 家。发生减持的国有企业家数在 2009~2011 年均维持在 20 家以上，到了 2012 年，国有企业减持数量下降到 14 家。但是，发生控股股东减持的公司及国有企业减持公司数量，不管是占解禁数量的比例，还是占总体减持数量的比例均是逐年下降，说明控股股东和国有企业股东在决定是否减持时显得越来越谨慎了。

如表 4-26 所示，以首发限售股的减持股数、减持比例以及单年内减持次数三个指标衡量原股东的减持水平，根据股权性质及持股地位对全体减持股东进行分组，我们分析了首发限售股原股东从 2009 年至 2012 年的减持力度及其变化。从表 4-26 的 A 部分全体股东的减持数据中可以发现，原股东减持股数及减持比例从 2010 年起大幅度减少，原因是从 2010 年至 2012 年首发限售股解禁的流通数量大大低于 2009 年的规模，因而，原股东减持股数也随之减少；观察按控股权性质分组的减持数据，可以发现国有控股企业股东在 2009 年至 2012 年的减持水平的均值都高于民营企业投资者。我们根据持股比例对原股东的股东地位进行分组，以原股东中第一大股东为控股股东，非第一大股东且持股比例在

5%以上的股东为非控股股东，持股比例在5%以下的股东为中小股东。从表4－26的B部分按股东地位分组的情况看，从横向角度可以发现，在各年中非控股东与控股股东的平均减持力度相当，而中小股东减持力度最低。第一大股东在2009年与2012年的减持数量以及减持水平均高于2010年和2011年，说明控股股东在等待36个月限售期结束时就大幅度减持股份，减持意愿较大。另外，本书还采用了减持次数这一指标衡量原股东减持频率。从表4－26中发现，原股东的减持次数在2010年至2012年的平均及最高值均普遍高于之前的三年，而原股东的减持股数及减持比例则自2010年至2012逐年下降，说明原股东的减持行为出现了新的趋势，从单次集中减持转为多次少量减持，原因可能是为了避免达到1%的减持比例线，而无须对外发布公告，降低单次减持比例并多次减持。由上述分析可以看出，首发限售股原股东的减持行为较为严重，特别是在首发限售股解禁高峰期2009年，不管是减持家数，还是原股东减持力度均达到了最高点。

4.7.2.3 首发原股东减持行为的市场掠夺效应

我们选取2009年至2012年的首发限售股减持的事件作为研究样本，涉及上市公司达363家，共977次减持事件，采用事件研究法通过估计减持公告日前后30天的非正常收益率，分析首发限售股减持前后的股价异常波动情况以及原股东的减持行为对其他股东的掠夺效应。

图4－31列示了首发限售股原股东减持公告前后的平均非正常收益率AAR。观察首发限售股原股东减持前后AAR的走势图可知，减持公告前后股价均出现明显的异常波动，特别是公告前（－5，0）的区间内，平均非正常收益率AAR达到了峰值。由于证券交易所规定，若限售股股东减持股份比例达到1%或以上时，需要在变动后2天内对外进行报告和公布，结合上图AAR的走势分析，可以推断首发限售股减持事件对股价产生了异常影响，且原股东在减持当天就已获得了超额收益，即原股东在减持获得超额收益后才对外公告。

表 4 - 26　首发限售股原股东减持力度的统计描述

A	(1) 全体减持股东			(2) 按是否国有控股分组					
				国有控股企业			民营控股企业		
	Mean	Min	Max	Mean	Min	Max	Mean	Min	Max
2009年 减持股数（万股）	1170	9	14734	1935	9	14734	491	20	1997
2009年 减持比例（%）	2.49	0.07	6.55	2.05	0.09	6.55	2.92	0.07	5.25
2009年 单年减持次数	1	1	3	1	1	3	1	1	2
2010年 减持股数（万股）	402	5	4224	476	25	4224	384	5	2685
2010年 减持比例（%）	1.66	0.06	5	1.58	0.11	5	1.66	0.06	5
2010年 单年减持次数	2	1	5	2	1	4	2	1	6
2011年 减持股数（万股）	381	2	3500	501	3	3500	350	2	2900
2011年 减持比例（%）	1.79	0.01	5.11	1.43	1.15	5.03	1.6	0.02	5.11
2011年 单年减持次数	2	1	9	3	1	9	2	1	8
2012年 减持股数（万股）	513	2	12010	763	14	3625	494	2	12010
2012年 减持比例（%）	1.83	0.01	5.05	1.66	0.07	5	1.94	0.01	5.05
2012年 单年减持次数	2	1	6	2	1	3	2	1	9

续表

（3）按股东地位分组[1]

B		控股股东			非控股股东			中小股东		
		Mean	Min	Max	Mean	Min	Max	Mean	Min	Max
2009年	减持股数（万股）	753	100	1997	663	9	12121	4423	59	14734
	减持比例（%）	2.86	0.71	5.16	2.64	0.07	6.55	1.24	0.17	2.61
	单年减持次数	1	1	3	1	1	3	1	1	3
2010年	减持股数（万股）	293	30	927	445	8	2685	364	4	595
	减持比例（%）	1.47	0.11	4.99	1.94	0.07	5	0.75	0.06	3.13
	单年减持次数	3	1	4	2	1	6	2	1	6
2011年	减持股数（万股）	345	25	1260	426	2	3500	156	4	595
	减持比例（%）	1.77	0.05	5.11	1.95	0.03	5.03	0.7	0.01	3.23
	单年减持次数	3	1	9	2	1	9	2	1	9
2012年	减持股数（万股）	833	21	4750	419	2	2749	317	16	3625
	减持比例（%）	2.12	0.04	5	1.82	0.01	5	0.88	0.14	4.58
	单年减持次数	2	1	4	2	1	6	2	1	6

注："按股东地位分组"是指，将第一大股东定义为控股股东，非第一大股东且持股比例在5%以上的股东定义为非控股股东，持股比例在5%以下的股东定义为中小股东。

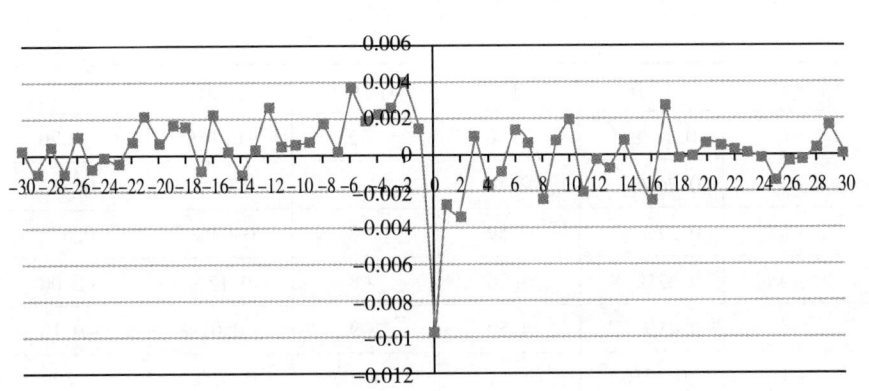

0.006
0.004
0.002
0
-0.002
-0.004
-0.006
-0.008
-0.01
-0.012

-30 -28 -26 -24 -22 -20 -18 -16 -14 -12 -10 -8 -6 -4 -2　0　2　4　6　8　10 12 14 16 18 20 22 24 26 28 30

图 4 - 31　首发限售股减持公告前后平均超额收益率 AAR

表 4 - 27 采用均值 T 检验对首发限售股原股东减持前后的超额收益率的显著性进行了检验。对减持公告日前后 (- 10, 10) 时间窗 AR 的显著性进行检验, 发现股价在 (- 6, - 2) 以及 (0, 2) 的窗口期内的每一天均存在显著的超额收益率, 说明首发限售股减持事件使个股股价产生了显著的异常波动情况, 并且减持前个股股价显著为正, 而减持公告发布后个股股价则显著下跌。从累计超额收益率 CAR 的均值数据来看, 各区间的 CAR 均显著不为 0, 其中, 窗口期 (- 10, - 1) 及 (- 5, - 2) 的累计异常收益均值皆显著为正, 但是到了公告前第一天开始, 股价便开始产生显著负向非正常收益率, 说明从上市公司自减持当天后股价便开始下滑, 而减持当天原股东将能获得最高的正向非正常收益。为进一步证明首发限售股减持公告前后的区别, 我们对公告前后一定窗口期内的 CAR 均值的差异进行了检验, 详见表 4 - 27。

表 4 - 27　　　　　　　　公告前后超额收益率的均值 T 检验

Table3.6A：AR

时间窗口	均值	T 检验	时间窗口	均值	T 检验
- 10	- 0. 09%	- 1. 24	+ 1	- 0. 24%**	- 2. 48
- 9	- 0. 09%	1. 37	+ 2	- 0. 20%**	- 2. 31
- 8	0. 06%	0. 76	+ 3	0. 03%	0. 38
- 7	0. 03%	0. 44	+ 4	- 0. 21%**	- 2. 54

续表

时间窗口	均值	T 检验	时间窗口	均值	T 检验
-6	0.18% **	2.10	+5	-0.14%	-1.70
-5	0.26% ***	2.74	+6	0.05%	0.53
-4	0.23% ***	2.59	+7	0.04%	0.55
-3	0.42% ***	4.26	+8	-0.17% *	-2.06
-2	0.45% ***	4.59	+9	-0.01%	-0.10
-1	0.15%	1.51	+10	0.07%	0.82
0	-0.81% ***	-8.15			

Table3.6B：CAR

(-10, -1)	9.84% ***	34.21	(+2, +5)	-2.06% ***	-10.19
(-5, -2)	7.80% ***	20.96	(+1, +20)	-1.36% ***	-4.19
(-1, +1)	-4.82% ***	-12.27			

注：* P < 0.1；** P < 0.05；*** P < 0.01。

表 4 - 28   公告前后累计非正常收益率 CAR

累计超额收益率 CAR（均值）		差额 DIF（均值）	T 检验
(-20, -10)	(+10, +20)		
4.23%	1.98%	2.25% *	1.84
(-10, -5)	(+5, +10)		
3.85%	-0.92%	4.77% ***	6.26
(-5, -2)	(-1, +2)		
7.99%	-5.22%	13.22% ***	11.26
(-5, -1)	(0, +5)		
8.26%	-7.14%	15.41% ***	15.14

注：* P < 0.1；** P < 0.05；*** P < 0.01。

    从表 4 - 28 可以看出，所有减持公告前窗口期内的累计超额收益率
CAR 的均值都显著高于公告后的累计超额收益率。原股东在公告前甚至有
可能是减持股份前，采取手段对股价进行操控使其大幅上升，并在减持当

天获得最高的超额收益（见图 4-32），减持公告发布后股价开始显著下跌，证明原股东在限售股解除锁定后存在市场操纵与恶性减持行为，对中小投资者的利益进行了严重的掠夺。

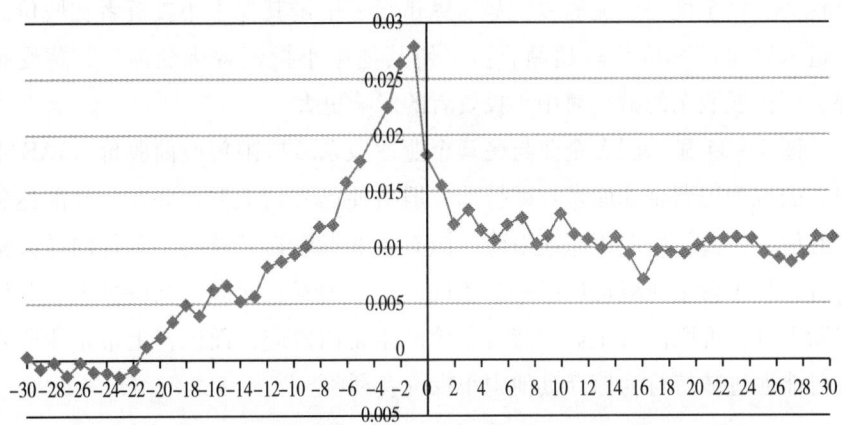

图 4-32　首发限售股减持公告前后 30 天累计平均超额收益 CAAR

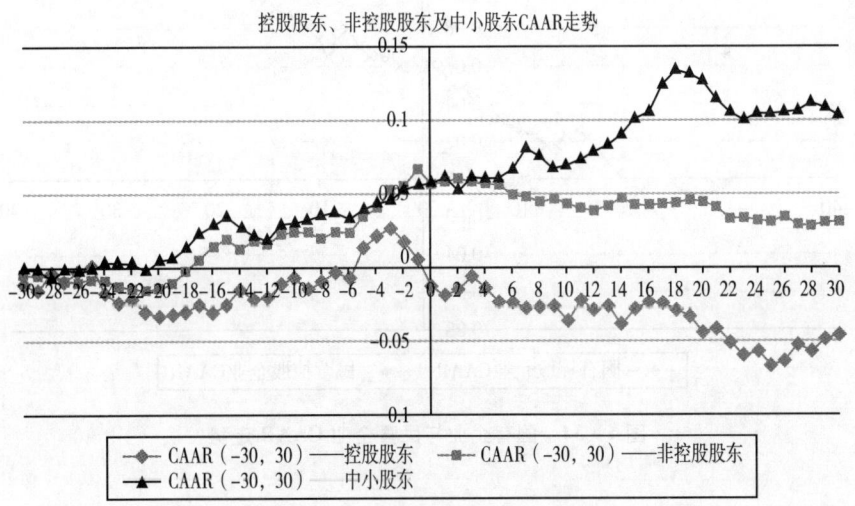

图 4-33　控股股东、非控股股东及中小股东 CAAR

图 4-33 是按控制权分组的不同类型原股东在减持前后的股价走势，可以看出各类原股东在减持前股价就开始上升，而减持后被控股股东减持的股票股价剧烈下降；被非控股股东减持的股票股价也经历了下降，但下

降幅度不如前者大；被中小股东减持的股票股价继续上扬，没有受到减持的影响。我们推测，这是由于中小股东影响能力有限，只能根据市场形势择机减持变现；而控股股东以及非控股股东作为大股东都有可能利用其信息优势、资金优势、流通股优势操纵市场，引诱其他中小投资者在股价高位进入后通过减持获取超额收益，使其他中小投资者遭受损失，蒙受掠夺，而控股股东的减持对中小投资者的影响更大。

图 4–34 显示国有企业与民营企业原股东减持限售股前股价 CAAR 走势，表现为民营企业股东在减持前，股价便已开始上升，并在公告前达到了峰值，在公告后股价急速下降。国有企业股东在减持前，股价同样大幅上升，与民营企业减持后 CAAR 不同的是，国有企业股东减持公告后股价不断上升，说明国有企业减持对股价产生正向效应，而民营上市企业股东更可能通过减持行为掠夺其他中小投资者利益。

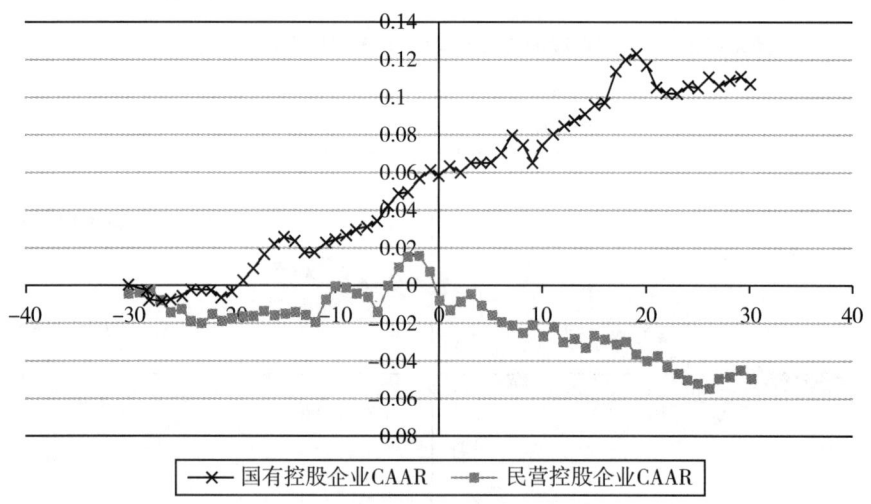

图 4–34　国有企业与民营企业 CAAR 走势

4.8

本章小结

本章分别从定期报告与临时公告的角度分析与考察了年报信息披露、

财务重述公告、并购交易信息公告以及大股东减持信息公告等上市公司的信息披露行为及其对投资者的保护状况。

从信息披露质量来看，自 2001 年至 2010 年，总体上上市公司信息披露的整体质量在逐步改善，获得优秀与良好等级的公司逐年增加，而获得不及格等级的公司逐年下降；从年报披露的盈余质量来看，2001 年至 2006 年我国上市公司以向下的盈余管理为主，2007 年后向上盈余管理增多，并略大于向下的盈余管理水平；2007 年因采用新会计准则以及受市场行情的影响，操控性应计利润达到峰值。从年报披露的及时性来看，年报披露的及时性 2001 ~2010 年并没有得到实质上的改善，存在明显的"赶末班车"现象。

从信息披露的投资者保护效用来看，总的来说，在公告前 5 ~ 10 日超额收益率就出现显著的异常波动，累计平均超额收益率出现明显攀升，至公告日后急速下跌，超额换手率和波动率在公告期间突然上升，交易量放大，表明信息在公告前就已泄露，并被知情者利用赚取了超额收益，不知情的中小投资者在其中遭受了损失。进一步的分组研究表明，对于年报披露而言，亏损公司的信息更容易受到操纵，中小投资者保护情况更差；业绩预告披露有效地降低了年报公告前内部人利用信息操纵市场的可能性。对于财务重述公告而言，代表"提高业绩、减少亏损、降低风险"的好消息重述更容易受到提前操纵，表现为与坏消息重述相比，公告前的信息泄露程度更高，公告期的波动率与换手率更大。对于并购交易披露而言，在并购交易双方中仅被并购方上市的公司在并购公告前信息泄露程度最大，更容易被知情者操纵。对于首发限售股原股东减持披露而言，大股东的减持导致公告后股价迅速下跌，其中控股股东的减持效应更为显著；相对于国家控制的公司而言，民营控制公司原股东的减持带来了更强的负面市场效应。

对年报披露与并购公告的年度分析表明，由于各年政策与市场环境的影响，各年因信息泄露造成的市场提前反应也具有差异，其中 2007 年的信息泄露及内幕交易现象最为显著，这很大程度上是股权分置改革带来的"大小非"解禁诱发出的新的有实力的机会主义群体寻租所致，而 2007 年市场的牛市上涨行情掩盖和进一步加剧了这种对中小投资者的剥夺，但以公平信息披露规则为代表的系列监管制度对上市公司的信息泄露发挥了抑制作用，表现为自 2007 年以后信息泄露程度出现了逐年下降趋势。

第 5 章

年报披露对投资者保护
效用的实证分析

本章从定期公告的角度，对上市公司年度报告（简称年报）信息披露对投资者的保护效用进行检验和分析。

5.1

研究设计

5.1.1 变量设计与说明

5.1.1.1 被解释变量

投资者保护效用：根据第 2 章中 2.3.2 所述，我们使用年报披露前的信息泄露程度 |preCAR| 作为主要衡量年报信息披露对投资者的保护效用的指标，同时辅以事件期间的平均超额换手率 AAT、平均超额收益波动率 AARV 等信息不对称指标进行分析。根据第 2 章的分析，理论上预期信息披露对投资者的保护效用越好，投资者公平地获取了信息，市场中信息不对称程度越低，公告前的信息泄露程度 |preCAR| 就越低，同时，事件期间投资者参与交易的意愿上升导致交易量增加，平均超额换手率 AAT 上升，而超额收益波动率下降。

根据第 4 章 4.4 中对年报公告的市场信息泄露效应分析，发现大约在公告前 10 天超额收益率就出现明显异动，平均累计额收益率出现攀升，但考

虑年报公告前后上市公司股价受到其他因素影响的概率较大（如一季度业绩、上年股利分配等），故分析中将 |preCAR| 的时间计算窗口定为（-5，-1），AAT 与 AARV 的计算分别定为事件期（-5，5）。

各指标的具体计量描述参见第 2 章中的 2.3。

5.1.1.2　解释变量

信息披露质量：我们从信息披露构成要素与信息披露整体水平两方面衡量信息披露的质量。对于信息披露的要素，我们主要关注信息质量的关键特征——可靠性与相关性，其中，以年报披露盈余的操控性应计利润的绝对值 |DA| 衡量年报披露质量的可靠性，|DA| 越大，盈余质量越差，可靠性越低；|DA| 越小，盈余越接近真实值，可靠性越高；以年报披露日期与年度结束日期（12 月 31 日）之差——披露时滞 Tim1 来衡量披露的及时性，Tim1 越长，年报披露及时性越差；Tim1 越短，年报披露及时性越好。对于信息披露整体水平，使用深交所对上市公司的信息披露考评等级衡量信息披露的整体水平 Qual，当深交所信息披露考评等级为不合格时，Qual = 3；考评等级为合格时，Qual = 2；考评等级为良好时，Qual = 1；考评等级为优秀时，Qual = 0。正如第 2 章的分析与假设，我们预期信息披露质量越高，投资者保护效用越好，反之，则相反，即 |DA| 越高，Tim1 越小，|preCAR| 越大；深交所信息披露评级越高，|preCAR| 越小。

考虑到变量间数据相对级差的问题，在回归分析中使用披露时滞系数 tim 代替 Tim1 进入模型回归。DA 的计量与深交所信息披露考评内容参见第 2 章。

5.1.1.3　控制变量

（1）知情者控制

拥有信息优势的知情者更易于利用信息在二级市场赚取超额收益，在研究信息披露质量对年报披露中投资者保护效用时需要对知情者进行控制。我们选用以下变量控制知情者的存在：

机构投资者：近期的研究表明，目前机构投资者并不如预期的那样在上市公司治理中发挥积极的监督与治理功能并引导中小投资者理性投资，他们也可能与上市公司或者其他大股东合盟在二级市场上利用信息优势剥夺中小投资者的利益（如傅勇和谭松涛（2008）、蔡庆丰和宋友勇（2010）、刘建徽等（2013））。

lsh_10：前十大流通股东持股数量大于 10 万股的持股比例之和，这些流通大股东更容易优先获取公司信息，也更容易利用信息提前行动在二级市场获取超额收益，lsh_10 越大，意味着内部人问题越严重。

（2）风险因子控制

上市公司股票风险大致可以分为市场风险与公司特有风险，我们用 Beta 控制公司的市场风险，用 RMSE（市场模型（2.7）中残差的均方根）衡量公司特有风险，二者均可以从计算股票期望收益率的市场模型的回归结果中取得（参见第 2 章模型（2.7））。

（3）CAR

由于存在信息泄露，年报公告日前的股价会向公告日后的股价方向变化，根据公式（2.4）和公式（2.5）可知，preCAR 和 CAR 并不独立。preCAR 也许会随着 CAR 的增大而增大，但两者间可能是非线性关系。例如，由某事件所引起的股价更大幅变动可能是因为存在更大的交易量，但是随着该事件信息含量的增大，与信息泄露相关的交易量可能只占总交易量的更小比例，因此，preCAR 随着 CAR 的增大而增大，但速率却是递减的。考虑到这种可能性，将事件窗（$-t_1$，$+t_2$）的累计超额收益的绝对值 $|CAR|$ 及其平方数 CAR^2 加进模型（Sinha and Gadarowski，2010）。

（4）年份控制

如第 4 章所述，信息泄露程度受各年政策、市场环境等因素的影响，2001~2010 年走势并不完全一致，所以在回归分析中必须控制年份的影响，以控制政策与市场环境等宏观因素的作用，以 2001 年为基准年，设置 9 个虚拟变量 Y2002~Y2010。

此外，考虑到股权分置改革的影响，我们也以 2006 年为基年将 2001~2010 年划分为两个时间段，设置虚拟变量 Year1，若在 2006 年及以前，则 Year1 = 0；若在 2007 年及以后，则 Year1 = 1，以比较股权分置改革前后信息披露对投资者保护效用的变化。

此外，基于已有文献研究，模型中还加入了以下控制变量：

公司规模（LogME），一般认为规模越大的公司越不容易受到操纵；

公司亏损指标（Loss），控制年报内容，如第 4 章 "4.4.2 盈利公司与亏损公司的比较分析" 所述，亏损公司更易受到操纵；

行业控制哑变量（Ind），控制行业的影响。

各变量的定义与说明具体如表 5－1 所示。

5.1.2　模 型 设 计

根据第 2 章的理论分析与假设以及上述控制变量的选取，我们设计年报披露的投资者保护效用模型如下：

模型（5.1）：信息泄露程度 $|preCAR|$ 模型

$$\begin{aligned}
|preCAR| = {} & \beta_0 + \beta_1 \cdot X + \beta_2 \cdot LnME + \beta_3 \cdot Totins + \beta_4 \cdot |CAR| + \beta_5 \cdot CAR^2 \\
& + \beta_6 \cdot Beta + \beta_7 \cdot RMSE + \beta_8 \cdot Loss + \beta_9 \cdot lsh\_10 + \beta_{10} \cdot year \\
& + \beta_{11} \cdot IND + \varepsilon
\end{aligned} \tag{5.1}$$

模型（5.2）：收益波动率 AARV 模型

$$\begin{aligned}
AARV = {} & \beta_0 + \beta_1 \cdot X + \beta_2 \cdot LnME + \beta_3 \cdot Totins + \beta_4 \cdot |CAR| + \beta_5 \cdot CAR^2 \\
& + \beta_6 \cdot Beta + \beta_7 \cdot RMSE + \beta_8 \cdot Loss + \beta_9 \cdot lsh\_10 + \beta_{10} \cdot year \\
& + \beta_{11} \cdot IND + \varepsilon
\end{aligned} \tag{5.2}$$

模型（5.3）：超额换手率 AAT 模型

$$\begin{aligned}
AAT = {} & \beta_0 + \beta_1 \cdot X + \beta_2 \cdot LnME + \beta_3 \cdot Totins + \beta_4 \cdot AARV + \beta_5 \cdot RMSE \\
& + \beta_6 \cdot Loss + \beta_7 \cdot lsh\_10 + \beta_8 \cdot year + \beta_9 \cdot IND + \varepsilon
\end{aligned} \tag{5.3}$$

根据现有文献（如 Cheng et al.（2005）、Leuz and Verrecchia（2000）），交易量受股票收益波动率的影响较大，故在模型（5.3）中加入控制变量 AAARV。由于波动率也代表着市场风险，并且与 CAR 相关性大，所以在模型（5.3）中 AARV 没有再加入 Beta 及 CAR、CAR^2 控制。

上述各模型中，X 代表信息披露质量，当以年报披露要素进行衡量的时候，以信息质量 $|DA|$ 与披露时滞 tim 带入；当以整体披露水平衡量的时候，则以深交所的考评等级指标 Qual 带入。year 为年份控制变量。

可以根据研究需要将分段哑变量 Year1 与年度哑变量 Y2002～Y2010 分别带入。

模型 5.1 至模型 5.3 中的变量定义及描述详见表 5 – 1。

表 5 – 1   变量定义表

变量类别	变量	变量名称	定义及描述
被解释变量	$\mid preCAR \mid$	信息泄露程度	并购交易信息公告前（-5，-1）的超额收益率 preCAR 的绝对值
	AAT	辅助指标 1：超额换手率	事件窗（-5，5）的个股超额换手率均值
	AARV	辅助指标 2：超额收益波动率	事件窗（-5，5）的个股超额收益波动率的均值
解释变量	Qual	信息披露整体水平	虚拟变量，当深交所信息披露考评等级为不合格时，Qual = 3；考评等级为合格时，Qual = 2；考评等级为良好时，Qual = 1；考评等级为优秀时，Qual = 0
	$\mid DA \mid$	信息质量	操控性应计利润的绝对值 $\mid DA \mid$
	Tim1	Tim1	年报公告日 – 年度结束日
	tim	披露时滞系数	（年报公告日 – 年度结束日）/365
控制变量	Totins	机构持股比例	机构投资者持有上市公司 A 股比例
	lsh_10	大流通股股东持股比例	前十大流通股股东持股数量大于 10 万股的持股比例之和
	RMSE	公司风险	市场模型中残差的均方根，从证券 i 事件期前的 200 个交易日的个股收益率与相应交易日的日市场收益率的回归结果中所得
	CAR	CAR	事件窗（-5，5）的个股累积超额收益
	CAR^2	CAR^2	事件窗（-5，5）的个股累积超额收益的平方
	Loss	亏损指标	若净利润 < = 0，Loss = 1；若净利润 > 0，Loss = 0

续表

变量类别	变量	变量名称	定义及描述
控制变量	LnME	公司规模	公告日前（-6，-10）流通股平均市值的自然对数
	ifgykz	是否国有控制	是否国有控制，是为1，否则为0
	ifmykz	是否民营控制	是否民营控制，是为1，否则为0
	Y	年度哑变量	年份虚拟变量，以2001年为基准年，设置9个虚拟变量 Y 2002 ~ Y 2010
	$Year_1$	年度分段哑变量	虚拟变量 $Year_1$，若在2006年及以前，则 $Year_1 = 0$；若在2007年及以后，则 $Year_1 = 1$
	Ind	行业哑变量	剔除金融行业，根据证监会行业分类指引设置

5.1.3　样本选择及数据来源

本章关于对信息披露要素进行的研究的样本选择与数据来源与第4章中的4.2.1完全一致，即我们选取2001年至2010年所有披露年报的非金融行业 A 股上市公司为最初样本，经筛选后最终获得12850个样本，样本的年度分布详见表4-2。[①]

当使用深交所考评等级衡量上市公司的整体信息披露水平时，研究样本的原始样本为2001年至2010年在深圳证券交易所上市的非金融行业 A 股上市公司[②]，按照第4章中4.2筛选标准筛选后回归模型最终获得5499个样本，样本的年度分布详见表5-2。

---

① 2001~2010年指的是年报所属的年份，年报披露以及|preCAR|、AARV、AAT 实际上是年报所属年份的次年年初（4个月内）的市场效应指标，如2010年的年报在2011年年初披露，相应的|preCAR|、AARV、AAT 是2011年年初年报披露前后的市场效应值。各表格中的时间意义与此相同。

② 上交所没用公布对上市公司的信息披露考评等级。

表 5 – 2　　　　　　　　　深交所模型样本分布与分类

年份	研究样本				
	优秀	良好	及格	不及格	小计
2001	29	184	231	25	469
2002	40	222	180	27	469
2003	41	254	153	21	469
2004	28	277	144	20	469
2005	54	281	122	26	483
2006	55	256	143	17	471
2007	60	254	180	23	517
2008	69	378	171	13	631
2009	94	458	127	15	694
2010	128	548	138	13	827
合计	598	3112	1589	200	5499

本研究数据来源于万德（Wind）金融数据库、国泰安数据库以及锐思数据库，我们对有关数据进行了各库之间的核对或补充，有疑问的直接上证监会或者交易所网站查询公告或者年报。数据的整理与处理主要采用Stata11.0。为避免异常值的影响，本章研究对变量数据进行了 1% 的 Winsor 平滑处理避免极端值的影响。

5.2

描述性统计与相关关系

5.2.1　描述性统计

表 5 – 3 和表 5 – 4 分别列示了被解释变量与解释变量的描述性统计结果，[①] 其中，A 部分代表以披露要素衡量信息披露质量的模型的沪、深上

[①] 表 5 – 3 中 A 部分变量 Tim1、|preCAR|、AARV、AAT 等的有效统计样本数为 12907，但 |DA| 的有效统计样本数为 12850，所以在回归模型中的回归样本最后为 12850。

市公司样本的变量统计值，B 部分代表以深交所考评等级代表的信息披露整体水平衡量信息披露质量的模型的深圳上市公司样本的变量统计值。在表 5 - 3 中被解释变量 $|preCAR|$ 在 A 部分的平均值为 4.28%（12907 个样本），在 B 部分的平均值为 4.23%，在表 4 - 5 中，$|preCAR|$ 的平均值为 4.38%（12850 个样本），差异不大，表明我国上市公司在并购交易公告前 5 天的平均累计超额收益率的绝对值已经达到 4.23%，市场提前反应了，说明年报公告前存在信息泄露情况，不利于参与交易的不知情的中小投资者。[①] Tim1 代表披露时滞的天数，A 部分平均值为 88.82 天，B 部分平均值为 89.11 天；$|DA|$ 在 A 部分的均值为 4.79%，B 部分的均值为 4.89%，与第 4 章中表 4 - 2 的细微差异是由于本章研究数据经过 1% 的 Winsor 平滑处理，以避免极端值对回归结果的影响（下同），$|DA|$ 与 Tim1 更详细的统计分析参见第 4 章 "4.3 上市公司的信息披露质量状况"。超额收益波动率 AARV 在事件期（-5，5）的日均值为 0.7%，A 部分与 B 部分一致，表 5 - 4 列示了其年度均值分布，该均值的年度波动与走势与 $|preCAR|$ 基本一致，即 2001 年至 2006 年报披露事件期逐步上升，2007 年之后呈现下降趋势；超额换手率 AAT 在事件期（-5，5）的日均值 A 部分为 1.1748，B 部分的均值为 1.0962，表明深交所的换手率略低于沪、深两市的市场整体水平，从表 5 - 4 的年度分布可以看到，从 2001 年至 2009 年年报披露时期，超额换手率 AAT 逐步上升，到 2010 年年报披露时却下降较大。$|preCAR|$、AARV、AAT 在年报披露事件期（-5，5）的表现详见第 4 章 "4.4 年报信息披露的泄露效应"。

表 5 - 3　　　　　　　　　　关键变量的描述性统计

A	均值	标准差	最小值	最大值	样本数
$|preCAR|$	0.0428	0.0402	0.0005	0.205	12907
AARV	0.0007	0.0008	0	0.0044	12907
AAT	1.1748	1.6716	-0.0684	11.1199	12907
$|DA|$	0.0479	0.0548	0.0006	0.3316	12850

———————————

①　$|preCAR|$（-5，-1）的年度走势参见第 4 章中的图 4 - 16。

续表

A	均值	标准差	最小值	最大值	样本数
Tim1	88.82	23.2246	25	120	12907
B	均值	标准差	最小值	最大值	样本数
│preCAR│	0.0423	0.0397	0.0005	0.2050	5499
AARV	0.0007	0.0007	0.0000	0.0044	5499
AAT	1.0962	1.5936	−0.0684	11.1199	5499
Qual	1.2530	0.6923	0	3	5499
│DA│	0.0489	0.0535	0.0006	0.3316	5449
Tim1	89.1097	23.5358	10	227	5499

注：A 部分代表以披露要素衡量信息披露质量的模型的沪、深上市公司样本的变量统计值，B 部分代表以信息披露整体水平衡量信息披露质量的模型的深圳上市公司样本的变量统计值。

5.2.2 相关关系

表 5-5 列示了解释变量与被解释变量之间的相关关系，其中，A 部分代表以披露要素衡量信息披露质量的模型的沪、深上市公司样本的变量相关关系，B 部分代表以深交所考评等级代表的信息披露整体水平衡量信息披露质量的模型的深圳上市公司样本的变量间的相关关系。由表 5-5 可知，A 部分与 B 部分的结果都一致地显示披露时滞 tim、信息质量│DA│分别与信息泄露程度│preCAR│、平均超额收益波动率 AARV 与平均超额换手率 AAT 显著正相关，这说明披露时滞越长，信息质量越差，则年报披露前的信息泄露程度越大，年报披露事件期的平均收益波动率越高，超额换手率越大，反之，则相反。│preCAR│、AARV 与 AAT 之间的显著正相关关系表明，年报披露前的信息泄露程度越大，市场信息不对称程度越高，年报披露期间的收益波动率越高，风险越大，但超额换手率却越高。AAT 代表交易量，代表投资者参与交易的意愿，AAT 与成熟市场相比的异常表现说明我国散户"跟风"严重，而这种严重的"跟风"与信息不对称正是知情者赚取超额收益利用的工具，以散户为代表的中小投资者在交易中蒙受被剥夺与损失。下文的回归分析将对此进行进一步的验证。

表 5-4　　关键变量的分年度均值统计

A	2001 年	2002 年	2003 年	2004 年	2005 年	2006 年	2007 年	2008 年	2009 年	2010 年
|preCAR|	0.0273	0.0271	0.0347	0.0422	0.0479	0.0603	0.0592	0.0486	0.0374	0.0389
AARV	0.0003	0.0004	0.0005	0.0007	0.0011	0.0012	0.0011	0.0009	0.0006	0.0006
AAT	0.2691	0.5454	0.7505	0.9823	1.3368	1.6048	1.8475	1.9646	2.0193	0.165
|DA|	0.0408	0.0433	0.042	0.0459	0.0455	0.0426	0.059	0.0564	0.0547	0.0444
Tim1	85.6654	87.5226	87.7543	88.3525	90.3085	90.4339	88.7741	91.6307	88.0393	88.6741
N	1028	1104	1164	1200	1264	1256	1297	1438	1502	1597

B	2001 年	2002 年	2003 年	2004 年	2005 年	2006 年	2007 年	2008 年	2009 年	2010 年
|preCAR|	0.0271	0.0293	0.0347	0.0415	0.0488	0.0607	0.0561	0.0493	0.0379	0.0388
AARV	0.00034	0.00038	0.00053	0.00074	0.00104	0.00115	0.00104	0.00091	0.00059	0.00056
AAT	0.2554	0.4864	0.7148	1.0208	1.3393	1.5751	1.7865	1.8478	1.8040	0.1640
|DA|	0.0429	0.0428	0.0406	0.0498	0.0483	0.0446	0.0601	0.0550	0.0545	0.0464
Tim1	86.5864	89.1876	88.8508	89.5331	89.2940	89.3737	89.2534	92.8637	87.5274	88.5187
Qual	1.5373	1.4136	1.3284	1.3326	1.2484	1.2590	1.3211	1.2029	1.0908	1.0435
N	469	469	469	469	483	471	517	631	694	827

注：A 部分代表以披露要素信息量衡量信息披露质量的模型的沪、深上市公司样本的变量统计值，B 部分代表以信息披露整体水平衡量信息披露质量的模型的深圳上市公司样本的变量统计值。

表 5 - 5　　　　　　　　　主要变量间的相关关系

A	|preCAR|	AARV	AAT	tim	DA
|preCAR|	1				
AARV	0.5539***	1			
AAT	0.1508***	0.2458***	1		
tim	0.0856***	0.1373***	0.0447***	1	
|DA|	0.1155***	0.1312***	0.1458***	0.0749***	1
B	|preCAR|	AARV	AAT	Qual	
|preCAR|	1				
AARV	0.5680***	1			
AAT	0.1648***	0.2394***	1		
Qual	0.0736***	0.1032***	0.0856***	1	

注：1. A 部分代表以披露要素衡量信息披露质量的模型的沪、深上市公司样本的变量相关关系，B 部分代表以信息披露整体水平衡量信息披露质量的模型的深圳上市公司样本的变量相关关系。

2. *、**、*** 分别表示在 10%、5%、1% 水平下显著。

5.3
回归结果分析

下文分别从信息披露要素与信息披露整体水平的角度对模型 (5.1)、模型 (5.2)、模型 (5.3) 进行检验，考察上市公司年报信息披露对投资者的保护效用。

5.3.1　信息泄露程度 |preCAR| 模型

5.3.1.1　年度回归分析

由于样本数据涉及 2001～2010 年 10 年年报的长时间数据，我们对 |PreCAR| 模型进行 Hausman 检验，但检验结果显示个体效应不显著，所以

对 |PreCAR| 模型的回归没有采用面板数据回归分析，而是采用了混合截面回归分析，在分析中进行了时间与行业的控制。

表 5 – 6 列示了信息披露要素对信息泄露程度 |PreCAR| 影响的年度回归分析结果，从各年度的模型来看，经调整的拟合度 $AdjR^2$ 最低为 14.84%，各模型的 F 值均在 1% 的水平上经过显著性检验，表明各年度的模型整体上具有统计学意义。解释变量 tim 与 |DA| 的系数表现在各年不一，这是各年政策、监管制度与市场状况的影响不一造成的，其中，对于 2001 年年报披露前的 |PreCAR|，tim 系数竟然显著为负，而信息质量可靠性指标 |DA| 系数不显著，体现了在信息披露监管规范初期的市场混乱状况，信息披露对年报披露前的股价操纵没起到应有的积极作用。到 2002 年年报披露时，tim 与 |DA| 的系数在 10% 的水平下显著为正，表明此时披露要素体现的信息披露质量对投资者保护的效用在上市公司之间开始出现截面差异，监管的加强使得市场向有效与规范方向跨出了一步；2003 年年报披露时，tim 与 |DA| 的系数又均不显著；2004 年年报披露时，tim 的系数显著为正，而 |DA| 的符号却转为负并且在 10% 的水平上显著，这说明公司披露的及时性对投资者的保护效用提高，但信息质量的可靠性却非如此；2005 年年报披露时（2006 年年初），市场的有效性有了明显的进步，表现为 tim 与 |DA| 的系数都显著为正，表明年报披露前的股价操纵可以因信息质量高、披露及时得到抑制，而信息质量越不可靠、披露越滞后的上市公司股价越易受到信息操纵，投资者保护水平越低；在 2006 年至 2008 年的年报披露时，tim 均不再显著，|DA| 的系数维持在 10% 的水平上显著为正，结合第 4 章 "4.3 上市公司的信息披露质量状况" 的分析，tim 与 |DA| 在这几年也表现不佳，披露时滞在 2008 年年报披露时突增到 91.61 天，|DA| 在 2007 年报披露时也较上一年大幅增长，对投资者的保护效用下降；到 2009 年与 2010 年的年报披露时，披露时滞天数下降，tim 的系数显著为正，其作用再次显著，但 |DA| 的系数却转为不显著。综上所述，在 2001 年至 2010 年的年报披露中，随着披露及其他监管制度的加强，市场自 2002 年年报披露（2003 年年初）开始呈现信息披露质量对投资者保护效用的截面差异，但随着机会主义与监管的博弈变化，信息披露对投资者的保护效用在前进中螺旋式上升，2006 年年初披露 2005 年年报时这种效

用体现最好。如4章中4.4.4对|PreCAR|的年度比较分析所述，2006年开始因股权分置改革释放出来的解禁势力流通股更进一步增强了博弈中的机会主义力量，在监管不配套的情况下，机会主义行为的加剧一方面使上市公司本身的信息披露质量出现恶化；另外也扰乱市场秩序降低了市场有效性，进而降低了信息披露的投资者保护效用。从2007年开始，证监会进一步完善了上市公司信息披露监管制度，进一步加强监管力量，以公平信息披露规定为代表的信息披露制度逐步发挥效用，从2009年年报披露开始披露及时性的效用重新显现。[①] 此外，从表5-6中tim与|DA|的系数表现来看，信息披露的及时性与信息披露的可靠性对投资者的保护效用是不同的。

表5-7列示了以深交所对上市公司的年度信息披露考评等级衡量的信息披露整体水平对信息泄露程度影响的年度回归结果。遗憾的是，我们发现各年度回归结果中Qual的系数均不显著，即没有证据表明各年度内该考评等级对信息泄露程度|preCAR|的影响存在显著的截面差异。分析原因，这可能是由于仅用4个考评等级来衡量上市公司信息披露的整体水平比较粗略，这样的分类变量不如tim与|DA|等连续变量在回归分析中那样效果显著，再加上不及格与优秀两个极端等级的数量相对于及格与良好等级的数量而言显得太少，考评中人为的极端等级的比例限定也有可能将不及格的等级划入及格等级，或者本可以进入优秀等级的公司划入良好等级，使得不及格等级公司大都为信息披露质量极端恶劣的公司，而部分这样的公司在我们样本筛选过程中因不能满足研究需要又进一步被筛选掉，这使不及格样本数量进一步降低（参见表5-2），而在样本量较大的及格等级内公司之间、良好等级内公司之间实际上还存在披露质量的差异，但却没能在公布的4个等级考评中显现出来。具体到每一年度之后，与10年全样本相比年度内相对较少的样本量使得上述状况更为凸显，导致回归效果不显著。为此，后文将2001~2010年年报披露公司合为一个整体样本，在控制年份及其他因素的情况下进一步观察深交所评级体现的披露整体水平对投资者保护的影响。

---

① 2001~2010年的宏观政策与市场环境变化参见第4章中的"4.4.4年度比较分析"。

表 5 - 6　　信息披露要素对信息泄露程度影响的年度回归分析

年份	2001	2002	2003	2004	2005	2006	2007	2008	2009	2010
tim	-0.0416***	0.0236*	-0.0078	0.0455***	0.0903***	-0.0280	-0.0190	0.0067	0.0320***	0.0228*
	(-3.38)	(1.88)	(-0.57)	(2.95)	(5.04)	(-1.46)	(-1.07)	(0.40)	(2.60)	(1.79)
|DA|	0.0182	0.0283*	0.0219	-0.0366*	0.1358***	0.0483*	0.0298*	0.0272*	0.0064	-0.0074
	(1.15)	(1.80)	(1.16)	(-1.88)	(6.44)	(1.81)	(1.68)	(1.67)	(0.49)	(-0.46)
LnME	0.0006	-0.0011	0.0005	-0.0011	0.0004	0.0003	0.0003	0.0003	-0.0000	-0.0004
	(0.99)	(-1.59)	(0.68)	(-1.28)	(0.38)	(0.29)	(0.28)	(0.36)	(-0.06)	(-0.52)
|CAR|	0.2552***	0.1931***	0.2762***	0.1336***	0.2301***	0.1293***	0.0862*	0.2126***	0.1978***	0.2603***
	(7.73)	(5.06)	(6.92)	(3.34)	(5.95)	(2.86)	(1.86)	(5.47)	(5.57)	(7.53)
CAR^2	0.4095***	0.2755*	-0.1409	0.4183***	-0.0346	0.5537***	0.4553***	0.4653***	0.3190**	0.0243
	(3.16)	(1.69)	(-0.84)	(2.95)	(-0.29)	(3.93)	(2.96)	(3.35)	(2.12)	(0.16)
Beta	-0.0021	-0.0087**	-0.0035	-0.0034	0.0070	0.0001	-0.0058	-0.0074	-0.0044	-0.0024
	(-0.69)	(-2.57)	(-1.33)	(-0.83)	(1.55)	(0.02)	(-1.03)	(-1.39)	(-1.10)	(-0.65)
RMSE	0.8781***	0.6820***	0.8400***	1.3482***	0.5441***	0.1881	0.0718*	0.4612***	0.7519***	0.5421***
	(4.72)	(3.49)	(3.99)	(5.94)	(3.52)	(1.39)	(1.81)	(2.70)	(4.23)	(3.77)
截距项	0.0040	0.0258**	0.0031	0.0145	-0.0262*	0.0363**	0.0473***	0.0167	0.0038	0.0156
	(0.40)	(2.40)	(0.26)	(1.09)	(-1.73)	(2.01)	(2.76)	(1.12)	(0.31)	(1.19)

续表

年份	2001	2002	2003	2004	2005	2006	2007	2008	2009	2010
N	1028	1104	1164	1200	1264	1256	1297	1438	1502	1597
AdjR²	0.3856	0.2442	0.1848	0.2434	0.3141	0.2409	0.1484	0.2625	0.2050	0.1783
F	93.0797***	51.9000***	38.6565***	56.1053***	83.6358***	57.8998***	33.2619***	74.0622***	56.2883***	50.4695***

注：表中括号中的值为 T 值，*、**、*** 分别表示在 10%、5%、1% 水平下显著。

表 5-7　深交所信息披露整体水平对信息泄露程度影响的年度回归分析

年份	2001	2002	2003	2004	2005	2006	2007	2008	2009	2010
Qual	0.00201	-0.00004	0.00274	0.00018	0.00383	-0.00026	0.00268	0.00315	-0.00021	-0.00135
	(1.29)	(-0.02)	(1.34)	(0.07)	(1.34)	(-0.08)	(1.02)	(1.24)	(-0.11)	(-0.77)
LnME	-0.00054	-0.00133	-0.00029	-0.00181	0.00061	0.00020	-0.00004	0.00025	0.00077	0.00061
	(-0.57)	(-1.29)	(-0.23)	(-1.27)	(0.36)	(0.11)	(-0.03)	(0.17)	(0.69)	(0.47)
|CAR|	0.21018***	0.17280***	0.20147***	-0.02885	0.26907***	-0.02590	0.14517**	0.16217***	0.19243***	0.22495***
	(4.35)	(3.23)	(3.38)	(-0.44)	(3.98)	(-0.35)	(2.01)	(2.61)	(3.58)	(4.88)
CAR²	0.45047**	0.27071	0.20827	1.03533***	-0.09082	1.17457***	0.23446	0.52953**	0.47936**	0.23224
	(2.40)	(1.29)	(0.85)	(4.47)	(-0.43)	(5.09)	(1.01)	(2.38)	(2.07)	(1.19)
Beta	-0.00258	-0.01907***	-0.00018	0.00124	0.00623	-0.00431	-0.02886***	0.00549	-0.01239*	0.00232
	(-0.58)	(-4.01)	(-0.04)	(0.18)	(0.81)	(-0.42)	(-3.18)	(0.63)	(-1.83)	(0.38)

续表

年份	2001	2002	2003	2004	2005	2006	2007	2008	2009	2010
RMSE	1.06973***	0.89197***	1.01993***	1.12695***	0.78423***	0.52764*	-0.00801	0.78307***	0.44554*	0.24624
	(3.70)	(3.21)	(2.83)	(2.82)	(3.04)	(1.80)	(-0.14)	(2.63)	(1.68)	(1.05)
Loss	-0.00165	0.01086***	-0.00083	0.00764	0.00779	0.00424	0.01284*	0.00247	0.00287	0.00539
	(-0.53)	(3.08)	(-0.20)	(1.62)	(1.57)	(0.65)	(1.81)	(0.57)	(0.73)	(1.23)
截距项	0.00754	0.04353***	0.00592	0.03356	-0.01882	0.02530	0.06547**	-0.00761	0.01589	0.00794
	(0.51)	(2.73)	(0.30)	(1.53)	(-0.72)	(0.85)	(2.39)	(-0.32)	(0.86)	(0.41)
N	469	469	469	469	483	471	517	631	694	827
AdjR^2	0.41016	0.27834	0.17963	0.26847	0.26191	0.30099	0.16223	0.23186	0.22819	0.18060
F	33.54288	19.05022	11.24752	18.17549	18.10351	21.23823	10.99199	20.01654	21.48931	19.20546

注：表中括号中的值为 T 值，*、**、*** 分别表示在 10%、5%、1% 水平下显著。

对于其他控制变量，表 5 - 6 与表 5 - 7 都显示风险因子 RMSE 的表现比较显著，而且系数符号为正，相比较于 Beta 相反的表现，表明特有风险高的公司更容易被利用受到信息操纵，而市场风险较大的公司因知情者难以控制市场宏观风险反而被操纵的几率较低。

5.3.1.2　整体样本回归分析

为了进一步观察信息披露要素对投资者的保护效用，我们将 2001 ~ 2010 年年报披露公司合为一个大样本进行分析。表 5 - 8 列示了信息披露要素对信息泄露程度 |PreCAR| 影响的回归结果，其中（1）至（4）列是针对全样本逐步加入控制变量的回归结果，其中（1）列是没有任何控制变量的情况下，披露要素 tim 与 |DA| 对信息泄露程度的回归结果，该结果显示整体上 tim 和 |DA| 分别与信息泄露程度 |preCAR| 在 1% 的水平上显著正相关，与预期高度一致；（2）列中加入公司规模（LnME）、风险因子（RMSE、Beta）、知情者（Totins、Lsh_10）、公司亏损指标（Loss）以及 |CAR| 与 CAR^2 后等控制变量之后，tim 与 |DA| 的系数仍然与预期一样显著为正，表明即使控制上述因子的影响，信息披露要素对投资者的保护效用仍然显著；模型（3）中以 2001 年为基年，在模型（2）的基础上加入了 9 个年份哑变量，tim 的系数不再显著，但 |DA| 的系数仍然显著为正，并且系数值的大小变化不大，Y2003 ~ Y2010 哑变量表现显著；模型（4）在模型（3）的基础上我们加入了 19 个行业哑变量（剔除金融行业，根据证监会行业分类指引调整为 20 个行业，参见第 2 章），发现行业对 |preCAR| 没有显著作用（表 5 - 8 略示），tim 和 |DA| 的表现与其在模型（3）中一致，即 tim 的系数不显著，|DA| 的系数显著为正，这说明在控制了年份与其他重要变量的基础上，信息质量的可靠性仍然对投资者的保护发挥了积极的效用。

考虑到不同的公司根据需要对盈余管理的方向不同，我们在表 5 - 8 中针对 DA 的符号将全样本划分为两组，即 DA < 0 样本组和 DA > 0 样本组，当 DA < 0 时，上市公司进行向下的盈余管理，当 DA > 0 时，上市公司进行向上的盈余管理。DA < 0 样本组信息披露质量要素 tim 与 |DA| 与信息泄露程度 |PreCAR| 的逐步控制回归结果列示于表 5 - 8 的模型（5）~

表 5 – 8　信息披露要素对信息泄露程度影响的回归分析：基于 DA 的分组

|Precar|	全样本					DA<0				DA>0		
	(1)	(2)	(3)	(4)	(5)	(6)	(7)	(8)	(9)	(10)	(11)	(12)
tim	0.0494***	0.0142***	0.0082	0.0082	0.0631***	0.0194**	0.0146*	0.0147*	0.0313***	0.0097	0.0035	0.0032
|DA|	0.0806***	0.0251***	0.0247***	0.0235***	0.0913***	0.0345***	0.0337***	0.0325***	0.0576***	0.0127	0.0135	0.0126
LnME		0.0001	-0.0000	-0.0000		0.0000	-0.0001	-0.0001		0.0000	0.0001	0.0000
|CAR|		0.2332***	0.2123***	0.2108***		0.2023***	0.1826***	0.1800***		0.2638***	0.2428***	0.2419***
CAR²		0.1537**	0.2127***	0.2160***		0.2281***	0.2850***	0.2921***		0.0816	0.1367	0.1373
Beta		-0.0011	-0.0007	-0.0011		0.0010	0.0014	0.0009		-0.0034*	-0.0030	-0.0033*
RMSE		0.2744***	0.1622***	0.1552***		0.2524***	0.1487***	0.1409***		0.3171***	0.1955**	0.1878**
Loss		0.0036***	0.0047***	0.0047***		0.0032**	0.0042***	0.0041***		0.0030	0.0045*	0.0044*
Totins		0.0100***	-0.0010	-0.0007		0.0090***	-0.0026	-0.0024		0.0105***	0.0004	0.0008
Lsh_10		-0.0036**	0.0025	0.0026		-0.0047**	0.0009	0.0009		-0.0028	0.0036	0.0038
Y2002			-0.0013	-0.0013			-0.0014	-0.0014			-0.0010	-0.0010
Y2003			0.0043***	0.0044***			0.0027	0.0027			0.0060***	0.0061***
Y2004			0.0079***	0.0079***			0.0090***	0.0091***			0.0068***	0.0068***
Y2005			0.0063***	0.0063***			0.0080***	0.0080***			0.0047**	0.0047**

续表

	全样本					DA<0				DA>0		
	(1)	(2)	(3)	(4)	(5)	(6)	(7)	(8)	(9)	(10)	(11)	(12)
|Precar|	0.0269***	0.0138***										
Y2006			0.0197***	0.0197***			0.0187***	0.0187			0.0208***	0.0208***
Y2007			0.0169***	0.0170***			0.0172***	0.0174***			0.0167***	0.0168***
Y2008			0.0116***	0.0118***			0.0133***	0.0134***			0.0102***	0.0104***
Y2009			0.0049***	0.0049***			0.0061***	0.0061***			0.0039**	0.0041***
Y2010			0.0067***	0.0068***			0.0075***	0.0075***			0.0061***	0.0063***
ind_2－ind_20				控制				控制				控制
截距项			0.0123***	0.0101***	0.0240***	0.0128**	0.0113*	0.0085	0.0313***	0.0153***	0.0132**	0.0120*
N	12850	12744	12744	12744	6323	6251	6251	6251	6527	6493	6493	6493
AdjR²	0.0192	0.2619	0.2752	0.2753	0.0303	0.2586	0.2705	0.2703	0.0072	0.2640	0.2791	0.2784
F	127.09***	215.49***	144.20***	75.02***	99.77***	109.13***	73.84***	38.64***	24.72***	108.52***	72.01***	37.67***

注：*、**、***分别表示在10%、5%、1%水平下显著。

模型（8），DA >0 样本组的｜PreCAR｜模型的逐步控制回归结果列示于表 5 - 8 的模型（9）~模型（12），模型（5）~模型（8）与模型（9）~模型（12）的逐步控制变量方式分别与全样本模型（1）~模型（4）一致。比较该两个子样本组的回归结果发现，信息披露质量要素对投资者的保护效用在 DA <0 样本组中更加显著，结果模型（8）显示，在控制了年份、行业以及其他重要变量的基础上，DA <0 样本组的 tim 与｜DA｜系数仍然显著为正，而且｜DA｜的系数在 1% 水平上显著，这说明信息质量的可靠性在投资者保护中发挥了更加积极的效用。而对于 DA >0 样本组，加入控制变量之后，披露要素的系数就不再显著。

　　观察表 5 - 8 中的其他控制变量：风险因子 RMSE 在各模型中显著为正，Beta 仅在 DA >0 样本组中显著且符号为负，这表明公司特有风险高的公司更容易被利用以炒作股价，而受市场波动影响较大的公司不容易被知情者炒作与操纵，因为知情者显然难以控制市场风险，这与表 5 - 6 中的分年度回归结果一致；亏损指标 Loss 的系数显著为正，并在 DA <0 样本组中表现更显著，表明亏损公司中小投资者更容易发生被知情者剥夺的情况；机构投资者持股比例 Totins 与大流通股比例 Lsh_10（前十大流通股东中持股数量大于 10 万股的持股比例之和）分别在模型（2）、模型（6）、模型（10）中表现显著，Totins 符号为正，而 Lsh_10 符号为负，这说明机构对上市公司年报披露前的股价操纵有推波助澜的反面作用，而没有发现大流通股股东整体的市场剥夺证据；年份控制变量 Y2003 ~ Y2010 哑变量在各模型中表现显著，Y2006 较 Y2005 有大幅增值，之后逐步下降，这说明在 2006 年年报披露时（2007 年年初）信息泄露程度值最高，这主要受股权分置改革新释放出来的势力流通股的机会主义寻租行为影响，与上述｜PreCAR｜模型的年度回归结果（见表 5 - 6）及第 4 章中的 "4.4.4 年度比较分析" 一致。

　　表 5 - 9 列示了以深交所对上市公司的年度信息披露考评等级衡量的信息披露整体水平对信息泄露程度影响的回归结果。其中 OLS1 ~ OLS4 是针对全样本逐步加入控制变量的回归结果，其中 OLS1 是没有任何控制变量的情况下，披露整体水平 Qual 对信息泄露程度的回归结果，该结果显示整体上 Qual 与信息泄露程度｜preCAR｜在 1% 的水平上显著正相

关，表明披露整体水平越差，上市公司年报公告前的信息泄露程度越高，信息披露的投资者保护效用越低，这与预期高度一致；OLS2 中加入公司规模（LnME）、风险因子（RMSE、Beta）、公司亏损指标（Loss）、知情者（Totins、Lsh_10）以及 $|CAR|$ 与 CAR^2 等控制变量之后，Qual 的系数仍然与预期一样显著为正，表明即使控制上述因子的影响，信息披露整体水平对投资者的保护效用仍然显著；模型 OLS3 以 2001 年为基年，在模型 OLS2 的基础上加入了 9 个年份哑变量，Qual 的系数仍然显著为正，并且其系数值与显著性水平较 OLS2 提高，Y2003 ~ Y2010 哑变量表现显著；模型 OLS4 在模型 OLS3 的基础上加入了 19 个行业哑变量，发现行业对 $|preCAR|$ 仍然没有显著作用（略示），Qual 系数依然显著为正，这说明在控制了年份与其他重要变量的基础上，以深交所考评等级代表的信息披露整体水平仍然对投资者的保护发挥了积极的效用。对于其他控制变量，除 Lsh_10 外，年份与其他控制变量的表现与披露要素回归模型中一致。在表 5-9 中，Lsh_10 显著为正，表明大流通股持股比例越高的公司，内部人问题越严重，年报披露前的信息泄露程度越高，投资者保护效用越低，即我们在深交所上市公司中发现了大流通股股东剥夺其他中小投资者的证据。

表 5-9　　深交所信息披露整体水平对 $|preCAR|$ 的回归分析

$|preCAR|$	OLS1	OLS2	OLS3	OLS4
Qual	0.0041***	0.0012*	0.0016**	0.0015*
LnME		− 0.0001	− 0.0002	− 0.0002
$|CAR|$		0.1933***	0.1748***	0.1745***
CAR^2		0.3292***	0.3774***	0.3773***
Beta		− 0.0018	− 0.0015	− 0.0021
RMSE		0.2185**	0.1443**	0.1399**
Loss		0.0059***	0.0065***	0.0065***
Totins		0.0144***	0.0055**	0.0055**
Lsh_10		0.0002	0.0049*	0.0052*

续表

	preCAR		OLS1	OLS2	OLS3	OLS4
Y2002			0.0009	0.0009
Y2003			0.0054 ***	0.0054 ***
Y2004			0.0077 ***	0.0078 ***
Y2005			0.0067 ***	0.0068 ***
Y2006			0.0195 ***	0.0196 ***
Y2007			0.0138 ***	0.0139 ***
Y2008			0.0128 ***	0.0129 ***
Y2009			0.0063 ***	0.0063 ***
Y2010			0.0082 ***	0.0081 ***
ind2—ind20				控制
截距项	0.0372 ***	0.0200 ***	0.0153 **	0.0145 *
N	5538	5499	5499	5499
AdjR^2	0.0049	0.2644	0.2749	0.2742
F	28.5258 ***	97.5661 ***	61.8650 ***	31.2784 ***

注：*、**、***分别表示在 10%、5%、1% 水平下显著。

5.3.1.3　股改、控制人性质的影响

为进一步分析股权分置改革对 | PreCAR | 的影响，我们将样本期 10 年分为两个时间段：2001～2006 年、2007～2010 年，[①] 设置时期分段哑变量 $Year_1$，当年份属于 2001～2006 年时，$Year_1 = 0$；当年份属于 2007～2010 年时，$Year_1 = 1$，对股改前后两个时间段进行比较分析。此外，考虑到上市公司控制人性质不同，可能也会对上市公司的信息泄露产生影响，为此，在 | PreCAR | 模型中加入了控制人性质变量 ifgykz 与 ifmykz，以考察由

---

①　将 2006 年年报划分到前一时间段，避免了 2006 年年报 | preCAR | 的峰值对 2007 年后 | preCAR | 的进一步增高。

国家控制的企业与民营控制的企业的｜PreCAR｜差异，当上市公司由国家控制时，则 ifgykz = 1，否则 ifgykz = 0；当上市公司由民营控制时，则 ifmykz = 1，否则 ifmykz = 0。

表 5 - 10 列示了披露要素衡量信息披露质量｜PreCAR｜模型的相应回归结果，其中 m1 ~ m3 是针对全体样本的回归结果，在 m1 中加入时期分段哑变量，m2 在 m1 的基础上加入 ifgykz 哑变量，m3 在 m1 的基础上加入 ifmykz 哑变量；m4 ~ m6 是针对 DA < 0 样本组的回归结果，m7 ~ m9 是针对 DA > 0 样本组的回归结果，m4 ~ m6、m7 ~ m9 加入控制变量的方式分别与 m1 ~ m3 一致。tim 与｜DA｜系数在 DA < 0 样本组的回归结果中显著为正，但在 DA > 0 样本组的回归结果中不显著，这与表 5 - 8 中的结果一致。$Year_1$ 在各模型中显著为正，表明 2007 年后的｜preCAR｜显著大于 2006 年及之前，股改释放的势力流通股在一定程度上加剧了市场上的剥夺行为，但结合表 5 - 8 各模型中 Y2002 ~ Y2010 的系数值的变化，自 Y2006 之后，年份变量的系数值在逐渐下降，这与第 4 章 "4.4.4 年度比较分析" 一致，表明 2007 年及其之后完善的以公平信息披露规定为代表的信息披露及其他监管制度在与二级市场机会主义的博弈中逐渐发挥作用。从 ifgykz 与 ifmykz 的系数表现来看，ifgykz 的符号为负，ifmykz 的符号为正，二者均在 DA < 0 样本组中表现尤其显著，这意味着由民营控制的上市公司在年报公告之前的信息泄露程度更大，而由国家控制的上市公司在年报公告之前的信息泄露程度却较小，表明民营控制的公司更容易成为知情者信息操纵的对象，或许由于民营控制公司的内部人不像国控公司的内部人受到诸多来自政府的行政监督与约束，因而自利的机会主义更加泛滥。其他控制变量的表现与表 5 - 8 一致，在此不再赘述。

表 5 - 11 列示了股改与控制人性质对披露整体水平模型影响的回归结果。该结果显示披露整体水平 Qual 的系数仍然显著为正，与预期一致，但与表 5 - 10 不同的是控制人性质——不管是由国家控制还是由民营控制，在该模型回归结果中变现不显著，即控制人性质对深交所考评等级代表的信息披露整体水平的投资者保护效用没有显著影响。$Year_1$ 的变现与披露要素模型结果（见表 5 - 10）一致，不再赘述。

表 5－10　披露要素对信息泄露程度｜preCAR｜的分析：股改、控制人性质的影响

｜Precar｜	全样本			DA5＜0			DA5＞0		
	m1	m2	m3	m4	m5	m6	m7	m8	m9
tim	0.0104 *	0.0103 *	0.0101 *	0.0161 **	0.0158 **	0.0156 *	0.0057	0.0057	0.0056
｜DA｜	0.0215 ***	0.0203 ***	0.0203 ***	0.0327 ***	0.0320 ***	0.0319 ***	0.0073	0.0060	0.0060
LnME	−0.0003	−0.0003	−0.0003	−0.0004	−0.0004	−0.0004	−0.0002	−0.0002	−0.0002
｜CAR｜	0.2230 ***	0.2229 ***	0.2227 ***	0.1902 ***	0.1900 ***	0.1898 ***	0.2555 ***	0.2555 ***	0.2554 ***
CAR²	0.1939 ***	0.1940 ***	0.1944 ***	0.2768 ***	0.2774 ***	0.2780 ***	0.1127	0.1124	0.1128
Beta	−0.0005	−0.0004	−0.0004	0.0020	0.0021	0.0021	−0.0029	−0.0029	−0.0029
RMSE	0.1934 ***	0.1916 ***	0.1910 ***	0.1774 ***	0.1745 ***	0.1741 ***	0.2283 *	0.2272 ***	0.2266 ***
Loss	0.0044 ***	0.0045 ***	0.0044 ***	0.0040 ***	0.0039 ***	0.0039 ***	0.0039	0.0039	0.0039
Totins	0.0072 ***	0.0074 ***	0.0074 ***	0.0059 ***	0.0062 ***	0.0062 ***	0.0080 ***	0.0081 ***	0.0081 ***
Lsh_10	−0.0080 ***	−0.0078 ***	−0.0078 ***	−0.0095 ***	−0.0093 ***	−0.0092 ***	−0.0068 ***	−0.0067 ***	−0.0067 ***
$Year_t$	0.0074 ***	0.0072 ***	0.0071 ***	0.0078 ***	0.0076 ***	0.0075 ***	0.0070 ***	0.0068 ***	0.0068 ***
ifgykz		−0.0017 **			−0.0022 **			−0.0013	
ifmykz			0.0019 ***			0.0026 **			0.0014
截距项	0.0177 ***	0.0188 ***	0.0172 ***	0.0169 ***	0.0183 ***	0.0162 ***	0.0189 ***	0.0198 ***	0.0186 ***
N	12744	12744	12744	6251	6251	6251	6493	6493	6493
AdjR²	0.2680	0.2684	0.2684	0.2651	0.2656	0.2657	0.2698	0.2699	0.2699
F	224.2008 ***	207.8201 ***	208.2369 ***	115.0452 ***	106.6624 ***	106.9404 ***	111.5017 ***	103.3041 ***	103.4078 ***

注：*、**、***分别表示在10%、5%、1%水平下显著。

表5-11　　深交所上市公司股改、控制人性质对 | preCAR | 的影响

	m1	m2	m3
Qual	0.00170 **	0.00164 **	0.00164 **
LnME	− 0.0003	− 0.0003	− 0.0003
| CAR |	0.1847 ***	0.1849 ***	0.1847 ***
CAR^2	0.3589 ***	0.3590 ***	0.3594 ***
Beta	− 0.0011	− 0.0009	− 0.0010
RMSE	0.1604 **	0.1588 **	0.1592 **
Loss	0.0065 ***	0.0065 ***	0.0065 ***
Totins	0.0121 ***	0.0124 ***	0.0123 ***
Lsh_10	− 0.0034	− 0.0032	− 0.0032
$Year_1$	0.0069 ***	0.0065 ***	0.0066 ***
ifgykz		− 0.0016	
ifmykz			0.0013
截距项	0.0205 ***	0.0214 ***	0.0200 ***
N	5499	5499	5499
$AdjR^2$	0.2700	0.2703	0.2701
F	99.17 ***	91.61 ***	91.44 ***

注：*、**、***分别表示在10%、5%、1%的水平下显著。

5.3.2　收益波动率 AARV 模型

对收益波动率 AARV 模型进行 Hausman 检验，检验结果显示个体效应显著，但不满足随机效应模型的要求，所以对 AARV 模型采用不平衡面板数据固定效应回归分析，并选择 Robust 稳健性固定效应回归。① 表5-12列示了信息披露要素对波动率影响的固定效用回归分析结果，其中 FE1 与 FE2 是针对全样本的回归结果，FE3 与 FE4 是针对 DA < 0 样本组的回归结果，FE5 与 FE6 是针对 DA > 0 样本组的回归结果，FE2、FE4、FE6 分别

---

① 附录4中附表5-1列示了信息披露要素对收益波动率的混合截面回归结果，可作为比较。

在 FE1、FE3、FE5 的基础上加入了时间哑变量。披露时滞 tim 在 FE1 ~ FE6 的回归结果中均显著为正，表明披露越不及时的公司在年报公告事件期的波动率越高，风险越大，与预期一致；|DA|的系数符号为正，但在 DA > 0 样本组回归结果中不显著，在 DA < 0 样本组回归结果中显著，表明信息质量的可靠性越高，DA < 0 样本组的股票收益波动率越低，这种效用仅在向下盈余管理的公司中具有截面差异，在向上盈余管理的公司中表现不显著。对于其他控制变量，RMSE 在各模型中显著为正，表明公司特有风险越高，股票收益波动率越大，受操纵的概率越大；亏损指标 Loss 的系数为正，在 DA < 0 样本组中表现更显著，表明亏损公司收益波动率较高，风险更大；机构投资者持股比例 Totins 与大流通股比例 Lsh_10 分别在 FE1、FE3、FE5 表现显著，Totins 符号为正，而 Lsh_10 符号为负，表明机构对上市公司年报披露期的波动率有推波助澜的反面作用，而其他大流通股股东持股比例的提高却有助于波动率的缓解，但加入年份控制之后，在 FE2、FE4、FE6 中不再显著；年份控制变量的表现与表 5 - 8|preCAR|模型的回归结果一致，不再赘述。

表 5 - 12　　　　信息披露要素对波动率影响的固定效用回归分析

AARV	全样本		DA < 0		DA > 0	
	FE1	FE2	FE3	FE4	FE5	FE6
tim	0.0007***	0.0005*	0.0008***	0.0006**	0.0007***	0.0004**
|DA|	0.0004***	0.0004***	0.0007***	0.0006***	0.0001	0.0000
LnME	−0.0000	0.0000	0	0	−0.0000	−0.0000
|CAR|	0.0014***	0.0009	0.0016***	0.0012***	0.0010***	0.0004
CAR^2	0.0205***	0.0216***	0.0179***	0.0189***	0.0244***	0.0258***
Beta	0.0000	0.0000	0	0	0.0000	0.0000
RMSE	0.0044**	0.0019**	0.0036***	0.0018***	0.0050***	0.0020**
Loss	0.0001***	0.0001***	0.0001***	0.0001***	0.0001***	0.0001
Totins	0.0004***	0.0000	0.0004***	0.0001	0.0004***	0.0000
Lsh_10	−0.0002***	−0.0000	−0.0002***	0.0001	−0.0003***	−0.0000

续表

AARV	全样本		DA < 0		DA > 0	
	FE1	FE2	FE3	FE4	FE5	FE6
Y2002		0.0000 ***		0.0000 ***		− 0.0000
Y2003		0.0001 ***		0.0002 ***		0.0001 ***
Y2004		0.0002 ***		0.0003 ***		0.0002 ***
Y2005		0.0004 ***		0.0004 ***		0.0004 ***
Y2006		0.0006 ***		0.0006 ***		0.0005 ***
Y2007		0.0005 ***		0.0004 ***		0.0005 ***
Y2008		0.0004 ***		0.0004 ***		0.0004 ***
Y2009		0.0002 ***		0.0002 ***		0.0002 ***
Y2010		0.0002 ***		0.0002 ***		0.0002 ***
截距项	0.0001	− 0.0000	0	− 0.0001	0.0001	0.0001
N	12744	12744	6251	6251	6493	6493
withinR^2	0.5004	0.5219	0.4646	0.485	0.5481	0.5699
F	9.0e + 04 ***	1.2e + 04 ***	5.40E + 03 ***	3.60E + 03 ***	3.2e + 03 ***	2.5e + 03 ***

注：1. * 代表 $p < 0.1$，** 代表 $p < 0.05$，*** 代表 $p < 0.01$；

2. 各模型使用 Robust 稳健性固定效应回归。

表 5 – 14 中，FE1 与 FE2 列示了深交所上市公司信息披露整体水平对收益波动率 AARV 的固定效应回归结果，其中 FE2 在 FE1 的基础上加入了年度时间控制变量。该回归结果显示，在控制了年度哑变量之后，Qual 的系数从在 FE1 中的不显著转变为在 FE2 中的显著，符号为正，表明信息披露整体水平越差的公司在年报披露期间的股票收益波动率也越高，体现了信息不对称带来的风险。其余变量表现与表 5 – 12 基本一致。

5.3.3　超额换手率 AAT 模型

对超额换手率 AAT 模型进行 Hausman 检验，检验结果显示个体效应显著，但不满足随机效应模型的要求，所以对 AAT 模型采用不平衡面板数据

固定效应回归分析，并选择 Robust 稳健性固定效应回归。[①] 表 5 – 13 列示了信息披露要素对超额换手率影响的固定效用回归分析结果，其中 FE1 与 FE2 是针对全样本的回归结果，FE3 与 FE4 是针对 DA < 0 样本组的回归结果，FE5 与 FE6 是针对 DA > 0 样本组的回归结果，FE2、FE4、FE6 分别在 FE1、FE3、FE5 的基础上加入了时间哑变量。披露时滞 tim 的系数在模型中加入了时间控制哑变量后在各样本组中显著为负，表明上市公司披露越不及时年报公告期间的超额换手率越低，投资者参与交易的意愿越低，体现了信息披露及时性的积极作用；但 |DA| 的系数符号为正，尤其在 DA > 0 样本组回归结果中表现显著，意味着信息质量越不可靠的公司在年报披露期间的交易量越高，特别是被人为操控提高业绩的公司更为严重，这体现了我国市场的"跟风"特征。对于其他控制变量，RMSE 在没加入时间因素前显著为正，意味着公司特有风险越高，超额换手率越高，投资者的逐利与跟风特征使得特有风险高的股票交易活跃；Beta 在 FE6 中显著为负，表明投资者不太参与受市场波动影响较大的股票交易；亏损指标 Loss 的系数不显著，公司是否亏损对交易量的影响不显著；年份控制变量的表现表明，我国年报披露期间的超额换手率从 2001 年开始逐年增加，但到 2010 年年报披露时（2011 年年初）却有较大降幅，投资者交易意愿下降，这与当时低迷的市场行情有关。

表 5 – 13　　信息披露要素对超额换手率影响的固定效用回归分析

AAT	全样本		DA < 0		DA > 0	
	FE1	FE2	FE3	FE4	FE5	FE6
tim	– 0.2143	– 0.9374 ***	– 0.5593 *	– 1.2169 ***	– 0.0099	– 0.7216 ***
|DA|	1.9010 ***	0.7324 **	1.5372 **	0.6578	2.3359 ***	0.7489 ***
LnME	– 0.1142	0.0182	– 0.1118	0.0324 ***	– 0.1332 *	– 0.0110
|CAR|	238.8696 ***	176.6880 ***	211.4070 ***	154.1282 ***	232.3529 ***	169.6477 ***
CAR^2	19.4038 ***	7.6762 ***	15.1361 ***	4.9080 **	21.1945 ***	9.2402 ***
Beta	– 0.0723	– 0.0812	0.0346	– 0.0136	– 0.0451	– 0.1825 ***

---

① 附录 5 中附表 5 – 2 列示了信息披露要素对超额换手率的混合截面回归结果，可作为比较。

续表

AAT	全样本		DA < 0		DA > 0	
	FE1	FE2	FE3	FE4	FE5	FE6
RMSE	0.7028 ***	0.0240	0.8603 ***	0.0302	0.6128 ***	− 0.0082
Loss	− 0.1869	− 0.0955	− 0.2055	− 0.0652	− 0.2129	− 0.1075
Y2002		0.2646 ***		0.2911 ***		0.2942 ***
Y2003		0.4183 ***		0.5010 ***		0.4210 ***
Y2004		0.6566 ***		0.7338 ***		0.6308 ***
Y2005		1.0019 ***		1.1204 ***		1.0072 ***
Y2006		1.2387 ***		1.3469 ***		1.2027 ***
Y2007		1.4969 ***		1.6971 ***		1.4381 ***
Y2008		1.7864 ***		2.0636 ***		1.6285 ***
Y2009		1.9930 ***		2.2312 ***		1.8734 ***
Y2010		0.1286		0.1554		0.1681 *
截距项	2.0387	− 0.1229	2.2297	− 0.2377 **	2.1802 *	0.1917
N	12744	12744	6251	6251	6493	6493
withinR^2	0.1356	0.3489	0.1118	0.3453	0.1605	0.3673
F	400.87 ***	113340.52 ***	113.12 ***	1010.94 ***	137.32 ***	35232.12 ***

注: 1. * 代表 $p < 0.1$, ** 代表 $p < 0.05$, *** 代表 $p < 0.01$;

2. 各模型使用 Robust 稳健性固定效应回归。

表 5 – 14 中, FE3 与 FE4 列示了深交所上市公司信息披露整体水平对超额换手率 AAT 的固定效应回归结果, 其中, FE4 在 FE3 的基础上加入了年度时间控制变量。该回归结果显示, 在控制了年度哑变量之后, Qual 的系数从在 FE3 中的不显著转变为在 FE4 中的显著, 符号为正, 表明信息披露整体水平越差的公司在年报披露期间的交易量也越高, 这体现了我国市场的"跟风"特征, 正是中小投资者的这种跟风的不理性参与和上市公司严重的信息不对称, 造就了知情者在年报披露之前的市场剥夺, 成为知情者剥夺中小投资者利益的工具。其余变量表现与表 5 – 13 基本一致。

表 5 - 14 信息披露整体水平对 AARV 与 AAT 的固定效应回归分析

	AARV		AAT	
	FE1	FE2	FE3	FE4
Qual	0.0000	0.0001 *	− 0.0455	0.0316 *
LnME	0.0000	0.0000	− 0.1062	0.0082
| CAR |	0.0013 ***	0.0008 **		
CAR^2	0.0212 ***	0.0223 ***		
AARV			283.1987 ***	188.0221 ***
Beta	0.0001 ***	0.0001 ***		
RMSE	0.0030 **	0.0011 *	16.5100 ***	7.0845 ***
Loss	0.0001 ***	0.0001 ***	0.0248	− 0.0236
Totins	0.0005 ***	0.0001	0.7047 **	− 0.0637
Lsh_10	− 0.0003 ***	− 0.0001 ***	− 0.1994	0.0032
Y2002		0.0000 ***		0.2543 ***
Y2003		0.0001 ***		0.4334 ***
Y2004		0.0002 ***		0.6930 ***
Y2005		0.0004 ***		1.0574 ***
Y2006		0.0005 ***		1.3125 ***
Y2007		0.0004 ***		1.5987 ***
Y2008		0.0004 ***		1.8641 ***
Y2009		0.0002 ***		2.0022 ***
Y2010		0.0002 ***		0.3541 **
截距项	0.0002	0.0000	1.9731	− 0.3332 *
N	5499	5499	5499	5499
withinR^2	0.4986	0.5208	0.1244	0.3363
F	1.2e + 05 ***	1.5e + 04 ***	166.4758 ***	2.9e + 05 ***

注：* 、 ** 、 *** 分别表示在 10% 、 5% 、 1% 的水平下显著。

5.4

本章小结

本章以2001~2010年的沪深A股非金融企业上市公司为样本，检验了我国上市公司信息披露在年报公告期间对投资者的保护效用。结论主要如下：

1. 上市公司的信息披露在一定程度上发挥了对投资者的保护效用，体现为信息披露质量与年报公告前的信息泄露程度显著负相关。我们分别从信息披露质量要素与整体水平的角度验证了我国上市公司的信息披露质量对投资者保护的效用存在截面差异，即好的信息披露质量在降低信息泄露、保护投资者方面发挥了效用，这在控制了年份以及其他重要变量的基础上同样成立。但是针对披露要素模型的分组研究表明，上市公司信息披露对投资者的保护效用主要体现于向下进行盈余管理的公司，而对于向上进行盈余管理的公司效果并不明显，这是由于向上盈余管理带来的财务乐观表象掩盖了公司的真实状况，对之难以分辨的中小投资者更容易跟风卷入被剥夺的旋涡之中。

2. 收益波动率模型的检验结果进一步体现了信息披露对投资者的保护效用，表现为整体而言较高信息披露整体水平等级对抑制过高的收益波动率具有正向作用，因为与高等级披露水平公司相比，披露等级越差的公司在年报披露期间的股票收益波动率也越高，体现了信息不对称带来的风险。具体到披露要素而言，研究发现披露越不及时的公司在年报公告事件期的波动率越高，风险越大；信息质量的可靠性越高，股票收益波动率越低，但与信息披露质量抑制信息泄露的检验结果一样，我们发现信息质量可靠性的这种作用对于向上盈余管理的公司不那么显著。

3. 超额换手率模型的检验结果表明，整体而言信息披露整体水平越差的公司在年报披露期间的交易量也越高，这体现了我国市场的"跟风"特征，正是中小投资者的这种跟风的不理性参与和上市公司严重的信息不对称，造就了知情者在年报披露之前的市场剥夺，成为知情者剥夺中小投资者利益的工具。具体到披露要素而言，研究发现信息质量越不可靠的公司在年报披露期间的交易量越高，特别是被人为操控提高业绩的公司（DA > 0 样本组）更为严重；但披露的及时性在抑制"跟风"上起了积极作用，表现为上市公司披露越不及时，其年报公告期间的超额换手率越低，投资者参与交易的意愿越低。

4. 披露要素对投资者保护的效用并不一致，体现为在表 5 - 8 中信息质量的可靠性较披露的及时性而言对抑制披露前股价被操纵的程度效果更显著，针对年报披露不及时的状况而言，改进披露的及时性抑制延迟披露带来的信息泄露、减少知情者利用信息优势剥夺其他中小投资者的机会显得尤为重要。

5. 随着机会主义与监管的博弈变化，上市公司信息披露对投资者的保护效用自 2001 ~ 2010 年在前进中螺旋式上升。其中，股权分置改革释放出来的解禁势力流通股在监管不配套的情况下一度增强了博弈中的机会主义力量，机会主义行为的加剧，一方面使上市公司本身的信息披露质量出现恶化；另一方面也扰乱了市场秩序，降低了市场有效性，进而降低了信息披露的投资者保护效用。但 2007 年后在上市公司中全面实行的公平信息披露制度以及其他系列监管制度的出台对抑制利用年报披露的机会主义寻租行为起到了积极作用，体现为自 2007 年报披露开始信息泄露程度与收益波动率逐步下降。

6. 机构投资者并不如设想的那样引导中小投资者理性投资，相反，在上市公司的年报披露前的股价操纵中推波助澜，助推了年报披露期间的股价波动，体现为机构投资者持股比例的系数在信息泄露 $|preCAR|$ 模型与收益波动率 AARV 模型中显著为正。

7. 此外，我们发现特有风险越高的公司信息泄露程度越高，收益波动率越大，换手率却越高，表明特有风险越高的公司更容易被利用炒作股价，相反，受市场波动影响较大的公司因知情者难以控制市场风险却不容易受到炒作与操纵；亏损公司的信息泄露程度更高，收益波动率更大，说明亏损公司更容易在年报公告之前受到知情者的操纵从而使其他中小投资者蒙受损失；与由国家控制的上市公司相比较，民营控制的上市公司在年报公告之前的信息泄露程度更大，意味着民营控制的公司更容易成为知情者信息操纵的对象，这或许由于民营控制公司的内部人不如国控公司的内部人受到诸多来自政府的行政监督与约束，因而自利的机会主义更加泛滥。

第6章

并购交易中信息披露的
投资者保护效用分析

本章从重大事件临时公告的角度，对上市公司并购交易中的信息披露对投资者的保护效用进行检验和分析。

6.1
研究设计

6.1.1 变量设计与说明

6.1.1.1 被解释变量

投资者保护效用：根据第 2 章中 2.3.2 所述，我们使用并购交易首次公告前的信息泄露程度 | preCAR | 作为主要衡量并购交易信息披露对投资者的保护效用的指标，同时辅以事件期间的平均超额换手率 AAT、平均超额收益波动率 AARV 等信息不对称指标进行分析。根据第 2 章的分析，理论上预期信息披露对投资者的保护效用越好，投资者公平地获取了信息，市场中信息不对称程度越低，公告前的信息泄露程度|preCAR|越低，同时，事件期间投资者参与交易的意愿上升导致交易量增加，平均超额换手率 AAT 上升，而超额收益波动率下降。

根据第 4 章中 4.6.3 中对并购交易公告的市场信息泄露效应分析，发

现大约在公告前 10 天超额收益率就出现明显异动，平均累计额收益率出现攀升，因此分析中将 |preCAR| 的时间计算窗口定为 (−10, −1)，AAT 与 AARV 的计算窗口定为事件期 (−10, 10)。

各指标的具体计量描述参见第 2 章中的 2.3.2。

6.1.1.2 解释变量

信息披露质量：根据目前公开的数据库，我们很难对重大事件并购交易公告的质量进行评价。证监会与交易所针对发现的违规披露重大事件的上市公司会进行公开谴责或处罚，我们也可以从中筛选出并购交易违规披露的公司作为并购披露质量差的样本，并进行相应的配对比较分析，但那样会把样本局限在很少的范围内，影响实证结果的稳健性。另外，考虑到人的行为习惯在短期内会存在一种惯性，例如，一个爱说谎话的人可能在短期内难以改变，公司的信息披露行为受管理者影响，也不例外。因此，如果公司在年度内一贯信息披露质量较高，我们可以假设它对并购交易的公告也会根据证监会的要求及时、准确披露，所以我们可以以年度内上市公司的信息披露质量替代衡量当年并购交易披露的质量。深交所的信息披露评级是针对一年内上市公司的每一次信息披露行为进行的考评，代表的是上市公司的整体信息披露水平，所以我们可以以之替代衡量并购交易披露的整体质量；上市公司年报盈余质量是年度财务信息质量的代表指标，我们可以从披露要素的角度以之替代衡量并购公告信息质量的可靠性。[①]

为此，我们从信息披露的关键要素质量与信息披露整体水平两方面衡量信息披露的质量，使用操控性应计利润 DA 作为信息披露关键要素质量的衡量指标，绝对值 |DA| 越高，信息质量越低；使用深交所对上市公司的信息披露考评等级衡量信息披露的整体水平 Qual_1，信息披露考评等级为优秀或良好时，代表上市公司的信息披露整体水平较高，我们令 Qual_1 = 1；当信息披露考评等级为合格或不合格时，代表上市公司的信息披露整

---

① 在披露要素中，由于数据难以统计，我们没有对并购公告的及时性进行分析，这是因为对于重大事件临时公告，相关法规只定性规定应及时披露（参见第 4 章表 4−16），不如年报披露有明确的时间限制，很难统计并购公告披露的滞后时间。

体水平较低，令 Qual_1 = 0。正如第 2 章的分析与假设，我们预期信息披露质量越高，投资者保护效用越好，反之，则相反，即 |DA| 越高，|preCAR| 越大；深交所信息披露评级越高，|preCAR| 越小。

DA 的计量与深交所信息披露考评内容参见第 2 章。

6.1.1.3　控制变量

1. 机构投资者持股比例

近期的研究表明，目前机构投资者并不如预期的那样在上市公司治理中发挥着积极的监督与治理功能，他们也可能与上市公司或者其他大股东合谋在二级市场上利用信息优势剥夺中小投资者的利益。如傅勇和谭松涛（2008）研究发现机构投资者对交易方案的赞成比例越高，公司的内幕交易越严重，证实了机构投资者与上市公司股东合谋进行了内幕交易，并因此取得超额收益；蔡庆丰和宋友勇（2010）以 2004 年第二季度到 2008 年一季度上市公司数据为样本进行面板数据模型的实证研究，发现基金业的跨越式发展并没有起到稳定市场的作用；刘建徽等（2013）以 2003 年至 2011 年沪市和深市全体 A 股上市公司为样本进行研究，证实机构投资者持股比例与股票的波动性呈现正相关关系。因此，基于上述文献，机构投资者作为知情者或者与内部人的合谋者，因利益驱动很可能会利用信息优势在二级市场上剥夺其他中小投资者利益获取超常收益，对信息披露的投资者保护效用带来负面影响。

2. 年份控制

如 4.6.3.3 中对并购交易公告的信息泄露效应的分年分析，从 2001 年至 2011 年，虽然在并购交易公告前各年的平均累计超额收益率均提前攀升，但由于受各年政策、市场环境等因素的影响走势并不完全一致，所以在回归分析中必须控制年份的影响，以控制政策与市场环境等宏观因素的作用。

我国从 2006 年开始，陆续出现股权分置改革的解禁流通股，这些流通股代表着具有信息优势与资金优势的大股东可以通过二级市场进行交易了。晏艳阳和赵大伟（2006）以我国股权分置改革的首两批共46家试点公司为样本，运用事件研究法分析发现我国全流通背景下有严重的内幕交易；田满文（2007）通过事件研究方法比较了股权分置改革前后的累积超额收益率与超常换手率，发现在全流通背景下存在较为严重的信息泄露；宋力和李宁（2011）选取了26个反映控股股东行为的指标并进行配对样本T检验，发现股权分置改革后控股股东的代理行为得到了一定程度的遏制，但其利用信息优势而进行的违规减持吸引市场的跟风行为更加猖狂。我们在第4章的研究也发现，从2006年至2007年，信息泄露程度指标ab-spreCAR有大幅的增长，这是突然增加了二级市场获利渠道的势力群体与尚未完全配套的法制监管所致，2007年之后随着公平信息披露规则等制度的执行，信息泄露程度指标值逐年下降。因此，为了控制股权分置改革以及新时期监管政策的影响，以及为了比较股权分置改革前后上市公司信息披露对投资者的保护作用，我们在年份控制中以2006年为基年，分别设立两组年份控制变量：

Ⅰ：以2006年为基年将2001～2011年划分为两个时间段，设置虚拟变量Year1，若在2006年及以前，则Year1 = 0；若在2007年及以后，则Year1 = 1；

Ⅱ：以2006年为基准年，设置10个虚拟变量Y2001～Y2005以及Y2007～Y2011。

第Ⅰ组年份控制变量将2001～2011年共11年划成两段，可以比较股权分置改革前后的变化；第Ⅱ组年份控制变量可以控制各年的宏观政策，并且可以将各年与2006年进行比较。

3. CAR 与 CAR²

由于信息泄露，并购公告日前的股价会向公告日后的股价方向变化，根据公式（2.4）和公式（2.5）可知，preCAR和CAR并不独立。preCAR也许会随着CAR的增大而增大，但两者间可能是非线性关系。例如，由某事件所引起的股价更大幅变动可能是因为存在更大的交易量，但是随着该事件信息含量的增大，与信息泄露相关的交易量可能只占总交易量的更小比例，因此，preCAR随着CAR的增大而增大，但速率却是递减的。考虑到这种可能性，将事件窗（$-t_1$，$+t_2$）的累计超额收益 CAR 及其平方数 CAR^2 加进模型（Sinha 和 Gadarowski，2010）。

此外，基于已有文献研究，模型中还加入了以下控制变量：公司规模（LogME）、净资产收益率（ROE）、风险指标（BETA、PB）、流动性指标（平均换手率）等。

各变量的定义与说明具体如表 6 – 1 所示。

6.1.2　|preCAR|模型设计

我们从股价的角度（以|preCAR|为信息泄露程度），根据研究需要设计了两组共四个模型，以从并购交易公告前信息泄露的角度检验信息披露质量对投资者保护的效用。其中，第一组模型（模型（6.1）和模型（6.2））是针对以操控性应计利润的绝对值（|DA|）作为信息质量指标对于信息泄露程度|preCAR|的检验（后称|DA|模型）；第二组模型（模型（6.3）和模型（6.4））是针对以深交所信息披露年度评级（Qual_1）作为信息披露整体水平衡量指标对于信息泄露程度|preCAR|的检验（后称 Qual_1 模型）。在每组模型中，分别以上述的第I组、第II组年份哑变量带入方程检验，因此本章所用模型设计如下：

模型（6.1）：|DA|年度分段回归模型

$$
\begin{aligned}
|preCAR| = {} & \beta_0 + \beta_1 \cdot |DA| + \beta_2 \cdot PB + \beta_3 \cdot Totins + \beta_4 \cdot Year_1 + \beta_5 \cdot CAR \\
& + \beta_6 \cdot CAR^2 + \beta_7 \cdot Mtype + \beta_8 \cdot Liqndx + \beta_9 \cdot Beta \\
& + \beta_{10} \cdot Roe + \beta_{11} \cdot LnME + \varepsilon
\end{aligned} \tag{6.1}
$$

模型（6.2）：|DA|总体回归模型

$$
\begin{aligned}
|preCAR| = {} & \beta_0 + \beta_1 \cdot |DA| + \beta_2 \cdot PB + \beta_3 \cdot Totins + \beta_4 \cdot CAR + \beta_5 \cdot CAR^2 \\
& + \beta_6 \cdot Mtype + \beta_7 \cdot Liqndx + \beta_8 \cdot Beta + \beta_9 \cdot Roe + \beta_{10} \cdot LnME \\
& + \beta_{11} \cdot Y + \varepsilon
\end{aligned} \tag{6.2}
$$

模型（6.3）：Qual_1 年度分段回归模型

$$
\begin{aligned}
|preCAR| = {} & \beta_0 + \beta_1 \cdot Qual\_1 + \beta_2 \cdot PB + \beta_3 \cdot Totins + \beta_4 \cdot Year_1 + \beta_5 \cdot CAR \\
& + \beta_6 \cdot CAR^2 + \beta_7 \cdot Liqndx + \beta_8 \cdot Beta + \beta_9 \cdot Roe
\end{aligned}
$$

$$+ \beta_{10} \cdot \text{LnME} + \varepsilon \qquad\qquad (6.3)$$

模型（6.4）：Qual_1 总体回归模型

$$|\text{preCAR}| = \beta_0 + \beta_1 \cdot \text{Qual\_1} + \beta_2 \cdot \text{PB} + \beta_3 \cdot \text{Totins} + \beta_4 \cdot \text{CAR} + \beta_5 \cdot \text{CAR}^2$$
$$+ \beta_6 \cdot \text{Liqndx} + \beta_7 \cdot \text{Beta} + \beta_8 \cdot \text{Roe} + \beta_9 \cdot \text{LnME} + \beta_{10} \cdot \text{Y} + \varepsilon$$
$$(6.4)$$

模型（6.1）至模型（6.4）中的变量定义及描述详见表 6 – 1。

表 6 – 1　　　　　　　　　并购交易模型变量定义表

变量类别	变量	变量名称	定义及描述
被解释变量	|preCAR|	信息泄露程度	并购交易信息公告前（ – 10，– 1）的超额收益率 preCAR 的绝对值
	AAT	辅助指标 1：超额换手率	事件窗（ – 10，10）的个股超额换手率均值
	AARV	辅助指标 2：超额收益波动率	事件窗（ – 10，10）的个股超额收益波动率的均值
解释变量	Qual_1	信息披露整体水平	虚拟变量，信息披露考评等级为优秀或良好（A 或 B）时，Qual_1 = 1；当信息披露考评等级为合格或不合格（C 或 D）时 Qual_1 = 0
	|DA|	信息质量	操控性应计利润的绝对值 |DA|
控制变量	Totins	机构持股比例	机构投资者持有上市公司 A 股比例
	PB	并购风险	上市公司该时期的市净率
	CAR	CAR	事件窗（ – 10，10）的个股累积超额收益
	CAR^2	CAR^2	事件窗（ – 10，+ 10）的个股累积超额收益的平方
	Liqndx	流动性指标	公告日前后（ – 10，10）的平均换手率
	Beta	市场风险	β 均值，根据证券 i 事件期前的 200 个交易日的个股收益率与相应交易日的日市场收益率回归所得

变量类别	变量	变量名称	定义及描述
控制变量	Roe	净资产收益率	以报告年度净利润与股东权益的比值表示
	LnME	公司规模	以上市公司流动市值的自然对数表示
	Mtype	市场类型	如果上市公司在上交所上市，则 Mtype = 1；如果上市公司在深交所上市，则 Mtype = 0
	Y	年度	年份虚拟变量，以 2006 年为基准年，设置 10 个虚拟变量 Y2001 至 Y2005 以及 Y2007 至 Y2011
	$Year_1$	年度期间	虚拟变量 $Year_1$，若在 2006 年及以前，则 $Year_1 = 0$；若在 2007 年及以后，则 $Year_1 = 1$

6.1.3 样本选择及数据来源

模型（6.1）和模型（6.2）的样本选择与数据来源与第 4 章中的 4.6.2 完全一致，即以 2001 年至 2011 年在上海交易所和深圳交易所上市的所有发生过并购交易的非金融行业 A 股上市公司为原始样本，经筛选后最终获得 15505 个样本，样本的分类与年度分布详见表 4 - 17《样本分布与分类》。

模型（6.3）和模型（6.4）由于使用深交所对上市公司的信息披露考评等级衡量信息披露质量[①]，所以原始样本为 2001 年至 2011 年在深圳证券交易所上市的所有发生过并购交易的非金融行业 A 股上市公司，按照第 4 章中 4.6.2 筛选标准筛选后回归模型最终获得 5565 个样本，样本的分类与年度分布详见表 6 - 2。

---

① 上交所没有公布对上市公司的信息披露考评等级。

表 6 - 2　　　　　　　　深交所 |preCAR| 模型样本分布与分类

年份/组别	①	②	③	④	合计
2001	66	85	120	121	392
2002	97	64	149	145	455
2003	68	69	166	166	469
2004	161	93	186	194	634
2005	115	71	143	149	478
2006	100	72	107	133	412
2007	96	102	113	139	450
2008	119	137	122	149	527
2009	109	125	182	180	596
2010	135	146	187	181	649
2011	104	120	138	141	503
合计	1170	1084	1613	1698	5565

　　上述两组样本均根据并购交易双方是否上市分别将样本分为四组：①交易双方仅被并购方是上市公司，而并购方不是上市公司的样本；②交易双方仅并购方是上市公司，而被并购方不是上市公司的样本；③交易双方均为上市公司情况下被并购方上市的样本；④交易双方均为上市公司情况下并购方上市的样本。

　　数据来源与第 4 章中 4.6.2 一致。

6.2

描述性统计与相关关系

6.2.1　描述性统计

　　表 6 - 3 和表 6 - 4 分别列示了 |DA| 模型和深交所 Qual_1 模型的关键变量的描述性统计结果。在表 6 - 3 中，被解释变量 |preCAR| 的平均值为 5.70%，在表 6 - 4 中，|preCAR| 的平均值为 5.52%，二者差异不大，表

明我国上市公司在并购交易公告前 10 天的平均累计超额收益率的绝对值已经达到 5.5%，市场提前反应了，说明并购交易公告前存在信息泄露情况，不利于参与交易的不知情的中小投资者。[①] 表 6 - 3 中，|DA|均值为 0.0508 与第 4 章中表 4 - 2 中的|DA|均值 0.0511 基本一致；表 6 - 4 中 Qual_1 的均值为 0.6476，表明在所选样本中 64.76% 的公司信息质量较好。其余变量的均值在两组样本中没有表现出显著差异。

表 6 - 3　　　　　　　　|DA|模型变量描述性统计表

关键变量	观测值	平均值	标准差	最小值	最大值
|preCAR|	15505	0.0570	0.0633	5.37E - 06	2.9427
|DA|	15505	0.0508	0.0997	1.59E - 06	8.4569
PB	15505	1.1621	0.7125	- 1.1676	8.3018
Totins	15505	0.1458	0.1863	0	1.0824
CAR	15505	0.0092	0.1385	- 1.3371	3.0216
CAR^2	15505	0.0193	0.1249	3.30E - 11	9.1301
Mtype	15505	0.7241	0.4973	0	1
Liqndx	15505	0.0045	0.0775	3.29E - 06	5.5904
Beta	15505	1.0655	0.2247	- 0.1546	2.0564
Roe	15505	0.0347	1.2152	- 79.8885	33.831
LnME	15505	14.295	1.2071	10.520	20.651

表 6 - 4　　　　　　深交所 Qual_1 模型变量描述性统计表

关键变量	观测值	平均值	标准差	最小值	最大值
|preCAR|	5585	0.0552	0.0571	5.37E - 06	0.8958
Qual_1	5585	0.6476	0.4778	0	1
PB	5565	1.1771	0.7555	- 1.1676	8.3018
Totins	5585	0.1356	0.1870	0	1.0823

---

① |preCAR（- 10，- 1）|的年度统计分布参见第 4 章中的表 4 - 22 和图 4 - 29。

关键变量	观测值	平均值	标准差	最小值	最大值
CAR	5585	0.0084	0.1382	− 1.3371	1.9955
CAR^2	5585	0.0192	0.0981	2.68E − 09	3.9819
Liqndx	5585	0.0059	0.1063	0.000012	5.5904
Beta	5585	1.0574	0.2316	0.0334	2.0564
Roe	5585	0.0330	0.8366	− 17.2571	33.8313
LnME	5585	14.204	1.1848	11.147	18.853
AARV	5761	0.0007	0.0024	3.77e − 07	0.1221
AAT	3111	− 0.1533	0.5652	− 5.1921	3.0511

6.2.2 解释变量间的相关关系

表 6 – 5 列示了并购交易信息泄露程度 | preCAR |、收益波动率 AARV 与超额换手率 AAT 间的相关关系。其中，信息泄露程度 | preCAR | 与收益波动率 AARV 显著正相关，与超额换手率 AAT 显著负相关；并且收益波动率 AARV 与超额换手率 AAT 显著正相关。

表 6 – 5　　　　　　　　　关键变量间的相关关系

	| preCAR |	AARV	AAT
| preCAR |	1		
AARV	0.1073 ***	1	
	(0.0000)		
AAT	− 0.4129 ***	0.0536 ***	1
	(0.0000)	(0.0028)	

注：表中括号中的值为相伴概率，* 、** 、*** 分别表示在 10% 、5% 、1% 水平下显著。

6.3

多元回归分析

本研究的样本是沪、深两市 2001 年至 2011 年所有发生了并购交易的 A 股上市公司，研究的时间区域有 11 年，但我们没有采用面板模型对样本数据进行回归分析，这是由于面板数据模型要求数据在时间序列和截面空间上存在一一对应的关系，也就是说，在某一特定时间，有且只有一个对应的个体事件，但是本章所研究的对象（并购交易事件）并不符合上述要求，因为上市公司在某一年（时间序列）所发生的并购交易事件（即所对应的个体事件）可能不止一起，有可能是两起以上，故在 stata11.0 中将数据导入以后无法对数据进行面板数据的设定，因此，本章在实证检验过程中运用了混合截面多元回归分析模型，并区分不同情况不同组别加以讨论。

6.3.1　以 |DA| 为信息质量衡量指标的模型实证分析

6.3.1.1　2001～2006 年与 2007～2011 年年度分段回归结果分析（模型（6.1）回归）

表 6-6 是模型（6.1）分别针对全样本与 4 个分组子样本的回归结果。其中，（1）代表全样本回归结果，（2）至（5）分别代表分组子样本的回归结果。在交易双方中仅一方上市的情况下，（2）代表仅被并购方是上市公司样本的回归结果，（3）代表仅并购方是上市公司样本的回归结果；在交易双方均为上市公司的情况下，（4）代表被并购方上市公司样本回归结果，（5）代表并购方上市公司样本的回归结果。

表 6 – 6 |DA|模型 2001～2006 年与 2007～2011 年年度分段回归结果

	(1) |preCAR|	(2) |preCAR|	(3) |preCAR|	(4) |preCAR|	(5) |preCAR|
|DA|	0.0146 *** (3.15)	0.0265 (1.54)	0.00447 (0.91)	0.00149 (0.11)	0.0514 *** (3.67)
PB	0.00492 *** (7.29)	0.00253 * (1.74)	0.00234 * (1.74)	0.00601 *** (5.01)	0.00458 *** (3.96)
Totins	0.0199 *** (7.87)	0.0213 *** (3.75)	0.0188 *** (3.89)	0.0212 *** (4.75)	0.0129 *** (3.03)
$Year_1$	0.0157 *** (13.41)	0.0173 *** (6.62)	0.0166 *** (7.13)	0.0144 *** (7.06)	0.0121 *** (6.12)
CAR	0.0461 *** (12.79)	0.0287 *** (3.67)	– 0.0190 *** (– 2.60)	0.0587 *** (9.29)	0.0381 *** (6.26)
CAR^2	0.198 *** (47.27)	0.0207 *** (3.29)	0.474 *** (30.32)	0.199 *** (19.06)	0.383 *** (57.95)
Mtype	– 0.00376 *** (– 4.10)	– 0.000959 (– 0.48)	– 0.00578 *** (– 3.19)	– 0.00198 (– 1.24)	– 0.00446 *** (– 2.90)
Beta	0.00158 (0.76)	0.00506 (1.10)	– 0.00328 (– 0.78)	0.00347 (0.97)	0.00151 (0.43)
Liqndx	– 0.0460 *** (– 6.26)	– 0.0216 (– 0.83)	– 0.282 ** (– 2.00)	– 0.0337 *** (– 3.82)	– 0.222 *** (– 15.84)
Roe	– 0.00384 *** (– 3.75)	– 0.00233 (– 0.52)	0.00456 (0.97)	– 0.00531 *** (– 3.83)	– 0.000522 (– 0.33)
LnME	– 0.00356 *** (– 7.42)	– 0.00517 *** (– 4.60)	– 0.00443 *** (– 4.62)	– 0.00338 *** (– 4.04)	– 0.00254 *** (– 3.18)
截距项	0.0898 *** (12.19)	0.110 *** (6.56)	0.109 *** (7.25)	0.0824 *** (6.41)	0.0744 *** (6.06)
N	15505	3061	3320	4500	4624
F	383.19 ***	12.35 ***	121.54 ***	84.04 ***	461.85 ***
Adj R^2	0.213	0.043	0.286	0.169	0.523

注：表中括号中的值为 T 值，＊、＊＊、＊＊＊分别表示在 10%、5%、1% 水平下显著。

对于模型（6.1）全样本的回归结果（1）而言，总体上符合预期，除Beta 外，各变量均在 5% 或 1% 的显著性水平下通过检验，且模型的拟合度Adj R^2 为 21.3%，表明该回归结果具有统计学意义。具体情况如下：

信息质量指标 |DA|：|DA| 的回归系数为正，符合预期情况，且在控制了年份以及其他重要变量的基础上于 1% 的显著性水平下通过了检验，这验证了假设 2，表明可操控性应计利润代表的信息质量越差，并购公告前发生的信息泄露程度越高，投资者保护效用越低；相反，信息质量越高，并购公告前发生的信息泄露程度越低，投资者保护效用越高。这从信息披露质量要素的角度上证明了我国上市公司的信息披露对投资者保护的效用存在截面差异，好的信息质量在降低信息泄露、保护投资者方面发挥了效用。

年份虚拟变量：年份虚拟变量 $Year_1$ 将 2001～2011 年以股改解禁股流通首年（2006 年）为基年分为两段，即 2001～2006 年、2007～2011 年，以对股改前后的并购公告前的信息泄露进行比较。表 6-6 显示，$Year_1$ 回归系数在 1% 水平下显著为正，表明年度期间分段回归中，2007 年及以后的信息泄露程度高于 2006 年及以前，意味着股权逐步实现全流通以来，上市公司的流通股比例提高，部分大股东所持有的股份可上市交易，并购信息的知情范围在流通股股东中扩大，而市场监管不到位，更容易促成并购信息的泄露与利用信息的操纵和市场掠夺。

对于其他控制变量，机构投资者持股比例 Totins 回归系数为正，且显著性水平为 1%，意味着机构投资者整体上并没有如预期那样发挥公司治理与市场引导功能，相反，助长了二级市场上的信息操纵交易，成为剥夺中小投资者的帮凶。代表交易风险的指标 PB 的回归系数在 1% 的水平下显著为正，说明交易风险越高，并购交易公告前的信息泄露程度越高；市场类型 Mtype 回归系数显著为负，表明上交所的上市公司并购前发生信息泄露的可能性大于深交所的公司，意味着不同的上市交易所对上市公司的监管力度不一；净资产收益率 Roe 和流动性指标 Liqndx 与上市公司并购交易的信息泄露程度呈现显著的负相关，意味着业绩越好的公司其透明度可能更高，被操纵的可能性越低；流动性越强、交易活跃的公司受到的关注越多，被暗箱操作的概率更小；CAR 与 CAR^2 的系数显著为正，与预期一致；

市场风险 Beta 的系数虽然为正，表明风险越高，公司越容易被操纵，但并不显著；公司规模 LnME 的系数显著为负，意味着规模越大的公司，受公众关注的可能性越高，公司的内部控制制度也越规范，被利用信息泄露操纵股价的可能性更低。

从分组样本回归结果（2）~（5）中看到，|DA|的系数在（5）中显著为正，且显著性水平为 1%，表明在并购交易双方均为上市公司情况下，主并购方上市公司的信息披露对投资者保护的效用存在显著的截面差异，好的信息质量在降低信息泄露、保护投资者方面发挥了效用。然而，其他三组子样本|DA|的系数没有通过显著性检验。

6.3.1.2　2001~2011 年总体多元回归结果分析（模型（6.2））

表 6-7 是模型（6.2）针对不同样本组的回归结果，其中（1）至（5）的样本分类同表 6-6 一致。其中，解释变量|DA|的系数表现与表 6-6 一致，分别在总体样本回归结果（1）和子样本（5）中显著。

表 6-7　　　　|DA|模型总体样本及分组样本多元回归结果

	(1) |preCAR|	(2) |preCAR|	(3) |preCAR|	(4) |preCAR|	(5) |preCAR|
|DA|	0.0113 ** (2.46)	0.0135 (0.80)	0.00416 (0.85)	−0.0109 (−0.77)	0.0390 *** (2.79)
PB	0.00802 *** (10.44)	0.00727 *** (4.39)	0.00466 *** (2.97)	0.0102 *** (7.46)	0.00696 *** (5.29)
Totins	0.00342 (1.31)	0.000563 (0.10)	0.00461 (0.91)	0.00596 (1.29)	−0.000394 (−0.09)
CAR	0.0466 *** (13.14)	0.0308 *** (4.05)	−0.0182 ** (−2.51)	0.0598 *** (9.60)	0.0387 *** (6.43)
CAR^2	0.191 *** (46.37)	0.0162 *** (2.65)	0.460 *** (29.49)	0.190 *** (18.40)	0.378 *** (57.69)
Mtype	−0.00212 ** (−2.35)	0.00128 (0.65)	−0.00414 ** (−2.29)	−0.000313 (−0.20)	−0.00344 ** (−2.26)
Beta	0.000731 (0.35)	0.00505 (1.12)	−0.00437 (−1.05)	0.00306 (0.86)	0.00109 (0.31)

续表

	（1） ｜preCAR｜	（2） ｜preCAR｜	（3） ｜preCAR｜	（4） ｜preCAR｜	（5） ｜preCAR｜
Liqndx	−0.0470*** （−6.50）	−0.0188 （−0.74）	−0.256* （−1.82）	−0.0329*** （−3.78）	−0.221*** （−15.98）
Roe	−0.00338*** （−3.35）	−0.000849 （−0.19）	0.00437 （0.94）	−0.00472*** （−3.45）	−0.000198 （−0.12）
LnME	−0.000512 （−1.02）	−0.000324 （−0.28）	−0.00223** （−2.26）	−0.000351 （−0.40）	−0.000177 （−0.21）
Y 2001	−0.0347*** （−13.07）	−0.0472*** （−7.89）	−0.0241*** （−4.45）	−0.0349*** （−7.67）	−0.0289*** （−6.61）
Y 2002	−0.0362*** （−14.83）	−0.0496*** （−9.39）	−0.0284*** （−5.15）	−0.0336*** （−8.20）	−0.0302*** （−7.66）
Y 2003	−0.0246*** （−10.55）	−0.0258*** （−4.61）	−0.0199*** （−3.78）	−0.0249*** （−6.45）	−0.0214*** （−5.84）
Y 2004	−0.0179*** （−8.43）	−0.0262*** （−5.91）	−0.0102** （−2.17）	−0.0152*** （−4.17）	−0.0151*** （−4.32）
Y 2005	−0.0145*** （−6.43）	−0.0150*** （−3.21）	−0.0106** （−2.12）	−0.0138*** （−3.57）	−0.0141*** （−3.84）
Y 2007	0.00706*** （2.92）	0.000599 （0.12）	0.0137*** （2.83）	0.00252 （0.59）	0.00633 （1.58）
Y 2008	0.00623*** （2.87）	0.00634 （1.37）	0.0115*** （2.64）	0.00660* （1.70）	0.00220 （0.60）
Y 2009	−0.0128*** （−5.75）	−0.0179*** （−3.73）	−0.00497 （−1.09）	−0.0132*** （−3.41）	−0.0120*** （−3.22）
Y 2010	−0.0183*** （−8.09）	−0.0237*** （−4.83）	−0.00957** （−2.13）	−0.0195*** （−4.88）	−0.0185*** （−4.88）
Y 2011	−0.0147*** （−6.50）	−0.0260*** （−5.31）	−0.00493 （−1.11）	−0.0135*** （−3.41）	−0.0121*** （−3.18）
截距项	0.0657*** （8.38）	0.0638*** （3.59）	0.0914*** （5.80）	0.0567*** （4.13）	0.0581*** （4.45）
N	15505	3061	3320	4500	4624
F	244***	16.49***	73.21***	55.41***	267.89***
Adj R^2	0.239	0.092	0.303	0.195	0.536

注：表中括号中的值为 T 值，*、**、*** 分别表示在 10%、5%、1% 水平下显著。

年份虚拟变量分析：观察年份虚拟变量 Y 可得知，不同年度信息泄露程度不一。本模型中年份虚拟变量以 2006 年为参照年，因此，各个 Y 的自变量的回归系数的正负反映的是各个年度与 2006 年的信息泄露水平的对比。Y 2001 至 Y 2005 回归系数以及 Y 2009 至 Y 2010 的回归系数在 1% 显著性水平下为负值，表明 2001 年至 2005 年以及 2009 年至 2011 年的并购信息泄露程度均低于 2006 年；而 Y 2007 至 Y 2008 的回归系数在 1% 显著性水平下为正，表明 2007 年和 2008 年的并购信息泄露程度较 2006 年而言严重。这与第 4 章中"4.6.3.3 年度分析"的结果一致，进一步说明股权分置改革以及以公平信息披露规则为代表信息披露监管制度均对并购交易的信息披露产生了影响。上述结果表明，2006 年开始逐步被股改释放出来的势力流通股在监管不配套的情况下一度加剧了并购前的信息泄露程度，加剧了对二级市场中小投资的剥夺，这虽然与表 6 - 6 的年度分段回归结果表现一致，但 2007 年后在上市公司中全面实行的公平信息披露规则以及其他系列监管制度的出台对抑制上述机会主义寻租行为起到了积极作用，表现为自 2008 年开始，信息泄露程度 |preCAR| 逐年下降，Y 2008 的系数低于 Y 2007 的系数，到 2009 年，系数转为显著的负值，并延续到 2011 年。

机构投资者持股比例 Totins 回归系数虽然仍为正，与预期一致，但在表 6 - 7 中控制了更具体的年份之后却不再显著。这意味着机构对市场的负面作用被年份替代，这可以解读为机构从 2001 ~ 2011 年均参与了利用并购私有信息获取超额收益剥夺其他中小投资者的交易，只是对于每一年而言，机构持股比例的高低对于获取并购公告前的超额收益的大小并没有显著的截面差异；但从 2006 年前后的两个分段时期或者从 2001 ~ 2011 年 11 年总体来讲，显示为机构持股比例越高，并购公告前的累计超额收益越高，信息被操纵交易的程度越厉害，投资者保护效用越差。

其余控制变量在全样本回归结果（1）及其他子样本回归结果中的表现与表 6 - 6 基本一致。

6.3.2　以深交所评级为信息披露质量衡量指标的模型实证分析

6.3.2.1　2001～2006 年与 2007～2011 年年度分段回归结果分析（模型（6.3））

表 6 - 8 是模型（6.3）针对不同样本组的回归结果，其中（1）至（5）的样本分类同表 6 - 6 一致。

表 6 - 8　深交所 Qual_1 模型 2001～2006 年与 2007～2011 年分段回归结果

	（1） ｜preCAR｜	（2） ｜preCAR｜	（3） ｜preCAR｜	（4） ｜preCAR｜	（5） ｜preCAR｜
Qual_1	- 0.00414 *** （- 2.71）	- 0.00385 （- 1.16）	- 0.00273 （- 0.85）	- 0.00692 ** （- 2.43）	- 0.00350 （- 1.25）
PB	0.00445 *** （4.54）	- 0.000354 （- 0.17）	0.00144 （0.71）	0.00593 *** （3.15）	0.00764 *** （4.20）
Totins	0.0213 *** （5.35）	0.0315 *** （3.68）	0.0203 ** （2.58）	0.0242 *** （3.10）	0.0129 * （1.77）
$Year_1$	0.0139 *** （7.55）	0.0181 *** （4.35）	0.0192 *** （5.16）	0.0114 *** （3.28）	0.00902 *** （2.66）
CAR	0.0473 *** （8.78）	0.0512 *** （4.52）	- 0.0128 （- 1.04）	0.0921 *** （9.38）	0.0374 *** （3.49）
CAR^2	0.295 *** （25.36）	0.233 *** （10.39）	0.254 *** （7.99）	0.396 *** （19.80）	0.293 *** （12.08）
Beta	0.00755 ** （2.44）	0.0103 （1.49）	- 0.00682 （- 1.04）	0.0136 ** （2.39）	0.00828 （1.47）
Liqndx	- 0.191 *** （- 8.85）	- 0.758 *** （- 3.05）	- 0.177 （- 0.97）	- 0.306 *** （- 7.43）	- 0.137 *** （- 3.50）
Roe	0.00562 * （1.84）	- 0.000481 （- 0.08）	0.0171 ** （2.57）	0.0102 * （1.70）	- 0.00258 （- 0.45）

续表

	（1） |preCAR|	（2） |preCAR|	（3） |preCAR|	（4） |preCAR|	（5） |preCAR|
LnME	−0.00344 *** （−4.30）	−0.00816 *** （−4.17）	−0.00578 *** （−3.57）	−0.00328 ** （−2.17）	0.000403 （0.27）
截距项	0.0785 *** （6.75）	0.150 *** （5.24）	0.125 *** （5.23）	0.0698 *** （3.17）	0.0216 （1.01）
N	5565	1170	1084	1613	1698
F	132.07 ***	19.26 ***	14.72 ***	71.52 ***	42.43 ***
Adj R^2	0.191	0.135	0.113	0.304	0.196

注：表中括号中的值为 T 值，* 、** 、*** 分别表示在 10%、5%、1%水平下显著。

观察信息披露质量 Qual_1：在全样本回归结果（1）中，Qual_1 的系数在 1%的水平下显著为负，符合预期，这进一步验证了假设 1，表明信息披露质量越好的公司，其并购公告前发生的信息泄露概率越低，投资者保护效用越高；反之，则相反。这从信息披露整体质量的角度上证明了我国上市公司的信息披露对投资者保护的效用存在截面差异，好的信息披露质量在降低信息泄露、保护投资者方面发挥了效用；在分组样本回归结果（2）~（5）中，Qual_1 的系数仅在（4）中显著为正，表明对于并购交易双方均为上市公司情况下，被并购方上市公司的信息披露对投资者保护的效用存在显著的截面差异，好的信息披露质量在降低信息泄露、保护投资者方面发挥了效用。结合\|DA\|模型的子样本回归结果（5）分析——并购交易双方均为上市公司情况下，主并购方上市公司的信息质量\|DA\|与其并购公告前的信息泄露程度正相关，这说明 2001~2011 年，上市公司的信息披露虽然从整体上对抑制信息泄露与内幕交易具有截面差异，但主要体现在并购交易双方均上市的公司中，在交易双方仅一方上市的公司中我们没有找到信息披露能遏制公告前信息泄露与内幕交易的显著证据，而在第 4章"4.6.3.2 分组样本分析"中，我们发现子样本——并购交易双方中仅被并购方上市的公司，其在并购公告前（−20，−1）的信息泄露程度却最高，中小投资者受到保护的水平最低。我们认为，这是由于对于交易双方仅一方上市的公司，中小投资者获得公开信息的来源仅有上市一方，信

息来源渠道狭窄，并得不到印证，信息不对称程度较高，更容易受到具有信息优势的内幕者操纵，而其中被并购上市公司往往前期业绩较差或处于财务困境，更容易被利用成为并购炒作的题材。而如果交易双方均为上市公司，则双方都要披露并购信息，透明度更大，并且信息之间可以相互印证，因而信息披露质量的提高可以有效抑制并购前的投机交易，保护中小投资者利益。这样看来，并购交易双方仅一方上市的公司，尤其是被并购公司，更应该成为监管的重点。

年份虚拟变量 $Year_l$ 与其他控制变量的表现与表 6 - 6 一致，不再赘述。

6.3.2.2　2001～2011 深交所总体多元回归结果分析（模型 (6.4)）

表 6 - 9 是模型（6.4）针对不同样本组的回归结果，其中（1）至（5）的样本分类同表 6 - 6 一致。信息披露质量 Qual_1 的表现与在表 6 - 8 中的回归结果一致，即在各样本组回归中系数符号为负，符合预期，且在全样本回归（1）与子样本（4）中显著。对于年份虚拟变量而言，各年份系数的表现与|DA|模型的回归结果（表 6 - 7）基本一致，即 Y2001 至 Y2005 回归系数以及 Y2009 至 Y2010 的回归系数在 1% 显著性水平下为负值，说明 2001 年至 2005 年以及 2009 年至 2011 年的并购信息泄露程度均低于 2006 年；而 Y2007 至 Y2008 的回归系数为正，但并不显著，意味着 2007 年和 2008 年的并购信息泄露程度稍高于 2006 年，但差异不大。

其他控制变量在各样本组中的回归结果表现与表 6 - 7 一致，不再赘述。

6.3.3　进一步研究——收益波动率与超额换手率

为了进一步检验信息披露对投资者的保护效用，我们利用股票收益波动率和超额换手率作为信息不对称的替代变量，从交易量和股价波动率两方面配合公告前的信息泄露程度来分析信息披露对投资者的保护效用。

6.3.3.1 模型设计[①]

表6-9   深交所 Qual_1 模型总体样本及分组样本多元回归结果

	(1) |preCAR|	(2) |preCAR|	(3) |preCAR|	(4) |preCAR|	(5) |preCAR|
Qual_1	-0.00330 ** (-2.16)	-0.00209 (-0.63)	-0.00146 (-0.45)	-0.00653 ** (-2.30)	-0.00311 (-1.11)
Totins	0.00372 (0.91)	0.0131 (1.50)	0.00666 (0.81)	0.00582 (0.72)	-0.00489 (-0.65)
PB	0.00765 *** (6.82)	0.00352 (1.47)	0.00370 (1.57)	0.00954 *** (4.45)	0.0108 *** (5.22)
CAR	0.0478 *** (9.02)	0.0493 *** (4.41)	-0.0105 (-0.85)	0.0923 *** (9.55)	0.0404 *** (3.81)
CAR^2	0.275 *** (23.88)	0.213 *** (9.58)	0.231 *** (7.26)	0.378 *** (19.04)	0.269 *** (11.19)
Beta	0.00663 ** (2.17)	0.00988 (1.44)	-0.00724 (-1.11)	0.0125 ** (2.20)	0.00805 (1.44)
Liqndx	-0.183 *** (-8.46)	-0.665 *** (-2.69)	-0.141 (-0.77)	-0.298 *** (-7.26)	-0.136 *** (-3.46)
Roe	0.00606 ** (1.97)	0.000500 (0.08)	0.0154 ** (2.30)	0.0106 * (1.77)	-0.000589 (-0.10)
LnME	-0.000252 (-0.30)	-0.00386 * (-1.89)	-0.00337 ** (-2.00)	0.000316 (0.20)	0.00328 ** (2.15)
Y 2001	-0.0333 *** (-8.94)	-0.0367 *** (-4.26)	-0.0187 ** (-2.40)	-0.0370 *** (-5.30)	-0.0354 *** (-5.32)

[①] 该模型的设计只涉及深交所年度信息评级作为信息披露质量衡量指标的模型，而没有采用 |DA |模型，原因如下：深交所对上市公司一年内的综合信息披露考评反映的是上市公司长期一贯的信息披露水平，作为临时事件的并购公告披露也受到这种一贯的信息披露水平的影响，这种影响除了反映在股票价格方面，还反映在股价的波动性和交易量上。但 DA 是基于年报计算的，代表的是年报的盈余质量，它作为信息质量可靠性的替代衡量指标会在一定程度上影响股价，但对并购事件前后的收益波动率与换手率缺乏解释力。

续表

	（1） |preCAR|	（2） |preCAR|	（3） |preCAR|	（4） |preCAR|	（5） |preCAR|
Y 2002	−0.0332 *** （−9.45）	−0.0414 *** （−5.47）	−0.0270 *** （−3.32）	−0.0335 *** （−5.13）	−0.0316 *** （−5.07）
Y 2003	−0.0242 *** （−7.02）	−0.0212 ** （−2.57）	−0.0146 * （−1.83）	−0.0291 *** （−4.61）	−0.0237 *** （−3.95）
Y 2004	−0.0165 *** （−5.14）	−0.0240 *** （−3.60）	−0.00670 （−0.91）	−0.0172 *** （−2.81）	−0.0148 ** （−2.56）
Y 2005	−0.0108 *** （−3.13）	−0.00916 （−1.26）	−0.00969 （−1.21）	−0.0126 * （−1.94）	−0.0115 * （−1.87）
Y 2007	0.00618 （1.64）	0.00919 （1.12）	0.0164 ** （2.14）	0.0000904 （0.01）	0.00322 （0.47）
Y 2008	0.00219 （0.64）	0.00320 （0.44）	0.0156 ** （2.25）	−0.00179 （−0.26）	−0.00414 （−0.66）
Y 2009	−0.0147 *** （−4.13）	−0.0163 ** （−2.06）	−0.00246 （−0.33）	−0.0178 *** （−2.63）	−0.0195 *** （−3.05）
Y 2010	−0.0195 *** （−5.47）	−0.0177 ** （−2.25）	−0.00439 （−0.60）	−0.0266 *** （−3.87）	−0.0239 *** （−3.67）
Y 2011	−0.0155 *** （−4.17）	−0.0162 ** （−1.99）	−0.00177 （−0.24）	−0.0207 *** （−2.90）	−0.0185 *** （−2.73）
截距项	0.0538 *** （4.37）	0.110 *** （3.70）	0.103 *** （4.10）	0.0424 * （1.81）	0.000327 （0.01）
N	5565	1170	1084	1613	1698
F	82.94 ***	13.62 ***	9.68 ***	42.34 ***	26.42 ***
Adj R²	0.219	0.170	0.132	0.328	0.222

注：表中括号中的值为 T 值，*、**、*** 分别表示在 10%、5%、1% 水平下显著。

1. 收益波动率模型

模型（6.5）：Qual_1 年度分段回归模型

$$AARV = \beta_0 + \beta_1 \cdot Qual\_1 + \beta_2 \cdot PB + \beta_3 \cdot Totins + \beta_4 \cdot Year_1$$

$$+ \beta_5 \cdot CAR + \beta_6 \cdot CAR^2 + \beta_7 \cdot Liqndx + \beta_8 \cdot Beta$$
$$+ \beta_9 \cdot Roe + \beta_{10} \cdot LnME + \varepsilon \qquad (6.5)$$

模型（6.6）：Qual_1 总体回归模型

$$AARV = \beta_0 + \beta_1 \cdot Qual\_1 + \beta_2 \cdot PB + \beta_3 \cdot Totins + \beta_4 \cdot CAR$$
$$+ \beta_5 \cdot CAR^2 + \beta_6 \cdot Liqndx + \beta_7 \cdot Beta + \beta_8 \cdot Roe$$
$$+ \beta_9 \cdot LnME + \beta_{10} \cdot Y + \varepsilon \qquad (6.6)$$

2. 超额换手率模型

模型（6.7）：Qual_1 年度分段回归模型

$$AAT = \beta_0 + \beta_1 \cdot Qual\_1 + \beta_2 \cdot PB + \beta_3 \cdot Totins + \beta_4 \cdot Year_1$$
$$+ \beta_5 \cdot AARV + \beta_6 \cdot Liqndx + \beta_7 \cdot Beta + \beta_8 \cdot Roe$$
$$+ \beta_9 \cdot LnME + \varepsilon \qquad (6.7)$$

模型（6.8）：Qual_1 总体回归模型

$$AAT = \beta_0 + \beta_1 \cdot Qual\_1 + \beta_2 \cdot PB + \beta_3 \cdot Totins + \beta_4 \cdot AARV + \beta_5 \cdot Liqndx$$
$$+ \beta_6 \cdot Beta + \beta_7 \cdot Roe + \beta_8 \cdot LnME + \beta_9 \cdot Y + \varepsilon \qquad (6.8)$$

根据现有文献对波动率与换手率的研究，我们设计了模型（6.5）至模型（6.8）。其中，解释变量 AARV 代表并购交易公司在并购时间窗（-10，10）期间的平均超额收益波动率；AAT 代表并购交易公司在并购时间窗（-10，10）期间的平均超额换手率。被解释变量 Qual_1 代表上市公司的信息披露质量，以深交所的信息披露评级进行衡量，当公司评级为优秀或良好时，Qual_1 = 1；当公司评级为合格或不合格时，Qual_1 = 0。以上模型中的其他控制变量的具体说明与解释参见表 6-1（并购交易模型变量定义表），关键变量的计量参见第 2 章中的 2.3。与 |preCAR| 模型的设计相似，我们也对收益波动率模型与超额换手率模型分别进行年度分段回归（模型（6.5）与模型（6.7））与总体年份分年控制回归（模型（6.6）与模型（6.8））。

6.3.3.2　实证分析

1. 深交所信息披露质量对波动率影响的回归结果分析

表 6-10 与表 6-11 表分别是模型（6.5）与模型（6.6）针对不同样本组的回归结果，其中（1）至（5）的样本分类同表 6-6 一致。上述两表中的回归结果显示，各模型的解释变量与其他控制变量的系数符号表现基本符合预期，且大都通过了显著性检验（除市净率 PB 外），模型的拟合度在 41% 以上，而全体样本回归结果（1）与交易双方均上市的两组子样本回归结果（4）、（5）的模型拟合度 A 均高于 93%，这表明上述模型的回归结果具有统计学意义。

其中，解释变量信息披露质量 Qual_1 的系数符号为负，符合预期，并在表 6-10 各样本组的回归结果中通过了显著性检验，加入具体的年份控制后，在表 6-11 中除了（2）外，其余样本组均通过了显著性检验，这表明上市公司的信息披露质量越高，市场信息不对称程度越低，并购交易带来的额外的二级市场波动越小，只是信息披露的这种作用对于交易双方仅被并方一方上市的公司而言不那么显著。

表 6-10　深交所信息披露质量对波动率影响的年度分段回归结果分析

	(1) AARV	(2) AARV	(3) AARV	(4) AARV	(5) AARV
Qual_1	-0.0000781*** (-4.25)	0.000101*** (-2.90)	-0.0000719** (-1.97)	-0.0000618** (-2.24)	-0.0000866** (-2.09)
PB	5.82e-08 (0.52)	-3.99e-09 (-0.03)	-1.17e-08 (-0.01)	-0.000000714 (-0.66)	0.000000247 (1.25)
Totins	0.000381*** (7.88)	0.000456*** (5.01)	0.000315*** (3.47)	0.000363*** (4.77)	0.000308*** (2.84)
$Year_1$	0.000359*** (16.19)	0.000390*** (8.92)	0.000315*** (7.39)	0.000364*** (10.84)	0.000340*** (6.82)
CAR	0.00115*** (17.54)	0.00186*** (15.38)	0.000539*** (3.81)	0.00117*** (12.18)	0.000775*** (4.85)

续表

	(1) AARV	(2) AARV	(3) AARV	(4) AARV	(5) AARV
CAR^2	0.00656 *** (46.50)	0.00709 *** (29.59)	0.00716 *** (19.61)	0.00516 *** (26.48)	0.00833 *** (23.23)
Beta	0.000147 *** (3.95)	0.000255 *** (3.49)	− 0.0000783 (− 1.05)	0.000103 * (1.86)	0.000149 * (1.80)
Liqndx	0.0157 *** (59.21)	0.00786 *** (2.97)	− 0.00246 (− 1.17)	0.0180 *** (43.76)	0.0125 *** (21.15)
Roe	0.000129 *** (3.43)	0.0000260 (0.39)	− 0.0000945 (− 1.19)	− 0.0000732 (− 1.22)	0.000466 *** (5.44)
LnME	− 0.0000571 *** (− 5.85)	− 0.0000780 *** (− 3.76)	− 0.0000818 *** (− 4.39)	− 0.0000450 *** (− 3.04)	− 0.0000701 *** (− 3.21)
截距项	0.000899 *** (6.39)	0.00111 *** (3.66)	0.00156 *** (5.71)	0.000781 *** (3.65)	0.00108 *** (3.45)
N	5595	1181	1089	1622	1703
F	7910.05 ***	145.64 ***	77.81 ***	6007.19 ***	2566.18 ***
Adj R^2	0.934	0.551	0.414	0.974	0.938

注：表中括号中的值为 T 值，＊、＊＊、＊＊＊分别表示在 10%、5%、1% 水平下显著。

在控制变量中，机构投资者持股比例 Totins 的系数符号为正，并在表 6 – 10 各样本组的回归结果中通过了显著性检验，加入具体的年份控制后，在表 6 – 11 中在全样本（1）与子样本（2）通过了显著性检验，这表明机构投资者在上市公司的并购交易中助推了股价的波动，并且对交易双方仅被并方一方上市的公司更加显著，这与信息披露质量 Qual_1 的表现正好相反。这具有讽刺意味，机构并不如我们设想的那样能正面引导其他中小投资者投资，相反，它在并购交易的市场操纵中起到了推波助澜的作用，如 6.3.2.1 所述，交易双方仅一方上市的公司信息不对称程度更高，而且被并方因为前期的业绩差或者经营与财务困境等问题更容易受到操纵与炒作，殊不知，这样的公司正是机构操纵的目标。市场风险 Beta 的系数符号为正，说明市场风险越高，公司在并购交易中的波动越大，这种异常风险和波动更多地反映在信息不对称程度更高的交易双方仅被并方一方上市的

公司中，体现为相对于其他子样本组而言，表 6 – 10 与表 6 – 11 中回归结果子样本（2）的 Beta 系数更加显著。年份分段控制哑变量 $Year_1$ 与分年控制哑变量 Y 2001 ～ Y 2005、Y 2007 ～ Y 2008 的系数表现与其在信息泄露 |preCAR| 模型中的表现一致，表明以股权分置改革为代表的各年份政策、监管制度与市场环境状况对信息泄露程度与股价波动率的影响是一致的，这也符合我们前述的推论"并购交易信息泄露程度越大，市场信息不对称程度越高，股票收益的波动率也越高"，不再赘述。

表 6 – 11　　深交所信息披露质量对波动率影响的总体回归结果分析

	（1） AARV	（2） AARV	（3） AARV	（4） AARV	（5） AARV
Qual_1	− 0. 0000563 *** (− 3. 10)	− 0. 0000474 (− 1. 39)	− 0. 0000614 * (− 1. 70)	− 0. 0000553 ** (− 2. 08)	− 0. 0000735 * (− 1. 77)
PB	0. 000000110 (1. 03)	5. 81e − 08 (0. 42)	2. 90e − 08 (0. 03)	− 0. 000000698 (− 0. 67)	0. 000000317 (1. 63)
Totins	0. 000116 ** (2. 37)	0. 000172 * (1. 91)	0. 0000563 (0. 61)	0. 000122 (1. 62)	0. 0000525 (0. 47)
CAR	0. 00118 *** (18. 58)	0. 00184 *** (15. 91)	0. 000616 *** (4. 46)	0. 00119 *** (13. 05)	0. 000835 *** (5. 31)
CAR^2	0. 00623 *** (45. 37)	0. 00676 *** (29. 37)	0. 00672 *** (18. 76)	0. 00489 *** (26. 31)	0. 00795 *** (22. 38)
Beta	0. 000113 *** (3. 15)	0. 000239 *** (3. 42)	− 0. 000126 * (− 1. 73)	0. 0000730 (1. 39)	0. 000127 (1. 57)
Liqndx	0. 0161 *** (62. 51)	0. 0106 *** (4. 16)	− 0. 00139 (− 0. 67)	0. 0184 *** (46. 75)	0. 0128 *** (21. 91)
Roe	0. 0000859 ** (2. 35)	− 0. 0000180 (− 0. 28)	− 0. 000136 * (− 1. 74)	− 0. 000110 * (− 1. 91)	0. 000447 *** (5. 27)
LnME	− 0. 0000139 (− 1. 39)	− 0. 0000250 (− 1. 20)	− 0. 0000406 ** (− 2. 15)	− 0. 00000212 (− 0. 14)	− 0. 0000281 (− 1. 24)
Y 2001	− 0. 000547 *** (− 12. 55)	− 0. 000414 *** (− 4. 79)	− 0. 000542 *** (− 6. 27)	− 0. 000640 *** (− 9. 94)	− 0. 000548 *** (− 5. 67)

续表

	（1） AARV	（2） AARV	（3） AARV	（4） AARV	（5） AARV
Y 2002	− 0.000556 *** （− 13.35）	− 0.000529 *** （− 6.82）	− 0.000542 *** （− 5.93）	− 0.000622 *** （− 10.24）	− 0.000500 *** （− 5.45）
Y 2003	− 0.000519 *** （− 12.58）	− 0.000368 *** （− 4.32）	− 0.000451 *** （− 5.00）	− 0.000610 *** （− 10.30）	− 0.000509 *** （− 5.73）
Y 2004	− 0.000458 *** （− 11.90）	− 0.000469 *** （− 6.79）	− 0.000434 *** （− 5.25）	− 0.000502 *** （− 8.70）	− 0.000380 *** （− 4.44）
Y 2005	− 0.000386 *** （− 9.42）	− 0.000340 *** （− 4.57）	− 0.000330 *** （− 3.70）	− 0.000459 *** （− 7.53）	− 0.000346 *** （− 3.80）
Y 2007	0.000211 *** （4.86）	0.000423 *** （5.21）	0.000131 （1.56）	0.0000799 （1.18）	0.000213 ** （2.18）
Y 2008	0.0000220 （0.54）	0.0000794 （1.07）	0.0000353 （0.45）	− 0.0000599 （− 0.93）	0.0000402 （0.43）
Y 2009	− 0.0000932 ** （− 2.25）	− 0.0000609 （− 0.77）	− 0.000119 （− 1.45）	− 0.000111 * （− 1.80）	− 0.0000677 （− 0.73）
Y 2010	− 0.000213 *** （− 5.15）	− 0.000126 （− 1.63）	− 0.000222 *** （− 2.74）	− 0.000267 *** （− 4.26）	− 0.000210 ** （− 2.24）
Y 2011	− 0.000308 *** （− 6.94）	− 0.000257 *** （− 3.05）	− 0.000264 *** （− 3.11）	− 0.000370 *** （− 5.53）	− 0.000302 *** （− 3.00）
截距项	0.000781 *** （5.41）	0.000756 ** （2.52）	0.00146 *** （5.23）	0.000744 *** （3.45）	0.000941 *** （2.87）
N	5595	1181	1089	1622	1703
F	4491.27 ***	92.47 ***	48.79 ***	3549.98 ***	1410.80 ***
Adj R²	0.939	0.596	0.455	0.977	0.940

注：表中括号中的值为 T 值，＊、＊＊、＊＊＊分别表示在 10%、5%、1% 水平下显著。

2. 深交所信息披露质量对超额换手率影响的回归结果分析

表 6 − 12 与表 6 − 13 表分别是模型（6.7）与模型（6.8）针对不同样本组的回归结果，其中（1）至（5）的样本分类同表 6 − 6 一致。

表 6 – 12　　深交所信息披露质量对超额换手率影响的年度分段回归结果分析

	(1) AAT	(2) AAT	(3) AAT	(4) AAT	(5) AAT
Qual_1	− 0.0362 * (− 1.68)	− 0.0230 (− 0.49)	0.0267 (0.50)	− 0.0893 ** (− 2.24)	− 0.0262 (− 0.68)
PB	0.000407 (0.42)	0.00207 (0.70)	− 0.000649 (− 0.52)	0.0000691 (0.02)	0.00226 (0.66)
Totins	0.0856 (1.49)	0.176 (1.41)	0.179 (1.29)	0.0108 (0.10)	0.0270 (0.26)
$Year_1$	− 0.327 *** (− 12.12)	− 0.347 *** (− 5.75)	− 0.394 *** (− 6.02)	− 0.312 *** (− 6.17)	− 0.307 *** (− 6.43)
AARV	79.74 *** (6.37)	71.46 ** (2.05)	113.9 ** (2.45)	81.09 *** (2.67)	78.40 *** (4.93)
Beta	− 0.161 *** (− 9.07)	− 0.0884 ** (− 2.15)	− 0.182 *** (− 4.28)	− 0.153 *** (− 4.82)	− 0.202 *** (− 6.36)
Roe	0.0476 (0.95)	0.0408 (0.36)	− 0.0683 (− 0.51)	0.187 * (1.93)	0.00665 (0.08)
LnME	− 0.00883 (− 0.67)	− 0.0268 (− 0.84)	0.0185 (0.59)	− 0.0313 (− 1.27)	0.00371 (0.16)
截距项	0.275 (1.47)	0.424 (0.93)	− 0.0913 (− 0.20)	0.638 * (1.81)	0.107 (0.33)
N	3021	613	536	926	946
F	50.09 ***	9.09 ***	9.97 ***	15.05 ***	18.38 ***
Adj R^2	0.128	0.106	0.131	0.120	0.142

注：表中括号中的值为 T 值，＊、＊＊、＊＊＊分别表示在 10%、5%、1%水平下显著。

其中，解释变量信息披露质量 Qual_1 的系数符号在表 6 – 12 全样本组（1）与子样本（4）的回归结果中显著为负，我们认为这是由于中国市场中小投资者跟风现象严重，跟风参与了知情者对信息不对称严重的公司股票的投机交易，表现为披露质量较差的公司交易量更高；当上市公司披露质量较高时，知情者减少交易，引起其他中小投资者的跟风活动减少，导致并购公告前后平均交易量的下降。Qual_1 的系数在其他样本组及表

6-13 中结果中表现并不显著，这说明交易量并没有真正抓住交易中的逆向选择问题，交易量实际上也受到其他因素的影响，如流动性冲击等，信息只是其中的一个影响因素。

控制变量中，年份的影响表明，在 2006 年以后，并购交易前后的换手率降低了，这可能是 2006 年以后政府对以并购交易为代表的上市公司重大事件的监管的加强导致知情者减少此类交易而引起并购公告前后平均交易量的下降所致；市场风险指标 Beta 显著为负，超额收益波动率 AARV 显著为正，表明市场风险越高，投资者越不愿意参与交易，交易量越低，却容易被异常的超额收益所吸引导致跟风。

表 6-13　　深交所信息披露质量对超额换手率影响的总体回归结果分析

	（1）AAT	（2）AAT	（3）AAT	（4）AAT	（5）AAT
Qual_1	-0.00766 （-0.35）	0.0130 （0.28）	0.0436 （0.80）	-0.0555 （-1.38）	0.000580 （0.02）
PB	0.000418 （0.43）	0.00359 （1.19）	-0.000714 （-0.56）	0.000214 （0.06）	0.000168 （0.05）
Totins	0.0253 （0.43）	0.112 （0.88）	0.140 （0.98）	-0.121 （-1.12）	0.0130 （0.12）
AARV	69.02*** （5.43）	42.59 （1.17）	84.80* （1.75）	53.54* （1.70）	74.27*** （4.65）
Beta	-0.172*** （-9.68）	-0.0941** （-2.29）	-0.194*** （-4.47）	-0.168*** （-5.20）	-0.216*** （-6.79）
Roe	0.0214 （0.43）	0.0713 （0.64）	-0.129 （-0.95）	0.149 （1.52）	-0.0590 （-0.66）
LnME	0.00659 （0.49）	-0.0184 （-0.57）	0.0259 （0.81）	-0.00511 （-0.20）	0.0190 （0.78）
Y 2001	0.156*** （2.94）	0.0824 （0.68）	0.0719 （0.59）	0.0791 （0.76）	0.295*** （3.16）
Y 2002	0.125** （2.49）	0.184* （1.74）	-0.0230 （-0.17）	0.0604 （0.63）	0.213** （2.47）

续表

	(1) AAT	(2) AAT	(3) AAT	(4) AAT	(5) AAT
Y 2003	0.106** (2.16)	0.139 (1.24)	0.112 (0.90)	0.0252 (0.27)	0.177** (2.08)
Y 2004	0.0741 (1.60)	0.103 (1.09)	−0.0228 (−0.20)	0.0722 (0.81)	0.119 (1.44)
Y 2005	0.0664 (1.31)	0.0766 (0.72)	−0.00213 (−0.02)	0.0827 (0.87)	0.105 (1.13)
Y 2007	−0.0303 (−0.51)	−0.0691 (−0.56)	0.0150 (0.10)	−0.0258 (−0.23)	0.0330 (0.32)
Y 2008	−0.108** (−2.18)	−0.00378 (−0.04)	−0.336*** (−3.02)	−0.145 (−1.43)	0.00737 (0.08)
Y 2009	−0.206*** (−4.26)	−0.305*** (−2.83)	−0.379*** (−3.33)	−0.120 (−1.32)	−0.155* (−1.77)
Y 2010	−0.395*** (−7.98)	−0.395*** (−3.66)	−0.510*** (−4.41)	−0.465*** (−4.96)	−0.277*** (−3.06)
Y 2011	−0.390*** (−7.11)	−0.458*** (−3.92)	−0.335*** (−2.62)	−0.444*** (−4.33)	−0.349*** (−3.46)
截距项	−0.0176 (−0.09)	0.214 (0.47)	−0.200 (−0.43)	0.249 (0.69)	−0.245 (−0.72)
N	3021	613	536	926	946
F	31.66***	6.56***	6.09***	10.39***	11.92***
Adj R^2	0.155	0.141	0.146	0.155	0.172

注：表中括号中的值为 T 值，*、**、*** 分别表示在 10%、5%、1% 水平下显著。

6.4

稳健性检验

以（−5，5）为事件窗，计算 $|\text{preCAR}(-5,-1)|$、CAR（−5，5），分别带入上述｜DA｜模型和深交所 Qual_1 模型进行回归分析，结果

与上文所得结果一致，因此可以认为上述研究结果是具有稳健性的。具体回归结果见表6-14、表6-15、表6-16、表6-17。

6.4.1 以 $|DA|$ 为信息质量衡量指标的模型实证分析

表6-14 $|DA|$ 模型2001~2006年与2007~2011年年度分段回归结果

	(1) $\mid preCAR \mid$	(2) $\mid preCAR \mid$	(3) $\mid preCAR \mid$	(4) $\mid preCAR \mid$	(5) $\mid preCAR \mid$
$\mid DA \mid$	0.00568* (1.75)	0.0154 (1.27)	0.000684 (0.19)	0.0194* (1.85)	0.0386*** (3.61)
Totins	0.0114*** (6.42)	0.0118*** (2.92)	0.0108*** (2.98)	0.0125*** (3.74)	0.00747** (2.25)
Year₁	0.0142*** (17.51)	0.0132*** (7.22)	0.0127*** (7.39)	0.0163*** (10.79)	0.0139*** (9.27)
PB	0.00000390 (0.58)	0.0000184* (1.90)	-0.0000319 (-0.56)	0.0000187 (0.33)	-0.00000397 (-0.40)
CAR	0.0296*** (8.65)	0.0150* (1.88)	0.00744 (0.98)	0.0428*** (6.70)	0.0405*** (6.52)
CAR²	0.420*** (78.78)	0.512*** (21.51)	0.504*** (29.37)	0.281*** (17.38)	0.425*** (64.53)
Mtype	-0.00326*** (-5.07)	0.000448 (0.31)	-0.00536*** (-3.97)	-0.00390*** (-3.27)	-0.00302** (-2.52)
Beta	-0.00114 (-0.80)	0.00458 (1.43)	-0.000382 (-0.13)	-0.00229 (-0.87)	-0.00399 (-1.50)
Liqndx	-0.0717*** (-21.93)	0.00314 (0.06)	-0.250*** (-3.15)	-0.0314*** (-6.73)	-0.110*** (-19.10)
Roe	-0.00693*** (-9.06)	0.00101 (0.31)	-0.00282 (-0.79)	-0.00747*** (-6.61)	-0.00191 (-1.52)
LnME	-0.00289*** (-8.57)	-0.00346*** (-4.27)	-0.00301*** (-4.26)	-0.00306*** (-4.88)	-0.00279*** (-4.51)
截距项	0.0756*** (14.89)	0.0723*** (6.01)	0.0795*** (7.27)	0.0793*** (8.35)	0.0757*** (8.08)

续表

	（1） |preCAR|	（2） |preCAR|	（3） |preCAR|	（4） |preCAR|	（5） |preCAR|
N	15639	3082	3354	4544	4659
F	841.81 ***	62.75 ***	121.32 ***	74.24 ***	595.49 ***
Adj R^2	0.372	0.181	0.283	0.151	0.584

注：表中括号中的值为 T 值，∗ 、∗∗ 、∗∗∗ 分别表示在 10% 、5% 、1% 水平下显著。

表 6 – 15　　　　　　\|DA\|模型总体样本多元回归结果

	（1） |preCAR|	（2） |preCAR|	（3） |preCAR|	（4） |preCAR|	（5） |preCAR|
|DA|	0.00566 * (1.77)	0.0139 (1.16)	0.00145 (0.40)	0.0188 * (1.80)	0.0334 *** (3.16)
Totins	0.000783 (0.43)	0.000512 (0.12)	− 0.000675 (− 0.18)	0.00246 (0.72)	− 0.00243 (− 0.72)
PB	0.00000629 (0.95)	0.0000221 ** (2.31)	− 0.0000484 (− 0.85)	0.0000183 (0.33)	− 0.00000147 (− 0.15)
CAR	0.0291 *** (8.62)	0.0193 ** (2.46)	0.00714 (0.95)	0.0432 *** (6.86)	0.0384 *** (6.26)
CAR^2	0.412 *** (78.51)	0.477 *** (20.19)	0.491 *** (28.88)	0.264 *** (16.52)	0.421 *** (64.93)
Mtype	− 0.00244 *** (− 3.84)	0.00140 (0.99)	− 0.00408 *** (− 3.04)	− 0.00309 *** (− 2.62)	− 0.00254 ** (− 2.15)
Beta	− 0.00239 * (− 1.69)	0.00336 (1.06)	− 0.00213 (− 0.70)	− 0.00350 (− 1.34)	− 0.00489 * (− 1.85)
Liqndx	− 0.0714 *** (− 22.29)	0.00331 (0.06)	− 0.221 *** (− 2.85)	− 0.0301 *** (− 6.56)	− 0.110 *** (− 19.47)
Roe	− 0.00662 *** (− 8.82)	0.000600 (0.19)	− 0.00395 (− 1.12)	− 0.00682 *** (− 6.13)	− 0.00165 (− 1.33)
LnME	− 0.00251 *** (− 6.93)	− 0.00224 ** (− 2.47)	− 0.00197 *** (− 2.65)	− 0.00315 *** (− 4.72)	− 0.00262 *** (− 4.00)

续表

	（1） |preCAR|	（2） |preCAR|	（3） |preCAR|	（4） |preCAR|	（5） |preCAR|
Y 2001	-0.0219*** (-12.03)	-0.0235*** (-5.65)	-0.0218*** (-5.50)	-0.0217*** (-6.52)	-0.0211*** (-6.35)
Y 2002	-0.0221*** (-12.94)	-0.0286*** (-7.61)	-0.0203*** (-4.95)	-0.0201*** (-6.59)	-0.0209*** (-6.86)
Y 2003	-0.0183*** (-11.17)	-0.0181*** (-4.49)	-0.0199*** (-5.08)	-0.0175*** (-6.04)	-0.0177*** (-6.22)
Y 2004	-0.0131*** (-8.78)	-0.0158*** (-4.97)	-0.0116*** (-3.33)	-0.0123*** (-4.50)	-0.0128*** (-4.72)
Y 2005	-0.0110*** (-7.03)	-0.0121*** (-3.64)	-0.0121*** (-3.31)	-0.0102*** (-3.53)	-0.00996*** (-3.52)
Y 2007	0.0106*** (6.71)	0.00453 (1.32)	0.00873** (2.56)	0.0130*** (4.31)	0.0126*** (4.32)
Y 2008	0.00693*** (4.64)	0.00680** (2.11)	0.00511 (1.61)	0.0111*** (3.92)	0.00494* (1.78)
Y 2009	-0.00260* (-1.80)	-0.00671** (-2.11)	-0.00546* (-1.72)	0.000307 (0.12)	-0.000660 (-0.25)
Y 2010	-0.00752*** (-5.27)	-0.00955*** (-3.05)	-0.00824*** (-2.66)	-0.00468* (-1.76)	-0.00860*** (-3.26)
Y 2011	-0.0100*** (-6.87)	-0.0140*** (-4.34)	-0.0103*** (-3.32)	-0.00802*** (-2.94)	-0.00962*** (-3.53)
截距项	0.101*** (13.28)	0.0857*** (4.61)	0.0919*** (5.85)	0.114*** (8.11)	0.104*** (7.54)
N	15639	3082	3354	4544	4659
F	505***	41.95***	73.93***	50.15***	346.29***
Adj R²	0.392	0.210	0.303	0.178	0.597

注：表中括号中的值为 T 值，*、**、*** 分别表示在 10%、5%、1% 水平下显著。

6.4.2　以深交所评级为信息披露质量衡量指标的模型实证分析

表 6－16　　　　　　　深交所 **Qual_1** 模型年度分段回归结果

	(1) |preCAR|	(2) |preCAR|	(3) |preCAR|	(4) |preCAR|	(5) |preCAR|
Qual_1	−0.00492*** (−4.26)	−0.00486* (−1.96)	−0.00598** (−2.51)	−0.00561** (−2.57)	−0.00458** (−2.11)
Totins	0.0139*** (4.63)	0.0217*** (3.41)	0.0143** (2.45)	0.0101* (1.68)	0.0120** (2.12)
$Year_1$	0.00972*** (8.09)	0.00800*** (3.02)	0.00968*** (3.95)	0.0115*** (5.00)	0.0100*** (4.47)
PB	0.00228*** (2.95)	0.000771 (0.48)	−0.00146 (−0.95)	0.00260* (1.72)	0.00594*** (4.01)
CAR	0.0395*** (6.80)	0.0432*** (3.48)	−0.00144 (−0.12)	0.0432*** (4.07)	0.0631*** (5.48)
CAR^2	0.365*** (21.83)	0.443*** (11.53)	0.359*** (9.13)	0.402*** (14.51)	0.271*** (8.09)
Beta	0.000423 (0.18)	0.00371 (0.71)	−0.00516 (−1.06)	0.000823 (0.19)	0.00365 (0.83)
Liqndx	−0.0849*** (−9.24)	0.0900 (1.32)	−0.00836 (−0.08)	−0.104*** (−6.03)	−0.0756*** (−4.29)
Roe	−0.00340 (−1.49)	−0.00555 (−1.22)	−0.00222 (−0.46)	−0.00108 (−0.24)	0.00108 (0.24)
LnME	−0.00222*** (−3.14)	−0.000551 (−0.33)	−0.000793 (−0.56)	−0.00280** (−2.08)	−0.00237* (−1.80)
截距项	0.0743*** (5.12)	0.0406 (1.19)	0.0535* (1.85)	0.0845*** (3.06)	0.0704*** (2.60)
N	5603	1181	1091	1622	1709
F	119.47***	23.66***	16.07***	47.75***	37.06***
Adj R^2	0.175	0.161	0.122	0.224	0.174

注：表中括号中的值为 T 值，*、**、***分别表示在 10%、5%、1% 水平下显著。

表 6 – 17　　　　　　　深交所 **Qual_1** 模型总体样本多元回归结果

	（1） |preCAR|	（2） |preCAR|	（3） |preCAR|	（4） |preCAR|	（5） |preCAR|
Qual_1	-0.00373 *** （-3.25）	-0.00354 （-1.43）	-0.00511 ** （-2.14）	-0.00437 ** （-2.01）	-0.00342 （-1.59）
Totins	0.00144 （0.47）	0.00985 （1.52）	0.00316 （0.52）	-0.00237 （-0.39）	-0.00204 （-0.35）
PB	0.00552 *** （6.31）	0.00444 ** （2.41）	0.00135 （0.75）	0.00590 *** （3.45）	0.00915 *** （5.50）
CAR	0.0399 *** （7.00）	0.0409 *** （3.36）	0.00137 （0.11）	0.0429 *** （4.10）	0.0645 *** （5.71）
CAR^2	0.340 *** （20.64）	0.407 *** （10.75）	0.336 *** （8.58）	0.383 *** （14.00）	0.240 *** （7.29）
Beta	-0.000729 （-0.32）	0.00171 （0.33）	-0.00584 （-1.20）	-0.000634 （-0.15）	0.00309 （0.71）
Liqndx	-0.0891 *** （-9.75）	0.0489 （0.73）	-0.0317 （-0.30）	-0.109 *** （-6.33）	-0.0835 *** （-4.74）
Roe	-0.000253 （-0.11）	-0.00234 （-0.51）	-0.00115 （-0.24）	0.00168 （0.37）	0.00584 （1.28）
LnME	-0.00155 ** （-2.20）	-0.000272 （-0.16）	-0.0000155 （-0.01）	-0.00194 （-1.45）	-0.00180 （-1.38）
Y 2001	-0.0263 *** （-9.45）	-0.0273 *** （-4.32）	-0.0217 *** （-3.77）	-0.0235 *** （-4.42）	-0.0283 *** （-5.54）
Y 2002	-0.0242 *** （-9.17）	-0.0338 *** （-6.02）	-0.0208 *** （-3.45）	-0.0191 *** （-3.81）	-0.0241 *** （-5.00）
Y 2003	-0.0202 *** （-7.74）	-0.0211 *** （-3.45）	-0.0184 *** （-3.12）	-0.0183 *** （-3.77）	-0.0202 *** （-4.35）
Y 2004	-0.0120 *** （-4.95）	-0.0164 *** （-3.34）	-0.00933 * （-1.70）	-0.00906 * （-1.92）	-0.0117 *** （-2.63）
Y 2005	-0.00794 *** （-3.07）	-0.0122 ** （-2.29）	-0.00917 （-1.55）	-0.00418 （-0.84）	-0.00670 （-1.41）
Y 2007	0.00411 （1.49）	-0.00276 （-0.47）	0.00301 （0.55）	0.00945 * （1.68）	0.00618 （1.21）

续表

	（1） |preCAR|	（2） |preCAR|	（3） |preCAR|	（4） |preCAR|	（5） |preCAR|
Y 2008	0.00727 *** （2.90）	0.00290 （0.56）	0.00677 （1.35）	0.0133 *** （2.58）	0.00805 * （1.71）
Y 2009	−0.00886 *** （−3.50）	−0.0140 ** （−2.54）	−0.00727 （−1.38）	−0.00537 （−1.10）	−0.00768 （−1.64）
Y 2010	−0.0137 *** （−5.53）	−0.0180 *** （−3.41）	−0.0118 ** （−2.33）	−0.00947 * （−1.94）	−0.0139 *** （−2.98）
Y 2011	−0.0119 *** （−4.65）	−0.0159 *** （−2.90）	−0.00766 （−1.47）	−0.00779 （−1.54）	−0.0140 *** （−2.90）
截距项	0.0744 *** （5.07）	0.0516 （1.51）	0.0502 * （1.69）	0.0788 *** （2.82）	0.0721 *** （2.65）
N	5603	1181	1091	1622	1709
F	79.06 ***	16.29 ***	11.04 ***	29.60 ***	24.86 ***
Adj R^2	0.209	0.198	0.149	0.251	0.210

注：表中括号中的值为 T 值，＊、＊＊、＊＊＊分别表示在10%、5%、1%水平下显著。

6.5

本章小结

本章以2001～2011年发生了并购交易的沪、深 A 股上市公司为样本，检验了我国上市公司信息披露对投资者保护的效用。结论主要如下：

1. 上市公司的信息披露在一定程度上发挥了对投资者的保护效用，体现为信息披露质量与并购交易信息泄露程度显著负相关，\|DA\|模型与深交所 Qual_1 模型分别从信息披露质量要素与整体水平的角度验证了我国上市公司的信息披露质量对投资者保护的效用存在截面差异，好的信息披露质量在降低信息泄露、保护投资者方面发挥了效用。但是分组研究表明，上市公司信息披露的投资者保护效用主要体现在并购交易双方均上市的公司之中，这样的公司相对于交易双方仅一方上市的公司而言更加透明且并购信息更不容易被操纵，而在交易双方仅一方上市的公司中没有找到信息披

露能遏制公告前信息泄露与内幕交易的显著证据。介于交易双方中仅被并购方上市的公司在并购公告前的信息泄露程度最高，中小投资者受到保护的水平最低（参见第 4 章），我们认为，并购交易双方仅一方上市的公司，尤其是被并购公司，更应该成为并购交易中监管的重点。

2. 并购交易中我国上市公司信息披露的投资者保护效用受到各年不同政策、监管制度、市场状况的宏观影响，其中股权分置改革的影响最为突出。年度期间分段回归表明，2007 年及以后的信息泄露程度显著高于 2006 年及以前，表明 2006 年开始逐步被股改释放出来的势力流通股在监管不配套的情况下一度加剧了并购前的信息泄露程度，加剧了对二级市场中小投资的剥夺，但在具体的年份控制之后发现，自 2008 年开始年份哑变量 Y 的系数开始下降，到 2009 年其系数转为显著的负值并延续到 2011 年，这说明 2007 年后在上市公司中全面实行的公平信息披露制度以及其他系列监管制度的出台对抑制并购交易中的机会主义寻租行为起到了积极作用。

3. 机构投资者并不像设想的那样引导中小投资者理性投资，相反，在上市公司的并购交易中助推了股价的波动，在并购交易的市场操纵中推波助澜，表现为投资者持股比例的系数在信息泄露 | preCAR | 模型与收益波动率 AARV 模型中显著为正。分组研究表明，机构投资者的剥夺行为对信息不对称程度更高的交易双方仅被并方一方上市的公司更加显著。

4. 信息披露质量对抑制收益波动率的正向作用进一步验证了上市公司信息披露对投资者的保护效用，但与信息披露质量抑制信息泄露的检验结果一样，我们发现这种作用对于交易双方仅被并方一方上市的公司而言不那么显著。超额换手率模型的检验结果表明，在中国这个跟风严重的股票二级市场，披露质量提高导致知情者交易活动减少会引起市场平均交易量的下降。

第 7 章

内部人动机、公司治理与
信息披露质量

本章分析和检验了影响我国上市公司信息披露的内部人动机，以及公司治理结构对内部人基于私利动机操纵信息披露的约束效力。

7.1

引言

上市公司公开对外信息披露的质量是关系到对投资者保护、优化市场资源配置的重要方面。但是，公司对外信息的生成和披露都在内部人（对公司有实际控制权的人，如对公司具有实际控制权的大股东或管理者）的控制之下，内部人对公司信息及其披露的操纵动机取决于其与公司外部人之间代理冲突的严重程度。公司治理作为缓解代理冲突，保证投资者收回投资的一套制度安排，制约和影响着代理冲突的严重程度。因此，理论上，有效的公司治理结构能够通过约束和制衡内部人的私利动机，缓解代理冲突，进而提升公司的信息披露质量。目前，已有一些研究探讨了内部人进行公司信息披露管理的各种动机，如资本市场交易动机、控制权争夺动机、股权报酬优化动机、法律诉讼成本动机以及专有权成本动机等（Healy and Palepu，2001；Lang and Lundholm，1993，2000；Noe，1999；Trueman，1997；Piotroski，1999；Guo，Lev and Zhou，2004；张程睿，2008）；也有一些研究分别从股权结构、独立董事、董事长与总经理两职合一、股权性质、机构投资者等角度检验了公司治理机制对上市公司信息披露的影响，如 Forker（1992）、Chen 和 Jaggi（2000）、Gul 和 Leung（2000）、刘立国和杜莹（2003）、崔学刚（2004）、张程睿（2008）等。但是，这些研究往往将内部人动机、公司治理对公司信息披露的影响独立开来，因而不能体现公司治理结构对内部人操纵信息披露的约束和制衡效力如何。而且，总的看来，国内针对内部人操纵上市公司信息披露的动机的研究仍主要限于描述性的规范分析，实证分析尚不系统和深入。因此，本章拟基于中国实际背景，在剖析内部人操纵信息披露动因的基础上，将内部人操纵信息披露的动机与公司治理的研究结合起来，考察目前中国上市公司的治理结构对内部人信息披露行为的约束和制衡效力，以期从根本上分析影响我国上市公司信息披露质量的内在因素，审视我国上市公司治理结构的改进方向，为我国证券市场信息披露机制的规范和完善提供研究依据。

7.2

文献研究与理论分析

7.2.1 内部人动机与信息披露质量

在股权相对集中的亚洲国家的股份制公司，代理问题除体现于管理者和股东之间的代理冲突外，更多地体现在大股东和中小股东之间的代理冲突上，掌握控制权的大股东往往为了谋取自身利益转移企业资源而牺牲中小股东的利益（La porta et al.，1999；Johnson et al.，2000）。以管理者和掌握控制权的大股东为代表的公司内部人具有隐瞒其剥夺行为的动机和能力，对信息及其披露的管理和操纵是内部人掩盖其利益侵占的主要方式。不同国家的制度环境可能使公司内部人和外部人之间的利益冲突的表现方式不同，在中国的制度环境下，还形成了一些内部人管理公司信息披露的特殊的利益动机。下文基于中国实际背景，分析影响上市公司信息披露质量的几种典型的内部人动机。

7.2.1.1　保牌

根据沪、深交易所的规定，当上市公司最近两个会计年度经审计的财务报告显示的净利润连续为负值时，该公司股票将被特别处理；当上市公司最近 3 个会计年度连续亏损时，该公司股票将被暂停上市交易。上市公司如果遭遇"ST"、"PT"或暂停上市处理，公司利益将遭受重大损失，大股东和管理层的利益也会因此而受到极大影响。为逃避监管和免遭特别处理或摘牌，亏损上市公司有进行盈余或信息操纵以规避政府管制的强烈动机，一些实证研究已为此提供了经验证据，如陆剑桥（1999）、蒋义宏（2002）、计小青和曹啸（2004）、王亚平等（2006）。因此，具有保牌动机的上市公司的信息披露质量趋于较低。

7.2.1.2　再融资

再融资可使上市公司的发展获得更多的资金支持，同时也扩大了内部人的资金控制范围。在我国，股权融资成本偏低，上市公司具有"股权融资偏好"，再融资甚至演变成了一些上市公司内部人疯狂的"圈钱"行为。但由于监管制度对上市公司在增发新股和配股时有利润门槛规定，许多再融资的上市公司存在着围绕利润的盈余管理行为（蒋义宏等，2002；陈小悦等，2000）。尽管如此，但客观上讲，也并不能完全排除其中一些成长良好、真正需要发展和资金的公司可能通过增加披露提升市场形象，降低融资成本（Lang et al. , 2000；Healy et al. , 1999；曾颖和陆正飞，2006）。因此，上市公司的再融资动机对信息披露质量的影响或许具有两面性，即经理可能增加披露提升公司形象降低融资成本，也有可能通过盈余管理达到融资标准。

7.2.1.3　掏空

掌握控制权的大股东为谋取私利往往具有"掏空"（Tunneling，即隧道行为）上市公司的动机和行为，表现为过高的管理者薪酬、转移资金、贷款担保、稀释股权等多种形式（Shleifer and Vishny，1997）。作为转轨经济过程中引入的制度安排，我国企业分立改制剥离上市或者资产整合上市使得上市公司与其母公司或者关联子公司之间在资产、业务等方面存在密切联系，也为控股股东的掏空行为提供了便利的渠道，在缺乏有效的法律与制度约束的情况下，控制性股东掏空上市公司的现象屡见不鲜（唐宗明和蒋位，2002；李增泉等，2004；刘峰和贺建刚，2004）。在带有浓厚行政色彩的人事制度的约束下，上市公司管理层对控制性股东的要求是无力抗拒的，甚至不得不配合控股股东的掏空行为隐瞒或掩饰掏空给公司带来的不利影响（屈文洲和蔡志岳，2007；雷光勇和刘慧龙，2007）。显然，控股股东的掏空行为会使上市公司信息披露质量降低，且掏空程度越大，信息披露质量越低。

7.2.1.4 优化报酬

管理者报酬通常由固定工资、分红奖励及以股票为基础的激励构成。分红奖励通常与企业净利润挂钩，以股票为基础的激励则与股票价格的市场表现有关，这不可避免地为管理者操纵包括会计盈余在内的公司信息提供了空间。相对而言，基于股票的报酬计划因使得管理者的报酬与股价表现息息相关，所以对管理者的信息披露策略产生更大的影响[①]。一方面，拥有股票报酬计划的管理者有动机通过向市场提供私人信息，提高股票的流动性，并试图在股票期权到期前纠正市场对公司股票价值的低估；但另一方面，自利的管理者也有动机使用一切可以影响股价的方式进行信息管理，以期影响股票的短期表现并获取短期利益（Healy and Palepu，2001；Aboody and Kasznik，2000）。可见，内部人具有进行披露管理以优化报酬计划的动机，但对信息披露质量的作用存在两面性。

7.2.1.5 专有权维护

公司的信息披露策略与其在产品市场的竞争地位有关，内部人如果预期披露会有损其产品市场的竞争优势，就有动机隐瞒相关信息，即公司信息披露与其产品的专有权成本有关（Verrecchia，1983；Hayes and

---

① 因部分高管由控股公司发薪，上市公司年报上公开的微薄的年薪或零年薪难以反映高管的实际报酬，而隐性报酬的存在也掩盖了上市公司高管薪酬的真实情况，因此，鉴于年报公开的高管薪酬数据的有效性，本书只基于股票报酬计划的实证研究对上市公司信息披露的影响。

Lundholm, 1996; Guo et al., 2004)。与垄断或公用事业行业的公司相比较，竞争性行业公司增加信息披露的专有权成本较高，故可以公司是否属于竞争性行业来代表其信息披露的专有权成本的强弱。因此，我们预期非竞争性行业（公用事业和垄断行业）公司的专有权成本较低，其信息披露质量趋于较高；而竞争性行业公司的专有权成本较高，其信息披露质量相对较低。

7.2.1.6 管理层变更

高级管理人员的变动涉及责任的交接和奖金等报酬的确定，管理人员有可能利用职位便利进行盈余管理（Defond and Park, 1997）。中国上市企业以国有控股为主，这些企业的管理者职位通常是以行政任命代替市场竞争，管理者的业绩不仅与自身报酬有关，更与政治前途有关。新接任的管理者要做的第一件事通常是清理不良资产，处理坏账和存货，这一方面是为了摸清家底，盘实资产；另一方面是为了明确责任界限，清理的结果通常是当年公司出现大额亏损，但同时也为来年的盈利打下基础，显然，这对上市公司信息质量会产生不利影响。

7.2.2 公司治理与内部人信息披露操纵

公司治理是一种制度的集合，是企业内部机制和外部机制的总和，它们可促使那些追逐个人利益的公司控制者所作出的决策与公司所有者的利益最大化为原则（Dennis and Mcconnell, 2003）。良好的公司治理可使外部股东的利益与掌握控制权的公司内部人的利益之间保持一种适当的平衡。内部人的自利行为受到公司治理机制的制约，公司治理结构能够通过对所有者与管理者之间、控制性大股东与其余股东之间的代理冲突的影响进而对内部人的信息披露行为产生影响。

7.2.2.1 外部治理

外部治理机制一般包括法律体系、企业控制权竞争、产品竞争市场等。

法律是保护投资者权益的重要制度保障，这不仅包含法律制度的形式内容，而且还包括法律的执行力度。如果法律制度健全、监管惩处严厉，违规披露的高成本将对内部人的信息操纵形成强有力的制约。Trueman（1997）的研究表明，当预期诉讼成本低时，经理趋于披露好消息而保留坏消息，反之，则趋于披露坏消息而保留好消息。这说明如果法律制度不健全、法律执行能力不强，内部人的违规成本与违规收益相比偏低，那么对于拥有坏消息的公司而言，内部人就更容易采取隐瞒或谎报信息的披露策略以维护自身利益。此外，我国上市公司虽然处于同一法律体系下，但对于同时发行 B 股或境外股票的公司而言，一般认为它们受到更严格的监管，违规披露的成本更高。

控制权的竞争会对公司内部人的违规行为形成威慑，控制权竞争市场越活跃，这种威慑力越强。我国大多数上市公司是国有控股，管理者一般采取行政任命，而且"一股独大"是普遍特征，许多并购和接管都在政府的主导之下，我国控制权市场的竞争目前尚不活跃。但是，有影响力的其他大股东作为公司外部人对第一大股东的监督和制衡有利于经理人竞争和控制权争夺等外部治理机制发挥作用（白重恩等，2005），同时也是对第一大股东实施"隧道行为"的主要障碍，而且这种制约力度越大，内部人的违规成本越高，对内部人信息操纵的约束力度也越大。

市场竞争有利于对内部人的懈怠和低效率行为形成制约，也有利于对企业违规行为的外部监督。我国幅员辽阔，地区之间市场化程度不一，使不同地区的企业面临的竞争环境产生差异。市场化程度越高的地区，对上市公司的要求更高，对企业的信息需求也越高，这有利于促进企业提高信息透明度；同时，市场较高的要求也促进公司加强自身内部建设，包括公司信息系统的建设和完善，这对内部人的信息操纵行为形成反作用力。

7.2.2.2 内部治理

对内部人的信息披露操纵行为具有监督和制衡作用的内部治理机制通常包括董事会、股权结构和控股权性质等。

董事会是确保股东权益的重要机构，它强调所有者缺位情况下股东对管理者的监督和制衡问题。尽管各国董事会结构不尽一致，但关于董事会构成对管理者的监督与制约作用的影响也形成了一些共识：（1）利用董事会监控总经理，是股东维护自身利益的一种机制，当总经理与董事长两职合一时，将不可避免地导致管理者个人权利过于集中，并弱化董事会对管理层的监督职能，加重内部人员控制；（2）由于独立董事具有维护自身市场声誉的动机，因而在董事会中加入适当的独立董事可以更好地提高对管理者的监督效能，抵御管理者的机会主义行为。

股权结构从量的角度反映了不同股东对公司的所有权、控制权和收益权的分配格局，不同股东的力量对比对内部人的机会主义行为形成制衡。我国上市公司的股权结构具有"一股独大"的特征，第一大股东往往就是公司的实际控制人，这为其一系列利己行为提供了便利。如果其他股东的持股比例所形成的力量能影响甚至制衡第一大股东的不利行为，就会增加其违规行为的成本，而且这种股权制衡越强，第一大股东违规造假的成本越高。

控股股东性质不同，内部人受到的监督和约束力的强度可能不同，这直接影响了内部人的违规成本（马曙光等，2005），并对公司信息披露策略产生影响。Chen 和 Jaggi（2000）发现，家族控制会对香港上市公司的信息披露水平产生负面影响。根据我国上市公司实际情况，可将控股股东性质划分为两大类：国有控股和非国有控股，国有控股公司的控股股东包括国家机构和国有法人，非国有控股公司的控股股东则是指不包括国家机构和国有法人的其他非国有股东，如自然人、民营企业以及集体性质的团体等。

7.3

研究设计

7.3.1　因变量——信息披露质量的衡量

本章采用深圳证券交易所（深交所）公布的对上市公司信息披露的年

度考评等级衡量整体的信息披露的质量，它从整体上反映了上市公司年度信息披露的及时性、准确性、完整性和合法性。深交所对上市公司的信息披露评级分为四个等级，以 QUAL 代表信息披露质量，则 QUAL 的取值由高到低"优秀"、"良好"、"及格"、"不及格"分别为 0、1、2、3，QUAL 越高，信息披露质量越低；QUAL 越低，信息披露质量越高。实际上，QUAL 是信息披露质量的反向衡量指标。

7.3.2　自变量的衡量

内部人动因、公司治理结构指标的衡量及其相应的对信息披露质量影响的预期符号参见表 7-1。

表 7-1　　　　　　　　　　　　自变量的定义与衡量

变量类别		变量名	预期符号	变量描述与解释
内部人动机	保牌	BP	+	当净资产收益率 ROE_{t-1} 小于 0，且 ROE_t 落入 [0%，5%] 区间，或 ROE_{t-2}、ROE_{t-1} 小于 0，且 ROE_t 落入 [0%，5%] 区间时，BP = 1；否则为 0
	再融资	ZFIN	不定	当公司第 $t-2$、$t-1$ 与 t 年的净资产收益率之和处于 [18%，20%] 时，或者 $t-2$、$t-1$ 与 t 年的净资产收益率之和处于 [30%，35%] 时，ZFIN = 1；否则为 0
	专有权维护	IND	−	是否属于垄断或公用事业行业，若公司所处行业为垄断行业、公用事业行业为 1，否则为 0
	优化股权报酬	MS	不定	年初高管是否持股，年初若董事、监事、总经理、财务总监、董秘等高级管理人员持股，则 MS = 1，否则 MS = 0
	掏空	TK	+	与大股东关联交易中的其他应收款/资产总额
	管理层更换	GGC	+	当公司 i 第 t 年更换了董事长或总经理时，GGC = 1，否则为 0

变量类别	变量名	预期符号	变量描述与解释
公司治理	法制变量 LOS	不定	如果法制不健全、执法不力，坏消息公司更容易隐瞒或谎报信息，信息披露平均质量低。因此可将坏消息公司作为检测不良法制状况的指示器。本书以公司发生亏损代表公司拥有坏消息，当公司净利润小于 0 时，LOS = 1，否则 LOS = 0
	监管差异 SHB	−	是否发行 H 股或 B 股，当公司发行 H 股或 B 股时，SHB = 1，否则 SHB = 0
	市场竞争程度 REG	+	樊刚等（2007）对各地区的市场化排序，排序秩为 1 - 31，排序越后，代表市场化程度越低，排序越前，代表市场化程度越高
	机构投资者比例 TOTINS	−	前 10 大股东中机构投资者的持股比例，反映对内部人的外部监督力量
	股权制衡度 Z1210	+	第一大股东持股比例与第二到第十大股东持股比例之和的比值，既可以反映公司的股权结构，又可以体现控制权竞争等外部治理机制
	两职分离 SBG	−	董事长与总经理是否完全分离，如果完全分离，则 SBG = 1，否则 SBG = 0
	独立董事比例 RID	−	独立董事数量占所有董事人数的比例
	控股股东性质 CBG	不定	是否国有控股，如果公司由政府机构或国有法人控制，则 CBG = 1；否则 CBG = 0
控制变量	盈利水平 ROA	−	资产收益率 =（公司净利润＋利息支出）/公司总资产
	审计意见 AO	−	审计意见，当为标准无保留意见时，AO = 1；否则 AO = 0
	公司规模 LNAD	−	总资产的自然对数
	年份 Y	不定	以 2001 年为基准年，设置 10 个年份控制哑变量 Y2002 ~ Y2011

7.3.2.1 动机类变量的衡量

保牌动机（BP）参照计小青和曹啸（2004）的衡量方法，当净资产收益率①ROE_{t-1} 小于 0，且 ROE_t 落入 [0%，5%] 区间；或 ROE_{t-2}、ROE_{t-1} 小于 0，且 ROE_t 落入 [0%，5%] 区间时，BP = 1；否则为 0。

再融资动机（ZFIN）中国上市公司存在"股权融资偏好"，我们在此仅反映上市公司的配股和增发新股的直接融资动机。当公司第 t−2、t−1 与 t 年的净资产收益率之和处于 [18%，20%]（配股动机）时，或者 t−2、t−1 与 t 年的净资产收益率之和处于 [30%，35%]（增发动机）时，ZFIN = 1；否则为 0。

专有权维护动机（IND）垄断或公用事业行业的公司相比较，竞争性行业公司增加信息披露的专有权成本较高，因此，以公司是否属于垄断或公用事业行业或者竞争性行业来代表其信息披露的专有权成本的强弱。若公司所处行业为垄断行业或公用事业行业，则行业指标 IND = 1；否则 IND 为 0。

报酬优化动机（MS）由于我国上市公司管理层持股现象并不普遍，而且持股比例普遍偏低，所以本书以高管持股（MS）与否（而非高管持股比例）反映管理层在信息披露策略中的激励报酬优化动机。年初若董事、监事、总经理、财务总监、董秘等高级管理人员持股，则 MS = 1；否则 MS = 0。

大股东掏空动机（TK）李增泉等（2004）用报表附注"关联方关系及其交易的披露"，分析应收账款、其他应收款与预付账款及应付账款、预收账款、其他应付款等科目中的数据，计算出大股东及其附属单位"净占用"上市公司资金的金额，来计量"掏空"性质的"资金占用"问题。这种处理方式可能带来问题。一是"掏空"性质的资金占用属于"恶意"侵占，大股东除与公司存在这种"恶意"往来关系外，还可能存在正常交易信用往来。上述处理方式没能区分这种情况。根据我国会计实务，"恶意"侵占主要表现为一种非经营性的资金占用（如大股东借款），一般反

---

① 当公司的净资产为负值时，则以每股收益的数值进行相应替代判断。

映在"其他应收款"科目中。因此,本书借鉴 Jiang 等(2005)、马曙光和黄志忠等(2005)、雷光勇和刘慧龙(2007)的衡量方法,用"关联方关系及其交易"中的其他应收款经总资产调整后,计算大股东"掏空"性质的资源侵占。

管理层变更(GGC)GGC 为哑变量,表示公司是否更换了高层管理人员,当公司 i 第 t 年更换了董事长或总经理时,GGC = 1;否则为 0。

7.3.2.2 公司治理结构变量的衡量

1. 外部治理变量的衡量

法制变量(LOS) 如果法律惩处严厉,拥有不利消息的公司隐瞒或谎报信息所面临的法律诉讼风险较高,相应的,其信息披露策略中降低法律诉讼成本的动机较大。因此,如果法制不健全、执法不力,坏消息公司更容易隐瞒或谎报信息,信息披露平均质量低。因此,可将坏消息公司作为检测不良法制状况的指示器。本书以公司发生亏损代表公司拥有坏消息,当公司净利润小于 0 时,LOS = 1,否则 LOS = 0。

监管差异(SHB) 投资者要想维护自身利益,法律制度是一个重要的外部保障机制。La Porta 等(1997,1998,2002)的一系列研究发现,在实施普通法系的国家里公司治理的水平通常都比较高,小股东也得到了较好的保护;而在实施大陆法系的国家通常对小股东的保护比较薄弱,公司治理水平也相应较低。尽管我国上市公司受到统一的法律体系约束,但由于存在 B 股市场以及部分公司在境外上市(如在中国香港上市的 H 股、以 ADR 形式在美国上市等),使得这些公司面临不同的制度监管环境,从而对其信息披露质量产生影响。对于发行外资股的这些公司,财务报告的编制除了要求遵循中国的会计准则外,还要求遵循国际会计准则,额外的要求有利于增强公司的信息质量;另外,中国香港、美国等普通法系的较为成熟的市场具有比较严格的监管条例和健全的法律体系,一般认为它们较 A 股更能保护投资者的权益。此外,相对于国内股东而言,境外股东面临更大的信息不对称,公司只有主动增加披露,提高公司信息披露质量,才能促使外资股股票不被折价和低估。因此,我们引入"是否同时发行外资股"作为控制变量,并预期同时发行外资股的上市公司的信息披露质量较高。

市场竞争程度（REG）我国幅员辽阔，区域经济发展差异明显。不同的地区市场化程度不同，企业面临的竞争激烈程度不同，相对于尚待发展的中西部地区，东部和沿海省市的产品市场、经理人市场等的竞争都更为激烈，市场对企业的要求更高，对企业的信息需求也越高，这有利于促进企业提高信息透明度。另外，处于较发达地区环境下的上市公司，市场较高的要求也促进公司加强自身内部建设，包括公司信息系统（如信息生产的人员、设备和传输渠道等）的建设和完善，这有助于公司信息透明度的改善。我们利用樊纲等（2007）对中国 31 个省、直辖市、自治区的市场化程度排序代表上市公司所在地的市场化程度，排序从 1 至 31，排序越后说明市场化程度越低。

2. 内部治理变量的衡量

控股股东性质（CBG）根据我国上市公司实际情况，可将控股股东性质划分为两大类：国有控股和非国有控股。国有控股公司的控股股东包括国家机构和国有法人；非国有控股公司的控股股东则是指不包括国家机构和国有法人的其他非国有股东，如自然人、民营企业以及集体性质的团体等。控股股东性质对公司信息披露质量的影响源于不同产权性质结构下的制度安排对管理者信息披露策略的约束机制，约束力的大小决定了管理者自利行为的强弱。如果公司由政府机构或国有法人控制，则 CBG = 1；否则 CBG = 0。

股权制衡度（Z1210）"一股独大"现象是我国上市公司的普遍特征，管理者难以抵御，甚至不得不配合控股股东对上市公司的控制和操纵。股权制衡度是指其他大股东对第一大股东的制衡力度，我们以第一大股东持股比例与第二大到第十大股东持股比例之和的比值来进行衡量。有影响力的其他大股东作为公司外部人对第一大股东的监督和制衡是第一大股东实施"隧道行为"的主要障碍，这有利于控制大股东对其他股东的剥削行为（Bennedsen and Wolfenzon，2000；La Porta et al.，1999），也有利于经理人竞争和控制权争夺等外部治理机制发挥作用，以及这些外部大股东对企业经营管理的监督。白重恩等（2005）研究表明，在我国股权制衡度的提高有利于增强上市公司的治理效应，提升企业价值。因此，有影响力的其他大股东无疑成为第一大股东的一股牵制力量，对第一大股东形成制约，这种制约力度越大，第一大股东试图侵占公司资源并掠夺其他股东利益以及违规造假、隐瞒真相、欺骗性信息披露的成本就越高，从而使其掠夺及违规激励下降。因此，我们预期对第一大股东的股权制衡度越大，公司信息披露质量趋于越高。

机构投资者持股比例（TOTINS）机构投资者对公司信息披露质量的影响至少源于两个方面：一方面，机构投资者由于持股量大并且承担着股价下跌的风险而具有动机介入上市公司的治理，降低公司的代理成本，减少公司内部人对公司的不良行为，Jarrell 和 Poulsen（1987）以及 Brickley、Lease 和 Smith（1988）发现，机构投资者更倾向于反对减少股东财富的行为。因此，机构投资者有利于提高上市公司的治理水平，减少上市公司内部人对外部股东利益的侵害行为，包括虚假信息披露和隐瞒信息的违规行为。另一方面，机构投资者不像国家股股东和法人股股东那样容易接触公司内幕信息，其盈利压力以及资金损失风险促使其更需要公司信息进行投资和交易决策，Healy 等（1999）以及 Bushee 和 Noe（2000）的研究表明，机构投资者更倾向于购买那些持续披露信息的公司的股票。这从而促进了上市公司的信息披露行为。此外，肖星和王琨（2004）、刘志远和姚颐（2004）的实证研究表明，在中国，基金整体上投机性并不强，而是以投资目的为主导的，基金持有的上市公司在多项财务业绩和公司治理指标上均显著优于其他公司。因此，我们预期机构投资者有助于公司信息透明度的提高，机构投资者持股比例越高，公司信息披露质量趋于越高。

独立董事（RID）Fama 和 Jensen（1983）认为，由于外部（独立）董事具有维护自身市场声誉的动机，因而在董事会中加入适当的外部（独立）董事可以更好地提高对管理者的监督效能。因此，独立董事可以在一定程度上抵御管理者的机会主义行为，强化公司治理机制，维护外部股东的利益，并有利于提高公司的信息质量。独立董事对财务报告的积极监督作用得到了一系列实证研究的支持，如 Beasley（1996）证实了拥有更高比例独立董事的公司能显著降低其财务报告舞弊的可能性；Chen 和 Jaggi（2000）通过对香港上市公司信息披露水平的实证检验发现，独立董事在董事会的比例越高，企业的信息披露水平越高。刘立国和杜莹（2003）的研究也发现发生财务舞弊的公司，其内部董事在董事会中的比例更高（即独立董事的比例相应更低）。因此，我们预期独立董事比例越高，公司信息披露质量趋于越高。

董事长与总经理两职分离（SBG）利用董事会监控总经理，是股东维护自身利益的一种机制。当总经理与董事长两职合一时，将不可避免地导致管理者个人权力的过于集中，并弱化董事会对管理层的监督职能，加重内部人员控制，在内部人掌控下，公司倾向于隐瞒对自身不利的信息，从而对公司信息披露质量产生不利的影响。Jensen（1993）指出，如果期望董事会成为有效的监督机制，则 CEO 和董事长分离是非常必要的。Forker（1992）认为两职合一会威胁到内部监控质量和信息披露质量，并实证了两职合一与公司信息披露水平之间的负相关关系。Gul 和 Leung（2000）发现 CEO 和董事长合一对企业的自愿性信息披露具有负面影响。为此，我们预期总经理与董事长两职合一会对公司信息披露质量产生负面影响。

此外，我们还纳入了控制变量——盈利水平、公司规模、审计意见等，一般认为盈利水平越高、规模越大、审计意见为标准无保留意见的上市公司信息披露平均水平越高。此外，考虑到数据跨越多年，在模型中还加入了年份控制变量。由于对专有权维护的检验已经控制了行业，故不再对行业单独控制。

7.3.3　模型建立

根据因变量是排序分类变量的特点，我们构建了 logit 排序选择多元回归模型（Odered dependent model），模型基本形式如下：

$$信息披露质量^* = a_0 + a_{1i}内部人动机指标_i + a_{2i}公司治理指标_i$$
$$+ a_{3i}控制变量_i + \varepsilon_i \tag{7.1}$$

其中，信息披露质量*为公司 i 的信息披露质量（QUAL）分别取值3、2、1时的概率密度函数；

内部人动机指标、公司治理指标、控制变量等所涉及的具体变量及其定义与衡量参见表 7 - 1。

7.4

样本、数据与实证结果

7.4.1 样本与数据

由于深交所自 2001 年开始对上市公司的信息披露进行考核，因此，我们将研究观测期间设为 2001 年至 2011 年。我们以 2001 年至 2011 年获得信息披露考评等级的深圳 A 股上市公司作为最初的入选样本，共 7924 个观测值。剔除金融类上市公司以及不能获得相关变量数据的公司后，最后确定样本为 7088 个观测值，其中优秀等级约占 10.9%，良好等级约占 59.5%，及格等级约占 26%，不及格等级约占 3.6%，样本分布可以参见表 7 - 2。

表 7 - 2　　　　　　　　　深圳上市公司样本选择

年份	样本分布				
	优秀	良好	及格	不及格	小计
2001	24	159	200	22	405
2002	40	219	177	28	464
2003	41	256	153	21	471
2004	29	277	143	20	469
2005	54	293	139	31	517
2006	55	302	175	28	560
2007	58	342	223	25	648
2008	72	431	191	16	710
2009	93	523	143	17	776
2010	130	664	165	16	975
2011	180	755	136	22	1093
合计	776	4221	1845	246	7088

本章研究基础数据来自于国泰安 CSMAR 数据库 Wind 资讯数据库以及深交所网站。

7.4.2 变量数据的统计特征与单因素差异检验

表7-3列示了深圳上市公司 2001 年至 2011 年共 7088 个观测值的各变量的描述性统计状况及单因素组间差异检验结果。从全样本的各变量的描述性统计来看，其基本特征如下：（1）QUAL 的均值（中位数）为1.780，表明深交所上市公司的信息披露质量的平均等级位于及格与良好之间；（2）从内部人动机变量来看，3.9% 的公司具有保牌动机；7.9% 的具有再融资趋向；11.9% 属于垄断或公用事业行业；52.4% 的公司高管持有本公司股票；35.4% 发生过高管更换；体现掏空动机的上市公司与大股东的关联交易中其他应收款平均占资产总额的 2.8%，但最大值为 12.87；（3）从公司治理结构变量看，12.4% 的样本是拥有坏消息的公司；7.5%的公司同时发行了外资股；79.7% 的公司总经理和董事长两职分离；43.7% 的公司为国有控股，国有控制公司较前几年比例在下降；上市公司所在地的市场化程度排序秩均值（中位数）为 9.985（8），但标准差较大，说明上市公司所在各地区市场化程度差异较大；独立董事比例中位数为 33.3%；机构投资者持股比例偏低，均值（中位数）为 17%（9.4%）；第一大股东持股比例与第二到第十大股东持股比例之和的比值均值为6.187，最大值却为 248.5，标准差较大。

将全样本按照信息披露质量等级分为 4 组，当 QUAL 的均值从 3 逐渐降至 0，可以观察各指标均值的基本变化趋势，例如，随着 BP 均值的降低，信息披露质量有上升的趋势，除 TOTINS 外，其余指标的均值变化趋势基本与我们预期一致，我们看到机构对优秀公司以及不及格两类极端公司的持股比例较多，当然，这种基本变化趋势需要进行进一步的检验。鉴于部分指标数据不服从正态分布，我们采用 Jonckheere-Terpstra 非参数检验法对各变量的组间差异进行了显著性检验，总的来看，除机专有权维护、股权制衡度 Z1210、两只分离指标 SBG 在组间不具有显著差异外，其余指标在组间的差异均具有统计意义。

表 7－3

描述性统计与单因素检验

变量名	全样本 平均值	标准差	最小值	中位值	最大值	不及格 平均值	及格 平均值	良好 平均值	优秀 平均值	J－T 值
QUAL	1.780	0.678	0	2	3	3	2	1	0	
BP	0.039	0.194	0	0	1	0.110	0.063	0.031	0.005	9.238***
ZFIN	0.079	0.269	0	0	1	0.028	0.056	0.085	0.115	－6.025***
IND	0.119	0.324	0	0	1	0.110	0.111	0.122	0.130	－1.578
MS	0.524	0.499	0	1	1	0.407	0.414	0.557	0.643	－12.756***
TK	0.028	0.283	－0.013	0	12.870	0.148	0.048	0.016	0.006	16.631***
GGC	0.354	0.478	0	0	1	0.516	0.400	0.347	0.229	9.187***
LOS	0.124	0.329	0	0	1	0.443	0.225	0.081	0.014	22.108***
SHB	0.075	0.264	0	0	1	0.065	0.067	0.071	0.124	－3.826***
REG	9.985	7.943	1	8	46.000	12.480	11.282	9.638	7.994	12.141***
TOTINS	0.170	0.190	0	0.094	0.940	0.189	0.165	0.164	0.204	－6.609***
Z1210	6.187	15.137	0.152	1.681	248.535	6.250	7.863	5.623	5.246	－1.079

续表

变量名	全样本					不及格	及格	良好	优秀	J - T 值
	平均值	标准差	最小值	中位值	最大值	平均值	平均值	平均值	平均值	
SBG	0.797	0.402	0	1	1	0.760	0.808	0.797	0.787	0.654
RID	0.334	0.095	0	0.333	0.714	0.323	0.311	0.342	0.346	-8.416***
CBG	0.437	0.496	0	0	1	0.398	0.493	0.408	0.469	2.881***
ROA	-0.181	27.059	-2146.161	0.036	758.738	-0.142	-1.166	0.201	0.073	-28.893***
AO	0.914	0.281	0	1	1	0.516	0.848	0.952	0.986	-21.310***
LNAD	21.233	1.138	11.348	21.153	26.414	20.601	20.955	21.261	21.935	-19.614***
N	7088					246	1845	4221	776	—

注：组间差异的检验方法是 Jonckheere-Terpstra 非参数检验法；* 表示 10% 水平上显著不等于 0，** 表示 5% 水平上显著不等于 0，
*** 表示 1% 水平上显著不等于 0（均为双尾检验）。

7.4.3　回归结果与分析

表 7-4 列示了深圳上市公司信息披露质量的 logit 排序选择多元回归结果。模型 1 是在控制 ROA、AO、LNAD 以及年份哑变量的基础上各内部人动机变量对公司信息披露质量的回归结果，该结果表明：（1）保牌动机使公司的信息披露质量降低，表现为 BP 的系数显著为正，与预期一致；（2）ZFIN 的系数显著为负，表明再融资动机对公司的信息披露质量有显著影响，并促使公司通常获得深交所较高的考评等级，这也说明具再融资动机的公司在信息披露上注意遵循交易所和证监会的规定，因为如果出现违规披露就会被取消配股或增发资格；（3）上市公司的信息披露策略考虑了专有权维护成本，与竞争性行业公司相比较，垄断或公用事业行业的公司的信息披露平均质量相对较高，表现为 IND 的系数显著为负，与预期一致；（4）高管持股对公司信息披露质量具有积极影响，体现为 MS 的系数显著为负；（5）掏空动机 TK 的符号为负，但并不显著，可能是因为股权分置改革后大股东的获利方式增加，降低了对上市公司的资金占用；（6）高管有掩饰不利信息的动机，发生高管更换的上市公司信息披露质量通常较差，表现为 GGC 的系数显著为正，与预期一致。

为了考察公司治理结构对内部人私利动机的制衡作用，我们在表 7-4 模型 2 中加入了公司治理结构变量，回归结果表明：（1）加入了公司治理结构变量后，模型 2 中的内部人动机类变量的系数符号和显著性没有受到明显影响，意味着 2001 年至 2011 年深圳上市公司治理结构对制约内部人基于私利动机操纵信息披露的作用有限；（2）法律约束不足，违规成本较低，表现为发生亏损拥有坏消息的公司的信息披露质量通常更低，体现在 LOS 的系数显著为正；（3）严格的监管有利于上市公司信息披露质量的提高，表现为 SHB 的系数显著为负，即同时发行外资股的公司信息披露质量趋于更高；（4）市场竞争有利于公司信息披露质量的提高，表现为 REG 的系数显著为正，即随着地区市场化程度的提高，上市公司的信息披露质量也趋于提高；（5）TOTINS 的系数显著为负，表明总的来说机构持股比例较多的公司信息披露质量较高。由表 7-3 可知，机构持股比例实际上存在两头高的情况，即对优秀公司的持股比例平均为 20.4%，对不及格公司的持股比例平均为 18.9%，居第二，对及格与良好公司的持股比例持平，约为 16.5%，结合第 5～6 章对机构投资者对投资者保护的影响分析，我们认为虽然机构持有好信息披露质量公司的比例较高——体现其理性投资，但也持有较多的低披露质量公司的股票，并利用这些公司严重的信息不对称与中小投资者的跟风行为赚取市场超额收益——体现其机会主义的市场掠夺行为。（6）SBG、RID 的系数不具有统计意义，表明董事会构成目前对监督和遏制内部人的自利行为的作用不明显，究其原因：第一，由于我国上市公司股权集中度高，董事长与总经理分离与否都改变不了控股股东对公司实质上的绝对控制，内部人控制难以通过两职分离得以改善；第二，独立董事设置具明显的政策导向，许多上市公司只是为了满足监管标准的需求而建立形式上的董事会制度，例如，2002 年年末近 71% 的上市公司的独立董事都是两个，而 2003 年以后大部分上市公司的独立董事比例都位于 1/3 的门槛，这样的独立董事制度更可能充当了装饰角色，监督职能难以发挥。（7）对第一大股东的制衡力度越大，上市公司信息披露质量趋于越高，表现为 Z1210 的系数显著为正；（8）CBG 的系数显著为负，表明较非国有控股公司而言，国有控股公司的信息披露质量平均较高，我们认为这是由于国有控股的上市公司除受到国家法规的制约外，还受到国有企业特有的国家行政约束，与非国有控股的上市公司比较，其违规成本更高，在违规法律成本作用有限的情况下，行政约束对上市公司信息披露具有积极作用。

表 7 – 4 信息披露质量的排序选择模型回归分析

变量	预测符号	模型 1		模型 2	
		系数	相关概率	系数	相关概率
BP	+	0.913 ***	0.000	1.072 ***	0.000
ZFIN	不定	− 0.305 ***	0.001	− 0.176 *	0.058
IND	–	− 0.122 *	0.100	− 0.096	0.208
MS	不定	− 0.244 ***	0.000	− 0.247 ***	0.000
TK	+	0.045	0.645	0.058	0.523

续表

变量	预测符号	模型 1		模型 2	
		系数	相关概率	系数	相关概率
GGC	+	0.254***	0.000	0.247***	0.000
LOS	不定			1.133***	0.000
SHB	−			−0.277***	0.005
REG	+			0.026***	0.000
TOTINS	−			−0.444***	0.001
Z1210	+			0.004**	0.012
SBG	−			−0.064	0.305
RID	−			−0.225	0.577
CBG	不定			−0.211***	0.000
ROA	−	−0.000	0.586	0.001	0.508
AO	−	−1.389***	0.000	−1.022***	0.000
LNAD	−	−0.286***	0.000	−0.235***	0.000
Y2002	不定	−0.463***	0.001	−0.437***	0.004
Y2003	不定	−0.604***	0.000	−0.600***	0.000
Y2004	不定	−0.619***	0.000	−0.616***	0.000
Y2005	不定	−0.837***	0.000	−0.852***	0.000
Y2006	不定	−0.617***	0.000	−0.507***	0.004
Y2007	不定	−0.509***	0.000	−0.322*	0.067
Y2008	不定	−0.794***	0.000	−0.764***	0.000
Y2009	不定	−1.180***	0.000	−1.157***	0.000
Y2010	不定	−1.234***	0.000	−1.171***	0.000
Y2011	不定	−1.392***	0.000	−1.351***	0.000
cut1_cons		−10.575***		−9.044***	

续表

变量	预测符号	模型 1		模型 2	
		系数	相关概率	系数	相关概率
cut1_cons		-7.270^{***}		-5.642^{***}	
cut1_cons		-4.547^{***}		-2.826^{***}	
LR 值		1155.260^{***}		1478.420^{***}	
N		7088		7088	

注：1. 解释变量为披露整体质量 QUAL，当深交所考评等级分别为"优秀"、"良好"、"及格"、"不及格"时，QUAL 分别取值 0、1、2、3，即 QUAL 越高，信息披露质量越低。

2. * 表示 10% 水平上显著不等于 0；** 表示 5% 水平上显著不等于 0；*** 表示 1% 水平上显著不等于 0（均为双尾检验）。

cut1_cons、cut2_cons、cut3_cons 分别为 $QUAL^*$ 的三个临界值的估计值，从其显著性统计特征来看，各模型整体效果较好；从 LR 值及其相伴概率来看，表 7-4 中两模型的整体显著性均较强；各自变量间的相关系数不大（相关系数表略），可以认为两模型不具有严重的多重共线性问题。

为了详细分析内部人动机、公司治理因素对信息披露质量影响，我们对模型（7.1）进行了 2001~2011 年的分年度回归分析，结果参见表 7-5。由表 7-5 可知，保牌动机（BP）一直是上市公司进行信息披露管理的主要动机，体现于 BP 的系数符号为正，而且在绝大部分年份里（2002 年、2003 年、2005 年、2006 年、2008 年、2009 年、2010 年）显著。具有再融资动机公司的信息披露质量在 2004 年等级较差，说明在 2004 年这类公司的披露管理严重，随着监管的加强，经过 2005 年至 2010 年长时期的不显著表现后，在 2011 年再融资动机 ZFIN 的系数在 1% 水平上显著为负，体现了上市公司信息披露的逐渐好转。专有权维护动机（IND）只在早期的年份里（2001 年、2002 年、2003 年）体现出来，从 2004 年开始，垄断性企业与竞争性企业的信息披露水平没有显著差异，这大概是由于随着市场经济的发展，竞争性企业为了吸引投资扩大发展，也必须增加透明度，向市场传递其具有竞争力的信号。除 2009

年外，优化报酬动机（MS）的系数符号均为负，并在 2001 年、2004 年、2006 年具有显著的统计意义，这表明管理层持股对增强上市公司信息透明度具有积极作用，但由于我国管理层持股的不普遍以及持股比例偏低，这种积极作用表现得还不是很显著。以资金占用方式衡量的大股东掏空动机（TK）在早些年对（如 2002 年、2003 年、2005 年）上市公司的信息披露质量具有消极作用，但自 2006 年开始这种作用不再显著，这一方面是由于政府加强了对大股东占用上市公司资金行为的监管；另一方面也由于股权分置改革后大股东的股票逐步可以流通，增加了其获利的途径和方式，使其减少了被纳入监管重点的资金占用行为。管理层更换对上市公司信息披露质量的消极影响长期存在，体现为 GGC 的系数在 2001 年、2003 年、2005 年、2007 年、2008 年、2011 年均显著为正。亏损公司的信息披露质量也长期较差，表现为 LOS 的系数为正，并且除 2001 年与 2004 年外，其余 9 年均具有显著意义，这说明我国法制对上市公司的低质量披露缺乏威慑作用，亏损公司可以在长达 9 年的时期内提供低质量的信息报告，更不用提这些公司的信息披露能发挥对投资者的保护作用了。当然，我们在第 4、5、6 章就验证了亏损公司在信息公告前的信息泄露程度更高，事件期的收益波动率更大，投资者保护水平较低。SHB 系数在各年的符号均为正，表明同时发行外资股公司的信息披露质量趋于较高，体现了监管差异带来的信息披露质量影响，但这只在 2004 年具有显著意义。市场化程度 REG 的系数在各年均为正，除 2003 年和 2007 年之外均具有显著的统计学意义，表明市场化程度对上市公司信息披露质量的影响是显著的，位处市场化程度越差地方的上市公司其信息披露质量趋于越差。机构投资者持股比例 TOTINS 的系数在 2007 年于 1% 水平上显著为正，这说明在 2007 年机构持有了较多的低质量信息披露公司的股票，并利用高涨的市场行情趁机赚取了市场的超额收益；但 TOTINS 的系数自 2008 年开始显著转负，表明 2007 年以后信息披露监管以及对证券行业监管的加强对抑制机构的机会主义行为起了积极作用。Z1210 的系数仅在 2002 年显著为正，在其他年份虽然大都符号为正但不显著，说明股权制衡虽然对信息披露质量具有促进作用，但具体到各年份这种作用表现有限。

表7-5　信息披露质量排序选择模型的年度回归分析

sore11	2001 年	2002 年	2003 年	2004 年	2005 年	2006 年	2007 年	2008 年	2009 年	2010 年	2011 年
BP	1.142	1.601***	1.208***	0.578	2.119***	1.034***	0.691	2.343***	0.855***	0.774**	0.557
ZFIN	22.546	-0.037	-0.651**	0.805**	-0.373	-0.200	-0.178	0.105	0.406	-0.356	-0.761***
IND	-0.487*	-0.461*	-0.537**	0.236	-0.121	-0.096	0.216	0.065	0.076	-0.001	-0.046
MS	-0.525**	-0.023	-0.097	-1.310***	-0.072	-0.444**	-0.205	-0.182	0.017	-0.138	-0.211
TK	1.123	2.470*	2.121*	-1.003	0.431*	-0.070	0.012	-0.093	0.355	5.202	3.551
GGC	0.388*	0.017	0.667***	-0.066	0.369*	0.151	0.312*	0.401**	0.181	0.175	0.277*
LOS	0.432	1.264***	0.993***	0.133	1.586***	0.999***	0.913***	1.542***	1.247***	1.331***	1.701***
SHB	-0.549	-0.546	-0.267	-2.378***	0.433	-0.217	0.229	-0.123	0.000	-0.064	-0.050
REG	0.030**	0.025**	0.017	0.062***	0.035***	0.033***	0.008	0.020*	0.036***	0.020***	0.036***
TOTINS	-0.537	-0.200	0.507	-1.085**	-0.283	-0.233	0.788**	-0.921**	-1.263***	-1.263***	-0.974***
ZI210	0.002	0.009**	0.001	0.006	-0.004	0.001	0.005	0.005	-0.008	-0.015	0.008
SBG	-0.346	-0.008	-0.157	0.086	0.155	-0.176	-0.237	-0.107	-0.194	0.252	0.012
RID	-0.833	1.352	-0.402	-3.287*	-0.132	-0.069	0.070	-0.740	0.393	0.402	0.011

续表

sore11	2001 年	2002 年	2003 年	2004 年	2005 年	2006 年	2007 年	2008 年	2009 年	2010 年	2011 年
CBG	-0.275	-0.507**	-0.174	0.407*	-0.082	-0.114	-0.277	-0.203	-0.331*	-0.640***	-0.120
ROA	-0.690	0.912	0.253	-0.234	-2.131**	0.001	-0.003	0.014	0.114**	0.298	0.047
AO	-1.614***	-0.975***	-0.291	0.086	-1.044***	-1.784***	-0.716**	-1.830***	-0.836**	-1.382**	-1.233***
LNAD	-0.429***	-0.255*	-0.271**	0.224*	-0.118	-0.208**	-0.124	-0.350*	-0.347**	-0.288*	-0.272*
cut1_cons	-13.779***	-8.297***	-8.447***	0.606	-5.115**	-8.503***	-5.547***	-11.760***	-10.083***	-9.344***	-8.681***
cut2_cons	-10.914***	-5.340*	-5.145***	4.934*	-1.652	-5.393***	-2.613	-8.212***	-6.289***	-5.569***	-4.810***
cut3_cons	-7.165***	-2.303	-2.275	7.728***	1.243	-2.466	0.268	-4.584***	-3.598**	-2.579***	-2.372*
N	405	464	471	469	517	560	648	710	776	975	1093

注：1. 解释变量为披露整体质量 QUAL，当深交所考评等级分别为"优秀"、"良好"、"及格"、"不及格"时，QUAL 分别取值 0、1、2、3，即 QUAL 越高，信息披露质量越低。

2. * 表示 10% 水平上显著不等于 0；** 表示 5% 水平上显著不等于 0；*** 表示 1% 水平上显著不等于 0（均为双尾检验）。

CBG 在各年的符号一致为负，并在 2002 年、2004 年、2009 年、2010 年显著，说明由国家控制的上市公司因内部人受到的行政约束较多，因而相对于由民营控制的公司而言，其信息披露质量较高。SBG 与 RID 的系数表现不显著，与对表 7-4 的分析一致，表明董事会构成目前对监督和遏制内部人的自利行为的作用不明显。此外，其他控制变量的表现表明，平均而言，审计意见为标准无保留意见的公司信息披露质量较高，规模较大的公司因受到关注较多信息披露质量也较好。

7.5

本章小结

上市公司的信息生产和披露处于以控股股东和管理者为代表的内部人的控制之下，理论上，有效的治理结构能够约束内部人的私利动机，缓解代理冲突，提升信息披露质量，保护投资者权益。基于代理理论与中国经济背景，本章系统地分析和检验了内部人操纵上市公司信息披露的主要动因，以及公司治理结构对内部人信息披露操纵的约束效力。

研究表明：总体上内部人的利益驱动对信息披露质量有重要影响，保牌、再融资、专有权成本、管理层更换等都是内部人操纵信息披露的重要动因，然而，我国上市公司治理结构对内部人信息操纵的制约力度较小，表现为法制约束不力，违规成本较低，亏损公司的信息披露质量往往更加恶化，董事长与总经理两职分离、独立董事对公司的监督和制约内部人的私利行为及提高信息披露质量没有显著作用；但更加严格的监管、更高程度的市场化环境、加强对第一大股东的股权制衡、管理层持股、控股股东的国有性质等却有助于信息披露质量的提高。

2001～2011 年的分年回归结果表明，保牌动机、管理层更换、公司亏损长期都是上市公司信息披露质量的消极因素，体现了我国法制对上市公司的低质量披露缺乏威慑作用，这些公司可以在长时期提供低质量的信息报告，更不用提这些公司的信息披露能发挥对投资者的保护作用；较高的市场化程度，同时发行外资股公司受到的更严格的监管制度以及国家控制等长期以来发挥了对上市公司信息披露质量的积极作用。再融资动机、大

股东资金占用的掏空动机对上市公司信息披露质量的消极影响表现于 2001
~2011 年的早期，随着市场的完善与监管的强化，再融资动机的公司的披
露质量到 2011 年得到好转，大股东资金占用对披露质量的负作用自 2006
年开始不再显著，但可能被替代的二级市场掠夺方式影响。机构投资者
2007 年持有了大量的低披露质量公司的股份，以高涨的市场行情为掩护进
行机会主义行为，但自 2008 年开始机构持股比例越多的公司信息披露质量
就越高，表明机构的机会主义逐渐被遏制，2007 年以后的强监管发挥了效
用。董事长与总经理两职分离、独立董事在各年对上市公司信息披露质量
没有显著作用，这与全样本分析一致。

我们的研究和发现为完善公司治理结构、健全证券市场的信息披露制
度提供了理论与实证依据，也为提高上市公司信息透明度、加强对中小投
资者的权益保护提供了路径和方向。

第 8 章

研究结论与政策启示

本章在对研究的主要结论进行总结和归纳的基础上，对改善中国上市公司信息披露质量及其对投资者的保护效用提出一些建设性建议。

8.1

主要结论

本书基于我国转轨经济背景，在建立信息披露机制对投资者保护效用的内在机理的理论分析框架下，系统梳理了我国股票市场 20 余年上市公司的信息披露制度的变迁，实证考察了自 2001 年至 2010 年①我国上市公司的信息披露质量状况及其对投资者（特别是中小投资者）的保护功能及其有效性，从内部人动机、公司治理机制为切入点实证分析了影响上市公司信息披露机制对投资者保护效用的重要因素。本研究的主要结论如下：

1. 上市公司信息披露对投资者的保护效用主要体现在：降低信息不对称，提供定价功能与治理功能，降低投资者面临的逆向选择与道德风险。公开的信息披露机制作为最快的信息传播方式受到重视。以公平、公开、充分披露为前提，确保信息质量的可靠性与披露的及时性，是抑制信息泄露以及内幕交易机会的根本，也是上市公司信息披露机制发挥对投资者保护进而促进市场有效的基本要求。

2. 上市公司信息披露的制度建设表明，中国证券市场自建立以来 20

---

① 其中涉及并购交易的数据以及第 7 章的数据年限是 2001 年至 2011 年。

余年，上市公司信息披露制度逐渐完善。主要体现于信息披露制度从地方性规范发展为全国性规范，形成了以证监会为核心的上市公司信息披露的集中统一监督管理体系；上市公司强制性信息披露的内容范围从窄到宽，越来越重视投资者的信息需求；逐渐完善年报、半年报、季报的定期报告制度，定期报告披露的及时性要求不断提高；逐渐以正式制度替代早期的临时性规定，披露规则逐渐规范化、明细化，格式趋向统一，操作性增强。

3. 上市公司的信息披露实践表明，自2001年至2010年，总体上上市公司信息披露的整体质量在逐步改善，但信息的可靠性与披露的及时性还需要加强。表现为在深交所对上市公司的信息披露考评中获得优秀与良好等级的公司逐年增加，而获得不及格等级的公司逐年下降；从年报的盈余质量来看，2001年至2006年我国上市公司以向下的盈余管理为主，2007年后向上盈余管理增多，并略大于向下的盈余管理水平；2007年因采用新会计准则以及受市场行情的影响，操控性应计利润达到峰值。从年报披露的及时性来看，年报披露的及时性从2001～2010年并没得到实质上的改善，存在明显的"赶末班车"现象。

4. 信息披露期间的市场反应表明，总的来说，信息在公告前就已泄露，并被知情者利用赚取了超额收益，不知情的中小投资者在其中遭受了损失。其中，亏损公司的信息更容易受到操纵；业绩预告有效地降低了年报公告前内部人利用信息操纵市场的可能性；代表"提高业绩、减少亏损、降低风险"的好消息财务重述更容易受到炒作；在并购交易双方中仅被并购方上市的公司在并购公告前信息泄露程度最大；首发限售股原大股东的减持导致公告后股价迅速下跌，其中控股股东的减持效应更为显著；相对于国家控制的公司而言，民营控制公司原股东的减持带来更强的负面市场效应；由于各年政策与市场环境的影响，各年因信息泄露造成的市场提前反应也具有差异。

5. 上市公司的信息披露在一定程度上发挥了对投资者的保护效用。

（1）在控制了年份及其他重要变量的基础上，针对年报披露与并购公告的实证结果均表明信息披露质量分别与披露前的信息泄露程度、收益波动率显著负相关，验证了我国上市公司的信息披露质量对投资者保护的效用存在截面差异。

（2）年报披露研究发现，披露越不及时、信息可靠性越差的公司在事件期间的波动率越高，风险越大；分组研究表明，公司信息披露对投资者的保护效用对向下进行盈余管理的公司更显著，而向上盈余管理带来的财务乐观表象掩盖了公司的真实状况，对之难以分辨的中小投资者更容易跟风卷入被剥夺的旋涡之中。

（3）并购交易公告研究发现，上市公司信息披露的投资者保护效用主要体现在并购交易双方均上市的公司之中，这样的公司相对于交易双方仅一方上市的公司而言更加透明且并购信息更不容易被操纵，而在交易双方仅一方上市的公司中没有找到信息披露能遏制公告前信息泄露与内幕交易的显著证据。

（4）信息披露质量越差的公司在披露期间的交易量也越高，体现了我国市场的"跟风"特征，正是中小投资者的这种跟风的不理性参与和上市公司严重的信息不对称，造就了知情者在披露之前的市场剥夺，这种表现在被人为操控提高业绩的公司中（DA＞0样本组）更为严重。但披露的及时性在抑制"跟风"上起了积极作用，表现为上市公司披露越不及时，其年报公告期间的超额换手率越低。

（5）不同的披露要素对投资者保护的效用并不一致，体现为信息质量的可靠性较披露的及时性而言对抑制披露前股价被操纵的程度效果更显著，针对年报披露不及时的状况而言，改进披露的及时性抑制延迟披露带来的信息泄露、减少知情者利用信息优势剥夺其他中小投资者的机会显得尤为重要。

（6）随着机会主义与监管的博弈变化，上市公司信息披露对投资者的保护效用自2001年至2010年在前进中螺旋式上升。其中，股权分置改革释放出来的解禁势力流通股在监管不配套的情况下一度增强了博弈中的机会主义力量，机会主义的加剧使上市公司本身的信息披露质量出现恶化，同时也扰乱市场秩序降低了市场有效性，进而降低了信息披露的投资者保护效用。但2007年后在上市公司中全面实行的公平信息披露制度以及其他系列监管制度的加强对抑制利用内幕信息的机会主义寻租行为起到了积极作用，体现为自2007年后年报披露与并购公告的信息泄露程度与收益波动率都分别逐步下降。

（7）机构投资者并不如设想的那样引导中小投资者理性投资，相反，在上市公司的信息披露前的股价操纵中推波助澜，助推了披露期间的股价波动，体现为机构投资者持股比例分别与信息泄露程度、收益波动率显著正相关。针对并购公告的研究还表明，机构投资者的剥夺行为对信息不对称程度更高的交易双方仅被并方一方上市的公司更加显著。

（8）此外，我们还发现特有风险越高的公司信息泄露程度越高，收益波动率越大，换手率却越高，表明特有风险越高的公司更容易被利用炒作股价；亏损公司的信息泄露程度更高，收益波动率更大；与由国家控制的上市公司相比较，民营控制的上市公司在年报公告之前的信息泄露程度更大，意味着民营控制的公司更容易成为知情者信息操纵的对象，这或许由于民营控制公司的内部人不如国控公司的内部人受到诸多来自政府的行政监督与约束，因而自利的机会主义更加泛滥。

6. 内部人的利益驱动对上市公司信息披露质量有重要影响，但我国上市公司治理机制对内部人信息操纵的制约力度较小。表现为：整体上，保牌、再融资、专有权成本、管理层更换等都是内部人操纵信息披露的重要动因，然而法制约束不力，违规成本较低，亏损公司的信息披露质量往往更加恶化；董事长与总经理两职分离、独立董事对监督和制约内部人的私利行为及提高信息披露质量没有显著作用；但同时发行外资股公司所代表的受到更加严格的监管、更高程度的市场化环境、加强对第一大股东的股权制衡、管理层持股、控股股东的国有性质等有助于信息披露质量的提高。

进一步对 2001～2011 年的分年回归结果表明，保牌动机、管理层更换、公司亏损长期都是上市公司信息披露质量的消极因素，体现了我国法制对上市公司的低质量披露缺乏威慑作用，这些公司可以在长时期提供低质量的信息报告，更不用提这些公司的信息披露能发挥对投资者的保护作用；较高的市场化程度，同时发行外资股公司代表的受到更严格的监管制度以及国家控制等因素长期以来发挥了对上市公司信息披露质量的积极作用；再融资动机、大股东资金占用代表的掏空动机对上市公司信息披露质量的消极影响表现于 2001～2011 年的早期，随着市场的完善与监管的强化，再融资动机的公司的披露质量到 2011 年得到好转，大股东资金占用对披露质量的负作用自 2006 年开始不再显著，但可能被替代的二级市场掠夺方式影响。机构投资者 2007 年持有了大量的低披露质量公司的股份，以高涨的市场行情为掩护进行机会主义行为，但自 2008 年开始机构持股比例越多的公司信息披露质量趋于越高，表明机构的机会主义逐渐被遏制，2007 年以后的强监管发挥了效用。董事长与总经理两职分离、独立董事在各年对上市公司信息披露质量没有显著作用，这与全样本分析一致。

8.2

政策启示

研究结果显示，上市公司的信息披露制度从我国证券市场建立以来逐渐朝着有利于投资者保护的方向完善，实践中，上市公司的信息披露对投资保护也发挥了积极效用，市场的相对有效程度日渐增强。但是，我们也发现和证实了对上市公司信息披露质量以及其对投资者保护发挥效用中的许多消极因素。因此，为进一步提高上市公司信息披露质量，降低市场信息不对称，促进信息披露机制对投资者的保护效用，增进资本市场资源配置效率，基于以上结论，我们建议如下：

1. 关于违规行为的法律风险和法律成本

本书实证分析表明，违规法律风险和成本没有成为抑制低质量信息披露的有效因素，表现为亏损、管理层更换、具有保牌动机公司的信息披露质量长期较低；由于缺乏法制和规则的有效规范和约束，非国有控股的上市公司通常信息质量更低；违规成本的不足，为某些知情者遗留了利用散户的"跟风"特征和公司低透明度诈取以广大中小投资者为代表的不知情者利益的空间。从我国目前的实际情况来看，各类市场机制对公司管理层的违规信息披露和某些知情者的市场违规行为的约束作用非常有限，且在短时间内也难以得到改善，因而强制的法律惩罚对制约市场的违规行为具有决定意义。所以，为提供公平的市场交易环境，维护市场的正常运转，健全相关法律制度是首要基础，特别是加强和完善证券市场的民事诉讼制度（如建立股东集团诉讼、股东衍生诉讼机制、辩方举证等），切实落实违规责任人的法律责任以及对受害方的赔偿措施，加大对证券市场的监管力度和对违规行为的处罚力度，提高违规成本，以从实质上规范公司信息披露和遏制违规市场操纵的行为，为广大中小投资者的利益保护提供强有力的法律保障。虽然 2003 年最高人民法院发布了《关于审理证券市场因虚假陈述引发的民事赔偿案件的若干规定》，2006 年开始实行的新修订的《证券法》扩张了作为潜在责任人的"证券交易内幕信息的知情人"的范围，但操纵行为的明确边界以及法律所涉及的对违规披露和违规行为的诉讼范围尚需很大的完善和改进，这影响了法律在实际中的可操作性。

2. 加强分类与重点对象监管

针对信息披露以及市场表现异常的公司，加强分类与重点对象监管政策。根据我们的研究发现，着重从以下几方面入手。

（1）加强对披露期间异动公司的监管。针对年报公告、财务重述、并购公告以及大股东减持披露等事件的研究均表明，信息在公告前就已泄露，并被知情者利用赚取了超额收益，不知情的中小投资者在其中遭受了损失。因此，必须进一步加强对信息披露期间股价出现异常波动的公司的监管，尤其是披露前股价就明显攀升的公司，监控公司内部人以及利益相关者的交易动向，监控导致股价过度变动的主要交易人的交易行为及其与公司内部人以及利益相关者的关系。

（2）加强对亏损公司、管理层更换公司的信息披露与市场交易监管。研究表明：亏损、管理层更换、具有保牌动机的公司的信息披露质量长期较低，而且亏损公司的信息更容易受到操纵。

（3）加强对"好"消息重述公司的市场交易监管。研究发现，代表"提高业绩、减少亏损、降低风险"的好消息财务重述更容易受到炒作。

（4）加强对并购交易双方中仅被并购方上市的公司的市场交易监管。研究发现，上市公司信息披露的投资者保护效用主要体现在并购交易双方均上市的公司之中，这样的公司相对于交易双方仅一方上市的公司而言更加透明且并购信息更不容易被操纵，而在交易双方仅一方上市的公司中没有找到信息披露能遏制公告前信息泄露与内幕交易的显著证据。而介于交易双方中仅被并购方上市的公司在并购公告前的信息泄露程度最高，中小投资者受到保护的水平最低，我们认为，并购交易双方仅一方上市的公司，尤其是被并购公司，更应该成为并购交易中监管的重点。

（5）加强对民营控制公司的信息披露与市场交易监管。研究表明：非国有控股的上市公司通常信息质量更低；相对于国家控制的公司而言，民营控制公司原股东的减持带来更强的负面市场效应；与由国家控制的上市公司相比较，民营控制的上市公司在年报公告之前的信息泄露程度更大，意味着民营控制的公司更容易成为知情者信息操纵的对象，这或许由于民营控制公司的内部人不如国控公司的内部人受到诸多来自政府的行政监督与约束，因而自利的机会主义更加泛滥。

（6）加强对特有风险较高公司的市场交易监管。研究表明：特有风险越高的公司信息泄露程度越高，收益波动率越大，换手率却越高，表明特有风险越高的公司更容易被利用炒作股价。

（7）加强对激进会计政策公司的市场交易监管。研究发现，公司信息披露机制对投资者的保护效用主要体现于向下进行盈余管理的公司，而向上盈余管理带来的财务乐观表象掩盖了公司的真实状况，对之难以分辨的中小投资者更容易跟风卷入被剥夺的旋涡之中。可以要求审计人员对公司会计政策的稳健性进行评价。

（8）加强对大流通股东的市场交易的监管。研究发现，以大股东资金占用代表的掏空动机对上市公司信息披露质量的显著消极影响表现于2005年及其之前，但自2006年开始不再显著；但2006年后，上市公司信息披露的泄露程度指标显著高于之前，表明股权分置改革释放出来的解禁势力大流通股在监管不配套的情况下一度增强了博弈中的机会主义力量，机会主义的加剧使上市公司本身的信息披露质量出现恶化，同时也扰乱市场秩序降低了市场有效性，进而降低了信息披露的投资者保护效用。因此，早期以大股东资金占用为主的对中小投资者的利益侵占方式经过集中监管与市场变化后于后期不再显著，但却可能演变成在二级市场对中小投资者的掠夺方式。

3. 关于公司治理结构对上市公司信息披露质量的影响

本研究表明，上市公司信息的低透明度、严重的信息不对称为某些知情者提供了违规炒作股票、诈取广大中小投资者利益的机会，而这在真实事件中又常常涉及上市公司内部人与外部操作者的合谋；管理者的利益驱动和动机对上市公司信息透明度具有重要影响。因此，控制信息源头，规范公司信息披露，提高公司信息披露质量，对遏制市场违规行为具有重要的意义。上市公司内部控制状况是保证信息披露准确、及时、完整、合规的直接原因，而公司治理结构却是公司内部控制的根源，因此，公司治理结构对公司信息披露质量具有直接影响作用。然而，本书的实证检验表明，公司治理结构对制衡管理者私利动机并对内部人信息操纵的制约力度较小，董事长与总经理两职分离、独立董事对监督和制约内部人的私利行为及提高信息披露质量没有显著作用；但同时发行外资股公司所代表的受到更加严格的监管、更高程度的市场化环境、加强对第一大股东的股权制衡、管理层持股、控股股东的国有性质等却有助于信息披露质量的提高。因此，改进公司信息披露质量应从控制信息源头开始，从决定信息源的公司治理结构的完善入手。针对目前公司治理中各因素对信息披露质量的制约状况，建议可从以下几方面考虑完善我国上市公司的治理结构：（1）加强对中西部市场化程度不高的上市公司的信息披露制度建设的辅导与监管；（2）适当降低第一大股东的股权集中度，加强其他股东对第一大股东的股权制衡作用；（3）继续完善独立董事制度，保证独立董事的独立性，适当增加独立董事比例，落实和增强独立董事的责任感和监督权利，以加大对上市公司内部管理层的监督作用；（4）完善对上市公司管理者的激励约束机制，适当加大实施对管理者的基于股票的激励机制，以增强管理者与外部股东利益的一致性，缓解代理冲突，降低代理成本；（5）在法律制度尚未健全的情况下，注意引导非国有上市公司的信息披露行为的进一步规范。

4. 关于机构投资者的发展与规范

我国投资者构成比例特殊，其中机构投资者比例较低，而以广大中小投资者为代表的散户比重很大，由于知识能力以及获取和分析公司信息的成本效益约束，后者往往处于信息劣势，属于不知情者。本研究证实，我国以广大中小投资者为主要代表的不知情者在股票交易中"跟风"显著，在法制不健全的环境下已被某些知情者利用和诱导，丧失了巨大的经济利益。这表明，中国市场大量的中小投资者需要正确的信息导航，为其市场交易提供可靠的及时的信息资源，以引导其理性投资。因此，在完善和健全中介机构制度的基础上，大力发展理性的机构投资者以及信息中介机构，加强审计师的独立性并提高审计质量，均有助于引导市场的理性投资。

然而，研究发现，机构投资者持股比例分别与信息泄露程度、收益波动率显著正相关；针对并购交易，机构投资者的剥夺行为对信息不对称程度更高的交易双方仅被并方一方上市的公司更加显著；机构投资者2007年持有了大量的低信息披露质量公司的股份，以高涨的市场行情为掩护进行机会主义行为。这说明，机构投资者并不如设想的那样引导中小投资者理性投资，相反，在上市公司的信息披露前的股价操纵中推波助澜，助推了披露期间的股价波动。实质上，我们赋予机构投资者期望的时候，也不能忘记机构实质上也是逐利团体，逐利的本质就可能导致其在监管不力的情况下利用资金优势、信息优势进行市场剥夺。因此，在大力发展机构投资者的过程中，加强对机构投资者的监管与规范也是不容忽视的。

5. 完善上市公司信息披露制度，加强监管力度，改进对上市公司信息披露质量的考评体系，提高信息质量的可靠性与披露的及时性

理论分析表明，上市公司信息披露对投资者的保护效用主要体现在：降低信息不对称，提供定价功能与治理功能，降低投资者面临的逆向选择与道德风险。实证研究表明，我国上市公司的信息披露在一定程度上已经发挥了对投资者的保护效用，表现为：在控制了年份及其他重要变量的基础上，我国上市公司的信息披露质量对投资者保护的效用存在截面差异，即信息披露质量较高的公司信息泄露程度较低，波动率较小，而信息披露质量较差的公司信息泄露程度较高，波动率较大。这说明，在现实中加强信息披露的制度建设与监管，提高上市公司信息披露质量，是可以降低信息泄露与内幕交易的机会，改善对投资者的保护效用的。因此，继续完善我国证券市场的上市公司信息披露制度，加大监管力度，提高上市公司的信息披露质量，是增进对投资者保护的重要方向。

理论分析进一步表明，以公平、公开、充分披露为前提，确保信息质量的可靠性与披露的及时性，是抑制信息泄露以及内幕交易机会的根本，也是上市公司信息披露机制发挥对投资者保护进而促进市场有效的基本要求。因此，将信息质量的可靠性与披露的及时性作为年报披露质量的两大基本要素，实证研究发现，披露越不及时、信息可靠性越差的公司信息泄露程度越高，收益波动率越大，风险越大，反之，则相反。这说明披露质量的两大基本要素对投资者保护发生了效用，表明增强上市公司信息质量的可靠性与披露的及时性是提高对投资者保护的有效途径。我们还发现，不同的披露要素对投资者保护的效用并不一致，体现为信息质量的可靠性较披露的及时性而言对抑制披露前股价被操纵的程度效果更显著；同时，我们经统计也发现上市公司披露的及时性从 2001～2010 年并没得到实质上的改善，"末班车"现象明显。因此，改进披露的及时性抑制延迟披露带来的信息泄露、减少知情者利用信息优势剥夺其他中小投资者的机会显得尤为重要。

综上所述，在实践中，继续提高上市公司的信息披露整体质量，是增进对投资者保护的重要方向；其中，提高信息质量的可靠性与披露的及时性是增强对投资者保护的有效途径，而提高披露及时性在当前显得尤为迫切。为达成上述要求，除进一步完善上市公司的信息披露制度建设与监管外，改进对上市公司的信息披露考核的基础工作显得特别重要。可喜的是，我们看到深交所已经先后两次根据市场需要修订了原 2001 年制定的《上市公司信息披露工作考核办法》①。此外，考核工作不应仅停留于看其是否合规，而是应在此基础上建立实质的奖励与惩罚机制，不能仅停留在目前我国奖惩效果还非常有限的声誉机制上。在对上市公司信息披露质量整体考评的基础上，设立针对当前信息披露突出问题的单项考核奖惩机制，如目前为促进上市公司增强披露的及时性与信息的可靠性，可以针对披露及时性、信息质量可靠性设置单项考核奖惩机制。

---

① 深交所最近一次修订《上市公司信息披露工作考核办法》的时间是 2013 年 4 月。

8.3

后续研究方向

"我国上市公司信息披露对投资者保护的有效性研究"是一个有趣的研究项目，尽管我们做了很多尝试和努力，但未来的研究中仍可进一步深入。

对于公司信息披露整体质量的衡量，在现有可行的研究条件下，我们采用了深交所的信息披露考评结果，由于不能获得深交所对上市公司的考评分数，也不能获得其划分考评等级的细则依据，只能取得公开的考评等级，因此只能对其进行排序分类量化研究，这虽然是目前研究条件下的现实选择，但与连续变量相比，仍使研究显得不够细化。目前我国对上市公司信息披露的评价研究和工作还不成熟，一些研究机构的数据并不连续或者公开，深交所的考评工作也还没有做到真正公开和透明。未来的研究可以在建立和完善对我国上市公司信息披露评价体系的基础上，对上市公司信息披露质量进行持续量化考评，并建立相应的数据库，将相关研究工作逐步细化和深入。

以上问题也是我们后续研究的努力方向所在。

附录 1

我国上市公司信息披露制度规范体系变迁表

附表 3 - 1

	颁布日期	实施日期	文　　号	备　　注
	《中华人民共和国公司法》			
基本法律	1993 - 12 - 29	1994 - 7 - 1	中华人民共和国主席令（第 16 号）	1993 年 12 月 29 日第八届全国人民代表大会常务委员会第五次会议通过；
	1999 - 12 - 25	1999 - 12 - 25	中华人民共和国主席令（第 29 号）	根据 1999 年 12 月 25 日第九届全国人民代表大会常务委员会第十三次会议《关于修改〈中华人民共和国公司法〉的决定》第一次修正；
	2004 - 8 - 28	2004 - 8 - 28	中华人民共和国主席令（第 20 号）	根据 2004 年 8 月 28 日第十届全国人民代表大会常务委员会第十一次会议《关于修改〈中华人民共和国公司法〉的决定》第二次修正；
	2005 - 10 - 27	2006 - 1 - 1	中华人民共和国主席令（第 42 号）	2005 年 10 月 27 日第十届全国人民代表大会常务委员会第十八次会议修订
	《中华人民共和国证券法》			
	1998 - 12 - 29	1999 - 7 - 1	中华人民共和国主席令（第 12 号）	1998 年 12 月 29 日第九届全国人民代表大会常务委员会第六次会议通过；
	2004 - 8 - 28	2004 - 8 - 28	中华人民共和国主席令（第 21 号）	根据 2004 年 8 月 28 日第十届全国人民代表大会常务委员会第十一次会议《关于修改〈中华人民共和国证券法〉的决定》修正；
	2005 - 10 - 27	2006 - 1 - 1	中华人民共和国主席令（第 43 号）	2005 年 10 月 27 日第十届全国人民代表大会常务委员会第十八次会议修订

续表

	颁布日期	实施日期	文　号	备　注
基本法律	《中华人民共和国刑法》			
	1979 - 7 - 1	1980 - 1 - 1	全国人民代表大会常务委员会令（第 5 号）	1979 年 7 月 1 日第五届全国人民代表大会第二次会议通过；
	1997 - 3 - 14	1997 - 10 - 1	中华人民共和国主席令（第 83 号）	1997 年 3 月 14 日第八届全国人民代表大会第五次会议修订；
	1999 - 12 - 25	1999 - 12 - 25	中华人民共和国主席令（第 27 号）	1999 年 12 月 25 日第九届全国人民代表大会常务委员会第十三次会议通过；
	2001 - 8 - 31	2001 - 8 - 31	中华人民共和国主席令（第 56 号）	2001 年 8 月 31 日第九届全国人民代表大会常务委员会第二十三次会议通过《中华人民共和国刑法修正案（二）》；
	2001 - 12 - 29	2001 - 12 - 29	中华人民共和国主席令（第 64 号）	2001 年 12 月 29 日第九届全国人民代表大会常务委员会第二十五次会议通过《中华人民共和国刑法修正案（三）》；
	2002 - 12 - 28	2002 - 12 - 28	中华人民共和国主席令（第 83 号）	2002 年 12 月 28 日第九届全国人民代表大会常务委员会第三十一次会议通过《中华人民共和国刑法修正案（四）》；
	2005 - 2 - 28	2005 - 2 - 28	中华人民共和国主席令（第 32 号）	2005 年 2 月 28 日第十届全国人民代表大会常务委员会第十四次会议通过《中华人民共和国刑法修正案（五）》；
	2006 - 6 - 29	2006 - 6 - 29	中华人民共和国主席令（第 51 号）	2006 年 6 月 29 日第十届全国人民代表大会常务委员会第二十二次会议通过《中华人民共和国刑法修正案（六）》；
	2009 - 2 - 28	2009 - 2 - 28	中华人民共和国主席令（第 10 号）	2009 年 2 月 28 日第十一届全国人民代表大会常务委员会第七次会议通过《中华人民共和国刑法修正案（七）》；
	2011 - 2 - 25	2011 - 2 - 25	中华人民共和国主席令（第 41 号）	2011 年 2 月 25 日第十一届全国人民代表大会常务委员会第十九次会议通过《中华人民共和国刑法修正案（八）》

续表

颁布日期	实施日期	文　号	备　　注
《股票发行与交易管理暂行条例》			
1993－4－22	1993－4－22	国务院令第112号	现行
《禁止证券欺诈行为暂行办法》			
1993－9－2	1993－9－2		国务院证券委发布；已被2005年10月27日中华人民共和国主席令第43号公布的《中华人民共和国证券法》代替
《国务院关于股份有限公司境外募集股份及上市的特别规定》			
1994－8－4	1994－8－4	国务院令第160号	现行
《国务院关于股份有限公司境内上市外资股的规定》			
1995－12－25	1995－12－25	国务院令第189号	现行；《上海市人民币特种股票管理办法》、《深圳市人民币特种股票管理暂行办法》同时废止
《可转换公司债券管理暂行办法》			
1997－3－25	1997－3－25	证委发〔1997〕16号	已被《中国证券监督管理委员会关于废止〈可转换公司债券管理暂行办法〉的通知》（发布、实施日期：2006年5月8日）废止
《企业财务会计报告条例》			
2000－6－21	2001－1－1	国务院令第287号	现行
《最高人民法院关于受理证券市场因虚假陈述引发的民事侵权案件有关问题的通知》			
2002－1－15	2002－1－15	法明传〔2001〕43号	现行

行政法规和法规性文件

续表

	颁布日期	实施日期	文 号	备 注
行政法规和法律规性文件	《最高人民法院关于审理证券市场因虚假陈述引发的民事赔偿案件的若干规定》			
	2003 - 1 - 9	2003 - 2 - 1	法释[2003]2号	现行
	《期货交易管理条例》			
	2007 - 3 - 6	2007 - 4 - 15	国务院令第489号	1999年9月1日起施行的《期货交易管理暂行条例》同时废止
	2012 - 10 - 24	2012 - 12 - 1	国务院令第627号	现行
	《证券公司监督管理条例》			
	2008 - 4 - 23	2008 - 6 - 1	国务院令第522号	现行
	《最高人民检察院关于办理内幕交易、泄露内幕信息刑事案件具体应用法律若干问题的解释》			
	2012 - 3 - 29	2012 - 6 - 1	法释[2012]6号	现行
部门规章和规范性文件	《证券公司管理暂行办法》			
	1990 - 10 - 12	1990 - 10 - 12	银发[1990]254号	现行
	《股份制试点企业会计制度》			
	1992 - 5 - 23	1992 - 1 - 1		财政部、国家经济体改委发布；已废止
	《公开发行股票公司信息披露实施细则（试行）》			
	1993 - 6 - 12	1993 - 6 - 12	证监上字[1993]43号	已被《上市公司信息披露管理办法》（发布、实施日期：2007年1月30日）废止
	《证券交易所管理办法》			

续表

颁布日期	实施日期	文号	备注
1993 - 7 - 7	1993 - 7 - 7		国务院证券委发布；名称为《证券交易所管理暂行办法》
1996 - 8 - 21	1996 - 8 - 21		国务院证券委发布；名称改为《证券交易所管理办法》
1997 - 12 - 10	1997 - 12 - 10	证委发 [1997] 88 号	国务院证券委发布
2001 - 12 - 12	2001 - 12 - 12	证监会令第 4 号	现行
《股份有限公司境内上市外资股规定的实施细则》			
1996 - 5 - 3	1996 - 5 - 3		国务院证券委发布；现行
《公开发行证券的公司信息披露内容与格式准则》			
第 1 号——招股说明书			
1997 - 1 - 7	1997 - 4 - 1	证监发 [1997] 2 号	替代之前颁布的《招股说明书的内容与格式（试行）》
2001 - 3 - 15	2001 - 3 - 15	证监发 [2001] 41 号	
2003 - 3 - 24	2003 - 3 - 24	证监发行字 [2003] 26 号	
2006 - 5 - 18	2006 - 5 - 18	证监发行字 [2006] 5 号	现行
第 2 号——年度报告的内容与格式			

部门规章和规范性文件

续表

	颁布日期	实施日期	文　号	备　注
部门规章和规范性文件	1994 – 1 – 10	1994 – 1 – 10	证监发字〔1994〕7号	名称为:《公开发行股票公司信息披露的内容与格式准则第2号〈年度报告的内容与格式〉(试行)》
	1995 – 12 – 21	1995 – 12 – 21	证监发字〔1995〕200号	名称改为:《公开发行股票公司信息披露的内容与格式准则第2号〈年度报告的内容与格式〉》
	1997 – 12 – 17	1997 – 12 – 17	证监上字〔1997〕114号	
	1998 – 12 – 9	1998 – 12 – 9	证监上字〔1998〕147号	
	1999 – 12 – 8	1999 – 12 – 8	证监公司字〔1999〕137号	
	2001 – 12 – 10	2001 – 12 – 10	证监发〔2001〕153号	名称改为:《公开发行证券的公司信息披露内容与格式准则第2号〈年度报告的内容与格式〉》
	2003 – 1 – 6	2003 – 1 – 6	证监公司字〔2003〕1号	此处为2002年的修订结果,于2003年1月6日公告
	2003 – 12 – 22	2003 – 12 – 22	证监公司字〔2003〕56号	
	2004 – 12 – 13	2004 – 12 – 13	证监公司字〔2004〕110号	

续表

	颁布日期	实施日期	文　号	备　注
	2005 – 12 – 15	2005 – 12 – 15	证监公司字［2005］141 号	
	2007 – 12 – 17	2007 – 12 – 17	证监公司字［2007］212 号	
	2012 – 9 – 19	2013 – 1 – 1	证监会公告［2012］22 号	现行
第 3 号——半年度报告的内容与格式				
	1994 – 6 – 25	1994 – 6 – 25	证监发字［1994］87 号	名称为：《公开发行股票公司信息披露的内容与格式准则第 3 号〈中期报告的内容与格式（试行）〉》
	1996 – 6 – 29	1996 – 6 – 29		名称改为：《公开发行股票公司信息披露的内容与格式准则第 3 号〈中期报告的内容与格式〉》
	1998 – 6 – 18	1998 – 6 – 18	证监上字［1998］69 号	
	2000 – 6 – 15	2000 – 6 – 15	证监公司字［2000］68 号	
	2002 – 6 – 22	2002 – 6 – 22	证监发［2002］44 号	名称改为：《公开发行证券的公司信息披露内容与格式准则第 3 号〈半年度报告〉》
	2003 – 6 – 24	2003 – 6 – 24	证监公司字［2003］25 号	名称改为：《公开发行证券的公司信息披露内容与格式准则第 3 号〈半年度报告的内容与格式〉》

部门规章和规范性文件

续表

	颁布日期	实施日期	文　号	备　注
部门规章和规范性文件	2007-6-29	2007-6-29	证监公司字[2007]100号	已被《中国证券监督管理委员会关于修改上市公司现金分红若干规定的决定》（证监会第57号令，发布、实施日期：2008年10月9日）修改
	2013-4-15	2013-4-15	证监会公告[2013]23号	现行
第4号——配股说明书的内容与格式				
	1994-11-3	1994-11-3		名称为：《配股说明书的内容与格式（试行）》
	1999-3-17	1999-3-17	证监发[1999]13号	已被《中国证券监督管理委员会关于发布〈公开发行证券的公司信息披露内容与格式准则第11号——上市公司发行新股招股说明书〉的通知》（发布、实施日期：2001年4月10日）废止
第5号——公司股份变动报告的内容与格式				
	1994-11-3	1994-11-3	证监发字[1994]161号	名称为：《公司股份变动报告的内容与格式（试行）》
	2005-12-16	2005-12-16	证监公司字[2005]142号	
	2007-6-28	2007-6-28	证监公司字[2007]98号	现行
第6号——法律意见书的内容与格式				
	1994-10-28	1994-10-28	证监发字[1994]162号	名称为：《法律意见书的内容与格式（试行）》

续表

部门规章和规范性文件

颁布日期	实施日期	文 号	备 注
1999-6-15	1999-6-15	证监法律字[1999]2号	已被《中国证券监督管理委员会关于发布〈公开发行证券公司信息披露的编报规则第12号——公开发行证券的法律意见书和律师工作报告〉的通知》（发布、实施日期：2001年3月1日）废止
第7号——股票上市公告书			
1997-1-6	1997-1-6	证监发[1997]1号	名称为：《上市公告书的内容与格式（试行）》
2001-3-15	2001-3-15	证监发[2001]42号	已被《中国证券监督管理委员会关于发布部分证券期货规章的通知》（第六批）（发布、实施日期：2007年3月6日）废止
第8号——验证笔录的内容与格式			
1998-3-30	1998-3-30	证监发字[1998]41号	名称为：《验证笔录的内容与格式（试行）》；2001年3月6日被《公开发行证券公司信息披露内容与格式准则第9号——首次公开发行股票申请文件》废止
第9号——首次公开发行股票并上市申请文件			
2001-3-6	2001-3-6	证监发[2001]36号	《关于发布公开发行股票公司信息披露的内容与格式（试行）的通知》（证监发字[1998]41号）、《关于印发〈申请公开发行股票公司报送材料标准格式〉的通知》（证监发字[1999]14号）同时废止
2006-5-18	2006-5-18	证监发行字[2006]6号	现行
第10号——上市公司公开发行证券申请文件			

续表

	颁布日期	实施日期	文　号	备　注
部门规章和规范性文件	2001-4-2	2001-4-2	证监发[2001]52号	中国证监会2000年4月30日《关于印发〈上市公司申请向社会公开募集股份报送材料标准格式（试行）〉的通知》（证监公司字[2000]43号）同时废止
	2006-5-8	2006-5-8	证监发行字[2006]1号	现行；原《公开发行证券的公司信息披露内容与格式准则第10号——上市公司新股发行申请文件》、《公开发行证券的公司信息披露内容与格式准则第12号——上市公司发行可转换公司债券申请文件》同时废止
第11号——上市公司公开发行证券募集说明书				
	2001-4-10	2001-4-10	证监发[2001]56号	中国证监会《关于印发公开发行股票公司信息披露的内容与格式》的通知》第4号〈配股说明书的内容与格式〉（证监[1999]13号），《关于发布〈上市公司向社会公开发行股份股票募集公开发行意向书的内容与格式〉的通知》（证监公司字[2000]44号）同时废止
	2003-3-24	2003-3-24	证监发行字[2003]27号	
	2006-5-8	2006-5-8	证监发行字[2006]2号	现行；名称改为：《上市公司公开发行证券募集说明书》
第12号——上市公司发行可转换公司债券申请文件				
	2001-4-26	2001-4-26	证监发[2001]64号	于2006年5月8日被《中国证券监督管理委员会关于发布〈上市公司信息披露的公司信息披露内容与格式准则第10号——上市公司公开发行证券申请文件〉的通知》（证监发行字[2006]1号）废止
第13号——上市公司发行可转换公司债券募集说明书				

颁布日期	实施日期	文　号	备　注
2001 - 4 - 26	2001 - 4 - 26	证监发 [2001] 65 号	名称为:《可转换公司债券募集说明书》
2003 - 3 - 24	2001 - 4 - 26	证监发行字 [2003] 23 号	被《中国证券监督管理委员会关于发布〈公开发行证券的公司信息披露内容与格式准则第 11 号——上市公司公开发行证券募集说明书〉的通知》(证监发行字 [2006] 2 号,发布、实施日期:2006 年 5 月 8 日)废止
第 14 号——可转换公司债券上市公告书			
2001 - 4 - 26	2001 - 4 - 26	证监发 [2001] 66 号	于 2007 年 3 月 6 日被《中国证券监督管理委员会关于废止部分证券期货规章的通知》(第六批)(证监法律字 [2007] 5 号,发布、实施日期:2007 年 3 月 6 日)废止
第 15 号——上市公司股东持股变动报告书			
2002 - 11 - 28	2002 - 11 - 28	证监发 [2002] 85 号	
2006 - 8 - 4	2006 - 9 - 1	证监公司字 [2006] 156 号	现行
第 16 号——上市公司收购报告书			
2002 - 11 - 28	2002 - 12 - 1	证监发 [2002] 85 号	
2006 - 8 - 4	2006 - 9 - 1	证监公司字 [2006] 156 号	现行
第 17 号——要约收购报告书			
2002 - 11 - 28	2002 - 12 - 1	证监发 [2002] 85 号	

部门规章和规范性文件

续表

	颁布日期	实施日期	文　号	备　注
部门规章和规范性文件	2006 - 8 - 4	2006 - 9 - 1	证监公司字 [2006] 156 号	现行
	第 18 号——被收购公司董事会报告书			
	2002 - 11 - 28	2002 - 12 - 1	证监发 [2002] 85 号	
	2006 - 8 - 4	2006 - 9 - 1	证监公司字 [2006] 156 号	现行
	第 19 号——豁免要约收购申请文件			
	2002 - 11 - 28	2002 - 12 - 1	证监发 [2002] 85 号	
	2006 - 8 - 4	2006 - 9 - 1	证监公司字 [2006] 156 号	现行
	第 20 号——证券公司发行债券申请文件			
	2003 - 8 - 29	2003 - 10 - 8	证监发行字 [2003] 106 号	现行
	第 21 号——证券公司公开发行债券募集说明书			
	2003 - 8 - 29	2003 - 10 - 8	证监发行字 [2003] 106 号	现行
	第 22 号——证券公司债券上市公告书			
	2003 - 8 - 29	2003 - 10 - 8	证监发行字 [2003] 106 号	现行

续表

	颁布日期	实施日期	文　号	备　注
部门规章和规范性文件	第 23 号——公开发行公司债券募集说明书			
	2007 – 8 – 15	2007 – 8 – 15	证监发行字 [2007] 224 号	现行
	第 24 号——公开发行公司债券申请文件			
	2007 – 8 – 15	2007 – 8 – 15	证监发行字 [2007] 225 号	现行
	第 25 号——上市公司非公开发行股票预案和发行情况报告书			
	2007 – 9 – 17	2007 – 9 – 17	证监发行字 [2007] 305 号	现行
	第 26 号——上市公司重大资产重组申请文件			
	2008 – 4 – 16	2008 – 5 – 18	证监会公告 [2008] 13 号	现行
	第 27 号——发行保荐书和发行保荐工作报告			
	2009 – 3 – 27	2009 – 4 – 1	证监会公告 [2009] 4 号	现行
	第 28 号——创业板公司招股说明书			
	2009 – 7 – 20	2009 – 7 – 20	证监会公告 [2009] 17 号	现行

续表

颁布日期	实施日期	文　号	备　注
第29号——首次公开发行股票并在创业板上市申请文件			
2009-7-20	2009-7-20	证监会公告[2009]18号	现行
第30号——创业板上市公司年度报告的内容与格式			
2009-12-24	2009-12-24	证监会公告[2009]33号	
2012-12-14	2013-1-1	证监会公告[2012]43号	现行
第31号——创业板上市公司半年度报告的内容与格式			
2010-6-29	2010-6-29	证监会公告[2010]19号	
2013-6-28	2013-6-28	证监会公告[2013]29号	现行
《证券市场禁入规定》			
1997-3-3	1997-3-3	证监[1997]7号	原名称为:《证券市场禁入暂行规定》
2006-6-7	2006-7-10	证监会令第33号	现行;已经不算是信息披露法规的一部分
《企业会计准则——关联方关系及其交易的披露》			

部门规章和规范性文件

续表

	颁布日期	实施日期	文 号	备 注
部门规章和规范性文件	1997-5-22	1997-1-1	财会字[1997]21号	2008年1月31日被《财政部关于公布废止和失效的财政规章和规范性文件目录（第十批）的决定》废止
	1997-6-20	1997-6-20	国发[1997]21号	现行
	《国务院关于进一步加强在境外发行股票和上市管理的通知》			
	《关于境外上市公司进一步做好信息披露工作的若干意见》			
	1999-3-26	1999-3-26	证监发[1999]18号	现行
	《境内企业申请到香港创业板上市审批与监管指引》			
	1999-9-21	1999-9-21	证监发行字[1999]126号	现行
	《关于进一步提高上市公司财务信息披露质量的通知》			
	1999-10-10	1999-10-10	证监会计字[1999]17号	名称为：《关于提高上市公司财务信息披露质量的通知》
	2004-1-6	2004-1-6	证监会计字[2004]1号	现行
	《证券公司年度报告内容与格式准则》			
	1999-11-19	1999-11-19	证监会计字[1999]61号	
	2002-2-4	2002-2-4	证监会计字[2002]2号	

续表

	颁布日期	实施日期	文　号	备　注
	2002 - 12 - 27	2002 - 12 - 27	证监会计字 [2002] 16 号	
	2008 - 1 - 14	2008 - 1 - 14	证监会公告 [2008] 1 号	现行

《公开发行证券的公司信息披露编报规则》

第 1 号——商业银行招股说明书内容与格式特别规定

	颁布日期	实施日期	文　号	备　注
	2000 - 11 - 2	2000 - 11 - 2	证监发 [2000] 76 号	被《中国证券监督管理委员会关于发布〈公开发行证券的公司信息披露编报规则〉第 18 号的通知》（证监会计字 [2003] 3 号，发布、实施日期：2003 年 3 月 19 日）废止

第 2 号——商业银行财务报表附注特别规定

	颁布日期	实施日期	文　号	备　注
	2000 - 11 - 2	2000 - 11 - 2	证监发 [2000] 76 号	被《中国证券监督管理委员会关于发布〈公开发行证券的公司信息披露编报规则〉第 18 号的通知》（证监会计字 [2003] 3 号，发布、实施日期：2003 年 3 月 19 日）废止

第 3 号——保险公司招股说明书内容与格式特别规定

	颁布日期	实施日期	文　号	备　注
	2000 - 11 - 2	2000 - 11 - 2	证监发 [2000] 76 号	
	2006 - 12 - 8	2006 - 12 - 8	证监发行字 [2006] 151 号	现行；本篇法规中的第 25 条已被《中国证券监督管理委员会关于不再实施特定上市公司特殊审计要求的通知》（发布、实施日期：2007 年 3 月 8 日）废止

部门规章和规范性文件

续表

	颁布日期	实施日期	文　号	备　注
	第 4 号——保险公司信息披露特别规定			
	2000－11－2	2000－11－2	证监发［2000］76 号	名称为《保险公司财务报表附注特别规定》；已被《中国证券监督管理委员会关于发布〈公开发行证券的公司信息披露编报规则第 3 号——保险公司招股说明书内容与格式与内容与格式特别规定〉的通知》（证监发行字［2006］151 号，发布、实施日期：2006 年 12 月 8 日）废止
	2007－8－28	2007－8－28	证监公司字［2007］139 号	现行；名称改为：《保险公司信息披露特别规定》
	第 5 号——证券公司招股说明书内容与格式特别规定			
	2000－11－2	2000－11－2	证监发［2000］76 号	现行；本法规中的第 13 条已被《中国证券监督管理委员会关于不再实施特定上市公司特殊审计要求的通知》（发布、实施日期：2007 年 3 月 8 日）废止
	第 6 号——证券公司财务报表附注特别规定			
	2000－11－2	2000－11－2	证监发［2000］76 号	现行
	第 7 号——商业银行年度报告内容与格式特别规定			
部门规章和规范性文件	2000－12－21	2000－12－21	证监发［2000］80 号	已被《中国证券监督管理委员会关于发布〈公开发行证券的公司信息披露编报规则〉第 18 号的通知》（发布、实施日期：2003 年 3 月 19 日）废止
	第 8 号——证券公司年度报告内容与格式特别规定			

续表

颁布日期	实施日期	文　号	备　注
2000 - 12 - 21	2000 - 12 - 21	证监发 [2000] 80 号	现行: 本法规中的第 5 条已被《中国证券监督管理委员会关于不再实施特定上市公司特殊审计要求的通知》(发布、实施日期: 2007 年 3 月 8 日) 废止
第 9 号——净资产收益率和每股收益的计算及披露			
2001 - 1 - 19	2001 - 1 - 19	证监发 [2001] 11 号	被《中国证券监督管理委员会关于发布〈公开发行证券的公司信息披露编报规则第 15 号——财务报告的一般规定 (2007 年修订)〉等 3 项信息披露规则的通知》修订 (发布、实施日期: 2007 年 2 月 2 日)
2007 - 2 - 2	2007 - 2 - 2	证监会计字 [2007] 9 号	
2010 - 1 - 11	2010 - 1 - 11	证监会公告 [2010] 2 号	现行
第 10 号——从事房地产开发业务的公司招股说明书内容与格式特别规定			
2001 - 2 - 6	2001 - 2 - 6	证监发 [2001] 17 号	现行
第 11 号——从事房地产开发业务的公司财务报表附注特别规定			
2001 - 2 - 6	2001 - 2 - 6	证监发 [2001] 17 号	现行
第 12 号——公开发行证券的法律意见书和律师工作报告			
2001 - 3 - 1	2001 - 3 - 1	证监发 [2001] 37 号	现行: 1999 年 6 月 15 日发布的《公开发行股票公司信息披露的内容与格式准则第 6 号——法律意见书的内容与格式 (修订)》(证监法律字 [1999] 2 号) 同时废止

续表

	颁布日期	实施日期	文　号	备　注
部门规章和规范性文件	第 13 号——季度报告内容与格式特别规定			
	2001 - 4 - 6	2001 - 4 - 6	证监发 [2001] 55 号	
	2002 - 12 - 13	2002 - 12 - 13		
	2003 - 3 - 26	2003 - 3 - 26	证监公司字 [2003] 8 号	
	2007 - 3 - 26	2007 - 3 - 26	证监公司字 [2007] 46 号	
	2013 - 4 - 15	2013 - 4 - 15	证监会公告 [2013] 23 号	现行
	第 14 号——非标准无保留审计意见及其涉及事项的处理			
	2001 - 12 - 22	2001 - 12 - 22	证监发 [2001] 157 号	现行
	第 15 号——财务报告的一般规定			
	2001 - 12 - 30	2001 - 12 - 30	证监发 [2001] 160 号	
	2007 - 2 - 2	2007 - 2 - 2	证监会计字 [2007] 9 号	
	2010 - 1 - 11	2010 - 1 - 11	证监会公告 [2010] 1 号	现行

续表

部门规章和规范性文件

颁布日期	实施日期	文 号	备 注
第16号——A股公司实行补充审计的暂行规定			
2001-12-30	2002-1-1	证监发 [2001] 161号	已被《中国证券监督管理委员会关于不再强制实施特定上市公司特殊审计要求的通知》(证监会计字 [2007] 12号，发布、实施日期：2007年3月8日) 废止
第17号——外商投资股份有限公司招股说明书内容与格式特别规定			
2002-3-19	2002-3-19	证监发 [2002] 17号	现行
第18号——商业银行信息披露特别规定			
2003-3-19	2003-3-19	证监会计字 [2003] 3号	中国证监会于2000年颁布的《公开发行证券的公司信息披露编报规则》第1号、第2号与第7号——《商业银行财务报表附注特别规定》、《商业银行招股说明书内容与格式特别规定》与《商业银行信息披露特别规定》同时废止；被中国证监会2008年7月25日发布的《公开发行证券的公司信息披露编报规则第26号——商业银行信息披露特别规定》废止
第19号——财务信息的更正及相关披露			
2003-12-1	2003-12-1	证监会计字 [2003] 16号	现行
第20号——创业板上市公司季度报告的内容与格式			
2010-3-29	2010-3-29	证监会公告 [2010] 10号	

续表

颁布日期	实施日期	文　号	备　注
2013 - 3 - 25	2013 - 3 - 25	证监会公告 [2013] 21 号	现行
第 26 号——商业银行信息披露特别规定			
2008 - 7 - 25	2008 - 9 - 1	证监会公告 [2008] 33 号	现行：中国证监会 2003 年 3 月 19 日发布的《公开发行证券的公司信息披露内容与格式准则第 18 号——商业银行信息披露特别规定》（证监会计字 [2003] 3 号）同时废止
《关于前次募集资金使用情况报告的规定》			
2001 - 4 - 10	2001 - 4 - 10	证监公司字 [2001] 42 号	名称为：《前次募集资金使用情况专项报告指引》
2007 - 12 - 26	2007 - 12 - 26	证监发行字 [2007] 500 号	现行
《公开发行证券的公司信息披露规范问答》			
第 1 号——非经常性损益			
2001 - 4 - 25	2001 - 4 - 25	证监会计字 [2001] 7 号	
2004 - 1 - 15	2004 - 1 - 15	证监会计字 [2004] 4 号	
2007 - 2 - 2	2007 - 2 - 2	证监会计字 [2007] 9 号	被《关于废止部分证券期货规章的决定（第八批）》（证监会公告 [2009] 8 号，2009 年 4 月 10 日）废止

部门规章和规范性文件

续表

	颁布日期	实施日期	文　号	备　注
部门规章和规范性文件	2008-10-31	2008-12-1	证监会公告[2008]43号	现行
	第2号——中高层管理人员激励基金的提取			
	2001-6-29	2001-6-29	证监会计字[2001]15号	被《关于废止部分证券期货规章的决定（第十批）》（证监会公告[2010]36号，2010年12月26日）废止
	第3号——弥补累计亏损的来源、程序及信息披露			
	2001-6-29	2001-6-29	证监会计字[2001]16号	被《中国证券监督管理委员会关于废止部分证券期货规章的通知》（证监会公告[2001]6号）（发布、实施日期：2007年3月6日）废止
	2006-4-10	2006-4-10	证监会计字[2006]8号	现行
	第4号——金融类公司境内外审计差异及利润分配基准			
	2001-8-30	2001-8-30	证监会计字[2001]58号	被《中国证券监督管理委员会关于不再实施特定上市公司公司特殊审计要求的通知》（发布、实施日期：2007年3月8日）废止
	第5号——分别按国内外会计准则编制的财务报告差异及其披露			
	2001-11-7	2001-11-7	证监会计字[2001]60号	被《关于废止部分证券期货规章的决定（第十批）》（证监会公告[2010]36号，2010年12月26日）废止
	第6号——支付会计师事务所报酬及其披露			
	2001-12-24	2001-12-24	证监会计字[2001]67号	现行

部门规章和规范性文件

颁布日期	实施日期	文　　号	备　　注
第 7 号——新旧会计准则过渡期同比较财务会计信息的编制和披露			
2007 - 2 - 15	2007 - 2 - 15	证监会计字 [2007] 10 号	现行
《股份转让公司信息披露实施细则》			
2001 - 11 - 28	2001 - 11 - 28		中国证券业协会发布;现行
《上市公司重大资产重组管理办法》			
2001 - 12 - 10	2002 - 1 - 1	证监公司字 [2001] 105 号	名称为:《关于上市公司重大购买、出售、置换资产若干问题的通知》
2008 - 4 - 16	2008 - 5 - 18	证监会令第 53 号	
2011 - 8 - 1	2011 - 9 - 1	证监会令第 73 号	根据 2011 年 8 月 1 日中国证券监督管理委员会《关于修改上市公司重大资产重组与配套融资相关规定的决定》修订;现行
《上市公司收购管理办法》			
2002 - 9 - 28	2002 - 12 - 1	证监会令第 10 号	
2006 - 7 - 31	2006 - 9 - 1	证监会令第 35 号	中国证监会发布的《上市公司收购管理办法》(证监会令第 10 号)、《上市公司股东持股变动信息披露管理办法》(证监会令第 11 号)同时废止
2008 - 8 - 27	2006 - 9 - 1	证监会令第 56 号	根据 2008 年 8 月 27 日中国证券监督管理委员会《关于修改〈上市公司收购管理办法〉第六十三条的决定》修订

续表

	颁布日期	实施日期	文　号	备　注
部门规章和规范性文件	2012 - 2 - 14	2012 - 3 - 15	证监会令第 77 号	根据 2012 年 2 月 14 日中国证券监督管理委员会《关于修改〈上市公司收购管理办法〉第六十二条及第六十三条的决定》修订；现行
	《上市公司股东持股变动信息披露管理办法》			
	2002 - 9 - 28	2002 - 12 - 1	证监会令第 11 号	已废止
	《关于规范上市公司与关联方资金往来及上市公司对外担保若干问题的通知》			
	2003 - 8 - 28	2003 - 8 - 28	证监发 [2003] 56 号	现行
	《证券公司定向发行债券信息披露准则》			
	2003 - 8 - 29	2003 - 10 - 8	证监发行字 [2003] 106 号	现行
	《国务院关于推进资本市场改革开放和稳定发展的若干意见》			
	2004 - 1 - 31	2004 - 1 - 31	国发 [2004] 3 号	现行
	《上市公司与投资者关系工作指引》			
	2005 - 7 - 11	2005 - 7 - 11	证监公司字 [2005] 52 号	现行
	《国务院办公厅转发证监会关于证券公司综合治理工作方案的通知》			
	2005 - 7 - 29	2005 - 7 - 29	国办发 [2005] 43 号	现行
	《国务院批转证监会关于提高上市公司质量意见的通知》			

续表

颁布日期	实施日期	文　号	备　注
2005－10－19	2005－10－19	国发〔2005〕34号	现行
《上市公司证券发行管理办法》			
2006－5－6	2006－5－8	证监会令第30号	现行；《上市公司新股发行管理办法》（证监会令第1号）、《关于做好上市公司增发新股股份发行工作的通知》（证监发〔2001〕43号）、《关于上市公司发行可转换公司债券实施办法》（证监会令第2号）和《关于做好上市公司可转换公司债券发行工作的通知》（证监发行字〔2001〕115号）同时废止；已被《中国证券监督管理委员会关于修改上市公司现金分红若干规定的决定》（证监会令第57号，发布日期：2008年10月9日，实施日期：2008年10月9日）修改
《首次公开发行股票并上市管理办法》			
2006－5－17	2006－5－18	证监会令第32号	现行
《证券发行与承销管理办法》			
2006－9－17	2006－9－19	证监会令第37号	
2010－10－11	2006－9－19	证监会令第69号	根据2010年10月11日中国证券监督管理委员会《关于修改〈证券发行与承销管理办法〉的决定》修订
2012－5－18	2006－9－19	证监会令第78号	根据2012年5月18日中国证券监督管理委员会《关于修改〈证券发行与承销管理办法〉的决定》修订；现行

部门规章和规范性文件

续表

部门规章和规范性文件	颁布日期	实施日期	文　号	备　注
《中国证券监督管理委员会关于做好与新会计准则相关财务会计信息披露工作的通知》	2006－11－27	2006－11－27	证监发[2006]136号	现行
《上市公司信息披露管理办法》	2007－1－30	2007－1－30	证监会令第40号	现行：《公开发行股票公司信息披露实施细则》（试行）（证监上字[1993]43号）、《关于股票公开发行与上市公司信息披露有关事项的通知》（证监研字[1993]19号）、《关于加强对上市公司临时报告审查的通知》（证监上字[1996]26号）、《关于进一步加强ST、PT公司信息披露管工作的通知》（证监公司字[2000]63号）、《关于拟发行新股的上市公司中期报告有关问题的通知》（证监公司字[2001]69号）等同时废止
《关于不再实施特定上市公司特殊审计要求的通知》	2007－3－8	2007－3－8	证监会计字[2007]12号	现行：《公开发行证券的公司信息披露编报规则第16号——A股公司实行补充审计的暂行规定》（证监发[2001]161号），《公开发行证券的公司信息披露编报规则第4号——金融类公司境内外审计差异及利润分配基准》（证监会计字[2001]58号），《公开发行证券与格式的特别规定》（证监发[2000]76号）第13条，《公开发行证券的公司年度报告的内容与格式的特别规定》（证监发[2000]80号）第5条，《公开发行证券的公司信息披露编报规则第18号——商业银行信息披露》（证监会计字[2003]3号）第17、21条以及《公开发行证券公司招股说明书内容与格式特别规定》（证监发行字[2006]151号）第25条等规定同时废止

	颁布日期	实施日期	文　号	备　注
部门规章和规范性文件	《商业特许经营信息披露管理办法》			
	2007 - 4 - 30	2007 - 5 - 1	商务部令（2007 年第 16 号）	
	2012 - 2 - 23	2012 - 4 - 1	商务部令（2012 年第 2 号）	现行
	《合格境内机构投资者境外证券投资管理试行办法》			
	2007 - 6 - 18	2007 - 7 - 5	证监会令第 46 号	现行
	《关于规范上市公司信息披露及相关各方行为的通知》			
	2007 - 8 - 15	2007 - 8 - 15	证监公司字 [2007] 128 号	现行
	《中国证监会发行监管部关于调整预先披露时间的通知》			
	2008 - 7 - 10	2008 - 7 - 1	发行监管函 [2008] 142 号	现行
	《关于修改上市公司现金分红若干规定的决定》			
	2008 - 10 - 9	2008 - 10 - 9	证监会令第 57 号	现行；《关于规范上市公司行为若干问题的通知》（证监上字 [1996] 7 号）同时废止
	《首次公开发行股票并在创业板上市管理暂行办法》			

续表

颁布日期	实施日期	文 号	备 注
2009-3-31	2009-5-1	证监会令第61号	现行
《国务院办公厅转发证监会等部门关于依法打击和防控资本市场内幕交易意见的通知》			
2010-11-16	2010-11-16	国办发[2010]55号	现行
《信息披露违法行为行政责任认定规则》			
2011-4-29	2011-4-29	证监会公告[2011]11号	现行
《关于上市公司建立内幕信息知情人登记管理制度的规定》			
2011-10-25	2011-11-25	证监会公告[2011]30号	现行
《国务院关于清理整顿各类交易场所切实防范金融风险的决定》			
2011-11-11	2011-11-11	国发[2011]38号	现行
《上市公司监管指引》			
第1号——上市公司实施重大资产重组后存在未弥补亏损情形的监管要求			
2012-3-23	2012-3-23	证监会公告[2012]6号	现行
第2号——上市公司募集资金管理和使用的监管要求			

部门规章和规范性文件

续表

类别	名称	颁布日期	实施日期	文　　号	备　　注
部门规章和规范性文件	《关于进一步落实上市公司现金分红有关事项的通知》	2012 - 12 - 19	2012 - 12 - 19	证监会公告 [2012] 44 号	现行
	《关于进一步提高首次公开发行股票公司财务信息披露质量有关问题的意见》	2012 - 5 - 4	2012 - 5 - 4		证监会发布；现行
		2012 - 5 - 23	2012 - 5 - 23	证监会公告 [2012] 14 号	现行
	《关于加强与上市公司重大资产重组相关股票异常交易监管的暂行规定》	2012 - 11 - 6	2012 - 12 - 17	证监会公告 [2012] 33 号	现行
	《企业会计准则第 36 号——关联方披露》	2013 - 4 - 19	2013 - 4 - 19	财会 [2006] 3 号	现行
自律性规范	《上海市证券交易管理办法》	1990 - 11 - 27	1990 - 12 - 1		上海市人民政府发布；已废止
	《上海证券交易所关于实施信息即时披露制度的通知》	1994 - 10 - 21	1994 - 10 - 24	上证交字 [1994] 3020 号	现行

续表

自律性规范

颁布日期	实施日期	文　号	备　注
《上海证券交易所股票上市规则》			
1998 - 1 - 1	1998 - 1 - 1		开始实施
2000 - 4 - 28	2000 - 5 - 1		第一次修订
2001 - 6 - 8	2001 - 6 - 8		第二次修订
2002 - 2 - 25	2002 - 2 - 25		第三次修订
2004 - 11 - 29	2004 - 12 - 10		第四次修订
2006 - 5 - 18	2006 - 5 - 19		第五次修订
2008 - 9 - 4	2008 - 10 - 1	上证上字〔2008〕96号	第六次修订
2012 - 7 - 7	2012 - 7 - 7	上证公字〔2012〕34号	现行；第七次修订
《上海证券交易所公司债券上市规则》			
2000 - 9 - 1	2000 - 9 - 1		名称为:《上海证券交易所企业债券上市规则》
2007 - 9 - 18	2007 - 9 - 18	债券基金部〔2007〕66号	名称改为:《上海证券交易所公司债券上市规则》
2009 - 11 - 2	2009 - 11 - 2	上证债字〔2009〕186号	现行
《上海证券交易所关于加强上市公司信息网上披露有关工作的通知》			

续表

	颁布日期	实施日期	文 号	备 注
自律性规范				
《上海证券交易所上市公司信息披露工作核查办法》				
	2001 - 4 - 5	2001 - 4 - 5	上证上字 [2001] 45 号	已被《上海证券交易所关于废止部分业务规则的公告（第三批）》（发布、实施日期：2009 年 12 月 2 日）废止
《上海证券交易所上市公司信息披露备忘录》				
	2001 - 5 - 8	2001 - 5 - 8	上证上字 [2001] 62 号	现行
第 1 号——股东大会分类表决和网络投票				
	2005 - 3 - 16	2005 - 3 - 16		已废止
《上海证券交易所上市公司公告书内容与格式指引》				
	2006 - 05 - 19	2006 - 05 - 19		现行
《上海证券交易所上市公司信息披露事务管理制度指引》				
	2007 - 4 - 4	2007 - 4 - 4	上证上字 [2007] 59 号	现行
《上海证券交易所关于进一步加强股票交易异常波动及信息披露监管的通知》				
	2007 - 8 - 18	2007 - 9 - 1	上证监字 [2007] 8 号	现行
《上海证券交易所境内外市场同时上市的公司信息披露工作指引（试行）》				
	2008 - 1 - 4	2008 - 1 - 4		上海证券交易所上市公司部发布；现行

续表

	颁布日期	实施日期	文 号	备 注
			《上海证券交易所上市公司环境信息披露指引》	
	2008-5-14	2008-5-14		现行
			《上海证券交易所上市公司重大资产重组信息披露工作备忘录》	
			第1号——信息披露业务办理流程	
自律性规范	2008-5-20	2008-5-20		从2008年5月20日开始，上交所陆续发布《上海证券交易所上市公司重大资产重组信息披露工作备忘录》第一至第十二号；从2012年8月3日开始，上交所对《上海证券交易所上市公司重大资产重组信息披露工作备忘录》的内容进行重新修订，原第一号、第三至第十二号文件已被《上海证券交易所关于清理并公开上市公司信息披露监管规范性文件的通知》（发布、实施日期：2012年8月3日）废止
	2012-8-3	2012-8-3		现行；原《第一号——信息披露业务办理流程》（发布、实施日期：2008年5月20日）已被废止，修订为《第一号——信息披露业务办理流程》
			第2号——上市公司重大资产重组财务顾问业务指引（试行）	
	2008-5-20	2008-5-20		现行
			第3号——资产评估相关信息披露	
	2012-8-3	2012-8-3		现行；原《第三号——上市公司重大资产重组预案基本情况表》（发布、实施日期：2008年5月29日）已被废止，修订为新《第六号——资产评估相关信息披露》；原《第三号——资产评估相关信息披露》

续表

颁布日期	实施日期	文　号	备　注
第 4 号——重组内幕信息知情人名单登记及提交			
2012 - 8 - 3	2012 - 8 - 3		现行： 原《第四号——交易标的资产预估定价和交易定价差异说明》（发布、实施日期：2008 年 9 月 2 日）已被废止；原《第八号——重组内幕信息知情人名单登记》（发布、实施日期：2009 年 9 月 22 日）已被废止，修订为新《第四号——重组内幕信息知情人名单登记及提交》
第 5 号——立案调查公司申请重大资产重组停牌注意事项			
2012 - 8 - 3	2012 - 8 - 3		现行： 原《第五号——上市公司重大资产重组预案信息披露审核关注要点》（发布、实施日期：2008 年 9 月 2 日）已被废止；原《第十号——立案调查公司申请重大资产重组停牌注意事项》修订为新《第五号——立案调查公司申请重大资产重组停牌注意事项》
第 6 号——上市公司现金选择权业务指引（试行）			
2012 - 8 - 3	2012 - 8 - 3		现行： 原《第六号——资产评估相关信息披露》（发布、实施日期：2008 年 9 月 18 日）已被废止，现修订为《第三号——资产评估相关信息披露》；原《第十一号——上市公司现金选择权业务指引（试行）》修订为新《第六号——上市公司现金选择权业务指引（试行）》
第 7 号——借壳上市的标准和条件			

自律性规范

续表

颁布日期	实施日期	文　号	备　注
2012-8-3	2012-8-3	第8号——上市公司重大资产重组预案公告格式指引（试行）	现行：原《第七号——发出股东大会通知前持续信息披露规范要求》（发布、实施日期：2008年9月25日）已被废止
2012-8-3	2012-8-3		现行：原《第八号——重组内幕信息知情人名单登记》（发布、实施日期：2009年9月22日）已被废止；原《第十二号——上市公司重大资产重组预案公告格式指引（试行）》修订为新《第八号——重组内幕信息知情人名单登记及提交》（试行）（试行）
2013-7-26	2013-7-26	第9号——上市公司终止重大资产重组的信息披露（试行）	现行：原《第九号——重组停复牌安排及澄清公告要求》（发布、实施日期：2010年4月14日）已被废止
2010-10-18	2010-10-18	第10号——立案调查公司申请重大资产重组停牌注意事项	已被废止，修订为新《第五号——立案调查公司申请重大资产重组注意事项》
2011-2-22	2011-2-22	第11号——上市公司现金选择权业务指引（试行）	已被废止，修订为新《第六号——上市公司现金选择权业务指引（试行）》

自律性规范

续表

	颁布日期	实施日期	文 号	备 注
	2012-4-12	2012-4-12	第12号——上市公司重大资产重组预案公告格式指引（试行）	已被废止，修订为新《第八号——上市公司重大资产重组预案公告格式指引（试行）》
			《上海证券交易所上市公司日常信息披露工作备忘录》	
	2009-7-14	2009-7-14	第1号——临时公告格式指引　上证公字[2009]69号	《上海证券交易所上市公司临时公告格式指引》于2002年开始实施，2007年第一次修订，2008年第二次修订，2009年第三次修订，2010年第四次修订，2012年第五次修订，2013年第六、第七次修订
自律性规范	2013-06-26	2013-06-26	第2号——信息披露文件报送和证券停复牌申请业务指南	现行
	2013-6-21	2013-7-1	第3号——非公告信息网上填报业务指南	现行
	2012-11-30	2012-11-30	第4号——上市公司公平信息披露的注意事项	现行
	2012-8-3	2012-8-3	第5号——上市公司控股股东稳定公司股价措施的信息披露规范要求	现行
	2012-8-3	2012-8-3	第6号——境内外市场同时上市公司的信息披露规范要求	现行

续表

颁布日期	实施日期	文　号	备　注
2012-8-3	2012-8-3	第7号——上市公司超募资金的使用与管理	现行
2012-8-3	2012-8-3		已被《上海证券交易所关于发布〈上海证券交易所上市公司募集资金管理办法（2013年修订）〉的通知》（发布、实施日期：2013年3月29日）废止
2012-8-3	2012-8-3	第8号——上市公司董事、监事、高级管理人员和股东持股管理操作指南	现行
2012-8-3	2012-8-3	第9号——上市公司谈话制度实施规程	现行
2012-12-10	2012-12-10	第10号——约定购回式证券交易中的信息披露规范要求	现行
2010-11-9	2010-11-9	《上海证券交易所证券发行业务指引》 上证发字[2010]30号	现行
2012-11-16	2012-11-17	《关于加强与上市公司重大资产重组相关股票异常交易监管的通知》《上海证券交易所退市整理期业务实施细则》 上证公字[2012]48号	现行

（左侧栏：自律性规范）

续表

	颁布日期	实施日期	文 号	备 注
	2012-12-14	2012-12-14	上证公字[2012]72号	同日发布《上海证券交易所风险警示板股票交易暂行办法》、《上海证券交易所整理期业务实施细则》、《上海证券交易所退市股份转让系统股份转让暂行办法》和《上海证券交易所退市公司重新上市实施办法》等4项退市配套业务规则；现行
	《上海证券交易所退市公司重新上市实施办法》			
	2012-12-14	2012-12-14	上证公字[2012]72号	同日发布《上海证券交易所风险警示板股票交易暂行办法》、《上海证券交易所整理期业务实施细则》、《上海证券交易所退市股份转让系统股份转让暂行办法》和《上海证券交易所退市公司重新上市实施办法》等4项退市配套业务规则；现行
	《上海证券交易所上市公司现金分红指引》			
	2013-1-7	2013-1-7	上证公字[2013]1号	现行
	《上海证券交易所上市公司信息披露直通车业务指引》			
自律性规范	2013-2-19	2013-7-1	上证公字[2013]5号	2013年2月19日发布《关于发布〈上海证券交易所上市公司信息披露直通车业务指引〉和〈上海证券交易所信息披露公告类别索引〉的通知》；现行
	《深圳市股票发行与交易管理暂行办法》			
	1991-5-15	1991-6-15		深圳市政府发布，中国人民银行1991年4月1日批准（银复[1991]154号文）；现行

续表

	颁布日期	实施日期	文　号	备　注
自律性规范	《深圳证券交易所信息管理暂行办法》			
	1993-6-5	1993-6-5	深证所字[1993]125号	现行
	《深圳证券交易所上市公司信息披露管理暂行规定（试行）》			
	1994-1-1	1994-1-1		已被《深圳证券交易所关于废止部分业务规则的公告》（发布、实施日期：2003年9月17日）废止
	《深圳证券交易所股票上市规则》			
	1998-1-1	1998-1-1		开始实施
	2000-4-28	2000-5-1		第一次修订
	2001-6-8	2001-6-8		第二次修订
	2002-2-24	2002-2-24		第三次修订
	2004-11-25	2004-11-25		第四次修订
	2006-5-19	2006-5-19		第五次修订
	2008-9-5	2008-10-1		第六次修订
	2012-7-7	2012-7-7		现行；第七次修订
	《深圳证券交易所公司债券上市规则》			
	2000-9-1	2000-9-1		名称改为：《深圳证券交易所企业债券上市规则》

续表

颁布日期	实施日期	文 号	备 注
2007 - 10 - 8	2007 - 10 - 8	深证会〔2007〕92 号	名称为:《深圳证券交易所公司债券上市暂行规定》
2009 - 11 - 2	2009 - 11 - 2	深证上〔2009〕143 号	现行;
《深圳证券交易所上市公司信息披露工作考核办法》			
2001 - 5 - 10	2001 - 5 - 10	深证上〔2001〕48 号	
2008 - 12 - 5	2008 - 12 - 5	深证上〔2008〕161 号	
2011 - 11 - 14	2011 - 11 - 14	深证上〔2011〕344 号	
2013 - 4 - 8	2013 - 4 - 8	深证上〔2013〕112 号	现行
《深圳证券交易所股票上市公告书内容与格式指引》			
2006 - 5 - 18	2006 - 5 - 18	深证上〔2006〕46 号	
2009 - 9 - 16	2009 - 9 - 16	深证上〔2009〕91 号	
2012 - 2 - 7	2012 - 2 - 7	深证上〔2012〕23 号	现行
《深圳证券交易所上市公司信息披露工作指引》 第 1 号——业绩预告和业绩快报			
2006 - 7 - 11	2006 - 7 - 11	深证上〔2006〕71 号	《深圳证券交易所上市公司信息披露工作指引》第 1 号至第 8 号已被〈深圳证券交易所主板上市公司规范运作指引〉、〈深圳证券交易所中小企业板上市公司规范运作指引〉 2010 年 7 月 28 日《深圳证券交易所关于发布〈深圳证券交易所主板上市公司规范运作指引〉、〈深圳证券交易所中小企业板上市公司规范运作指引〉的通知》废止

自律性规范

续表

颁布日期	实施日期	文　号	备　注
第2号——股东和实际控制人信息披露			
2006 - 8 - 9	2006 - 8 - 9	深证上 [2006] 93 号	已废止
第3号——股票交易异常波动			
2006 - 8 - 9	2006 - 8 - 9	深证上 [2006] 94 号	已废止
第4号——证券投资			
2007 - 4 - 30	2007 - 4 - 30	深证上 [2007] 60 号	已废止
第5号——传闻及澄清			
2007 - 4 - 30	2007 - 4 - 30	深证上 [2007] 60 号	已废止
第6号——重大合同			
2007 - 6 - 15	2007 - 6 - 15	深证上 [2007] 90 号	已废止
第7号——会计政策及会计估计变更			
2007 - 10 - 9	2007 - 10 - 9	深证上 [2007] 163 号	已废止
第8号——衍生品投资			
2009 - 8 - 27	2009 - 8 - 27	深证上 [2009] 75 号	已废止

自律性规范　《深圳证券交易所上市公司公平信息披露指引》

续表

	颁布日期	实施日期	文 号	备 注
	2006 - 8 - 9	2006 - 8 - 9	深证上〔2006〕92 号	已被《深圳证券交易所关于发布〈深圳证券交易所主板上市公司规范运作指引〉的通知》（发布、实施日期：2010 年 7 月 28 日）废止
	《深圳证券交易所中小企业板上市公司公平信息披露指引》			
	2006 - 8 - 17	2006 - 8 - 17	深证上〔2006〕99 号	已被《深圳证券交易所关于发布〈深圳证券交易所主板上市公司规范运作指引〉的通知》（发布、实施日期：2010 年 7 月 28 日）废止
	《深圳证券交易所上市公司信息披露格式指引》			
自律性规范	2008 - 12 - 31	2008 - 12 - 31	深证上〔2008〕169 号	根据《证券法》、《上市公司信息披露管理办法》、《上市公司股票上市规则》（2008 年修订）等有关规定，制定了所上市公司信息披露格式指引》第 1 号至第 17 号；已被《深圳证券交易所关于废止部分业务规则的公告》（第四批）（发布、实施日期：2010 年 10 月 28 日）废止
	《深圳证券交易所创业板股票上市规则》			
	2009 - 6 - 5	2009 - 7 - 1	深证上〔2009〕45 号	
	2012 - 5 - 26	2012 - 5 - 1	深证上〔2012〕77 号	现行
	《深圳证券交易所创业板上市公司规范运作指引》			
	2009 - 10 - 15	2009 - 10 - 15	深证上〔2009〕106 号	现行

续表

	颁布日期	实施日期	文　号	备　注
自律性规范	《深圳证券交易所主板上市公司规范运作指引》			
	2010 - 7 - 28	2010 - 9 - 1	深证上〔2010〕243 号	现行；本所发布的《深圳证券交易所中小企业板投资者权益保护指引》（深证上〔2006〕5 号）、《深圳证券交易所中小企业板上市公司公平信息披露指引》（深证上〔2006〕99 号）、《关于在中小企业板实行临时报告实时披露制度的通知》（深证上〔2007〕114 号）、《深圳证券交易所中小企业板诚信建设指引》（深证上〔2009〕156 号）、《深圳证券交易所中小企业板上市公司投资者关系管理指引》（深证上〔2003〕53 号）、《深圳证券交易所上市公司公平信息披露指引》（深证上〔2006〕92 号）、《深圳证券交易所上市公司社会责任指引》（深证上〔2006〕115 号）、《深圳证券交易所上市公司内部控制指引》（深证上〔2006〕118 号）、《深圳证券交易所上市公司非公开发行股票业务指引》（深证上〔2007〕12 号）、《深圳证券交易所上市公司股东及其一致行动人增持股份行为指引》（深证上〔2008〕140 号）、《深圳证券交易所上市公司信息披露工作指引》第 1 号至第 8 号同时废止
	《深圳证券交易所中小企业板上市公司规范运作指引》			
	2010 - 7 - 28	2010 - 9 - 1	深证上〔2010〕243 号	现行
	《关于改进和完善深圳证券交易所主板、中小企业板上市公司退市制度的方案》			
	2012 - 6 - 28	2012 - 6 - 28		现行
	《关于加强与上市公司重大资产重组相关股票异常交易监管的通知》			
	2012 - 11 - 16	2012 - 11 - 17	深证上〔2012〕375 号	现行

续表

	颁布日期	实施日期	文　　号	备　注
	《深圳证券交易所退市整理期业务特别规定》			
	2012-12-16	2012-12-16	深证上 [2012] 422号	现行
	《深圳证券交易所退市公司重新上市实施办法》			
	2012-12-16	2012-12-16	深证上 [2012] 423号	现行
自律性规范	《深圳证券交易所创业板行业信息披露指引》			
	第1号——上市公司从事广播电影电视业务			
	2013-1-7	2013-1-7	深证上 [2013] 1号	现行
	第2号——上市公司从事药品、生物制品业务			
	2013-1-7	2013-1-7	深证上 [2013] 1号	现行
	《深圳证券交易所上市公司信息披露直通车业务指引》			
	2013-1-28	2013-2-1	深证上 [2013] 40号	现行

注：1. 本表内容主要根据中国证监会、上交所、深交所官方网站、北大法律信息网、法律图书馆、百度法律等网站整理（相关制度规范更新至2013年7月31日）；

2. 文号中为空白的表示不能找到该文号；

3. 备注中为空白的表示该法规已被废止。

附录 2

附表 3 - 2　　　　　　　　《年度报告的内容与格式》变迁表

项目	年份	内　　容
重要提示、目录和释义	1994	此项目为"封面及目录",列示于"年度报告正文"之前; 披露要求:1. 年度报告的封面应载明公司的正式名称、"年度报告"字样和报告期年份,并可以载有本公司的外文名称以及公司徽章或其他标记的图案;2. 目录应在封面内首页上排印
	1997	无此项目;将对封面和目录的披露要求列示于"总则"中; 修改披露要求:目录应排印在显著位置
	1998	新增"重要提示"项目,列示于"年度报告正文"内; 增加披露要求:1. 上市公司董事会对年度报告的真实性、准确性和完整性负个别及连带责任;2. 若会计师事务所对本公司出具了有解释性说明、保留意见、无法表示意见或否定意见的审计报告,董事会、监事会应在重要提示中增加特定陈述,对相关事项详细说明,提醒投资者注意阅读
	2001	修改为"重要提示及目录"项目; 增加披露要求:1. 对年度报告内容的真实性、准确性、完整性无法保证或存在异议的董事应单独发表意见并陈述理由;2. 对未出席董事会的董事,应当单独列示其姓名;3. 目录应标明各章、节的标题及其对应的页码
	2002	增加披露要求:公司负责人、主管会计工作负责人及会计机构负责人(会计主管人员)应当声明"保证年度报告中财务报告的真实、完整"
	2005	修改披露要求:1. 不仅董事会及董事要对年度报告的真实性、准确性和完整性负个别及连带责任,监事会及监事、高级管理人员也要对年度报告的真实性、准确性和完整性负个别及连带责任;2. 对年度报告内容的真实性、准确性、完整性无法保证或存在异议的监事、高级管理人员也应单独发表意见并陈述理由
	2012	修改为"重要提示、目录和释义"项目; 增加披露要求:1. 如年度报告涉及未来计划等前瞻性陈述,同时附有相应的警示性陈述,则应当声明该计划不构成公司对投资者的实质承诺,请投资者注意投资风险;2. 应当对可能造成投资者理解障碍以及特定含义的术语作出通俗易懂的解释,年度报告的释义应当在目录次页排印

项目	年份	内　　容
公司简介	1994	此项目为"公司简介"； 披露要求：简要介绍公司的历史与发展、各项主营业务、突出的特点及规模等，以 400 字以内为宜，可以刊载于封二或正文中
	1995	增加披露内容：公司负责信息披露事务人员的姓名、联系地址、电话，公司总部所在地、通信地址、邮政编码及各种通信工具的号码等； 修改披露要求：公司简介以 500 字以内为宜
	1997	增加披露内容：简要介绍公司的法定中、英文名称及缩写，公司法定代表人，公司股票上市地、股票简称和股票代码
	1998	增加披露内容：1. 公司董事会秘书及其授权代表的姓名、联系地址、电话、传真；2. 公司注册地址，公司办公地址，公司电子信箱；3. 年度报告备置地点； 删除披露内容：公司负责信息披露事务人员的姓名、联系地址、电话、传真
	1999	增加披露内容：1. 公司国际互联网网址；2. 公司选定的信息披露报纸名称，登载公司年度报告的中国证监会指定国际互联网网址
	2001	修改为"公司基本情况简介"项目； 修改披露内容：公司董事会秘书及其证券事务代表的姓名、联系地址、电话、传真、电子信箱； 增加披露内容：1. 公司首次注册或变更注册登记日期、地点；2. 企业法人营业执照注册号；3. 税务登记号码；4. 公司聘请的会计师事务所名称、办公地址
	2007	增加披露内容：组织机构代码
	2012	修改为"公司简介"项目； 增加披露内容：1. 应当提供首次注册情况的相关查询索引；2. 公司上市以来主营业务的变化情况和历次控股股东的变更情况；3. 公司聘请的签字会计师姓名；4. 公司聘请的报告期内履行持续督导职责的保荐机构或财务顾问的名称、办公地址以及签字的保荐代表人或财务顾问主办人的姓名，以及持续督导的时间

项目	年份	内　　容
会计数据和财务指标摘要	1994	此项目为"会计数据和业务数据摘要"; 披露要求:1. 采用数据列表方式提供至报告年度末为止的公司前三年的主要会计数据和财务指标,包括净营业收入、税后利润、总资产、股东权益、每股收益、每股净资产、每股红利、净资产收益率等;2. 可以采用数据列表方式或图形表方式,提供与上述会计数据相同期间的业务数据和指标,例如产品销售量、市场份额、以实物量计算的人均劳动生产率、公司各项主要业务占总收入的百分比、公司各地区收入占总收入的百分比等;3. 数据的排列应该从左到右,左边是报告年度(最近一期)的数据;报告年度的数据也可采用与其他年度数据不同颜色或黑体字印刷
	1995	增加披露要求:编制合并报表的公司应以合并报表数填列本项目数据和指标
	1997	增加披露内容:1. 本年度的利润总额、主营业务利润、其他业务利润、投资收益、营业外收支净额;2. 已发行人民币普通股(仅指 A 股),又发行境内上市外资股或境外上市外资股的公司,应披露按两种不同会计准则、制度计算的净利润并说明其差异;3. 年度内新上市的公司,若会计报表数据中包含新股申购冻结资金利息,应增加披露扣除新股申购冻结资金利息的各项会计数据和财务指标;4. 报告期末至摘要披露日,公司股本发生变化的,应予以说明;5. 报告期内,股东权益发生变动的,应逐项说明变化原因; 修改披露内容:提供截至报告年度末公司前三年的主要会计数据和财务指标,包括:主营业务收入、净利润、总资产、股东权益(不含少数股东权益)、每股收益、每股净资产、净资产收益率、调整后的每股净资产等;同时披露加权计算的每股收益、每股净资产、净资产收益率和调整后的每股净资产等财务指标,并说明计算方法; 删除披露内容:公司各地区收入占总收入的百分比
	1998	增加披露内容:补贴收入、经营活动产生的现金流量净额以及现金及现金等价物
	1999	增加披露内容:1. 扣除非经常性损益后的净利润;2. 营业利润;3. 因会计政策、会计估计变更,以及会计差错更正追溯调整以前年度会计数据的,应在列表中同时披露调整前后的主要会计数据和财务指标;4. 报告期末至摘要披露日,公司股本发生变化的,还应披露变化后的每股收益

项目	年份	内　　容
会计数据和财务指标摘要	2001	增加披露要求：1. 按照《公开发行证券的公司信息披露规范问答第 1 号——非经常性损益》的要求，确定和计算非经常性损益；2. 披露以报告期扣除非经常性损益后净利润为基础计算的加权平均净资产收益率；3. 报告期末至报告披露日，公司股本发生变化的，还应披露按新股本计算的每股收益
	2005	删除披露内容：采用数据列表方式或图形表方式提供与会计数据相同期间的业务数据和指标
	2007	增加披露内容：1. 归属于上市公司股东的净利润、归属于上市公司股东的扣除非经常性损益后的净利润；2. 归属于上市公司股东的每股净资产、净资产收益率、每股收益； 删除披露内容：1. 披露以报告期扣除非经常性损益后净利润为基础计算的加权平均净资产收益率；2. 报告期末至摘要披露日，公司股本发生变化的，应予以说明；3. 报告期末至报告披露日，公司股本发生变化的，还应披露按新股本计算的每股收益；4. 报告期内，股东权益发生变动的，应逐项说明变化原因
	2012	修改为"会计数据和财务指标摘要"项目； 修改披露内容：对"提供公司近 3 年的主要会计数据和财务指标"的披露要求进行删繁和重新表述
董事会报告	1994	披露内容：1. "董事会工作报告摘要"，登载董事会向股东会提交的工作报告的要点；2. "股票与股东"，介绍公司股票与股本变动情况以及股东情况；3. "董事、监事与高级管理人员"，介绍公司董事、监事与高级管理人员的任职、持股以及薪酬情况；4. "重大诉讼事项报告"，披露重大诉讼事项的有关情况。如报告期内无以上情况发生，应明确陈述"本年度公司无重大诉讼事项"；5. "年度股东会"，公布年度股东会的召开时间和地点，简要介绍准备提交股东会审议批准的事项；6. "其他报告事项"，提供董事会认为有必要报告，而又未包括在上述各项之中的事项。 补充说明：关于公司经营情况、实际经营成果与营业预测差异情况、对前次募集资金运用情况说明等内容在"董事长或总经理的业务报告"项目中反映
	1995	"年度股东会"从"董事会报告"中分离出来，作为"股东会简介"项目单独列示； 修改披露内容："重大诉讼事项报告"修改为"重大诉讼、仲裁事项报告"，披露重大诉讼、仲裁事项的有关情况。如报告期内无以上情况发生，应明确陈述"本年度公司无重大诉讼、仲裁事项"

项目	年份	内　　容
董事会报告	1997	"股票与股东"和"重大诉讼、仲裁事项报告"从"董事会报告"中分离出来，分别作为"股东变动与股东情况介绍"和"重要事项"项目单独列示； 重编披露内容：1. 董事会工作报告：报告年度内董事会的会议情况及决议内容；董事会对股东大会决议的执行情况；聘任或解聘公司经理、董事会秘书的情况；对会计师事务所出具的有保留意见或解释性说明的审计报告所涉及事项的说明；公司本年度利润实现数与预测数的差异若低于利润预测数的 10% 或高于利润预测数的 20%，应详细说明产生差异的项目和造成差异的原因；2. 高级管理人员情况，披露现任公司高级管理人员的任职、持股、薪酬情况；3. 本年度利润分配预案或资本公积金转增股本预案；4. 其他报告事项：会计师事务所的变更原因、程序及披露情况，选定的信息披露报刊名称，以及选定报刊的变更等。 补充说明：将原先在"董事长或总经理的业务报告"披露的内容进行增删整合，在"董事会报告"之后的"业务报告"项目中进行披露。披露变动包括：1. 披露公司所处的行业以及在本行业中的地位，介绍公司报告年度的经营情况（包括公司主营业务业绩、公司财务状况、公司投资情况、公司全资附属企业及控股公司经营业绩等信息）；2. 修改了"新年度的业务发展计划"的内容；3. 删除了"对实际经营结果与盈利预测的重大差异的说明"；4. 对前次募集资金的运用情况的说明单独列示为"募集资金使用情况"项目
	1998	修改披露内容：对会计师事务所出具的有解释性说明、保留意见、无法表示意见或否定意见的审计报告涉及事项的说明； 增加披露内容：1. 在报告期内离任的董事、监事姓名及离任原因；2. 报告期内公司利润分配方案、公积金转增股本方案执行情况；3. 报告期内配股方案的实施情况。 补充说明：公司经营情况、财务状况、投资情况的内容改为全部在"业务报告摘要"项目披露。增加披露内容包括：1. 介绍占公司利润总额 10% 以上的公司业务经营活动及其所属行业，如果公司有占主营业务收入或总额 10% 以上的主要产品也应予以介绍；2. 分析公司主营业务利润、净利润比上年的增减变动情况及主要原因；3. 分析公司的主要全资附属企业及控股子公司的生产经营情况；4. 如果生产经营环境以及宏观政策、法规发生了重大变化，因而已经、正在或将在对公司的财务状况和经营成果产生重要影响，须明确说明；5. 不要求公司编制新年度的利润预测，若披露则要经过注册会计师审核并发表意见

项目	年份	内 容
董事会报告	1999	"业务报告"项目正式合并到"董事会报告"项目中； 修改披露内容：1. 对占公司主营业务收入或主营业务利润10%以上的业务经营活动及其所属行业，以及占主营业务收入或主营业务利润总额10%以上的主要产品应予以介绍。主营业务及其结构较前一报告期发生较大变化的，应予以说明。2. 将"高级管理人员情况"修改为"公司管理层及员工情况"，披露董事、监事、高级管理人员的任职、持股和薪酬情况以及公司员工情况。 增加披露内容：1. 公司报告期利润实现数若较利润预测数低10%以上或较利润预测数高20%以上，应详细说明造成差异的原因。2. 按公司实际情况划分年度报酬数额区间，披露董事、监事、高级管理人员在每个区间的人数，并列明不在公司领取报酬的董事、监事、高级管理人员的姓名。3. 聘任或解聘公司经理、董事会秘书的情况
	2001	"董事、监事、高级管理人员和员工情况"项目从"董事会报告"中分离出来，单独列示； 删除披露内容：公司管理层及员工情况； 增加披露内容：1. 按行业、产品、地区说明报告期内公司主营业务收入、主营业务利润的构成情况。2. 介绍生产经营的主要产品或提供服务及其市场占有率情况；占主营业务收入或主营业务利润总额10%以上的主要产品，应分项列示其产品销售收入、产品销售成本、毛利率。3. 主要供应商、客户情况：介绍公司向前五名供应商合计的采购金额占年度采购总额的比例，前五名客户销售额合计占公司销售总额的比例。4. 若公司曾公开披露过本年度盈利预测，且实际利润实现数较盈利预测数低10%以上或较利润预测数高20%以上，应详细说明造成差异的原因；若公司曾公开披露过本年度经营计划（如收入、成本费用计划等），且实际发生额较已披露的计划数低10%以上或高20%以上，应说明变动原因。若公司对该计划进行了调整，应说明履行了何种内部决策程序，有关决议刊登的信息披露报纸及日期。 细化披露要求：1. 主要控股公司及参股公司的经营情况及业绩。应详细介绍主要控股子公司的业务性质、主要产品或服务、注册资本、资产规模、净利润。如来源于单个参股公司的投资收益对公司净利润影响达到10%以上，还应介绍该公司业务性质、主要产品或服务和净利润等情况。2. 报告期内产品或服务发生变化，应介绍已推出或宣布推出的新产品及服务，并说明其对公司经营及业绩的影响。3. 年度盈利预测与经营计划的差异、变动情况及原因说明。4. 募集资金项目进度与实际投资项目进度的异同。5. 对报告期内非募集资金投资的重大项目、项目进度及收益情况进行说明。6. 公司董事会应披露新年度的经营计划

续表

项目	年份	内　　容
董事会报告	2002	增加披露要求：公司董事会报告中应当对财务报告与其他必要的统计数据以及报告期内发生或将要发生的重大事项，进行讨论与分析，以有助于投资者了解其经营成果、财务状况（含现金流量情况）。强调不能只重复财务报告的内容。 修改披露要求：1. 如报告期内主营业务或其结构、主营业务盈利能力较前一报告期发生较大变化的应予以说明。2. 董事会报告应分析增加现金及现金等价物净增加额等比上年同期或年初数相比发生的重大变化及其原因。3. 公司董事会可以披露新年度经营计划
	2003	增加披露内容：1. 公司发生重大资产损失的，应披露对相关人员的责任追究及处理情况。公司对外担保承担连带责任导致重大资产损失的，应披露切实可行的解决措施以及行使追索权、落实内部追债责任的情况。2. 公司作出会计政策、会计估计变更或重大会计差错更正的，董事会应讨论、分析变更、更正的原因及影响。3. 公司应披露注册会计师对公司控股股东及其他关联方占用资金情况的专项说明，以及独立董事对公司累计和当期对外担保情况、执行前述规定情况的专项说明及独立意见
	2004	修改披露内容：公司应披露本次利润分配预案或资本公积金转增股本预案。对于本报告期内盈利但未提出现金利润分配预案的公司，应详细说明原因，同时说明公司未分配利润的用途和使用计划
	2005	重新整理本项目的内容，主要增加、修改披露内容如下： 增加披露要求：公司可以运用逐年比较、数据列表或其他方式对相关事项进行列示，以增进投资者的理解。 修改、补充披露要求：（一）报告期内公司经营情况的回顾：1. 概述公司报告期内总体经营情况，列示公司主营业务收入、主营业务利润、净利润的同比变动情况；2. 结合公司业务发展规模、经营区域、产品等情况，介绍与公司业务相关的宏观经济层面或外部经营环境的发展现状和变化趋势、公司存在的主要优势和困难，分析公司经营和盈利能力的连续性和稳定性；3. 占主营业务收入或主营业务利润总额10%以上的主要产品，应分项列示其主营业务收入、主营业务成本、主营业务利润率，并分析其变动情况；4. 若报告期公司资产构成同比发生重大变动的，应当说明产生变化的主要影响因素；5. 报告期营业费用、管理费用、财务费用、所得税等财务数据同比发生重大变动的，应当说明产生变化的主要影响因素；6. 结合公司现金流量表相关数据分析经营活动情况；7. 设备利用情况、订单的获取情况、产品的销售或积压情况、主要技术人员变动情况等与公司经营相关的重要信息。（二）对公司未来发展的展望中的多项内容：竞争格局、机遇和挑战；应当披露新年度的经营计划；披露为实现未来发展战略所需的资金需求及使用计划，以及资金来源情况；遵循重要性原则披露可能对公司未来发展战略和经营目标的实现产生不利影响的所有风险因素

项目	年份	内　　容
董事会报告	2007	增加披露内容：1. 报告期内其主要资产采用的计量属性。对采用公允价值计量的主要报表项目应说明公允价值的取得方式或所采用的估值技术。如主要资产计量属性在报告期内发生重大变化，应说明原因及对其公司财务状况和经营成果的影响；2. 详细介绍主要子公司的业务性质、主要产品或服务、注册资本、总资产、净资产、净利润，本年取得和处置子公司的情况。若单个子公司或参股公司的经营业绩同比出现大幅波动，且对公司合并经营业绩造成重大影响的，公司应当对其业绩波动情况及其变动原因进行分析。若主要子公司或参股公司的经营业绩未出现大幅波动，但其资产方面或其他主要财务指标出现显著变化，并可能在将来对公司业绩造成影响，也应对变化情况和原因予以说明；3. 公司控制的特殊目的主体情况；4. 适用境内外会计准则的公司，董事会应对产生差异的情况进行详细说明；5. 股权激励方案执行情况；6. 董事会下设的审计委员会的履职情况汇总报告；7. 董事会下设的薪酬委员会的履职情况汇总报告
	2012	对本项目的内容进行一定程度的重编，其中对主营业务分析、核心竞争力分析、投资状况分析、利润分配政策（特别是现金分红政策）的制定、执行或调整情况等内容进行较细致的披露要求。 修改披露内容：若报告期内公司主要资产、负债项目（包括货币资金、应收款项、存货、投资性房地产、长期股权投资、固定资产、在建工程、短期借款、长期借款等）占总资产的比例，同比变动达 30% 以上的，应当说明变化原因。 增加披露内容：1. 公司披露董事会报告应当遵守的 6 个原则；2. 公司招股说明书、募集说明书和资产重组报告书等公开披露文件中披露的未来发展与规划延续至报告期内的，公司应当对规划目标的实施进度进行分析；实施进度与规划不符的，应当详细说明原因；3. 细化对主营业务分析的披露要求：列示公司营业收入、成本、费用、研发投入、现金流等项目的同比变动情况及原因；4. 要求对公司进行核心竞争力分析和投资状况分析，并做出详细规定；5. 披露报告期内利润分配政策特别是现金分红政策的制定、执行或调整情况，披露近 3 年（含报告期）的利润分配方案或预案、资本公积金转增股本方案或预案；6. 鼓励公司主动披露积极履行社会责任的工作情况，在防治污染，加强生态保护，维护社会安全，实现可持续发展等方面所采取的措施；7. 属于国家环境保护部门规定的重污染行业的上市公司及其子公司，应当披露报告期内发生的重大环境问题及整改情况、主要污染物达标排放情况、企业环保设施的建设和运行情况、环境污染事故应急预案以及同行业环保参数比较等环境信息

续表

项目	年份	内　　容
重要事项	1994	以"重大诉讼事项报告"项目列示于"董事会报告"项目内；披露内容：重大诉讼事项的有关情况：1. 对发生在编制本年度中期报告之后，且尚未编入重大事件报告的重大诉讼事项，应陈述该事项中的诉讼提出日期、参与诉讼各方当事人、代理人及其所在单位的姓名或名称、受理法院的名称和所在地、诉讼的原因和依据、对赔偿和处罚的要求、开庭审理日期、判决日期、判决结果、诉讼各方当事人对该结果的意见等；2. 对已编入本年度中期报告或重大事件报告、但当时尚未结案的重大诉讼事项，应陈述其进展情况或审理结果；3. 公司董事、监事和高级管理人员个人被司法机关处以拘役以上的刑事处罚或受到刑事起诉后，亦应在本节陈述；4. 如报告期内无以上情况发生，应明确陈述"本年度公司无重大诉讼事项"；5. 如果公司确知存在与公司有关的重大诉讼的可能，也应对此加以说明
	1995	修改为"重大诉讼、仲裁事项报告"项目，依然列示于"董事会报告"项目内；修改披露内容：披露重大诉讼、仲裁事项的有关情况
	1997	"重大诉讼、仲裁事项报告"项目从"董事会报告"中分离出来，与"公司在报告年度内发生的重大事件及其披露情况简介"、"关联企业"项目合并，作为"重要事项"单独列示；重编披露内容：在报告年度内发生《股票条例》第六十条和《信息细则》第十七条所列举的重大事件，以及公司董事会判断为重大事件的，应对这些事件及其披露情况进行说明，包括：1. 重大诉讼、仲裁事项；2. 报告期内公司收购兼并或资产重组事项，包括收购兼并的方式，主要条件，涉及的金额、收购兼并价格及支付方式，被收购兼并企业资产、负债净资产的评估情况，以及资产重组所涉及的金额及重组方案；3. 重大关联交易事项，包括关联交易方、交易数量、交易价格和交易金额；关联交易事项对公司的影响；4. 公司董事、监事和高级管理人员个人受到刑事起诉、市场禁入或被司法机关处以刑事处罚的情况；5. 其他重大事项，如重大合同（含担保、抵押）等
	1998	对本项目的披露要求进行增删、修改；修改披露内容：1. 发生在编制本年度中期报告之后的涉及公司的重大诉讼、仲裁事项，只要求披露基本情况和涉及金额；2. 报告期内公司收购或出售资产、吸收合并事项的简要情况及进程。对公司利润产生重大影响的，应说明所涉及的金额及其占利润总额的比例；3. 其他重大合同（含担保、租赁经营、委托经营等）。增加披露内容：1. 逾期未收回的委托存款或委托贷款，应说明涉及金额、未还款的原因及可能产生的后果；2. 聘任、改聘、解聘会计师事务所情况；3. 公司报告期内更改名称或股票简称的情况

项目	年份	内　　容
重要事项	1999	增加披露内容：1. 报告期内公司董事及高级管理人员受监管部门处罚情况；2. 控股股东变更、董事会换届、改选或半数以上成员变动，总经理、董事会秘书变更情况；3. 公司与控股股东在人员、资产、财务上的"三分开"情况；4. 发生重大托管、承包、租赁资产事项，且该事项为上市公司带来的利润达到上市公司当年利润总额的10%以上（含10%）时，应详细披露有关合同的主要内容以及该收益对公司的影响；5. 在报告期内发生的《证券法》第六十二条判断为重大事项的事项； 细化披露要求：对于重大关联交易事项，某一关联方报告期内累计交易总额高于3000万元或占上市公司最近一期经审计净资产值5%以上或占本期净利润的10%以上的，须披露详细情况；如果发生的交易属不同类型，应按所给要求分别披露：1. 购销商品、提供劳务发生的关联交易；2. 资产、股权转让发生的关联交易；3. 公司与关联方（包括未纳入合并范围的子公司）存在债权、债务往来、担保等事项的；4. 其他重大关联交易
	2001	增加披露内容：1. 重大担保，披露报告期内履行的及尚未履行完毕的担保合同；2. 在报告期内或报告期继续发生委托他人进行现金资产管理事项，公司应披露委托事项的具体情况；若公司有委托贷款事项，也应比照上述委托行为予以披露；3. 公司或持股5%以上股东如在报告期内或持续到报告期内有承诺事项，说明该承诺事项的履行情况；4. 报告年度支付给聘任会计师事务所的报酬情况；5. 公司、公司董事会及董事如在报告期内有受中国证监会稽查、中国证监会行政处罚、通报批评、证券交易所公开谴责的情形，应当说明接受稽查及处罚的次数、原因及处罚结论
	2002	增加披露内容：目前的审计机构已为公司提供审计服务的连续年限（年限从审计机构与公司首次签订审计业务约定书日开始计算）
	2003	增加披露内容：1. 披露本年度发生的上市公司对控股子公司提供担保的金额；2. 属于《关于规范上市公司与关联方资金往来及上市公司对外担保若干问题的通知》要求披露的违规担保，公司应明确说明。同时，公司还应披露违规担保总额、担保总额占公司净资产的比例
	2004	修改披露内容：1. 对于重大关联交易事项，某一关联方报告期内累计关联交易总额高于3000万元且占上市公司最近一期经审计净资产值5%以上的，须披露详细情况；2. "购销商品、提供劳务发生的关联交易"修改为"购销商品、提供和接受劳务发生的关联交易"。 增加披露内容：1. 公司与关联方共同对外投资发生的关联交易，至少应披露以下内容：共同投资方、被投资企业的名称、主营业务、注册资本、资产规模、净利润、重大在建项目（如有）的进展情况；2. 公司控股子公司发生的本节所列的重要事项应当视同公司的重要事项予以披露

项目	年份	内　　容
重要事项	2005	增加披露内容：1. 公司本年度担保总额占公司净资产的比例，公司为股东、实际控制人及其关联方提供担保的金额，公司直接或间接为资产负债率超过70%的被担保对象提供的债务担保金额，以及公司担保总额超过净资产50%部分的金额；2. 公司还应披露其他在报告期内发生的《证券法》第六十七条所列的重大事项（因为《证券法》重新修订）
	2007	增加披露内容：1. 报告期内发生的破产重整相关事项，包括向法院申请重整、和解或破产清算，法院受理重整、和解或破产清算，公司重整期间等发生的法院裁定结果及其他重大事项。执行重整计划的公司还应说明重整计划的具体内容及执行情况；2. 对持有其他上市公司股权、参股商业银行、证券公司、保险公司、信托公司和期货公司等金融企业股权进行重点披露；3. 公司应披露股权激励计划在本报告期的具体实施情况；4. 资产收购、出售发生的关联交易增加披露市场公允价值、交易价格；5. 公司与关联方共同对外投资发生的关联交易，增加披露总资产。 修改披露内容：1. 公司或持股5%以上股东如在报告期内或持续到报告期内的承诺事项，包括股改承诺、收购报告书或权益变动报告书中所作承诺、资产置换时所作承诺、发行时所作承诺和其他对公司中小股东所作承诺等；2. 公司资产或项目存在盈利预测，且报告期仍处在盈利预测期间内，公司董事会和相关股东应就资产或项目是否达到原盈利预测及其原因作出说明；3. 公司及其董事、监事、高级管理人员、公司股东、实际控制人、收购人如在报告期内有受有权机关调查，司法纪检部门采取强制措施，被移送司法机关或追究刑事责任，中国证监会稽查，中国证监会行政处罚，证券市场禁入、认定为不适当人选被其他行政管理部门处罚及证券交易所公开谴责的情形，应当说明原因及结论。如中国证监会及其派出机构对公司检查后提出整改意见的，应简单说明整改情况，披露整改报告书的信息披露报纸及日期
	2012	增加披露内容：1. 对媒体普遍质疑的事项，应当披露有关澄清的内容、应对措施，以及对公司未来的影响；2. 发生控股股东及其关联方非经营性占用资金情况的，应当充分披露相关的决策程序，以及占用资金的期初金额、发生额、期末余额、占用原因、预计偿还方式及清偿时间。应当同时披露会计师事务所对资金占用的专项审核意见；3. 对于其他重大合同，列表披露合同订立双方的名称、签订日期、合同标的所涉及资产的账面价值、评估价值、相关评估机构名称、评估基准日、定价原则以及最终交易价格等，并披露截至报告期末合同的执行情况；4. 公司报告期内若聘请了内部控制审计会计师事务所、财务顾问或保荐人，应当披露聘任内部控制审计会计师事务所、财务顾问或保荐人的情况，报告期内支付给内部控制审计会计师事务所、财务顾问或保荐人的报酬情况；5. 年度报告披露后面临暂停上市和终止上市风险的公司，应当披露导致暂停上市或终止上市的原因以及公司采取的消除暂停上市或终止上市情形的措施。面临终止上市风险的公司，应当同时披露终止上市

项目	年份	内 容
重要事项	2012	后投资者关系管理工作的详细安排和计划；6. 如公司某类重要事项已在临时报告披露且后续实施无变化的，仅需披露该事项概述，并提供临时报告披露网站的相关查询索引。 修改披露内容：公司应当披露报告期内公司对外担保（如公司自身的对外担保及其子公司的对外担保，不含公司对子公司的担保）的发生额和报告期末的担保余额，以及报告期内公司对子公司提供担保的发生额和报告期末对子公司的担保余额。 删除披露要求：对持有其他上市公司股权、参股商业银行、证券公司、保险公司、信托公司和期货公司等金融企业股权进行重点披露，包括最初投资成本、持股比例、期末账面值、本期收益、会计核算科目、股份来源等情况
股份变动及股东情况	1994	此项目为"股票与股东"，列示于"董事会报告"项目内； 披露内容：公司在报告年度末股票与股东的情况以及在报告年度内的变动情况，包括：1. 股票发行与上市情况：①到报告年度末为止的前三年历次股票发行情况，包括每一次的股票和派生证券的种类、发行日期、发行价格、发行数量、上市日期、获准上市交易数量、交易终止日期等；②对报告期内因发行新股票（如送、配股）、拆细或合股等原因引起本公司股票面值和股份总数的变动，对认股权证的购股情况，可转换优先股转为普通股和可转换债转股的情况等；③公司本年内各类发行在外的股票的最高价、最低价、年初交易首日的开盘价和年终最后交易日的收盘价以及全年交易量；④到报告年度末为止的前三年普通股每股净资产的变化情况；⑤报告年度内公司回购和注销已发行在外的本公司股票的情况；⑥内部职工股情况。2. 股东情况介绍：①股权结构情况；②股东数量；③主要股东持股情况，将持有本公司5%以上股份的股东的名称、年末持股数量、年度内股份增减变动的情况如实报告；若持股5%以上的股东少于10人，则应列出至少10名最大股东的持股情况；④内部职工股东情况
	1997	以"股本变动及股东情况介绍"项目单独列示； 增加披露内容：1. 如前10名股东之间存在关联关系，应予以说明；2. 对持股10%（含10%）以上的法人股东，应介绍股东单位的法定代表人、经营范围以及持有股份的质押情况； 修改披露内容：1. 对报告期内因送股、转增股本、配股、二次发行、减资等原因引起本公司股份总数的变动和可转换公司债券转股的情况等应分别说明；2. 报告期末股东总数，介绍其中内部职工股股东或公司职工股股东数量； 删除披露内容：1. 公司本年内各类发行在外的股票的最高价、最低价、年初交易首日的开盘价和年终最后交易日的收盘价以及全年交易量；2. 到报告年度末为止的前三年普通股每股净资产的变化情况；3. 报告年度内公司回购和注销已发行在外的本公司股票的情况；4. 内部职工股东年度内增加（或减少）的人数

项目	年份	内　　容
股份变动及股东情况	1998	修改为"股本变动及股东情况"项目； 修改披露内容：对报告期内因送股、转增股本、配股、增发新股、吸收合并、可转换公司债券转股、减资、内部职工股或公司职工股上市或其他原因引起公司股份总数及结构的变动，应予以说明； 增加披露内容：1. 持有本公司5%以上（含5%）股份的股东所持股份的质押或冻结的情况；2. 报告期内控股股东的变更情况，披露相关信息的指定报纸及日期；3. 现任董事、监事和高级管理人员的姓名、年初和年末持股数量、年度内股份增减变动量及增减变动的原因
	1999	增加披露内容：1. 持有本公司5%以上（含5%）股份的股东所持股份中包括已上市流通股份和未上市流通股份的，应分别披露其数额；2. 如果有战略投资者或一般法人因配售新股成为前10名股东的，应予以注明，并披露约定持股期间的起止日期； 删除披露内容：1. 现存的内部职工股或公司职工股托管日期、托管机构、本年获准上市的数量；2. 现任董事、监事和高级管理人员的姓名、年初和年末持股数量、年度内股份增减变动量及增减变动的原因
	2001	增加披露内容：1. 公司控股股东或实际控制人的情况：若控股股东为法人的，应介绍股东单位的法定代表人、成立日期、主要业务和产品、注册资本、股权结构等；若控股股东为自然人的，应介绍其姓名、性别、年龄、主要经历及现任职务。如报告期内控股股东发生变更，应列明披露相关信息的指定报纸及日期；2. 其他持股在10%以上（含10%）的法人股东，应介绍其法定代表人、成立日期、主要业务和产品、注册资本等情况
	2002	修改披露内容：1. 加强对前10名股东的披露："如前10名股东之间存在关联关系，应予以说明"，修改为"如前10名股东之间存在关联关系或属于《上市公司股东持股变动信息披露管理办法》规定的一致行动人的，应予以说明"。2. 加强对控股股东的信息披露：若控股股东为法人的，应当介绍名称、单位负责人或法人代表、成立日期、注册资本、主要经营业务或管理活动等；若控股股东为自然人，应介绍其姓名、国籍、是否取得其他国家或地区居留权、最近五年内的职业、职务
	2003	增加披露内容：公司前10名流通股股东的名称全称、年末持有流通股的数量和种类（A、B、H股或其他）。如前十名流通股股东之间存在关联关系的，应予以说明
	2004	修改披露内容：1. 以方框图的形式披露公司与实际控制人之间的产权和控制关系；2. 披露前十名流通股股东之间，以及前十名流通股股东和前十名股东之间存在的关联关系

项目	年份	内　　容
股份变动及股东情况	2005	增加披露要求：1. 规定股份变动表和股东情况表的内容与格式；2. 报告期末完成股权分置改革的公司应当披露公司前 10 名无限售条件股东的持股情况；3. 报告期末完成股权分置改革的公司按照规定的格式披露公司前 10 名股东中原非流通股股东持有股份的限售条件
	2007	增加披露内容：披露限售股份变动情况表，其中限售股份指股改限售股份、发行限售股份和董事、监事及高级管理人员持股以及其他原因限售股份； 修改披露内容：1. 到报告期末为止的前 3 年历次证券发行情况（包括股票、可转换公司债券、分离交易的可转换公司债券、公司债券及其他衍生证券）；2. 对报告期内因送股、转增股本、配股、增发新股、非公开发行股票、权证行权、实施股权激励计划、企业合并、可转换公司债券转股、减资、内部职工股上市、债券发行或其他原因引起公司股份总数及结构的变动、公司资产负债结构的变动，应予以说明；3. 持有本公司 5% 以上（含 5%）股份的股东所持股份中包括已上市流通股份（或无限售条件股份）、未上市流通股份（或有限售条件股份），应分别披露其数额；4. 公司前 10 名无限售流通股股东的名称全称、年末持有无限售流通股的数量和种类（A、B、H 股或其他）；如前 10 名无限售流通股股东之间，以及前 10 名无限售流通股股东和前 10 名股东之间存在关联关系或属于《上市公司收购管理办法》规定的一致行动人的，应予以说明；5. 披露公司的实际控制人情况，并以方框图及文字的形式披露公司与实际控制人之间的产权和控制关系；实际控制人应披露到自然人、国有资产管理部门或者股东之间达成某种协议或安排的其他机构或自然人，包括以信托方式形成实际控制的情况；公司无法确定实际控制人的，应当披露最终控制层面持股比例在 5% 以上的股东情况
	2012	修改为"股份变动及股东情况"项目； 修改披露内容：1. 截至报告期末以及年度报告披露日前第五个交易日末的股东总数；2. 公司无法确定实际控制人的，应当披露最终控制层面持股比例在 10% 以上的股东情况；如公司没有持股 10% 以上的股东，则应当披露持股比例 5% 以上的股东情况。 增加披露内容：1. 应当披露控股股东报告期内控股和参股的其他境内外上市公司的股权情况。对控股股东为自然人的，应当披露其过去 10 年曾控股的境内外上市公司情况；2. 公司股票为融资融券标的证券的，股东持股数量应当按照其通过普通证券账户、信用证券账户持有的股票及其权益数量合并计算

项目	年份	内　　容
董事、监事、高级管理人员和员工情况	1994	此项目为"董事、监事与高级管理人员",列示于"董事会报告"项目内; 披露内容:1. 现任公司董事、监事、高级管理人员的姓名、性别、年龄、职务、任期和专业简历,陈述报告期内前述人员的变动情况; 2. 董事、监事及高级管理人员年末持股数量、年度内股份增减变动的情况;3. 董事、监事及高级管理人员年度报酬情况(以公司支付为限),包括采用货币形式、实物形式和其他形式的工资、奖金、福利、特殊待遇及有价证券等;4. 董事、监事、高级管理人员的身份证号码
	1995	删除披露内容:董事、监事、高级管理人员的身份证号码
	1997	在"股东大会简介"项目内列示现任董事、监事的任职、持股及年度报酬情况;在"董事会报告"项目内列示高级管理人员的任职、持股及年度报酬情况
	1998	增加披露内容:在报告期内离任的董事、监事、高级管理人员姓名及离任原因; 删除披露内容:董事、监事、高级管理人员的持股情况
	1999	以"公司管理层及员工情况"项目,列示于"董事会报告"项目内; 修改披露内容:现任董事、监事、高级管理人员的姓名、性别、年龄、任期起止日期、年初和年末持股数量、年度内股份增减变动量及增减变动的原因、年度报酬总额;列明不在公司领取报酬的董事、监事、高级管理人员的姓名;聘任或解聘公司经理、董事会秘书的情况。 增加披露内容:1. 按公司的实际情况划分年度报酬数额区间,披露董事、监事、高级管理人员在每个区间的人数,并列明不在公司领取报酬的董事、监事、高级管理人员的姓名;2. 公司员工的数量、专业构成(如生产人员、销售人员、技术人员、财务人员、行政人员)、教育程度及退休职工人数情况
	2001	此项目从"董事会报告"中分离出来,单独列示; 增加披露内容:1. 现任董事如为独立董事,需单独注明;2. 董事、监事如在股东单位任职,应说明职务及任职期间;3. 董事、监事和高级管理人员报酬的决策程序、报酬确定依据。现任董事、监事和高级管理人员的年度报酬总额(如基本工资、各项奖金、福利、补贴、住房津贴及其他津贴等),金额最高的前三名董事的报酬总额、金额最高的前三名高级管理人员的报酬总额;4. 独立董事的津贴及其他待遇应分别单独披露;5. 列明不在公司领取报酬、津贴的董事、监事的姓名,并注明其是否在股东单位或其他关联单位领取报酬、津贴;6. 聘任或解聘公司经理、副经理、财务负责人、董事会秘书等高级管理人员的情况。 修改披露内容:在职员工的数量、专业构成(如生产人员、销售人员、技术人员、财务人员、行政人员)、教育程度及公司需承担费用的离退休职工人数

项目	年份	内　　容
董事、监事、高级管理人员和员工情况	2004	增加披露内容：现任董事、监事、高级管理人员的主要工作经历和除股东单位外的其他单位任职或兼职情况
	2005	增加披露内容：1. 现任董事、监事、高级管理人员最近 5 年的主要工作经历；董事、监事、高级管理人员如在股东单位任职，应说明职务及任职期间；2. 披露每一位现任董事、监事和高级管理人员在报告期内从公司获得的报酬总额（包括基本工资、各项奖金、福利、补贴、住房津贴及其他津贴等），全体董事、监事和高级管理人员的报酬合计。 修改披露内容：在报告期内被选举或离任的董事和监事，以及聘任或解聘的高级管理人员姓名，及董事和监事离任和高级管理人员解聘原因； 删除披露内容：金额最高的前三名董事的报酬总额、金额最高的前三名高级管理人员的报酬总额
	2007	增加披露内容：1. 现任董事、监事、高级管理人员年初和年末持有本公司股票期权、被授予的限制性股票数量；如为独立董事，需单独注明；2. 将董事、监事和高级管理人员获得的股权激励按照可行权股数、已行权数量、行权价以及报告期末市价单独列示。 修改披露内容：董事、监事和高级管理人员报酬的决策程序、报酬确定依据以及报酬的实际支付情况。披露每一位现任董事、监事和高级管理人员在报告期内从公司获得的税前报酬总额（包括基本工资、奖金、津贴、补贴、职工福利费和各项保险费、公积金、年金以及以其他形式从公司获得的报酬）
	2012	增加披露内容：1. 除了披露现任人员的报酬，还要披露"报告期内离任董事、监事和高级管理人员在报告期内分别从公司及其股东单位获得的应付报酬总额"；2. 披露报告期内核心技术团队或关键技术人员（非董事、监事、高级管理人员）等对公司核心竞争力有重大影响的人员的变动情况，并说明变动对公司经营的影响及公司采取的应对措施。 修改披露内容：1. 对于董事、监事和高级管理人员获得的股权激励，公司应当按照已解锁股份、未解锁股份、可行权股份、已行权股份、行权价以及报告期末市价单独列示；2. 披露母公司和主要子公司的员工情况，包括在职员工的数量、专业构成（如生产人员、销售人员、技术人员、财务人员、行政人员）、教育程度、员工薪酬政策、培训计划以及需公司承担费用的离退休职工人数；3. 对于劳务外包数量较大的，公司应当披露劳务外包的工时总数和支付的报酬总额

项目	年份	内　　容
公司治理	2001	开始增加"公司治理结构"项目； 披露内容：1. 对照中国证监会发布的有关规范性文件，说明公司治理的实际状况与该文件要求是否存在差异，如有差异，应明确说明；2. 独立董事履行职责情况；3. 公司应说明其与控股股东在业务、人员、资产、机构、财务等方面是否做到分开，并说明公司是否具有独立完整的业务及自主经营能力。如做到分开，应明确说明；如不能完全独立于控股股东，应具体说明这种状况对公司产生的影响，并提出改进措施；4. 报告期内对高级管理人员的考评及激励机制、相关奖励制度（如有）的建立、实施情况
	2004	增加披露内容：独立董事出席董事会的情况；独立董事对公司有关事项曾提出异议的，需披露该事项的内容、独立董事的姓名及所提异议的内容
	2007	增加披露内容：1. 说明生产经营控制、财务管理控制、信息披露控制等内部控制制度的建立和健全情况，包括内部控制制度建立健全的工作计划及其实施情况、内部控制检查监督部门的设置情况、董事会对内部控制有关工作的安排、与财务核算相关的内部控制制度的完善情况；2. 鼓励央企控股的、金融类及其他有条件的上市公司披露董事会出具的、经审计机构核实评价的公司内部控制自我评估报告
	2012	修改为"公司治理"项目，将"股东大会情况简介"和"监事会报告"的披露内容合并到本节； 增加披露内容：1. 公司应当披露公司治理的基本状况，列示公司报告期内建立的各项公司治理制度；公司治理专项活动开展情况以及内幕信息知情人登记管理制度的制定、实施情况已通过临时公告或专项报告披露的，公司应当提供指定披露网站的相关查询索引；2. 应当披露报告期内召开的年度股东大会和临时股东大会的有关情况，包括：会议届次、召开日期、会议议案名称、决议情况及会议决议刊登的指定网站的查询索引及披露日期；3. 独立董事出席股东大会的次数，独立董事对公司有关建议是否被采纳的说明；4. 披露董事会下设专门委员会在报告期内履行职责时所提出的重要意见和建议；5. 监事会在报告期内的监督活动中发现公司存在风险的，公司应当披露监事会就有关风险的简要意见、监事会会议召开时间、会议届次、参会监事以及指定披露网站的查询索引及披露日期等信息；否则，公司应当披露监事会对报告期内的监督事项无异议；6. 因股份化改造、行业特点、国家政策、收购兼并等原因存在同业竞争的，公司应当披露相应的解决措施、工作进度及后续工作计划。公司、控股股东和实际控制人对此作出承诺的，应当在重大事项中予以说明

项目	年份	内　　容
股东大会情况简介	1994	以"年度股东会"项目列示于"董事会报告"项目内； 披露内容：1. 年度股东会的召开时间和地点；2. 准备提交股东会审议批准的事项
	1995	此项目从"董事会报告"中分离出来，单独列示为"股东会简介"； 细化披露要求：报告年度内召开的年度股东会和临时股东会的有关情况，例如：1. 召开股东会的地址、时间；2. 到会股东的情况；3. 股东大会通过的决议内容等
	1997	此项目修改为"股东大会简介"，列示于"董事会报告"前； 细化披露要求：报告年度内召开的年度股东大会和临时股东大会的有关情况，例如：1. 股东大会的通知、召集、召开情况。2. 股东到会的情况。3. 股东大会通过的决议内容。4. 选举、更换公司董事、监事情况。5. 现任董事、监事的姓名、性别、年龄、任期、主要经历（包括在其他单位任职情况）；年初、年末持股数量、年度内股份增减变动量及增减变动的原因；年度报酬情况（以公司支付为限），包括采用货币形式、实物形式和其他形式获得的工资、资金、福利、特殊待遇等
	1998	增加披露内容：在报告期内离任的董事、监事姓名及离任原因
	1999	增加披露内容：股东大会通过或否决的决议，决议刊登的信息披露报纸及披露日期； 修改披露内容：将现任董事、监事的任职、持股、薪酬情况放到"董事会报告"中披露； 删除披露内容：股东到会的情况
	2001	修改为"股东大会情况简介"项目
	2005	修改披露内容：报告期内召开的年度股东大会和临时股东大会的有关情况，包括：会议届次、召开日期、会议决议刊登的信息披露报纸及披露日期； 删除披露内容：选举、更换公司董事、监事情况
	2012	已删除本项目，将项目内容合并至"公司治理"项目中披露

项目	年份	内 容
监事会报告	1995	开始设立此项目； 披露要求：摘要提供报告年度内监事会的工作情况
	1997	细化披露要求：报告年度内监事会的工作情况，包括年度内召开会议的次数，各次会议的议题等。监事会应对下列事项发表独立意见（公司董事会中已有独立董事的公司，监事会可免予披露下述事项）：1. 公司依法运作情况。2. 公司董事、经理执行公司职务时有无违反法律、法规、公司章程或损害公司利益的行为。3. 公司最近一次募集资金实际投入项目是否和承诺投入项目一致，实际投资项目如有变更，变更程序是否合法。4. 公司收购、出售资产交易价格是否合理，有无发现内幕交易，有无损害部分股东的权益或造成公司资产流失。5. 关联交易是否公平，有无损害上市公司利益。6. 会计师事务所出具的有保留意见或解释性说明的审计报告所涉及的事项。7. 公司本年度经营出现亏损的原因。8. 公司本年度利润实现数与预测数的差异若低于利润预测数的10%或高于利润预测数的20%，应详细说明产生差异的项目和造成差异的原因
	1998	删除披露内容：监事会对公司本年度经营出现亏损的原因发表独立意见
	1999	增加披露内容：1. 公司决策程序是否合法，是否建立完善的内部控制制度，公司董事、经理执行公司职务时有无违反法律、法规、公司章程或损害公司利益的行为；2. 检查公司财务的情况。监事会应对会计师事务所出具的审计意见及所涉及事项作出评价，明确说明财务报告是否真实反映公司的财务状况和经营成果。 修改披露内容：如果会计师事务所出具了有解释性说明、保留意见、拒绝表示意见或否定意见的审计报告的，或者公司报告期利润实现数较利润预测数低10%以上或较利润预测数高20%以上的，监事会应就董事会对上述事项的说明明确表示意见
	2007	修改披露要求：如果会计师事务所出具了有强调事项、保留意见、无法表示意见或否定意见的审计报告的，监事会应就董事会对上述事项的说明明确表示意见
	2012	已删除本项目，将项目内容合并至"公司治理"项目中披露

项目	年份	内　　容
内部控制	2012	开始增加"内部控制"项目，将内部控制的内容从原来的"公司治理结构"中独立出来； 披露内容：1. 披露董事会关于内部控制责任的声明，并披露建立财务报告内部控制的依据以及内部控制制度建设情况；2. 主板（不含中小企业板）上市公司应当按照规定的实施范围披露董事会审议通过的内部控制自我评价报告，披露报告期内发现的内部控制重大缺陷的具体情况，包括缺陷发生的时间、对缺陷的具体描述、缺陷对财务报告的潜在影响、已实施或拟实施的整改措施、整改时间、整改责任人及整改效果。鼓励中小企业板上市公司披露董事会审议通过的内部控制自我评价报告；3. 按照规定要求对内部控制进行审计的公司，应当披露会计师事务所出具的内部控制审计报告。若会计师事务所出具非标准意见的内部控制审计报告或者内部控制审计报告与董事会的自我评价报告意见不一致的，公司应当解释原因；4. 披露年度报告重大差错责任追究制度的建立与执行情况，披露董事会对有关责任人采取的问责措施及处理结果
财务报告	1994	披露内容：（一）公司的财务报告和注册会计师对该财务报告发表的审计报告，包括：1. 审计报告，必须由具有从事证券业务资格的注册会计师出具。2. 财务报表，包括公司报告年度末及其前一个年度末的比较式资产负债表，该两年度的比较式利润及利润分配表、财务状况变动表（或现金流量表）。若公司持有其他企业50%以上权益的，公司与其控股企业应编制合并报表。3. 财务报表注释，应对比较式报表的两个期间的数据均作出说明。应说明的主要事项有公司的主要会计政策、报表内项目的分解与详细说明，报表上的非常规项目及非正常情况，表内无法反映的重要事项等。（二）不要求公司编制新年度的盈利预测。但是凡公司在年度报告中提供新一年度盈利预测的，该盈利预测必须经过具有从事证券业务资格的注册会计师审阅并发表意见
	1995	增加披露内容：1. 审计报告必须由具有从事证券相关业务资格的会计师事务所和其两名有从事证券相关业务资格的注册会计师出具。2. 凡编制合并财务报表的公司，除提供合并财务报表之外，还应提供本公司未经合并的已审计的财务报表。3. 公司在年度报告的其他章节所披露的同期财务会计资料以及在其他公开披露的信息中包含的同期财务会计资料，应与本节经过审计的财务报告一致

项目	年份	内　　容
财务报告	1997	增加披露内容：审计意见，若注册会计师出具的审计意见为无保留意见，且在审计报告中无其他说明，本条可省略，但应明确陈述注册会计师出具"无保留意见的审计报告"字样；若为保留意见或解释性说明的审计报告，则应全文刊登。 修改披露内容：1. "财务报表"和"财务报表注释"分别修改为"会计报表"和"会计报表附注"。2. 凡编制合并会计报表的公司，除提供合并会计报表之外，还应提供母公司已审计的会计报表以及未予合并的特殊行业子公司的已审计的会计报表。3. 会计报表附注按照《会计报表附注指引（试行）》进行编制，会计报表附注包括所有在会计报表表内未提供的、与公司财务状况、经营成果和资金变动情况有关的、有助于报表使用者更好地了解会计报表且可以公开的重要信息，如合并范围、会计政策和核算方法、承诺事项和或有事项、关联方关系和关联方交易等
	1998	修改披露要求：1. 明确规定，会计报表包括公司报告期末及其前一个年度末的比较式资产负债表、该两年度的比较式利润表及利润分配表、该年度的现金流量表、股东权益增减变动表、应交增值税明细表、分部营业利润和资产表。2. 会计报表附注应对比较式报表的两个日期或期间的数据均作出说明
	1999	修改披露要求：会计报表包括公司报告期末及其前一个年度末的比较式资产负债表、该两年度的比较式利润表及利润分配表、该年度的现金流量表
	2001	强调披露要求：公司应披露审计意见全文、经审计财务报表及其附注
	2007	修改披露要求：1. 披露审计报告正文、经审计财务报表。2. 财务报表包括公司报告期末及其前一个年度末的比较式资产负债表、该两年度的比较式利润表、现金流量表、该年度所有者权益（股东权益）变动表和财务报表附注。3. 财务报表附注应当按照《公开发行证券的公司信息披露编报规则第15号——财务报告的一般规定》（2007年修订）和中国证监会发布的相关规定编制
	2012	修改披露内容：财务报表包括公司近两年的比较式资产负债表、比较式利润表和比较式现金流量表，以及比较式所有者权益（股东权益）变动表和财务报表附注。 增加披露内容：编制合并财务报表的公司，除提供合并财务报表外，还应当提供母公司财务报表

项目	年份	内　　容
备查文件目录	1994	此项目为"备查文件"; 披露要求:公司在披露年度报告后在公司办公地点必备的有关文件,在证监会、交易所要求提供时和股东依据法规或公司章程要求查阅时,公司应及时提供。在年度报告中应明确说明备查文件是否齐备、完整。备查文件包括:1. 载有董事长、总经理亲笔签名的年度报告原本;2. 载有会计师事务所盖章、注册会计师亲笔签字的审计报告正文及财务报表;3. 年度内发行新股时的《招股说明书》(或"送配股说明书")、上市公告书;4. 在其他证券市场公布的年度报告文本;5. 公司各类统计报表和原始记录(对个别公司,经股东大会批准,并经政府有关部门认可后,有关内容可免于向社会公众公开提供)
	1997	修改披露内容:1. 载有董事长亲笔签署的年度报告正本;2. 载有法定代表人、总会计师、会计主管人员亲笔签字并盖章的财务报表;3. 载有会计师事务所盖章、注册会计师亲笔签字并盖章的审计报告正本;4. 年度内发行证券时的《招股说明书》、《上市公告书》、《配股说明书》等;5. 经最近一次股东大会通过的公司章程
	1998	重编披露内容:1. 载有法定代表人、财务负责人、会计经办人员签名并盖章的会计报表;2. 载有会计师事务所盖章、注册会计师签名并盖章的审计报告正本;3. 报告期内在中国证监会指定报纸上公开披露过的所有公司文件的正本及公告的原稿;4. 在其他证券市场公布的年度报告。 删除披露内容:1. 载有董事长亲笔签署的年度报告正本;2. 年度内发行证券时的《招股说明书》、《上市公告书》、《配股说明书》等;3. 经最近一次股东大会通过的公司章程
	1999	此项目修改为"备查文件目录"; 修改披露内容:1. 载有法定代表人、主管会计工作负责人(如设置总会计师,须为总会计师)、会计机构负责人(会计主管人员)签名并盖章的会计报表;2. 载有会计师事务所盖章、注册会计师签名并盖章的审计报告原件
	2012	修改披露内容:公司应当在办公场所置备上述文件的原件。中国证监会及其派出机构、证券交易所要求提供时,或股东依据法律、法规或公司章程要求查阅时,公司应当及时提供

注:1.《公开发行证券的公司信息披露内容与格式准则〈第 2 号——年度报告的内容与格式〉》从 1994 年正式制定后经历了 1995 年、1997 年、1998 年、1999 年、2001 年、2002 年、2003 年、2004 年、2005 年、2007 年、2012 年共十一次修订(其中 2002 年的修订结果于 2003 年 1 月 6 日才公告,此处视为 2002 年修订)。

2. 本表根据《公开发行证券的公司信息披露内容与格式准则〈第 2 号——年度报告的内容与格式〉》历年修订结果整理,表格中比较论述的内容均为年度报告的正文部分,在某项目中没有列出个别修订年份的表示该年没有太大变化。

3. "内容"一栏中,"修改披露内容"所列为该项目修改后的披露内容及要求;"重编披露内容"所列为对该项目披露内容及要求进行修改、重新编排的结果。

附录 3

附表 3－3　　　　　　　　《半年度报告的内容与格式》变迁表

项目	年份	内　　容
重要提示、目录和释义	1998	开始设立"重要提示"项目； 披露内容：1. 董事会保证本报告所载资料不存在任何重大遗漏、虚假陈述或者严重误导，并对其内容的真实性、准确性和完整性负个别及连带责任；2. 执行审计的会计师事务所对公司出具了有解释性说明段或保留意见、否定意见、拒绝表示意见的，重要提示中必须加以陈述，并提醒投资者注意阅读
	2000	增加披露内容：1. 如果公司财务会计报告未经会计师事务所审计，公司应明确表述"公司中期财务会计报告未经审计"；2. 如果公司财务会计报告已经审计并被会计师事务所出具标准无保留意见的审计报告，公司应明确表述"公司中期财务会计报告已经××会计师事务所审计并出具无保留意见的审计报告"
	2002	修改为"重要提示、释义及目录"项目； 修改披露内容：在报告全文的显要位置刊登如下重要提示："公司董事会及董事保证本报告所载资料不存在虚假记载、误导性陈述或者重大遗漏，并对其内容的真实性、准确性和完整性承担个别及连带责任。" 增加披露内容：1. 如有董事对半年度报告内容的真实性、准确性、完整性无法做出保证或存在异议，公司应披露如下声明："××董事无法保证本报告内容的真实性、准确性、完整性，理由是：……"；2. 单独披露未出席董事会会议董事的姓名；3. 对报告中投资者理解有障碍及有特定含义的术语做出解释；4. 目录应当标明各部分的标题及对应页码
	2003	增加披露内容：公司负责人、主管会计工作负责人及会计机构负责人（会计主管人员）应当声明：保证半年度报告中财务报告的真实、完整
	2007	修改披露内容：1. 在报告全文的显要位置刊登如下重要提示："公司董事会、监事会及董事、监事、高级管理人员保证本报告所载资料不存在虚假记载、误导性陈述或者重大遗漏，并对其内容的真实性、准确性和完整性承担个别及连带责任。"2. 如有董事、监事、高级管理人员对半年度报告内容的真实性、准确性、完整性无法做出保证或存在异议的，公司应披露如下声明："××董事、监事、高级管理人员无法保证本报告内容的真实性、准确性、完整性，理由是：……，请投资者特别关注"

项目	年份	内　　容
重要提示、目录和释义	2013	修改为"重要提示、目录和释义"项目； 增加披露内容：1. 应当提示经董事会审议的报告期内的半年度利润分配预案或公积金转增股本预案。2. 如半年度报告涉及未来计划等前瞻性陈述，同时附有相应的警示性陈述，则应当声明该计划不构成公司对投资者的实质承诺，请投资者注意投资风险。3. 半年度报告的释义应当在目录次页排印
公司简介	1994	尚未设立此项目
	1998	分别以"公司简介"和"主要财务指标"项目列示； 披露内容：1. 公司简介：公司的法定中、英文名称及缩写；公司注册地址、办公地址、邮政编码；公司法定代表人；公司董事会秘书及其授权人的姓名、联系地址、电话、传真；公司股票上市地、股票简称和股票代码。2. 主要财务指标：采用数据列表方式，提请报告期末及公司上一年同期的主要财务指标，包括：净利润、股东权益（不包含少数股东权益）、每股收益、净资产收益率、每股净资产和调整后的每股净资产。3. 编制合并会计报表的公司应以合并报表数填列或计算以上数据和指标。4. 报告期内新上市的公司，若会计报表数据中包含新股申购冻结资金利息，应增加披露相应数据
	2000	修改披露内容：公司董事会秘书及董事会证券事务代表的姓名、联系地址、电话、传真、电子信箱； 增加披露内容：1. 公司国际互联网网址、电子信箱；2. 公司选定的中国证监会指定报纸名称，中国证监会指定国际互联网网址，公司中期报告备置地点；3. 扣除非经常性损益后的净利润、总资产、资产负债率；4. 如公司在报告期末至中期报告披露日之间因发行新股、送股、配股、转增股本、可转换公司债券转股、减资或其他原因引起公司股份总数发生变动，还应列示变动后的每股收益和每股净资产；5. 公司在披露"扣除非经常性损益后的净利润"指标时，还应同时说明所扣除的项目、涉及金额
	2002	以"公司基本情况"项目列示； 增加披露内容：1. 公司简介的其他有关资料；2. 同时按国际会计准则编制财务报告的公司，还应披露分别按国内、国际会计准则编制的财务报告在报告期净利润、报告期期末净资产上的差异；3. 每股经营活动产生的现金流量净额；4. 股东权益、每股净资产与调整后的每股净资产应披露报告期期末及年初数，其他数据与指标应披露报告期及上年同期数；5. 财务数据与指标应按照《公开发行证券的公司信息披露内容与格式准则第2号——年度报告的内容与格式》以及中国证监会颁布的其他有关信息披露规范的相关规定填列或计算。 删除披露内容：总资产，资产负债率

项目	年份	内　　容
公司简介	2003	增加披露内容：财务指标：流动资产、流动负债； 修改披露内容：采用列表方式，提供报告期末和上年末（或报告期和上年相同期间）主要财务数据与指标
	2007	增加披露内容：1. 营业利润、利润总额、所有者权益（或股东权益）、经营活动产生的现金流量净额、基本每股收益和稀释每股收益、归属于上市公司股东的每股净资产；2. 净利润、扣除非经常性损益后的净利润、所有者权益、基本每股收益和稀释每股收益、归属于上市公司股东的每股净资产等指标以归属于上市公司股东的数据填列； 删除披露内容：流动资产；流动负债；每股收益；每股净资产和调整后的每股净资产
	2013	修改为"公司简介"项目，将原"公司基本情况"项目重新分列为"公司简介"和"会计数据和财务指标摘要"； 增加披露要求：以下事项在报告期内发生变更并已在临时报告披露的，公司应当列明披露相关信息的指定网站查询索引及日期：1. 公司注册地址、公司办公地址及其邮政编码、公司网址、电子信箱。2. 公司选定的信息披露报纸的名称、登载半年度报告的中国证监会指定网站的网址、公司半年度报告备置地。3. 公司报告期内的注册情况，包括但不限于：注册登记日期和地点、企业法人营业执照注册号、税务登记号码、组织机构代码。4. 其他有关资料 删除披露内容："主要财务数据和指标"移至"会计数据和财务指标摘要"项目中披露
会计数据和财务指标摘要	2013	开始增加"会计数据和财务指标摘要"项目，从原"公司基本情况"项目中重新独立出来； 披露内容：采用数据列表方式，提供报告期末和上年末（或报告期和上年相同期间）主要会计数据和财务指标及变动比率，包括但不限于：总资产、营业收入、归属于上市公司股东的净利润、归属于上市公司股东的扣除非经常性损益的净利润、归属于上市公司股东的净资产、经营活动产生的现金流量净额、净资产收益率、每股收益
董事会报告	1994	以"经营情况的回顾与展望"项目列示； 披露内容：1. 上半年经营情况的回顾：由公司的董事长或总经理较简要地介绍公司在报告期内的经营情况，包括（但不限于）公司在报告期内取得的成绩与进展。如果实际经营结果与原经营计划目标存在重大差异，应对差异产生的原因进行分析与说明。2. 下半年计划：主要叙述公司为了完成或超额完成年度经营计划，针对上半年生产经营过程中存在的问题准备采取的措施和对策；公司按照年度生产经营计划将要在下半年继续施行的项目安排；公司针对宏观经济环境的变化和国家有关政策的要求所要着重进行的工作

项目	年份	内　　容
董事会报告	1998	增加披露内容：1. 募股资金使用情况：对于前一次招股说明书、配股说明书中承诺的募股资金投资项目，如在报告期内完成或在报告期内继续使用的，公司应介绍项目的投入情况、项目进度及收益情况；未达到所承诺的进度的，应当解释原因；募股资金用途改变的，应当说明变更原因、变更程序及其披露情况；尚未投入使用的募股资金，应说明资金去向。2. 其他投资情况，包括所投资项目、项目进度及收益情况等。3. 如果生产经营环境以及宏观政策、法规发生了重大变化，因而已经、正在或将要对公司的财务状况和经营成果产生重大影响，须明确说明。 修改披露内容：报告期内主要经营情况。主要包括：公司主营业务的范围及其经营状况，如果公司经营业务涉及不同行业，则应对占公司主营业务收入10%（含10%）以上的经营活动及所在行业分别进行介绍。对公司利润产生重大影响的其他业务经营活动。 删除披露内容：公司按照年度生产经营计划将要在下半年继续施行的项目安排
	2000	修改披露内容：其他投资情况，对报告期内非募集资金投资的项目应说明投资项目、项目进度及收益情况等
	2002	修改为以"管理层讨论与分析"项目列示，对披露内容进行增删、修改； 增加披露内容：1. 管理层应当对财务报告与其他必要的统计数据以及报告期内发生或将要发生的重大事项进行讨论与分析，以有助于投资者了解其经营成果、财务状况（含现金流量情况，下同）。不能只重复财务报告的内容，应着重于其已知的、可能导致财务报告难以显示公司未来经营成果与财务状况的重大事项和不确定性因素，包括已对报告期产生重要影响但对未来没有影响的事项，以及未对报告期产生影响但对未来具有重要影响的事项等。2. 说明报告期主营业务收入、主营业务利润、净利润、现金及现金等价物净增加额以及报告期期末总资产、股东权益等主要财务数据与上年同期或年初数相比发生的重大变化，并分析其原因。3. 将报告期实际经营成果与招股上市文件或定期报告披露的盈利预测、有关计划或展望进行比较。有重大差异的，应说明并分析其原因。4. 如果预测下一报告期的经营成果可能为亏损或者与上年同期相比发生大幅度变动，应当予以警示。5. 财务报告经注册会计师审计，并被出具非标准无保留意见的审计报告的，应当对审计意见涉及的事项予以说明。上年年度报告中的财务报告被注册会计师出具非标准无保留意见的审计报告的，应对审计意见涉及事项的变化及处理情况予以说明。 修改披露内容：1. 管理层应当说明报告期经营情况，包括：主营业务的范围及经营状况，公司主营业务涉及具有不同风险行业、地区的，应分别阐述占报告期主营业务收入10%以上（含10%）的经营业务所在行业或地区、主营业务收入及主营业务成本；报告期内主营业务发生的变化；主要产品的市场占有率情况；对报告期净利润产生重大影响的其

续表

项目	年份	内　　容
董事会报告	2002	他经营业务。2. 在报告期内募集资金或以前期间募集资金的使用延续到报告期的，公司应披露有关投资项目的实际进度及收益情况；未达到计划进度和收益的，应解释原因；尚未使用募股资金的用途；募股资金用途发生变更的，应说明变更原因、是否已履行变更程序、新的用途、实际进度与收益情况。3. 重大非募股资金投资项目的实际进度和收益情况。若涉及增加新的被投资单位，公司还应披露该单位的名称、主要经营活动、公司拥有其股东权益的比例。4. 简要说明下半年的经营计划，包括收入、费用计划等，分析可能对下半年经营成果与财务状况产生重要影响的因素、这些因素发生的可能性及影响程度。公司对上年年度报告中披露的本年度经营计划做出修改的，应予以说明
	2003	增加披露内容：1. 对报告期利润产生重大影响的其他经营业务活动。2. 如来源于单个参股公司的投资收益对公司净利润影响达到10%以上（含10%），应介绍该公司业务性质、主要产品或服务和净利润等情况。3. 经营中的问题与困难。4. 说明完成盈利预测或计划的进度情况。 修改披露内容：1. 主营业务的范围及经营状况，对占报告期主营业务收入或主营业务利润10%以上（含10%）的行业或产品，应分别列示其主营业务收入、主营业务成本、毛利率。2. 若报告期内利润构成、主营业务或其结构、主营业务盈利能力发生重大变化的，应予以说明。3. 对上年年度报告中披露的本年度经营计划做出修改的，应说明调整的内容。 删除披露内容：说明主营业务收入、主营业务利润、净利润、现金及现金等价物净增加额（或净减少额，下同），以及报告期期末总资产、股东权益等主要财务数据与上年同期或年初数相比发生的重大变化，并分析其原因
	2007	以"董事会报告"项目列示，修改着重于以"董事会"一词代替"管理层"； 增加披露内容：概述公司报告期内总体经营情况，营业收入、营业利润及净利润的同比变动情况，说明引起变动的主要影响因素。 修改披露内容：1. 董事会应当对财务报告与其他必要的统计数据以及报告期内发生或将要发生的重大事项进行讨论与分析，以有助于投资者了解其经营成果、财务状况（含现金流量情况，下同）。不能只重复财务报告的内容，应着重于其已知的、可能导致财务报告难以显示公司未来经营成果与财务状况的重大事项和不确定性因素，包括已对报告期产生重要影响但对未来没有影响的事项，以及未对报告期产生影响但对未来具有重要影响的事项等。2. 财务报告已经会计师事务所审计，并被出具非标准审计报告的，董事会应就所涉及的事项予以说明。上年年度报告中的财务报告被注册会计师出具非标准审计报告的，应就所涉及事项的变化及处理情况予以说明。 删除披露内容：投资情况中若涉及增加新的被投资单位，公司还应披露该单位的名称、主要经营活动、公司拥有其股东权益的比例

项目	年份	内 容
董事会报告	2013	对本项目的内容进行一定程度的重编,其中对主营业务分析、核心竞争力分析、投资状况分析、利润分配政策(特别是现金分红政策)的执行或调整情况等内容进行较细致的披露要求 增加披露内容:1. 公司招股说明书、募集说明书和资产重组报告书等公开披露文件中披露的未来发展与规划延续至报告期内的,公司应当对规划目标的实施进度进行分析;实施进度与规划不符的,应当详细说明原因。2. 要求对公司进行核心竞争力分析,并做出详细规定;3. 应当披露报告期内实施的利润分配方案特别是现金分红方案、资本公积金转增股本方案的执行或调整情况。如公司董事会在审议半年度报告时拟定利润分配预案、资本公积金转增股本预案的,公司应当说明上述预案是否符合公司章程及审议程序的规定,是否充分保护中小投资者的合法权益,是否由独立董事发表意见。 修改披露内容:要求对公司进行投资状况分析,并做出详细规定(包括对外股权投资情况,非金融类公司委托理财及衍生品投资情况,募集资金的使用情况,主要子公司、参股公司情况,重大非募集资金投资情况)
重要事项	1994	以"重大事件揭示"项目列示; 披露内容:1. 根据《股票条例》第六十条及《信息细则》第四章、第五章的规定,公司在报告期内发生的须予披露的重大事件,如在报告期内已发布了重大事件公告,此处可将重大事件的主要内容及披露情况简要叙述。2. 公司在本报告中须特别注意披露涉及公司的重大诉讼、仲裁事项。如报告期内无重大诉讼、仲裁事项,应明确陈述"本报告期内公司无重大诉讼、仲裁事项"。如果公司确知存在与公司有关的重大诉讼、仲裁的可能,也应对此加以说明
	1996	修改为"重大事件的说明"项目; 增加披露内容:已披露过的但未结诉讼案件的进程及影响
	1998	修改为"重要事项"项目; 增加披露内容:1. 公司中期拟定的利润分配预案、公积金转增股本预案。2. 公司上年度利润分配方案、公积金转增股本方案及其执行情况。报告期内配股方案的实施情况。3. 报告期内公司收购兼并、资产重组事项简介。如果上述事项对公司利润产生重大影响的,应说明所涉及的金额及其对利润总额影响的金额与比例。4. 重大关联交易事项,至少应披露:关联交易方、交易金额及关联交易对公司的影响。5. 董事会、监事会应分别对会计师事务所出具的保留意见、否定意见、拒绝表示意见或解释性说明段的中期审计报告所涉及事项进行说明。6. 聘任、改聘、解聘会计师事务所情况。7. 重大合同(担保、抵押等)事项。8. 其他重大事项。 修改披露内容:1. 报告期内发生《股票条例》第六十条及《信息细则》第十七条所列举的重大事件,以及公司董事会判断为重大事件的,公司应披露有关情况,进行说明。2. 已在上一年度的年度报告中披露过但当时尚未结案的重大诉讼、仲裁事项,应陈述进展情况或审理结果及影响

续表

项目	年份	内　　容
重要事项	2000	增加披露内容：1. 上市公司与控股股东在人员、资产、财务上的"三分开"情况，即明确说明上市公司相对于其控股股东是否人员独立、资产完整、财务独立。如目前"三分开"还存在问题，公司董事会应说明整改措施和预计所需的时间。2. 若发生托管、承包、租赁其他公司资产或其他公司托管、承包、租赁上市公司资产的事项，且该事项为上市公司带来的利润达到上市公司当年利润总额的10%以上（含10%）时，公司应详细披露有关合同的主要内容，如有关资产的情况、涉及的金额和期限、收益及其确定依据等。同时还应披露该收益对上市公司的影响。3. 其他重大合同及其履行情况。4. 公司对外担保事项应遵照《关于上市公司为他人提供担保有关问题的通知》（证监公司字〔2000〕61号）的规定执行，并详细披露报告期内发生的担保事项。5. 报告期内更改名称或股票简称的情况。6. 对重要事项的披露情况（信息披露报纸及披露日期）应予以说明。7. 董事会、监事会应分别对会计师事务所出具的保留意见、否定意见、拒绝表示意见或有解释性说明的中期审计报告所涉及事项进行说明。 修改披露内容：1. 报告期内公司收购兼并、资产重组事项的简要情况及进程，说明上述事项对公司财务状况和经营成果的影响，说明所涉及的金额及其占利润总额的比例。2. 报告期内发生的重大关联交易，若对于某一关联方，报告期内累计交易总额高于3000万元或占上市公司最近一期经审计净资产值5%以上或占本期净利润的10%以上的，须披露详细情况。如果发生的交易属不同类型，应按以下要求分别披露：（1）购销商品、提供劳务发生的关联交易，至少应披露以下内容：关联交易方、交易内容、定价原则、交易价格、交易金额、占同类交易金额的比例、结算方式及关联交易事项对公司利润的影响。可以获得同类交易市场价格的，应披露市场参考价格，实际交易价格与市场参考价格差异较大的，应说明原因。大额销货退回需披露详细情况。公司还应对关联交易的必要性和持续性作出说明。（2）资产、股权转让发生的关联交易，至少应披露以下内容：关联交易方、交易内容、定价原则、资产的账面价值、评估价值、转让价格、结算方式及获得的转让收益，转让价格与账面价值或评估价值差异较大的，应说明原因。（3）公司与关联方（包括未纳入合并范围的子公司）存在债权、债务往来等事项的，应披露形成的原因及其对公司的影响。（4）其他重大关联交易
	2002	增加披露内容：1. 上年年末公司治理的实际状况与中国证监会有关文件的要求存在差异的，公司应当披露报告期内已采取的整改措施及整改情况。报告期期末仍存在差异的，应分析该差异对公司的影响，说明拟采取的整改措施和预计所需的时间。2. 公司或持有公司股份5%以上（含5%）的股东在报告期内发生或以前期间发生但持续到报告期的对

项目	年份	内　　容
重要事项	2002	公司经营成果、财务状况可能产生重要影响的承诺事项的，公司应当披露该承诺在报告期内的履行情况。3. 财务报告已经审计的，公司应当披露会计师事务所的名称、注册会计师的名字以及审计费用。更换会计师事务所的，公司应披露解聘原会计师事务所的原因，以及是否履行了必要的程序。4. 曾在临时报告中披露过的其他重要事项信息。5. 已在前一定期报告或临时报告中披露过的在报告期内发生以及在以前期间发生但持续到报告期的其他重要事项信息，公司应当编制索引，注明有关事项的名称，有关报告刊载的报刊名称、日期及版面，刊载的互联网网站名称及检索路径。其中，对多次发生的同类重大事项，公司应注明涉及金额的合计数。 修改披露内容：1. 以前期间拟定、在报告期实施的利润分配方案、公积金转增股本方案或发行新股方案的执行情况。2. 披露在报告期内发生及以前期间发生但持续到报告期的重大诉讼、仲裁事项的涉及金额、进展情况或审理结果及对经营成果与财务状况的影响（如由此产生的损益占报告期净利润的比例等）。3. 在报告期内发生及以前期间发生但持续到报告期的重大资产收购、出售或处置以及企业收购兼并事项的涉及金额、进展情况及对经营成果与财务状况的影响。4. 购销商品、提供劳务交易应披露下述信息：交易总额占同类交易总金额的比例及对经营成果与财务状况的影响；在前一定期报告或临时报告披露过的有关协议在报告期内的履行情况；交易方、交易内容、交易价格、交易金额与结算方式在报告期内发生重大变化的交易的变化情况；关联方之间存在大额销货退回的，应予以说明。5. 资产收购、出售交易应披露下述信息：交易方、交易内容、定价原则、资产的账面价值、评估价值（如有）、市场公允价值（如有）、交易价格、结算方式及对经营成果与财务状况的影响。交易价格与账面价值、评估价值或公允价值差异较大的，应说明原因。6. 与关联方报告期期末存在债权、债务或担保事项的，应披露形成原因、清偿情况、对经营成果与财务状况的影响以及有关承诺（如有）。7. 重大合同及其履行情况信息：（1）在报告期内发生或以前期间发生但延续到报告期的重大托管、承包、租赁其他公司资产或其他公司托管、承包、租赁公司资产事项的信息，包括交易金额、期限以及对经营成果与财务状况的影响。（2）在报告期内发生或以前期间发生但延续到报告期的重大担保合同信息，包括担保金额与担保期限。对有明显迹象表明可能承担连带清偿责任的担保事项，公司应予明确说明。（3）在报告期内发生或以前期间发生但延续到报告期的重大委托他人进行现金资产管理的信息，包括受托单位、委托金额、起止时间、约定收益、实际收益、期末余额以及该项行为是否履行了必要的程序

续表

项目	年份	内　　容
重要事项	2003	增加披露内容：1. 中期拟定的利润分配预案、公积金转增股本预案。2. 购销商品、提供劳务交易还应披露：定价原则、占同类交易金额的比例、关联交易事项对公司利润的影响。可以获得同类交易市场价格的，应披露市场参考价格，实际交易价格与市场参考价格差异较大的，应说明原因。3. 公司与关联方存在债权、债务或担保事项的，应披露期末余额、发生额、形成原因。4. 在报告期内其他对公司产生重大影响的重要事项，包括：公司、公司董事会及董事受中国证监会稽查、中国证监会行政处罚、通报批评、被其他行政管理部门处罚及证券交易所公开谴责的情况，说明接受稽查及处罚的次数、原因及处罚结论；公司董事、管理层有关人员被采取司法强制措施的情况。 修改披露内容：在报告期内发生及以前期间发生但持续到报告期的重大资产收购、出售及资产重组事项的简要情况，重点说明自资产重组报告书或收购出售资产公告刊登后，该事项的进展情况及对报告期经营成果与财务状况的影响
	2007	增加披露内容：1. 报告期内涉及股权激励方案的公司，应当披露股权激励方案的执行情况，包括实施股权激励方案所履行的相关程序及总体情况、股权激励基金提取及分配情况、股权激励股份来源情况、对激励对象的考核情况、对激励对象范围的调整情况、股权激励股份授予数量、股票期权授予及行权情况、股票期权行权价格及行权比例等的调整情况等。实施股权激励方案对公司报告期及未来财务状况和经营成果的影响。2. 公司应当对持有其他上市公司股权、参股商业银行、证券公司、保险公司、信托公司和期货公司等金融企业股权，以及参股拟上市公司等投资情况进行重点披露，包括最初投资成本、持股比例、期末账面值等情况。3. 公司按类别对本公司当年度将发生的日常关联交易进行总金额预计的，应披露日常关联交易事项在报告期内的实际履行情况。4. 对有关关联方的确定按《上市公司信息披露管理办法》规定的标准执行。 修改披露内容：1. 在报告期内发生及以前期间发生但持续到报告期的重大资产收购、出售及企业合并事项的简要情况及进程，说明上述事项对公司业务连续性、管理层稳定性的影响、对报告期经营成果与财务状况的影响，说明所涉及的金额及其占利润总额的比例。2. "购销商品、提供劳务交易"修改为"与日常经营相关的关联交易"。3. 在报告期内发生或以前期间发生但延续到报告期的重大担保合同信息，还应披露担保对象、担保类型（一般担保或连带责任担保）、担保的决策程序等。对于未到期担保合同，如有明显迹象表明可能承担连带清偿责任的担保事项，公司应予明确说明。4. 重大委托他人进行现金资产管理的信息，包括受托人名称、委托金额、委托期限、报酬确定方式、实际收益、期末余额以及该项行为是否履行了必要的程序。5. 公司及其董事、监事、高级管理人员、公司股东、实际控制人、收购人如在报告期内有受有权

项目	年份	内　　容
重要事项	2007	机关调查、司法纪检部门采取强制措施、被移送司法机关或追究刑事责任、中国证监会稽查、中国证监会行政处罚、证券市场禁入、通报批评、证券市场禁入、认定为不适当人选、被其他行政管理部门处罚及证券交易所公开谴责的情况，应当说明原因及结论。如中国证监会及其派出机构对公司检查后提出整改意见的，应简单说明整改情况，披露整改报告书的信息披露报纸及日期
	2008 *	修改披露内容：将"公司应当披露以前期间拟定、在报告期实施的利润分配方案、公积金转增股本方案或发行新股方案的执行情况。董事会在审议半年度报告时拟定的利润分配预案、公积金转增股本预案。"修改为"公司应当披露以前期间拟定、在报告期实施的利润分配方案、公积金转增股本方案或发行新股方案的执行情况。同时，披露现金分红政策的执行情况，并说明董事会是否制定现金分红预案"
	2013	增加披露内容：1. 对媒体普遍质疑的事项，公司应当披露有关澄清的内容、应对措施以及对公司未来的影响。2. 披露报告期内发生的破产重整相关事项，包括向法院申请重整、和解或破产清算，法院受理重整、和解或破产清算，以及公司重整期间发生的法院裁定结果及其他重大事项。执行重整计划的公司应当说明计划的具体内容及执行情况。3. 公司与关联方共同对外投资发生关联交易的，应当至少披露以下内容：共同投资方、被投资企业的名称、主营业务、注册资本、总资产、净资产、净利润、重大在建项目的进展情况。4. 对于其他重大合同，列表披露合同订立双方的名称、签订日期、合同标的所涉及资产的账面价值、评估价值、相关评估机构名称、评估基准日、定价原则以及最终交易价格等，并披露截至报告期末合同的执行情况。5. 如公司某类重要事项已在临时报告披露且后续实施无变化的，仅需披露该事项概述，并提供临时报告披露网站的相关查询索引。 删除披露要求：对持有其他上市公司股权、参股商业银行、证券公司、保险公司、信托公司和期货公司等金融企业股权，以及参股拟上市公司等投资情况进行重点披露，包括最初投资成本、持股比例、期末账面值等情况
股份变动及股东情况	1994	以"发行在外股票的变动和股权结构的变化"项目列示； 披露内容：1. 报告期内发行新股票（如送、配股）及股票的派生产品、拆细或合股、可转换债券转换情况以及发行在外的股票的其他变化情况；2. 股权结构情况：应陈述报告期截止日的股权结构——即以数量和比例表示国家、法人、个人等各类股东持有的股份和外资股份；3. 主要股东持股情况：要求将持有本公司 5% 以上股份的股东的名称、报告期内股份增减变动情况、期末持有量如实填写
	1996	增加披露内容：1. 股权结构情况应参照证监发字〔1994〕202 号附件《年度报告中股份结构的披露格式》进行披露；2. 若持股 5% 以上的股东少于 10 人，则应列至少 10 名最大股东的持股情况。以上列出的股东情况中对代表国家持有股份的股东、境外或外籍股东应予以注明

项目	年份	内　　容
股份变动及股东情况	1998	修改为"股本变动和主要股东持股情况"项目列示； 修改披露内容：如报告期内因发行新股、送股、配股、转增股本、二次发行、可转换公司债券转股、减资、内部职工股上市或其他原因引起公司股份总数及结构的变动，应予以说明； 增加披露内容：1. 如前 10 名股东之间存在关联关系，应予以说明；2. 持股 5%（含 5%）以上的法人股东所持股份发生质押、冻结等情况，公司应如实披露
	2000	增加披露内容：如果有战略投资者或一般法人因配售新股成为前 10 名股东的应予以注明，并披露约定持股期间的起止日期
	2002	增加披露内容：1. 公司应当披露报告期期末股东总数。2. 前 10 名股东所持股份中包括已上市流通股份和未上市流通股份的，应分别披露其数量。3. 前 10 名股东中代表国家持股的单位以及外资股东。4. 公司控股股东或实际控制人报告期内发生变化的，应当列明披露相关信息的指定报刊及日期。新控股股东或新实际控制人为法人的，公司应简要说明其法定代表人、成立日期、主要业务及产品、注册资本、股权结构、报告期净利润以及报告期末净资产；新控股股东或新实际控制人为自然人的，公司应简要说明其姓名、性别、年龄、主要经历及现任职务。 修改披露内容：1. 报告期内因送股、转增股本、增发新股、可转换公司债券转股或其他原因引起股份总数及结构变动的，公司应当按照《年度报告准则》的附件《公司股份变动情况表》要求的格式及其他相关要求予以披露。如无变化，无须披露。2. 公司应当披露报告期期末持有公司股份达 5%以上（含 5%）股东的全称、报告期内股份的增减变动及期末余额、所持股份类别以及所持股份被质押、冻结或托管的情况
	2003	修改披露要求：公司控股股东或实际控制人报告期内发生变化的，应当列明披露相关信息的指定报刊及日期
	2007	增加披露内容：如前 10 名股东之间存在关联关系或属于《上市公司收购管理办法》规定的一致行动人的，应予以说明。 修改披露内容：1. 报告期内因送股、转增股本、配股、增发新股、可转换公司债券转股、实施股权激励计划或其他原因引起股份总数及结构变动的，公司应当按照《公开发行证券的公司信息披露内容与格式准则第 5 号——公司股份变动报告的内容与格式》相关要求予以披露。2. 公司应当披露报告期期末股东总数，并应按照《公开发行证券的公司信息披露内容与格式准则第 5 号——公司股份变动报告的内容与格式》相关要求披露：前 10 名股东的持股情况，及前 10 名流通股东持股情况或前 10 名无限售条件股东的持股情况。3. 如前 10 名股东所持股份中包括已上市流通股份或非限售条件股份、未上市流通股份或有限售条件股份，应分别披露其数额

项目	年份	内　　容
股份变动及股东情况	2013	修改为"股份变动及股东情况"项目； 修改披露内容：对报告期内因送股、转增股本、配股、增发新股、非公开发行股票、权证行权、实施股权激励计划、企业合并、可转换公司债券转股、减资、内部职工股上市、债券发行或其他原因引起公司股份总数及股东结构变动、公司资产和负债结构变动的，应当予以说明
董事、监事、高级管理人员情况	2002	开始设立"董事、监事、高级管理人员情况"项目； 披露内容：1. 报告期内董事、监事、高级管理人员持有公司股票的变动情况。如无变化，无须披露。2. 报告期内董事、监事、高级管理人员的新聘或解聘情况
	2007	增加披露内容：报告期内董事、监事、高级管理人员持有本公司股票期权、被授予的限制性股票数量的变动情况
	2013	修改披露内容：1. 披露现任及报告期内离任董事、监事、高级管理人员在报告期内持有本公司股份、股票期权、被授予的限制性股票数量的变动情况。2. 披露报告期内被选举或离任的董事和监事、聘任或解聘的高级管理人员姓名，以及董事、监事离任和高级管理人员解聘的原因
财务报告	1994	披露内容：1. 财务报表，至少应包括资产负债表和利润表。中期报告中的财务报表可以是简化的财务报表，也可以是完整的财务报表。（1）简化的资产负债表至少应包括：流动资产、长期投资、固定资产净值、在建工程、无形资产及其他资产、资产总计、短期负债、长期负债、股东权益、少数股东权益。（2）简化的利润表至少应包括：主营业务收入、主营业务利润、其他业务利润、利润总额、应交所得税、税后利润。（3）应提供的其他财务指标包括：每股收益率、净资产收益率、每股净资产、每股现金股利（在中期预分现金股利的情况下）。2. 资产负债表的报告日为公司本会计年度前六个月的最后一天和上个会计年度的最后一天。利润表的报告期间为本会计年度前六个月和去年的相同期间。财务报表的编制应符合《中华人民共和国企业会计准则》、《股份制试点企业会计制度》、《关于在证券交易所和交易系统已挂牌和申请挂牌的公司如何执行会计制度的函》及财政部、中国证券监督管理委员会颁布的有关准则、制度和规定。3. 若公司持有其他企业50%以上权益的，有条件的公司应与其控股企业编制合并报表。4. 财务报表注释：（1）与最近一期年度报告相比，会计政策或方法发生了变化；（2）报告主体由于合并、分立等原因而发生变化；（3）生产经营环境以及宏观政策、法规发生了重大变化，因而已经、正在或将要对公司的财务状况和经营成果产生重要影响；（4）资产负债表中资产类及负债类项目与上一会计年度末资产负债表对应各项目相比、利润表各项目与上年同期利润表相同项目相比，变化达到30%以上（含）以

项目	年份	内　　容
财务报告	1994	及资产负债表股东权益类项目发生的变化；（5）在报告期内有新的大额借款发生或对原债务进行重组；（6）已知但尚未发生的重大或有事项。5. 提供的财务报告，除非特别情况外，无须经会计师事务所审计。凡未经审计的中期财务报告，应在表头下面注明"未经审计"字样。同时，公司全体董事必须确保该中期财务报告中所采用的会计政策与最近一期年度财务报告中所采用的会计政策一致，除非已在中期财务报告注释内加以说明。如果中期财务报告经过具有从事证券业务资格的会计师事务所审计过，公司必须如实报告该会计师事务所的审计意见。公司在中期报告的其他章节所披露的同期财务会计资料以及在其他公开披露文件中包含的同期财务会计资料，应与本节的财务报告一致
	1996	修改披露内容：1. 要求提供的财务报表，至少应包括"资产负债表和利润表"，改为"资产负债表和损益表"。2. 简化的资产负债表披露要求中"无形资产及其他资产"修改为"无形资产及递延资产"和"其他长期资产"。3. 若公司持有其他企业50%（不含50%）以上权益的，公司应与其控股的企业编制合并报表。对应纳入合并范围而未进行合并报表处理的被控股企业应明确列示，并说明原因。4. 财务报表附注中，资产负债表中资产类及负债类项目与上一会计年度末资产负债表对应各项目相比、损益表各项目与上年同期损益表相同项目相比，发生异常变化以及资产负债表股东权益类项目发生的变化。5. 财务报表的编制应符合财政部、中国证券监督管理委员会颁布的有关准则、制度和规定。对同一内容的规定若有变化，应以最新颁布为准。 增加披露内容：1. 简化的损益表中，还应披露投资收益，营业外收支净额和净利润。2. 如果净资产收益率低于同期银行存款利率，应说明原因。3. 上年度会计师事务所出具保留意见或无保留意见但有解释性说明审计报告的，应在本报告期内对相关事宜进行说明。 删除披露内容：应提供的其他财务指标包括：每股现金股利（在中期预分现金股利的情况下）
	1998	增加披露内容：1. 公司应按照有关规定编制合并会计报表，并同时披露合并会计报表及母公司报表。对应纳入合并范围而未进行合并报表处理的被控股企业应明确列示该企业名称及其总资产、净资产、净利润，并说明原因。2. 关联方关系及关联交易应按财政部《企业会计准则——关联方关系及其交易的披露》（财会字［1997］21号文件）的要求披露。3. 会计报表附注项目应按照《会计报表附注指引（试行）》的要求披露，至少应包括以下各项：短期投资、应收账款、其他应收款、待摊费用、存货、在建工程、长期待摊费用、财务费用、其他业务利润、投资收益、营业外收支净额等。4. 上市公司的中期财务报告可以不经过审计，但下列情形除外：（1）按照《股票上市规则》的规定公司股票交易实行特别处理的；（2）公司拟在下半年办理配股申报事宜的；（3）在中期拟定分红预案或公积金转增股本预案，并将在下半

项目	年份	内　　容
财务报告	1998	年实施的。（4）中国证监会或证券交易所确认应当进行审计的其他情形。5. 如果中期财务报告经过审计，公司应当披露完整的审计意见（若注册会计师出具的审计意见为无保留意见，且在审计报告中无其他说明，本条可省略，但应明确陈述注册会计师出具"无保留意见的审计报告"字样；若为保留意见、否定意见、拒绝表示意见或解释性说明的审计报告，则应全文刊登）。 修改披露内容：1. "财务报表"和"财务报表注释"修改为"会计报表"和"会计报表附注"。2. 公司应当编制、披露、报送完整的中期会计报表。会计报表至少应包括资产负债表、利润表及利润分配表。中期会计报表须经审计的公司应当编制现金流量表。现金流量表的报告期间为本会计年度前六个月
	2000	增加披露内容：1. 会计报表的编制应遵守国家有关政策法规、规章制度。2. 会计报表附注还应披露：（1）会计估计或核算方法发生了变化；（2）季节性、周期性收入的说明；（3）会计报表附注项目还应披露坏账准备和长期投资。 修改披露内容：1. 关联方关系及关联交易、非货币性交易及或有事项等应按财政部《企业会计准则——关联方关系及其交易的披露》、《企业会计准则——非货币性交易》、《企业会计准则——或有事项》等准则的要求披露。2. 上市公司的中期财务会计报告需要经过审计的情况，还包括"公司拟在下半年办理公募增发申报事宜的"。3. 如果中期财务报告经过审计，且为保留意见、否定意见、拒绝表示意见或解释性说明的审计报告，应登载审计报告全文及相关报表项目的注释。 删除披露内容：上市公司的中期财务报告需要经过审计的情况"按照《股票上市规则》的规定公司股票交易实行特别处理的"这一项删去
	2002	简化"财务报告"项目披露要求，只保留两项披露要求： 重编披露内容：1. 公司应当在半年度报告中披露利润及利润分配表、资产负债表、现金流量表及报表附注。2. 财务报告未经审计的，公司应当注明"未经审计"字样。财务报告经过审计的，若注册会计师出具的审计意见为标准无保留意见，公司应明确说明注册会计师出具标准无保留意见的审计报告；若注册会计师出具的审计意见为非标准无保留意见，公司应披露审计报告全文
	2003	增加披露内容：利润及利润分配表、资产负债表、现金流量表及报表附注的编制应当按照财政部发布的《企业会计准则——中期报告》的要求进行
	2007	增加披露内容：披露所有者权益变动表。 修改披露内容："利润表"修改为"比较式利润表"
备查文件目录	1994	披露要求：备查文件为公司在披露中期报告后在公司办公地点备置的有关文件。在证监会、交易所要求提供时和股东依据法规或公司章程要求查阅时，公司应及时提供。在中期报告中应明确说明备查文件是否齐备、完整，备查文件包括下列文件：1. 载有董事长、总经理亲笔签名的中期报告原本；2. 报告期内发行新股时的《招股说明书》（或"送配说明书"）、上市公告书；3. 在其他证券市场公布的中期报告文本

续表

项目	年份	内　　容
备查文件目录	1998	增加披露内容：1. 载有法定代表人、财务负责人、会计经办人员亲笔签名并盖章的会计报表；2. 如经审计，载有会计师事务所盖章、注册会计师亲笔签字并盖章的审计报告正本；3. 公司章程； 修改披露内容：1. 载有董事长亲笔签名的中期报告文本；2. 报告期内在中国证监会指定报刊上公开披露过的《招股说明书》、《上市公告书》、《配股说明书》的正本等
	2000	此项目修改为"备查文件目录"； 修改披露内容：1. 载有法定代表人、主管会计工作负责人（如设置总会计师，须为总会计师）、会计机构负责人（会计主管人员）签名并盖章的会计报表；2. 报告期内在中国证监会指定报刊上公开披露过的所有公司文件的正本及公告原稿
	2003	此项目修改为"备查文件"； 增加披露内容：其他有关资料； 修改披露内容：1. 载有董事长签名的半年度报告文本；2. 载有单位负责人、主管会计工作的负责人、会计机构负责人签名并盖章（如设置总会计师，还须由总会计师签名并盖章）的财务报告文本；3. 载有会计师事务所盖章、注册会计师签名并盖章的审计报告文本（如有）；4. 报告期内在中国证监会指定报刊上公开披露过的所有文件文本；5. 在其他证券市场披露的半年度报告文本
	2007	修改披露内容：载有法定代表人签名的半年度报告文本； 删除披露内容：公司章程文本
	2013	此项目修改为"备查文件目录"； 增加披露要求：公司应当在办公场所备置上述文件的原件。中国证监会及其派出机构、证券交易所要求提供时，或股东依据法律、法规或公司章程要求查阅时，公司应当及时提供

注：1. 《公开发行证券的公司信息披露内容与格式准则〈第 3 号——半年度报告的内容与格式〉》从 1994 年正式制定后经历了 1996 年、1998 年、2000 年、2002 年、2003 年、2007 年、2013 年共 7 次修订。另外，《关于修改上市公司现金分红若干规定的决定》（证监会第 57 号令，发布、实施日期：2008 年 10 月 9 日）中对其中"重要事项"的披露内容进行了修改，因此在"重要事项"披露的变迁中增加 2008 年一栏。

2. 本表根据《公开发行证券的公司信息披露内容与格式准则〈第 3 号——半年度报告的内容与格式〉》历年修订结果整理，表格中比较论述的内容均为半年度报告的正文部分，在某项目中没有列出个别修订年份的表示该年没有太大变化。

3. "内容"一栏中，"修改披露内容"所列为该项目修改后的披露内容及要求；"重编披露内容"所列为对该项目披露内容及要求进行修改、重新编排的结果。

附录 4

附表 5-1　信息披露要素对收益波动率的混合截面回归分析：基于 DA 的分组

AARV	全样本				DA <= 0				DA > 0			
	(1)	(2)	(3)	(4)	(1)	(2)	(3)	(4)	(1)	(2)	(3)	(4)
tim	0.0016 ***	0.0007 ***	0.0005 ***	0.0005 ***	0.0018 ***	0.0007 ***	0.0006 ***	0.0006 ***	0.0012 ***	0.0006 ***	0.0004 ***	0.0004 ***
|DA|	0.0017 ***	0.0004 ***	0.0004 ***	0.0004 ***	0.0020 ***	0.0006 ***	0.0007 ***	0.0007 ***	0.0010 ***	0.0001	0.0001	0.0001
LnME		-0.0000	-0.0000	-0.0000		0	0	0		-0.0000	-0.0000	-0.0000
|CAR|		0.0017 ***	0.0012 ***	0.0012 ***		0.0019 ***	0.0015 ***	0.0015 ***		0.0014 ***	0.0009 ***	0.0009 ***
CAR²		0.0198 ***	0.0209 ***	0.0210 ***		0.0170 ***	0.0179 ***	0.0180 ***		0.0232 ***	0.0242 ***	0.0244 ***
Beta		0.0001 ***	0.0001 ***	0.0001 ***		0.0001 ***	0.0001 ***	0.0001 ***		0.0001 ***	0.0001 ***	0.0001 ***
RMSE		0.0056 ***	0.0032 ***	0.0031 ***		0.0052 **	0.0033 **	0.0031 **		0.0063 *	0.0035 *	0.0033 *
Loss		0.0001 ***	0.0001 ***	0.0001 ***		0.0001 ***	0.0001 ***	0.0001 ***		0.0001 **	0.0001 *	0.0001 *
Totins		0.0004 ***	-0.0000	-0.0000		0.0003 ***	0	0		0.0003 ***	-0.0000	0.0000
Lsh_10		-0.0003 ***	-0.0001 ***	-0.0001 ***		-0.0002				-0.0003 ***	-0.0001 ***	-0.0001 ***
Y2002			0.0000	0.0000			0.0000 **	0.0000 **			-0.0000	-0.0000

续表

AARV	全样本				DA $\leq$ 0				DA > 0			
	(1)	(2)	(3)	(4)	(1)	(2)	(3)	(4)	(1)	(2)	(3)	(4)
Y2003			0.0001***	0.0001***			0.0001***	0.0001***			0.0001***	0.0001***
Y2004			0.0002***	0.0002***			0.0002***	0.0002***			0.0002***	0.0002***
Y2005			0.0003***	0.0003***			0.0004***	0.0004***			0.0003***	0.0003***
Y2006			0.0005***	0.0005***			0.0006***	0.0006***			0.0005***	0.0005***
Y2007			0.0004***	0.0004***			0.0004***	0.0004***			0.0004***	0.0004***
Y2008			0.0003***	0.0003***			0.0004***	0.0004***			0.0003***	0.0003***
Y2009			0.0002***	0.0002***			0.0002***	0.0002***			0.0002***	0.0002***
Y2010			0.0002***	0.0002***			0.0002***	0.0002***			0.0002***	0.0002***
行业			控制				控制				控制	
截距项	0.0003***	0.0000	-0.0000	0.0000	0.0002***	0.0001	-0.0001	0	0.0004***	0.0000	-0.0000	0.0000
N	12850	12744	12744	12744	6323	6251	6251	6251	6527	6493	6493	6493
AdjR^2	0.0338	0.5044	0.5238	0.5250	0.0516	0.4746	0.4939	0.4948	0.0144	0.5390	0.5578	0.5593
F	225.71***	516.67***	380.77***	198.04***	173.08***	253.64***	183.96***	96.42***	48.56***	286.50***	217.41***	113.83***

注：* 、 ** 、 *** 分别表示在10%、5%、1%水平下显著。

附录 5

附表 5-2　　信息披露要素对超额换手率的混合截面回归分析：基于 DA 的分组

AAT	全样本					DA < = 0				DA > 0		
	(1)	(2)	(3)	(4)	(5)	(6)	(7)	(8)	(9)	(10)	(11)	(12)
tim	0.9103***	0.1193	-0.1143	-0.1903	0.9126***	0.0621	-0.2756	-0.3485	0.7407**	0.1370	0.0181	-0.0440
|DA|	4.3760***	2.6250***	2.0537***	2.0580***	4.5508***	2.6824***	2.3719***	2.3584***	3.9826***	2.3952***	1.6942***	1.7874***
logME		-0.1068***	-0.0095	-0.0121		-0.0964***	0.0007	0.0005		-0.1168***	-0.0219	-0.0240
AARV		338.4368***	302.6741***	304.5546		320.8421***	282.8626***	285.5302		354.0972***	321.3808***	322.9418***
ROOTMSE		20.1437***	12.7594***	12.7103***		17.5130***	9.9429***	9.8225***		23.8210***	16.9729***	16.8985***
loss		0.2110***	0.2383***	0.2403***		0.2409***	0.2459***	0.2383***		0.0682	0.0331	0.0790
totins		0.4370	0.0314	0.0321		0.5434***	0.0757	0.0851		0.3298***	0.0143	0.0092
lsh_10_10		-0.4467***	-0.3561***	-0.3709***		-0.4102***	-0.3226***	-0.3348***		-0.4801***	-0.3954***	-0.4075***
Y2002			0.2935***	0.2955***			0.2973***	0.2929***			0.3110***	0.3086***
Y2003			0.3174***	0.3163***			0.4192***	0.4128***			0.2319***	0.2431***
Y2004			0.4620***	0.4634***			0.5366***	0.5284***			0.4021***	0.4167***

续表

AAT	全样本					DA<=0				DA>0		
	(1)	(2)	(3)	(4)	(5)	(6)	(7)	(8)	(9)	(10)	(11)	(12)
AAT	0.7481***											
Y2005			0.6383***	0.6409***			0.7608***	0.7556***			0.5132***	0.5191***
Y2006			0.8155***	0.8210***			0.9115***	0.9066***			0.7067***	0.7313***
Y2007			1.0245***	1.0316***			1.1733***	1.1668***			0.8602***	0.8849***
Y2008			1.2767***	1.2875***			1.5906***	1.5922***			0.9912***	1.0085***
Y2009			1.5421***	1.5578***			1.8277***	1.8275***			1.2731***	1.2994***
Y2010			-0.2298***	-0.2078***			-0.1298***	-0.1285***			-0.3245***	-0.2839***
行业				控制				控制				控制
截距项		1.7998***	0.1221	0.0818	0.7795***	1.7100***	-0.0514	-0.2280	0.7660***	1.8811***	0.3056	0.3492
N	12850	12744	12744	12744	6323	6251	6251	6251	6527	6493	6493	6493
AdjR^2	0.0223	0.1195	0.2117	0.2166	0.0268	0.1132	0.2255	0.2299	0.0151	0.1252	0.1991	0.2056
F	147.5459	107.4489	255.1799	130.2471	88.0291	55.9205	128.1736	67.9885	51.1563	55.4085	139.4452	68.9912

注：*，**，*** 分别表示在10%，5%，1%水平下显著。

译名对照表

Aboody	阿布迪	Admati	阿德马蒂
Akerlof	阿克洛夫	Andrew Van Buskirk	安得烈·范.布斯柯尔克
Ang	昂	Armstrong	阿姆斯壮
Arshadi	阿香迪	Asli Ascioglu	阿斯利·阿修格鲁
Baek	贝克	Ball	鲍尔
Barton	巴顿	Beasley	比斯利
Beaver	比弗	Bennedsen	贝纳迪森
Berger	伯杰	Berle	伯利
Beyer	贝尔	Bhattacharya	巴塔恰亚
Botosan	博拓森	Bradshaw	布莱德修
Brau	布劳	Brickley	布里克利
Bris	布里斯	Brown	布朗
Bushee	布熙	Bushman	布什曼
Campbell Taggart	坎贝尔·塔格特盖尔	Chen	陈
Cheng	程	Core	科尔
Cornell	科内尔	Courtenay	考特尼
Covrig	科夫瑞格	Defond	德丰
Dennis	丹尼斯	Easley	伊斯利
Engel	恩格尔	Eyssel	贝塞尔
Fama	法玛	Forker	福克
Frame	弗雷姆	French	弗伦奇
Gadarowski	达罗斯基	Gao	高
Gelb	盖尔布	Givoly	吉沃利
Glosten	格罗斯特	Grammig	格兰姆
Gul	古尔	Guo	郭
Hayes	海耶斯	Healy	希利
Heflin	赫夫林	Hillegeist	赫勒吉斯特

Hutton	赫顿	Jaggi	佳杰
Jarrell	贾雷尔	Jeffrey	杰弗里
Jensen	詹森	Jenter	詹特尔
Johnson	约翰逊	Johson	强森
Jones	琼斯	Kanaan	迦南
Kasznik	卡日尼克	Keown	基翁
Kothari	科塔里	Krishnamurthi	克里希那穆提
La Porta	纳·泊特	Lang	朗
Lastrapes	雷斯垂普斯	Lease	利斯
Leone	莱昂内	Leung	梁
Leuz	路斯	Lev	列弗
Lobo	洛博	Lundholm	伦德霍尔姆
Madhavan	马德哈万	Mcconnell	麦康奈尔
Means	米恩斯	Meckling	麦克林
Meulbroek	马尔布雷克	Milgrom	米尔格罗姆
Mitton	米登	Myers	迈尔斯
Noe	诺亚	Oler	奥利
Palepu	裴乐普	Palmon	帕尔蒙
Park	帕克	Peng	彭
Petersen	皮德森	Pfleiderer	弗莱德尔
Pinkerton	平克顿	Piotroski	帕尔卓斯基
Plenborg	普棱伯格	Poulsen	波尔森
Pound	庞德	Roll	罗尔
Schrand	施嘉茹昂德	Schwert	施瓦茨
Sengapta	森加普塔	Shivakumar	施瓦库玛
Shleifer	施莱弗	Sinha	辛哈
Sirri	西里	Smith	史密斯
Stephen A. Hillegeist	斯蒂芬·海勒格斯特	Stephen Brown	斯蒂芬·布朗
Trueman	特鲁曼	Verrecchia	维里克查尔
Vishny	维什尼	Waymire	威麦尔
Welker	韦尔克	Wolfenzon	沃尔芬森
Wymire	韦迈尔	Zarowin	查诺文
Zeckhauser	泽克豪泽	Zhou	周

参 考 文 献

[1] Aboody D, Kasznik R. CEO Stock Option awards and the Timing of Corporate Voluntary Disclosures [J]. Journal of Accounting and Economics, 2000, 29: 73 – 100.

[2] Admati, A. R. , Pfleiderer, P. , A Theory of Intraday Patterns: Volume and Price Variability. Review of Financial Studies, 1988a: 13 – 40.

[3] Admati, A. R. , Pfleiderer, P. , Selling and Trading on Information in Financial Markets. American Economic Review, 1988b. 78: 96 – 103.

[4] Agrawal A, Cooper T. Insider Trading before Accounting Scandals [J]. EFA 2008 Athens Meetings Paper, 2008.

[5] Ahearne, A, W. Grierver, and F. Warnock, Information Costs and Home Bias: An Analysis of U. S. Holdings of Foreign Equities. Journal of International Economics, 2004, 62: 313 – 36.

[6] Ahmed, K and Courtis. J. K, Association between Corporate Characteristics and Disclosure Levels in Annual Reports: A Meta-analysis. British Accounting Review, 1999, 31: 35 – 61.

[7] Ahmed, K. & Nicholls, D. , The Effect of Non-financial Company Characteristics on Mandatory Disclosure Compliance in Developing Countries: The Case of Bangladesh, The International Journal of Accounting, 1994, 29 (1): 62 – 77.

[8] Ahmed, Anwer S. Schneible Jr. , Richard A. The Impact of Regulation Fair Disclosure on Investors Prior Information Quality [J]. Journal of Corporate Finance. 2007, 13 (2 – 3): 282 – 299 .

[9] Akerlof, G. A. The Market for "Lemons": Quality Uncertainty and

the Market Mechanism [J]. Quarterly Journal of Economics, 1970 (8): 488 – 500.

[10] Amihud, Y. and Mendelson, H. , Asset pricing and bid-ask spread, Journal of Financial Economics, 1986, 17: 223 – 249.

[11] Andreas Gintschel, Stanimir Markov. The Effectiveness of Regulation FD [J]. Journal of Accounting & Economics [J]. 2004. 37 (3): 293 – 314.

[12] Andrew Van Buskirk. Disclosure Frequency and Information Asymmetry [J]. Review of Quantitative Finance and Accounting. 2012 (38): 411 – 440.

[13] Ang, J. S. and Brau J. C. , Firm Transparency and the Cost of Going Public, The Journal of Financial Research, spr. 2002.

[14] Anne Beyer, Daniel A. Cohen, Thomas Z. Lys, Beverly R. Walther. The Financial Reporting Environment: Review of the Recent Literature [J]. Journal of Accounting and Economics, 2010, 50: 296 – 343.

[15] Arthur J. Keown & John M. Pinkerton. Merger Announcements and Insider Trading Activity: An Empirical Investigation. The Journal of Finance. 1981, 36 (4): 855 – 869.

[16] Asli Ascioglu, Shantaram P. Hegde, Gopal V. Krishnan, John B. Mcdermott. Earnings Management and Market Liquidity [J]. Review of Quantitative Finance and Accounting. 2012 (38): 257 – 274.

[17] Baiman, S. , and R. Verrecchia. The Relation among Capital Markets, Financial Disclosure, Production Efficiency, and Insider Trading. Journal of Accounting Research, Spring 1996: 1 – 22.

[18] Ball R, Brown P. An Empirical Evaluation of Accounting Income Numbers [J]. Journal of Accounting Research, 1968, 6 (2): 159 – 178.

[19] Ball R. , Robin A. and Wu J, Incentives Versus Standards: Properties of Accounting Income in Four East Asia Countries, Journal of Accounting and Economics, 2003, 36: 235 – 270.

[20] Ball, R. , Kothari, S. P. and Robin A. , The Effect of Internation-

al Institutional Factors on Properties of Accounting Earnings, Journal of Accounting and Economics, 2000, 29: 1 –51.

[21] Barry, C. B. and S. J. Brown, Limited information as a source of risk, The Journal of Portfolio Management, 1986, 12: 66 – 72.

[22] Barry, C. B. and S. J. Brown, Differential information and security market equilibrium, Journal of Financial and Quantitative Analysis, 1985, 20: 407 – 422.

[23] Barry, C. B. and S. J. Brown, Differential information and the small firm effect, Journal of Financial Economics, 1984, 13 (2): 283 –295.

[24] Barton, J. , G. Waymire. Investor Protection under Regulated Financial Reporting. Journal of Accounting and Economics, 2005, 38: 65 –116.

[25] Basle Committee on Banking Supervision, Enhancing bank transparency, Sep. 1998, www. bis. org/publ/bcbsc141. pdf.

[26] Beasley, M. S. , An Empirical Analysis of the Relation Between the Board of Director Composition and Financial Statement Fraud. The Accounting Review, 1996, 71: 443 –465.

[27] Beck T. , Demirguc-Kunt A. and Levine R. , Law and Fiance: Why does Legal Origin Matter? Journal of Comparative Economics, 2003a, 31: 653 – 675.

[28] Beck T. , Levine R. and Loayza N. , Finance and the Sources of Growth, Journal of Financial Economics, 2000, 58: 261 – 300.

[29] Beck, T. , Demirguc-Kunt A. and Levine R. , Law, Endowments, and Finance, Journal of Financial Economics, 2003b, 70: 137 – 181.

[30] Benjamas Jirasakuldech Donna M. Dudney. Thomas S. Zorn John M. Geppert. Financial Disclosure, Investor Protection and Stock Market Behavior: an International Comparison [J]. Review of Quantitative Financial Accounting, 2011, (37): 181 –205.

[31] Bennedsen, M. and D. Wolfenzon, The Balance of power in closely held corporations, Journal of Financial Economics, 2000, (58): 113 – 139.

[32] Berle, A. and Means, G. , The Modern Corporation and Private

property, New York: Macmillan, 1932.

[33] Bertrand, M. , P. Mehta And S. Mullainathan, Ferreting Out Tunneling: An Application To Indian Groups, The Quarterly Journal Of Economics, 2002, 117: 121 – 148.

[34] Beyer A, Cohen D A, Lys T Z, et al. The Financial Reporting Environment: Review of the Recent Literature [J]. Journal of Accounting and Economics, 2010, 50: 296 – 343.

[35] Beyer, A. Financial Analysts' Forecast Revisions and Managers' Reporting Behavior [J]. Journal of Accounting and Economics 2008 (46): 334 – 348.

[36] Bhattacharya, U. and Daouk, H. The World Price of insider Trading, Journal of Finance, 2003, 57: 75 – 108.

[37] Bhushan R. , Collection of Information about Publicly Traded Firms: Theory and Evidence, Journal of Accounting and Economics, 1989a, 11: 83 – 207.

[38] Bhushan R. , Firm Characteristics and Analyst Following, Journal of Accounting and Economics, 1989b, 11 (2 – 3): 255 – 275.

[39] Bin Ke, Kathy R, Petroni. Yong Yu, et al. The Effect of Regulation FD on Transient Institutional Investors' Trading Behavior [J]. Journal of Accounting Research, 2008, 46 (4): 853 – 883.

[40] Bipin Ajinkya, Sanjeev Bhojraj, Partha Sengupta, et al. The Association between Outside Directors. Institutional Investors and the Properties of Management Earnings Forecasts [J]. Journal of Accounting Research, 2005, 43 (3): 343 – 376.

[41] Botosan, C. A and Plumlee, M. A. . Estimating expected cost of equity capital: theory-based approach. Working paper, University of Utah, Nov. , 2001.

[42] Botosan C. A, Plumlee, M. A and Xie Yuan, The Role of Information Precision in Determining the Cost of Equity Capital, Review of Accounting Studies, 2004, 9: 233 – 259.

［43］ Botosan, C. A. and Plumlee, M. A. , A Re-examination of Disclo-sure Level and Expected Cost of Capital, Journal of Accounting Research, March 2002, 40: 21 – 40.

［44］ Botosan. Christine A. Disclosure Level and the Cost of Equity Capital ［J］. The Accounting Review, 1997 (7), 72: 323 – 349.

［45］ Bradshaw, M. T. , B. J. Bushee, G. S. Milller. Accounting Choice, Home Bias, and U. S. Investment in Non-U. S. Firms ［J］. Journal of Accounting Research, 2004, 42 (5): 795 – 841.

［46］ Brennan, M. , and Subrahmanyam, A. Market Microstructure and Asset Pricing: On the Compensation for Illiquidity in Stock Returns. Journal of Financial Economics, July 1996: 441 – 464.

［47］ Brennan, N. , Voluntary Disclosure of Profit Forecasts by Target Companies in Takeover Bids. Journal of Business Finance and Accounting, 1999, 26: 883 – 918.

［48］ Brickley, James A. , Ronald C. Lease, and Clifford W. Smith, Ownership Structure and Voting on Antitakeover Amendments, Journal of Financial Economics, 1988, 20: 267 – 291.

［49］ Brockman P, Chung D. Investor Protection, Adverse Selection, and the Probability of Informed Trading ［J］. Review of Quantitative Financial Accounting. 2008 (30): 111 – 131.

［50］ Brockman P. and Chung D. Y. , Commonality in Illiquidity: Evidence from an Order-driven Market Structure, Journal of Financial research, 2002, 25: 521 – 539.

［51］ Brown S. , Finn M. and Hillegeist A. S. , Disclosure Quality and the Probability of Informed Trade, Working Paper, 2001.

［52］ Brown S. , Hillegeist. A and Lo K. , Conference calls and information asymmetry, Journal of Accounting and Economics, 2004, 37: 343 – 366.

［53］ Brown, S. , S. A. Hillegeist. How Disclosure Quality Affects the Level of Information Asymmetry ［J］. Review of Accounting Studies, 2007 (12): 443 – 477.

[54] Burns Natasha and Simi Kedia, The Impact of Performance-based Compensation on Misreporting [J]. Journal of Financial Economics, 2006 (71): 433 –465.

[55] Bushee B and C. Noe, Corporate disclosure practices, institutional investors, and stock return volatility. Journal of Accounting Research, 2000, 38: 171 –202.

[56] Bushee B, Discussion of Disclosure Practices of Foreign Companies Interacting with U.S. Markets, Journal of Accounting Research, May 2004, 42.

[57] Bushee B. J. , Matsumoto D. A. , Miller G. S. , Open Versus Closed Conference Calls: the Determinants and Effects of Broadening Access to Disclosure, Journal of Accounting and Economics, 2003, 34 : 149 –180.

[58] Bushee, B. J. , D. W. Matsumoto, and G. S. Miller. Managerial and Investor Responses to Disclosure Regulation: The Case of Reg FD and Conference Calls [J]. The Accounting Review, 2004, 79: 617 –643.

[59] Bushman R. , Chen Qi, Engel E. and Smith A. , Financial Accounting Information, Organizational Complexity and Corporate Governance Systems, Journal of Accounting and Economics, 2004, 37: 167 –201.

[60] Bushman R. M, Smith A. J. Transparency, Financial Accounting Information and Corporate Governance [J]. Economic Policy Review, 2003 April: 65 –80.

[61] Bushman R. M, Smith A. J. , Financial Accounting Information and Corporate Governance, Journal of Accounting and Economics, 2001, 32: 237 –333.

[62] Bushman R. M. , Gigler F. , Indiejikian R. J. , A Model of Two-tiered Financial Reporting, Journal of Accounting Research, 1996, 34 (Supply): 51 –74.

[63] Bushman R. M. , Piotroski J. D. and Smith A. J. , What Determines Corporate Transparency? Journal of Accounting Research, May 2004: 207 –25.

[64] Buzby S. L. , Company Size, Listed versus Unlisted Stocks and the

Extent of Financial Disclosure, Journal of Accounting Research, Spring 1975, 13 (1): 16 –37.

[65] Callahan C, C. Lee and T. Yohn, Accounting information and bid-ask spreads, Accounting Horizons, 1997, 11: 50 –60.

[66] Callen J L, Livnat J, Segal D. Accounting Restatements: Are They Always Bad News for Investors? [J]. Journal of Investing, 2006, 15 (3): 57 –68.

[67] Cerf R. A, Corporate Reporting and Investment Decisions. Berkeley, California: The University of California Press, 1961.

[68] Chambers A E, Penman S H. Timeliness of Reporting and the Stock Price Reaction to Earnings Announcements [J]. Journal of Accounting Research, 1984, 22 (1): 21 –47.

[69] Chen, C. J. P. , Jaggi, B. Association between Independent Non-executive Director, Family Control and Financial Disclosure in Hong Kong [J]. Journal of Accounting and Public Policy, 2000, (19): 285 –310.

[70] Chen. C. J. , Chen. S. and Su. X. , Is accounting information Value-relevant in the Emerging Chinese Stock Markets? Journal of international Accounting, Auditing and Taxation, 2000, 10 : 1 –22.

[71] Cheng E. C. M. , Courtenay S. M. and Krishnamurthic C. , The Impact of Increased Voluntary Disclosure on Market Information Asymmetry, Informed and Uninformed Trading, Asia-Pacific Journal of Accounting & Economics Symposium, 2005.

[72] Cheng Q, Lo K. Insider trading and voluntary disclosures [J]. Journal of Accounting Research, 2006, 44 (5): 815 –848.

[73] Chiraphol N, Chiyachantana, Christine X. Jiang, Nareerat Taechapiroontong, Robert A. Wood. The Impact of Regulation Fair Disclosure on Information Asymmetry and Trading: An In-traday Analysis [J]. The Financial Review, 2004, 39.

[74] Chiyachantana, C. N. , C. X. Jiang, N. Taechapiroontong, and R. A. Wood. The impact of Regulation Fair Disclosure on Information Asymmetry

and trading: An intraday analysis [J]. The Financial Review, 2004, 39 (4): 549 – 577.

[75] Chow C. W. and Wong-Boren A. , Voluntary Financial Disclosure by Mexican Corporations, The Accounting Review, 1987, 62 (3): 533 – 541.

[76] Christopher S. Armstrong, Wayne R. Guay, Joseph P. Weber. The role of information and financial reporting in corporate governance and debt contracting [J]. Journal of Accounting and Economics, 2010, 50: 79 – 234.

[77] Claessens, S. , S. Djankov, S. Fan, and L. Lang, Disentangling the Incentive and Entrenchment Effects of Large Shareholdings, The Journal of Finance, 2002, 57: 2741 – 2771.

[78] Clarkson P. , Guedes J. and Thompson R. , On the Diversification, Observability and Measurement of Estimation Risk, Journal of Financial and Quantitative Analysis, 1996, 31: 69 – 84.

[79] Clifford, L. The SEC Wants to Open the Information Vault: Regulation FD Sounds Great on Paper, But Will it Help Investors Know More about the Companies They Own?

[80] Coles, J. , and Loewenstein, U. , Equilibrium Pricing and Portfolio Composition in The Presence of Uncertain Parameters, Journal of Financial Economics, 1988, 22: 279 – 303.

[81] Cooke T. E. , An Assessment of Voluntary Disclosure in the Annual Reports of Japanese Corporations, The International Journal of Accounting, 1991, 26: 174 – 189.

[82] Cooke T. E. , Disclosure in Japanese Corporate Annual Reports, Journal of Business Finance and Accounting, June 1993, 20 (4): 521 – 535.

[83] Cooke T. E. , Disclosure in the Corporate Annual Report of Swedish Companies, Accounting and Business Research, Spring 1989a, 19: 113 – 122.

[84] Cooke T. E. , The Effect of Size, Stock Market Listing and Industry Type on Disclosure in the Annual Reports of Japanese Listed Corporations, Accounting and Business Research, Summer, 1992, 22: 229 – 237.

[85] Cooke T. E. , Voluntary Corporate Disclosure by Swedish Compa-nies, Journal of International Financial Management and Accounting, 1989b, 2: 171 – 195.

[86] Copeland, T. and Galai, D. , Information Effects on the Bid-ask spread. The Journal of Finance, 1983, 38: 1457 – 1469.

[87] Core J. , A review of the empirical disclosure literature: discussion, Journal of Accounting and Economics, 2001, 3: 441 – 456.

[88] Cornell. Bradford. And E. R Sirri. The Reaction of Investors and Stock Prices to Insider Trading. Journal of Finance, 1992 (47): 1031 – 1060.

[89] Covrig, V. M. Home Bias, Foreign Mutual Fund Holdings and the Voluntary Adoption of International Accounting Standards [J]. Journal of Ac-counting Research, 2007, 45 (1): 41 – 70.

[90] Cramer, J. Reg. FD-Now We're All Fools [J]. The Street Com, 2001 (6).

[91] Darrough, M. , Stoughton, N. , Financial Disclosure Policy in an Entry Game. Journal of Accounting and Economics, 1990. 12, 219 – 244.

[92] DeAngelo L. , Managerial Competition, Information Costs, and Cor-porate Governance: the use of Accounting Performance Measures in Proxy Con-tests, Journal of Accounting and Economics, 1988, 10: 3 – 37.

[93] Dechow P M, Sloan R G, Sweeney A P. Causes and Consequences of Earnings Manipulation: An Analysis of Firms Subject to Enforcement Actions by the SEC [J]. Contemporary Accounting Research, 1996, 13 (1): 1 – 36.

[94] Dechow P. M. , Sloan R. G. and Sweeney A. , Detecting Earnings Management [J]. Accounting Review, 1995 (70): 193 – 225.

[95] Defond M L, Jiambalvo J. Incidence and Circumstances of Account-ing Errors [J]. The Accounting Review, 1991, 66 (3): 643 – 655.

[96] DeFond, M. , C. W. Park. Smoothing Income in Anticipation of Future Earnings [J]. Journal of Accounting and Economics, 1997, (23): 115 – 139.

[97] DeFond, M. L. , TJ Wong, S Li, The Impact of Improved Auditor

independence on audit market concentration in China, Journal of Accounting and Economics, 1999, 28: 269 – 305.

[98] Defond, M. , & Hung. M. , and R. Trezevant: Investor Protection and the Information Content of Annual Earnings Announcements: International Evidence, Journal of Accounting and Economics, 2007, 43: 37 – 67.

[99] Dellavigna S, Pollet J M. Investor Inattention and Friday Earnings Announcements [J]. The Journal of Finance, 2009, 64 (2): 709 – 749.

[100] Demsetz, H,, The Cost of Transacting, Quarterly Journal of Economics, 1968, 83: 33 – 53.

[101] Dennis, D. and J. McConnell, International Corporate Governance, Journal of Financial and Quantitative Analysis, March 2003, 38: 1 – 36.

[102] Desai, H. Hogan C. and Wilkins. M. The Reputational Penalty for Aggressive Accounting: Earnings Restatements and Management Turnover [J]. The Accounting Review, 200.

[103] Diamond D. and R. Verrecchia, Disclosure, liquidity, and the cost of capital, The Journal of Finance, 1991, 66: 1325 – 1355.

[104] Dodd P. Ruback R. Tender Offers and Stockholder Returns: An Empirical Analysis [J]. Journal of Financial Economic. 1977. 5 (3): 351 – 374.

[105] Donelson D C, Mcinnis J M, Mergenthaler R D, et al. The Timeliness of Bad Earnings News and Litigation Risk [J]. The Accounting Review, 2012, 87 (6): 1967 – 1991.

[106] Doyle J T, Magilke M J. The Timing of Earnings Announcements: An Examination of the Strategic Disclosure Hypothesis [J]. The Accounting Review, 2009, 84 (1): 157 – 182.

[107] Dye, Ronald A. , An Evaluation of "Essays on Disclosure" and the Disclosure Literature in Accounting, Journal of Accounting and Economics 2001, 32: 181 – 235.

[108] Easley D. and O'Hara M. , Information and the Cost of Capital, The Journal of Finance, Aug 2004, 59 (4): 1553 – 1583.

［109］ Easley D. , Hvidkjaer S. , O'Hara M. , Is Information Risk a De-terminant of Asset Returns? Journal of Finance, 2002, 57: 2185 – 2221.

［110］ Easley D. , Kiefer N. M. , O'Hara M. , Cream-skimming or Profit-sharing? The Curious Role of Purchased Order Flow. Journal of Finance, 1996, 51: 811 – 833.

［111］ Easley D. , Kiefer N. M. , O'Hara M. , One Day in the Life of a very Common Stock, Review of Financial Studies, 1997, 10: 805 – 835.

［112］ Easley D. , O'Hara M. , Paperman J. B. , Financial analysts and information-based trade, Journal of Financial Markets, 1998a, 1: 175 – 201.

［113］ Easley D. , O'Hara, M. , Srinivas P. S. , Option Volume and Stock Prices: Evidence on where Informed Traders Trade, Journal of Finance, 1998b, 53: 431 – 465.

［114］ EI-Gazzar, S. M. , Predisclosure Information and Institutional own-ership: A cross Sectional Examination of Market Revaluations During Earning Announcement Periods. The Accounting Review, 1998, 73 （1）: 119 – 129.

［115］ Evans, J. H. , Sridhar, S. , Multiple Control Systems, Accrual Accounting, and Earnings Management. Journal of Accounting Research, 1996, 34, 45 – 65.

［116］ Fama E. F and Jenson M. C. , Separation of Ownership and Con-trol, Journal of Law and Economics, June 1983, 26: 301 – 325.

［117］ Fama E. F, Agency Problem and the Theory of the Firm, Journal of Political Economy, 1980, 88: 288 – 308.

［118］ Fama E. F. and J. D. MacBeth, Risk, Return and Equilibrium: Empirical tests, Journal of Political Economy, 1973, 81 : 607 – 636.

［119］ Fama E. F. , Efficient Capital Markets: Ⅱ , Journal of Finance, Dec 1991: 1575 – 1617.

［120］ Fama E. F. , French K. R. , Industry Costs of Equity, Journal of Financial Economics, 1997, 43: 153 – 193.

［121］ Fama Eugene F. Fisher Lawrence, Jensen Michael C. et al. The Ad-justment of Stock Prices to New Information ［J］. International Economic Review. 1969. 10 (1): 1 –21.

[122] Fama. E. F, Efficient Capital Market: A Review of Theory and Work, Journal of Finance, May 1970, 25 (2): 383 –417.

[123] Fan, J. P. H, and Wong, T. J. , Corporate Ownership Structure and the Informativeness of Accounting Earnings in East Asia. Journal of Accounting and Economics, 2002, 33: 401 –425.

[124] Feroz, Park, & Pastena: The Financial and Market Effects of The SEC's Accounting and Auditing Enforcement Releases [J]. Journal of Accounting Research, 1991, 29.

[125] Fields T. , T. Lys and L. Vincent, Empirical research on accounting choice, Journal of Accounting and Economics, 2001, 31: 255 –307.

[126] Forker, J. J, Corporate Governance and Disclosure Quality, Accounting and Business Resaerch, 1992, 22: 111 –124.

[127] Francis J. , Philbrick D. , Schipper K. , Shareholder Litigation and Corporate Disclosures, Journal of Accounting Research, 1994, 32: 137 –165.

[128] Francis, J. , Hanna, J. , Philbrick, D. , Management Communications with Securities Analysts. Journal of Accounting and Economics, 1998, 24: 363 –394.

[129] Frankel R. , Li Xu, Characteristics of a firm's Information Environment and the Information Asymmetry between Insiders and Outsiders, Journal of Accounting and Economics, 2004, 37: 229 –259.

[130] Frankel R. , Mcnichols, M. and Wilson, G. P. , Discretionary Disclosure and External Financing, The Accounting Review, 1995, 70: 135 – 150.

[131] French K. and Roll R. , Stock return Variance: The Arrival of Information and the Reaction of Traders, Journal of Financial Economics, 1986, 17 (1): 5 –26.

[132] Gebhardt W. R. , C. M. C. Lee and B. Swaminathan, Toward an Implied Cost of Capital, Journal of Accounting Research, 2001, 39 (1): 135 –176.

［133］Gelb D. and P. Zarowin, Corporate Disclosure Policy and the Informativeness of Stock Prices, Working Paper, New York University, 2000.

［134］General Accounting Office （GAO）. Financial Statement Restatements: Trends, Market Impacts, Regulatory Responses, and Remaining Challenges ［R］. Washington D. C. , 2002.

［135］GGigler F. , Self-enforcing Voluntary Disclosures, Journal of Accounting Research, 1994, 32: 224 - 241.

［136］Givoly D, Palmon D. Timeliness of Annual Earnings Announcements: Some Empirical Evidence ［J］. The Accounting Review, 1982, 57 （3）: 486 - 508.

［137］Glosten L. and L. Harris, Estimating the Components of the Bid/ Ask Spread, Journal of Financial Economics, May 1988: 123 - 142.

［138］Glosten L. and P. Milgrom, Bid, Ask, and Transaction Prices in a Specialist Market with Heterogeneously Informed Traders, Journal of Financial Economics, March 1985: 71 - 100.

［139］Grammig, J. , D. Schiereck, and E. Theissen. Informationsbasierter Aktienhandel über IBIS. Working Paper, JW-Goethe University Frankfurt, 1999.

［140］Gray, S. J. and H. Vint, The Impact of Culture on Accounting Disclosures: Some International Evidence, Asia-Pacific Journal of Accounting, 1995, 2: 33 - 43.

［141］Grossman, S. J. , Hart, O. D. , Disclosure Laws and Takeover Bids. Journal of Finance, May 1980, 35 : 323 - 334.

［142］Guidry F. , A Lenone and S. Rock, Eearning-based Bonus Plans and Earnings Management by Business Managemers, Journal of Accounting and Economics, January 1999, 26: 113 - 142.

［143］Gul F. A. and Leung, S. , Board leadership, Outside Directors' expertise and Voluntary Corporate Disclosures. Journal of Accounting & Public Policy, 2004, 23: 351 - 379.

［144］Gul, F. A. , S. Leung, CEO Dominance and Voluntary Corporate

Disclosure Strategies in Hong Kong Annual Reports, Working Paper, City University of Hong Kong, 2000.

[145] Guo R. J, Lev B. and Zhou N. , Competitive Costs of Disclosure by Biotech IPOs, Journal of Accounting Research, May 2004, Vol. 42 (2): 319 –355.

[146] Handa . P and S. Linn, Arbitrage Pricing with Estimation Risk, Journal of Financial Quantitative Analysis, 1993, 28: 81 –100.

[147] Harris, M. S. and Muller Ⅲ, K. A. , The Market Valuation of IAS versus US – GAAP Accounting Measures Using Form 20-F reconciliations, Journal of Accounting and Economics, 1999, 26: 285 –312.

[148] Hayes R. , Lundholm R. , Segment Reporting to the Capital Market in the Presence of Competitor, Journal of Accounting Research, 1996, 34: 261 –280.

[149] Healy P M, Palepu K G. Information Asymmetry, Corporate Disclosure, and the Capital Markets: A Review of the Empirical Disclosure Literature [J]. Journal of Accounting and Economics, 2001, 31: 405 –440.

[150] Healy P. , Hutton . A. , Palepu K. , Stock Performance and Intermediation Changes Surrounding Sustained Increase in Disclosure, Contemporary Accounting Research, 1999a, 6: 485 –520.

[151] Healy P. , Palepu K. , The Challenges of Investor Communications: the Case of CUC International Inc, Journal of Financial Economics, 1995, 38: 111 –141.

[152] Healy P. , Palepu K. , The Effect of Firm's Financial Disclosure Strategies on Stock Prices, Accounting Horizons, 1993, 7: 1 –11.

[153] Healy P. , Hutton A. , & Palepu K. . Stock Performance and Intermediation Changes Surrounding Sustained Increases in Disclosures [J]. Contemporary Accounting Research, 1999 (16): 485 –520.

[154] Healy P. M, The Effect of Bonus Schemes on Accounting Decisions, Journal of Accounting and Economics, 1985, 7: 85 –107.

[155] Healy P. M and J. M. Wahlen, A Review of Earnings Management

literature and its implications for standards setting, Accounting Horizons, 1999b, 13: 365 - 383.

[156] Heckman James, Dummy Endogenous Variables in a Simultaneous Equation system, Econometrica, July 1978: 931 - 959.

[157] Heckman James, Econometrics and Empirical Economics, Journal of Econometrics, Jan 2001, 100 (1): 3 - 5.

[158] Heckman James, Sample Selection Bias as a Specification Error, Econometrica, January 1979, 47 (1): 153 - 161.

[159] Heflin, F. , K. Subramanyam and Y. Zhang. Regulation FD and the Financial Information Environment: Early Evidence [J]. Accounting Review, 2003 (78): 1 - 38.

[160] Heflin, F. , K. Subramanyam and Y. Zhang. Stock Return Volatility Before and After Regulation FD, Working Paper, Purdue University, 2001.

[161] Heflin, F. , Shaw, K. W. , & Wild, J. J. Disclosure Policy and Market Liquidity: Impact of Depthquotes and Order Sizes [J]. Contemporary Accounting Research, 2005 (22): 829 - 866.

[162] Hirsehey, M. , Z-V. , Palmrose and S. Scholz. Long-Term Market Underreaction to Accounting Restatements [D]. University of Kansa, 2005.

[163] Ho, S. and K. Wong, A Study of Corporate Disclosure Practice and Effectiveness in Hong Kong, Journal of International Financial Management and Accounting, 2001, 12: 75 - 102.

[164] Hope O. K. , Accounting policy disclosures and analysts' forecasts, Contemporary Accounting Research, 2003a, 20: 295 - 321.

[165] Hope O. K. , Analyst following and the influence of disclosure components, IPOs and ownership concentration, Asia-Pacific Journal of accounting and Economics, 2003d, 10: 17 - 41.

[166] Hope O. K. , Disclosure Practices, Enforcement of Accounting Standards and Analysts' Forecast Accuracy: an International Study, Journal of accounting Research, 2003b, 41: 235 - 72.

[167] Hope O. K. , Firm-level disclosures and the relative roles of culture and legal origin, Journal of International Financial Management and Accounting, 2003c, 14: 218 - 248.

[168] Hossain, M. , Perera, M. H. B, Rahman, A. R. , Voluntary disclosure in the annual reports of New Zealand companies, Journal of International Financial Management and Accounting, 1995, 69 - 87.

[169] Hribar P. , Discussion of competitive costs of disclosure by biotech IPOs, Journal of Accounting Research, 2004, Vol. 42 (2): 357 - 364.

[170] Inchausti, B. G. , The influence of company characteristics and accounting regulation on information disclosed by Spanish firms, The European Accounting Review, 1997, 6 (1): 45 - 68.

[171] Jaggi, B. and P. Y. Low, Impact of Culture, Market Forces, and Legal System on Financial Disclosures, International Journal of Accounting, 2000, 35 (4): 495 - 519.

[172] Jarrell, G. A. and Poulsen, A. B. , . Shark Repellents and stock prices: The effects of antitakeover amendments Since 1980. Journal of Financial Economics, Sep. 1987, 19: 127 - 168.

[173] Jean François Gajewskia, Bertrand "P. Quéré. A Comparison of the Effects of Earnings Disclosures on Information Asymmetry: Evidence from France and the U. S [J]. The International Journal of Accounting, 2013 (48): 1 - 25.

[174] Jeffrey Ng. The effect of information quality on liquidity risk [J]. Journal of Accounting and Economics, 2011, 52: 126 - 143.

[175] Jenson M. C and W. Meckling, Theory of the firm: Managerial behavior, agency costs and ownership structure, Journal of Finance Economics, 1976, 3: 305 - 360.

[176] Jenson M. C, The modern industrial revolution, exit and the failure of internal control system, Journal of Finance, Jul 1993, 48 (3): 831 - 880.

[177] Johnson, S. R. , La Porta, F. Lopez-de-Silanes and A. Shleifer, Tunneling, American Economic Review, 2000, 90: 22 - 27.

［178］Jones, J. Earnings Management during import relief lnvestigations ［J］. Joural of Accounting Research, 1991 (29): 193 – 228.

［179］Joseph P. H. Fan, T. J. Wong, Corporate ownership structure and the informativeness of accounting earnings in East Asia, Journal of Accounting and Economics, Aug. 2002, 33: 401 – 425.

［180］Kasznik R. , On the association of voluntary disclosures and earnings management, Journal of Accounting Research, Spring 1999, 37: 57 – 82.

［181］Katsiaryna, S. B. Quality of Financial Information and Liquidity ［J］. Review of Financial Economics, 2011 (20): 49 – 62.

［182］Keown Arthur J, John M Pinkerton. Merger Announcements and Insider Trading Activity: An Empirical Investigation ［J］. Journal of Finance, 1981, 36 (4): 855 – 869.

［183］Khanna Tarun, Palepu Krishna G. , Srinivasan Suraj. , Disclosure Practices of Foreign Companies Interacting with U. S. Markets, Journal of Accounting Research, May 2004, Vol. 42.

［184］Kim J. B. and Yi C. H. , Foreign Equity Ownership and Corporate Transparency in Emerging Markets: Evidence from Korea, Working paper, the Hong Kong Polytechnic University, 2003.

［185］Kim O. and Verrecchia R. E. , Market liquidity and volume around earning announcement. Journal of Accounting and economics, 1994, 17: 41 – 67.

［186］Kim O. and Verrecchia R. E. , The Relation among Disclosure, Returns and Trading Volume Information, The Accounting Review, 2001, 76 (4): 633 – 654.

［187］Kinney Jr. W. R. and McDaniel L. S. , Characteristics of Firms Correcting Previously Reported Quarterly Earnings ［J］. Journal of Accounting and Economics, 1989 (11).

［188］Klein, R. and Bawa, V. , The Effect of Estimation Risk on Optimal Portfolio choice, Journal of Financial Economics, 1976, 5: 215 – 231.

［189］Kothari S P, Shu S, Wysocki P D. Do Managers Withhold Bad

News? [J]. Journal of Accounting Research, 2009, 47 (1): 241 –276.

[190] Kothari S. P. , Capital markets research in accounting, Journal of Accounting and Economics, 2001, 31: 105 –231.

[191] Kothari, S. P. , A. J. Leone and C. E. Wasley. Performance Matched Discretionary Accrual Measures [J]. Journal of Accounting and Economics, 2005 (39): 163 –197.

[192] Kothari, S. P. Capital Markets Research in Accounting. Journal of Accounting and Economics, 2001, 31: 105 –231.

[193] Kreps, D. , A course in microeconomic theory. Princeton University Press, Princeton, NJ. , 1990.

[194] Kyle, A. , Continuous Auctions and Insider Trade. Econometrica, Nov. 1985, 1315 –1335.

[195] La Porta R. , F. Lopez-de-silanes, A shleifer and R. Vishny, Law and finance, Journal of political economy, 1998, 106 (11): 13 –55.

[196] La Porta R. , Lopez-De-Silanes, F. Shleifer A. and Vishny R. , Investor Protection and Corporate Governance, Journal of Financial Economics, 2000, 58: 3 –27.

[197] La Porta, R. Lopez-De-Silanes, F. and Shleifer A. Corporate ownership around the world, Journal of Finance, 1999, 54: 471 –518.

[198] La Porta, R. Lopez-De-Silanes, F. and Shleifer A. , Government Ownership of Banks, Journal of Finance, 2002, 57: 265 –301.

[199] La Porta, R. , Lopez-De-Silanes, F. , Shleifer, A. , and Vishny, R. , Legal Determinants of External Capital. Journal of Finance, 1997 (52): 1131 –1150.

[200] La Porta, R. , Shleifer, A. m Vishny, R. , and Lopez-de-Silanes, F. , What Works in Securities Laws?, Journal of Finance, 2006, 61: 1 –33.

[201] Lambert R. , Contracting theory and accounting, Journal of Accounting and Economics, Journal of Accounting & Economics, Dec. 2001, 32: 3 –87.

[202] Lang M, Lundholm R. Cross-sectional determinants of analysts ratings of corporate disclosures [J]. Journal of Accounting Research, 1993, 31 (2): 246 –271.

[203] Lang M, Lundholm R. Voluntary disclosure and equity offerings: reducing information asymmetry or hyping the stock? [J]. Contemporary Accounting Research, 2000, 17 (4): 623 –663.

[204] Lang M. , Lundholm R. , Corporate disclosure policy and analyst behavior. The Accounting Review, 1996, 71: 467 –493.

[205] Lang, M. , Lundholm, R. , Cross-sectional determinants of analysts ratings of corporate disclosures. Journal of Accounting Research, 1993, 31, 246 –271.

[206] Leung, S. and Horwitz, B. , Director Ownership and Voluntary Segment Disclosure: Hong Kong Evidence, Journal of International Financial Management and Accounting, 2004, 15 (3).

[207] Leuz G. and F. Oberholzer-Gee, Political Relationships, Global financing and corporate transparency, Working paper, Wharton School and Harvard Business School, 2003.

[208] Leuz G. and R. Verrecchia. The economic consequence of increased disclosure [J]. Journal of accounting Research, 2000 (38): 91 –135.

[209] Leuz, C. IAS Versus US GAAP: Information Asymmetry_Based Evidence from Germany's New Market [J]. Journal of Accounting Research, 2003, 41 (3): 445 –472.

[210] Levitt, A. , The importance of high quality accounting standards, Accounting Horizons, March 1998, 12 (1): 79 –82.

[211] Li O liver-Zhen, Zhang Yuan. Financial Restatement Announcements and Insider Trading [R]. Working Paper, University of Arizona and Columbia University, 2007.

[212] Limner, J. Security Prices, Risk and Maximal Gains from Diversification [J]. Journal of Finance, 1965 (11).

[213] Lobo, G. J. and Mahmoud, A. A. W. Relationship between differential amounts of prior information and security return variability. Journal of Accounting Research, 1989, 27: 116 – 134.

[214] Lundholm, R. and Myers, L. A., Bringing the Future Forward: The Effect of Disclosure on the Returns-Earnings Relation. Journal of Accounting Research, Jun 2002, 40: 809 – 839.

[215] MAC C. T. The Effects of Regulation Fair Disclosure on Information Leakage [J]. SSRN Working Paper Series, 2002.

[216] Maddala, G. S. Limited-dependent and qualitative variables in econometrics. New York, NY: Cambridge University Press, 1983.

[217] Madhavan, A. Consolidation, Fragmentation, and the Disclosure of Trading Information [J]. Review of Financial Studies 8, 1995 (3): 579 – 603.

[218] Marston C. L. and Shrives P. J., The Use of Disclosure Indices in Accounting Research: A Review Article, British Accounting Review, 1991, 25: 195 – 210.

[219] Marston C. L. and Shrives, P. J., A Review of the Development and Use of Explanatory Models in Financial Disclosure Studies, Unpublished conference paper, 19th European Accounting Association Annual Congress, Bergen, Norway, 1995.

[220] Mckinnon, J. L., Dalimunthe, L., Voluntary disclosure of segment information by Australian diversified companies. Accounting and Finance, 1993, 33 (1): 33 – 50.

[221] Meek, G. K., Roberts, C. B., Gray, A. J., Factors influencing voluntary annual report disclousure by U. S., U. K. and continental European multinational corporations, Journal of International Business Studies, 1995, 26 (3): 555 – 572.

[222] Merton, R. C., A simple model capital market equilibrium with incomplete information, The Journal of Finance, 1987, 42 (3): 483 – 510.

[223] Milgrom, P. R., Good news and bad news: representation theo-

rems and application. Bell Journal of Economics, Autumn 1981, 12 (2): 380 – 391.

[224] Miller G. S. , Discussion of What Determines Corporate Transparency, Journal of Accounting Research, May 2004, 42: 253 – 268.

[225] Miller G. S. , Earning performance and discretionary disclosure, Journal of Accounting Research, 2002, 40: 173 – 204.

[226] Miller G. S. and Piotroski, J. , Forward-looking earnings statements: Determinants and Market response, Working paper, Harvard Business School and University of Chicago, 2000b.

[227] Miller G. S. and Piotroski. J. , The role of disclosure for high book-to-market firms, Unpublished working paper, Harvard University, 2000a.

[228] Mitchell, J. D. , Chia, C. W. L. , Loh, A. S. , Voluntary disclosure and segment information: further Australian evidence. Accounting and Finance, 1995, 35 (2), 1 – 16.

[229] Morris S. and H. S. Shin, Social Value of Public Information, American Economic Review, 2002, 92 (5): 1521 – 1534.

[230] Myers S. , Majluf N. , Corporate financing and investment decisions when firms have information that investors do not have, Journal of Financial Economics, 1984, 13: 187 – 222.

[231] Noe C F. Voluntary disclosures and insider transactions [J]. Journal of Accounting and Economics, 1999, 27 (3): 305 – 326.

[232] Owers J. E. , C. – M. Lin and R. C. Paper. , The Informational Content and Valuation Ramifications of Earnings Restatements, International Business and Economiccs R.

[233] Owusu-Ansah, Stephen, The Impact of Corporate Attributes on the Extent of Mandatory Disclosure and Reporting by Listed Companies in Zimbabwe, the international Journal of accounting, 1998, 33: 605 – 631.

[234] Palmrose Z, Richardson V J, Scholz S. Determinants of market reactions to restatement announcements [J]. Journal of Accounting and Economics, 2004, 37: 59 – 89.

[235] Patel S, Balic A and Bwakira L. , Measuring transparency and disclosure at firm-level in emerging markets, Emerging Markets Review, 2002, 3: 325 –337.

[236] Patel S. and G. Dallas, Transparency and disclosure: overview of methodology and study results—United States, Working paper, Standard & Poor's, 2002.

[237] Peng, E. Y. Accrual Basis Accounting and CEO Compensation [D]. Working Paper, 2006.

[238] Petersen, C. and T. Plenborg, Voluntary Disclosure and Information Asymmetry in Denmark. Journal of International Accounting, Auditing and Taxation, 2006, 15: 127 – 145.

[239] Philip G. Berger. Challenges and opportunities in disclosure research—A discussion of ' the financial reporting environment: Review of the recent literature ' [J]. Journal of Accounting and Economics, 2011, 51: 204 –218.

[240] Piotroski J. , Discretionary segment reporting decisions and the precision of investor beliefs. Working paper, Uningverstity of Chicago, 1999a.

[241] Piotroski, J. , The impact of reported segment information on market expectations and stock prices. Working paper, University of Chicago, 1999b.

[242] Praveen Sinha, Christopher Gadarowski. The Efficacy of Regulation Fair Disclosure [J]. The Financial Review, 2010 (45): 331 –354.

[243] Price Waterhouse & Cooper, The Opacity Index, 2001, www. opactiyindex. com.

[244] Richardson S A. Discussion of Consequences of Financial Reporting Failure for Outside Directors: Evidence from Accounting Restatements and Audit Committee Members [J]. Journal of Accounting Research, 2005, 43 (2): 335 –342.

[245] Richardson S. A. , Tuna A. I. and Wu Min. Predicting Earnings Management: The Case of Earnings Restatements [R]. Working Paper, Uni-

versity of Pennsylvania, 2002.

［246］Richardson Vernon J.. Information Asymmetry and Earnings Management: Some Evidence ［J］. Review of Quantitative Finance and Accounting, 2000 (15): 325 – 347.

［247］Roberts, H. Statistical versus clinical prediction of the stock market, Unpublished Manuscript, CRSP, Chicago, University of Chicago, May 1967.

［248］RoychowdhuryS. Earnings management through real activities manipulation ［J］. Journal of Accounting and Economics, 2006, 42 (3): 335 – 370.

［249］Ruland, W. , Tung, S. , George, N. E. , Factors associated with the disclosure of managers' forecasts. The Accounting Review, 1990, 65 (3): 710 – 721.

［250］Schadewitz, H. J. , Blevins, D. R. , Major determinants of interim disclosures in a emerging market. American Business Review, 1998, 16 (1): 41 – 55.

［251］Schipper. K. , Commentary on earnings management, Accounting Horizons, December 1989: 91 – 102.

［252］Scholes M. and Williams J. , Estimating betas from nonsynchronous data, Journal of Financial Economics, 1997, 5: 309 – 328.

［253］Schrand Catherine and Verrecchia Robert E. , Disclosure Choice and Cost of Capital: Evidence from Underpricing in Initial Public Offerings, Working paper, University of Pennsylvania, 2002.

［254］Schwert, G. W. Markup Pricing in Mergers and Acquisitions. Journal of Financial Economics, 1996, 41: 152 – 192.

［255］Sengapta Partha, Corparate disclosure quality and the cost of debt, The Accounting Review, October 1998, 73: 459 – 474.

［256］Sharpe, W. F. Capital Asset Prices: A Theory of Market Equilibrium under Conditions of Risk ［J］. Journal of Finance, 1964 (9).

［257］Shiva Rajgopal, Mohan Venkatachalam. Financial reporting quality and idiosyncratic return volatility [J]. Journal of Accounting and Economics, 2011, 51﹕1 – 20.

[258] Shleifer, A. , R. Vishny. A Survey of corporate governance [J]. Journal of Finance, June 1997 (2)﹕737 – 783.

[259] Singhvi, S. S. , Desai, H. B. , An American analysis of the quality of corporate financial disclosure. The Accounting Review, 1971, 46 (1)﹕129 – 138.

[260] Sinha, P. and C. Gadarowski. The Efficacy of Regulation Fair Disclosure [J]. The Financial Review, 2010, 45﹕331 – 354.

[261] Skinner D J. Earnings disclosures and stockholder lawsuits [J]. Journal of Accounting and Economics, 1997, 23﹕249 – 282.

[262] Skinner D J. Why firms voluntarily disclose bad news [J]. Journal of Accounting Research, 1994, 32 (1)﹕38 – 60.

[263] Sloan R. , Accounting earnings and top executive compensation, Journal of accounting and Economics, 1993, Vol. 16.

[264] Sloan R. , Financial accounting and corporate governance﹕a discussion, Journal of Accounting and Economics, 2001, 32﹕335 – 347.

[265] Soffer L C, Thiagarajan S R, Walther B R. Earnings preannouncement strategies [J]. Review of Accounting Studies, 2000, 5 (1)﹕5 – 26.

[266] Stephen Brown. Stephen A. Hillegeist. How Disclosure Quality Affects the Level of Information Asymmetry [J]. Review of Accounting Studies, 2007, 12 (2 – 3).

[267] Stocken P C, Verrecchia R E. Financial Reporting System Choice and Disclosure Management [J]. The Accounting Review, 2004, 79 (4)﹕1181 – 1203.

[268] Stoll, H. The supply of dealer services in securities markets. Journal of Finance, Sep. 1978﹕1133 – 1151.

[269] Teoh S. , H. I. Welch and T. J. Wong, Earnings management and the post-issue performance of seasoned equity offerings, Journal of financial economics, October 1998a, 50﹕63 – 99.

[270] Teoh, S. H. I. Welch and T. J. Wong, Earnings management and long-term market performance of initial public offerings, Journal of financial economics, December 1998b, 53: 1935 – 1974.

[271] Teri Lombardi Yohn. Information Asymmetry around Earnings Announcements [J]. Review of Quantitative Finance and Accounting, 1998 (11): 165 – 182.

[272] Thomas M. Thompson. SEC Adopts Selective Disclosure Rules and Rules Clarifying Insider Trading Laws [J]. Buchanan Ingersoll, 2000 (23): 82.

[273] Trueman B. Managerial disclosure and shareholder litigation [J]. Review of Accounting Studies, 1997, (2): 179 – 272.

[274] Trueman B. , Why do managers voluntarily release earnings forecasts, Journal of Accounting and Economics, 1986, 8: 53 – 72.

[275] Unctad, Prepared by Zubaidur Rahman, The role of accounting disclosure in the east Asian financial crisis: lessons learned, 1998, www. oecd. org/dataoecd/6/59/1931088. pdf.

[276] Verrecchia R, Essays on disclosure, Journal of Accounting and Economics, 2001, 32 : 97 – 180.

[277] Verrecchia R. , Discretionary disclosure, Journal of Accounting and Economics, 1983, 5: 179 – 194.

[278] Vishwanath, Tara and Kaufmann, D. , Towards transparency in finance and governance, World Bank, draft, 1999, www. worldbank. org/wbi/governance/pubs/transfin. html.

[279] W. Scott Frame, William D. LASTRAPES. Abnormal Returns in the Acquisition Market: The Case of Bank Holding Companies, 1990 – 1993 [J]. Journal of Financial Services Research, 1998, 14 (2): 145 – 163.

[280] Wagenhofer, A. , Voluntary disclosure with a strategic opponent. Journal of Accounting and Economics, 1990, 12: 341 – 364.

[281] Wallace R. S. O. and Naser K. , Firm-Specific Determinants of Comprehensiveness of Mandatory Disclosure in the Corporate Annual Reports of

Firms on the Stock Exchange of Hong Kong, Journal of Accounting and Public Policy, 1995, 14: 311 – 368.

[282] Wallace R. S. O., Naser K. and Mora A., The Relationship Between Comprehensiveness of Corporate Annual Reports and Firm Characteristics in Spain, Accounting and Business Research, Winter 1994, 25 (97): 41 – 53.

[283] Warren Bailey. Haitao Li. Connie X. Mao et al. Regulation Fair Disclosure and Earnings Information: Market. Analyst. and Corporate Responses [J]. Journal of Finance, 2003, 58 (6): 2487 – 2514.

[284] Watts R, Accounting choice theory and market-based research in accounting, British Accounting Review, 1992, 24: 235 – 267.

[285] Watts R, Zimmerman J., Positive accounting theory, Prentice-Hall, Englewood, 1986.

[286] Weil D., The Benefits and Costs of Transparency: A Model of Disclosure Based Regulation, Working paper, Harvard University, 2002.

[287] Welker M. Disclosure policy, information asymmetry and liquidity in equity markets, Contemporary Accounting Reseach, Spring 1995, 11: 801 – 827.

[288] Wendy M. Wilson. An Empirical Analysis of the Decline in the Information Content of Earnings Following Restatements [J]. The Accounting Review, 2008 (83): 519 – 548.

[289] West, Richard R. On the Difference Between Internal and External Market Efficiency, Financial Analysis Journal, Nov-Dce. 1975: 30 – 34.

[290] Williams M., Discussion of " The role of information precision in determining cost of equity capital", Review of Accounting Studies, 2004, 9: 261 – 264.

[291] Wu, Min. Earnings Restatements: A Capital Markets Perspective [C]. Working paper, Hong Kong University of Science and Technology, 2002.

[292] Yan Sun. How Does Regulation Fair Disclosure Affect Pre-fair Disclosure Selective Disclosers? [J]. Journal of Accounting. Auditing & Finance, 2009,

24（1）：59－90.

[293] Yuan Gao, Derek Oler. Rumors and Re-announcement Trading: Why Sell Target Stocks before Acquisition Announcements? [J]. Review of Quantitative Finance and Accounting, 2012, 39（4）：485－508.

[294] Zarzeski, M. T., Spontaneous Harmonization Effects of Culture and Market Forces on Accounting Disclosure Practices, Accounting Horizons, 1996, 10（1）：18－37.

[295] 白云霞, 吴联生. 信息披露与国有股权私有化中的盈余管理 [J]. 会计研究, 2008（10）.

[296] 白重恩, 刘俏, 陆洲, 宋敏, 张俊喜. 中国上市公司治理结构 的实证研究 [J]. 经济研究, 2005（2）.

[297] 蔡庆丰, 宋友勇. 超常规发展的机构投资者能稳定市场 吗？——对我国基金业跨越式发展的反思 [J]. 经济研究, 2010（1）： 90－101.

[298] 蔡祥, 李志文, 张为国. 中国实证会计研究述评 [J]. 中国会 计与财务研究, 2003, 5（2）.

[299] 曾颖, 陆正飞. 信息披露质量与股权融资成本 [J]. 经济研 究, 2006（2）.

[300] 陈高才, 周鲜华. 年度报告及时性的经验研究评述和未来研究 [J]. 会计研究, 2008（11）：48－54.

[301] 陈工孟, 高宁. 盈余和股利信息含量的交互作用 [J]. 财经研 究. 2005（3）：58－66＋99.

[302] 陈丽英. 非审计服务与财务重述——来自上市公司的证据 [J]. 山西财经大学学报, 2009（3）：112－117.

[303] 陈凌云, 李弢. 中国证券市场年报补丁公司特征研究 [J]. 证 券市场导报, 2006（2）：35－42.

[304] 陈凌云, 陈汉文. 年报补充及更正公告的信息含量研究, 中国 第四届实证会计国际研讨会论文集, 2005.

[305] 陈凌云. 上市公司年报补充及更正行为研究 [D]. 厦门大 学, 2006.

[306] 陈涛. 中国证券市场年报效应的实证研究 [D]. 西南财经大学, 2005.

[307] 陈向民, 林江辉. 公司信息披露策略与股价波动——对滤波效应的理论描速和实证检验 [J]. 中国会计与财务研究, 2004 (1).

[308] 陈向民, 谭永晖. 上市公司信息披露若干问题研究——时间性、信息含量与市场反应, 深圳证券交易所综合所研究报告, 2002.

[309] 陈小悦, 肖星, 过晓艳. 配股权与上市公司利润操纵 [J]. 经济研究, 2000 (1): 30 - 36.

[310] 陈晓, 陈小悦, 刘钊. A 股盈余报告的有用性研究——来自上海、深圳股市的实证证据 [J]. 经济研究, 1999 (6): 21 - 28.

[311] 陈信元, 张田余. 资产重组的市场反应——1997 年沪市资产重组实证分析 [J]. 经济研究, 1999 (9): 47 - 55.

[312] 程小可, 王化成, 刘雪辉. 年度盈余披露的及时性与市场反应——来自沪市的证据 [J]. 审计研究, 2004 (2): 48 - 53.

[313] 崔学刚. 公司治理机制对公司透明度的影响 [J], 会计研究, 2004 (8).

[314] 崔学刚, 朱文明. 上市公司信息披露水平、公司特征与信息监管——基于中国上市公司数据的研究, 中国第二届实证会计国际研讨会论文集, 2003.

[315] 邓淑芳, 陈晓, 姚正春. 终极所有权、层级结构与信息泄露——来自控制权转让市场的经验证据 [J].《管理世界》, 2007 (3).

[316] 杜兴强. 股票期权: 公司治理的革命抑或财会欺诈的始作俑者? [J]. 中国审计, 2002 (12): 43 - 44.

[317] 樊纲, 王小鲁, 朱恒鹏. 中国市场化指数: 各地区市场化相对进程 2006 年报告 [M]. 北京: 经济科学出版社, 2007.

[318] 樊纲, 王小鲁. 中国市场化指数——各地区市场化相对进程 [M], 北京: 经济科学出版社, 2004.

[319] 樊纲, 王小鲁. 中国市场化指数——各地区市场化相对进程 [M], 北京: 经济科学出版社, 2011.

[320] 范德玲, 刘春林, 殷枫. 上市公司自愿性信息披露的影响因素

研究［J］，经济管理，2004（20）.

[321] 傅勇，谭松涛. 股权分置改革中的机构合谋与内幕交易［J］. 金融研究，2008（3）：88－102.

[322] 傅蕴英，康继军，许静. 配股与盈余管理：证据与诱因，中国第三届实证会计国际研讨会论文集，2004.

[323] 高明华等，中国上市公司信息披露指数报告［M］. 北京：经济科学出版社，2010.

[324] 国家会计学院课题组，"不作假账"与会计诚信的现实思考［M］. 会计研究，2003（1）.

[325] 何基报. 什么影响着投资者的交易. 深圳证券交易所综合研究所研究报告，深证综研字第0083号，2003.

[326] 何佳，何基报. 中国股市重大事件信息披露与股价异动. 深交所研究报告，深证综研字第0044号，2001.

[327] 何佳，孔翔. 中外信息披露制度及实际效果比较研究，深圳证券交易所综合所研究报告，2002.

[328] 何威风，刘启亮. 我国上市公司高管背景特征与财务重述行为研究［J］. 管理世界，2010（7）：144－155.

[329] 何威风. 财务重述：国外研究述评与展望［J］. 审计研究，2010（2）：97－102.

[330] 何卫东. 上市公司自愿性披露研究. 深圳证券交易所综合研究所研究成果发表专辑第三辑，2003.

[331] 洪剑峭，皮建屏. 预警制度的实证研究——一项来自中国股市的证据［J］. 证券市场导报，2002（9）：4－14.

[332] 黄德春，张瑞. 公平信息披露规则对证券市场影响的研究——以深圳证券市场为例［J］. 山西财经大学学报，2010（4）：23－32＋38.

[333] 黄娟娟，肖珉. 信息披露、收益透明度与权益资本成本. 中国第四届实证会计国际研讨会论文集，2005.

[334] 计小青，曹啸. 上市公司虚假信息披露行为影响因素的实证研究［J］. 经济管理，2004（22）：89－96.

[335] 纪新伟，宋云玲. "扭亏"公司业绩预告的"变脸"研究［J］.

投资研究，2011（9）：103－115.

[336] 蒋顺才，刘雪辉，刘迎新．上市公司信息披露［M］．北京：清华大学出版社，2004.

[337] 蒋义宏．会计信息失真的现状、成因与对策研究——上市公司利润操纵实证研究［M］．北京：中国财政经济出版社，2002.

[338] 蒋义宏．上市公司利润操纵实证研究——EPS 和 ROE 的临界点分析．上市公司研究论丛（工作论文集），上海财经大学，1998.

[339] 金智．新会计准则、会计信息质量与股价同步性［J］．会计研究，2010（7）：19－26＋95.

[340] 赖惠明．中国资本市场会计透明度研究．首都经济贸易大学硕士论文，2003.

[341] 蓝文永．基于投资者保护的信息披露机制研究［D］．西南财经大学，2009.

[342] 雷敏，吴文锋，吴冲锋等．上市公司财务报告补充更正问题研究［J］．上海管理科学，2006（4）：38－43.

[343] 雷倩华，柳建华，季华．信息泄露与机构投资者信息发现优势——来自中国上市公司资产注入的证据．重庆工商大学学报（自然科学版），2011（10）.

[344] 李常青等．上市公司会计信息披露质量研究——基于年报重述视角［R］．上证联合研究计划第十九期课题，2008.

[345] 李慧云，吕文超．上市公司自愿性信息披露现状及其监管研究［J］．统计研究．2012（04）：86－91.

[346] 李世新，刘兴翠．上市公司财务重述公告的市场反应研究［J］．上海管理科学，2011（2）：28－32.

[347] 李增泉，王志伟，孙铮．"掏空"与所有权安排——来自我国上市公司大股东资金占用的证据［J］．会计研究，2004（12）.

[348] 梁杰，王璇，李进中．现代公司治理结构与会计舞弊关系的实证研究［J］．南开管理评论，2004，7（6）.

[349] 林江辉．我国上市公司盈余预告披露研究——制度变迁、实证分析与政策建议［D］．厦门大学，2003.

[350] 林舒，魏明海．中国A股公司首次公开发行募股过程中的盈余管理 [J]．中国会计与财务研究，2000，2 (2)．

[351] 刘建徽，陈习定，张芳芳，谢家智．机构投资者、波动性和股票收益——基于沪深A股股票市场的实证研究 [J]．宏观经济研究．2013 (1)：45-55．

[352] 刘杰．中国上市公司盈余管理实证研究．厦门大学博士学位论文，1999．

[353] 刘军，余鹏翼．国内上市公司并购效应实证研究 [J]．上海金融，2008 (12)：56-58．

[354] 刘立国，杜莹．公司治理与会计信息质量关系的实证研究 [J]．会计研究，2003 (2)．

[355] 刘少波，吴玮琳．公平信息披露规则研究评述 [J]．经济学动态，2010 (3)：125-130．

[356] 刘志远，姚颐．基金重仓股市场表现的实证研究．中国第三届实证会计国际研讨会论文集，2004．

[357] 刘俊海．中国资本市场法治前言 [M]．北京：北京大学出版社，2012．

[358] 陆建桥．中国亏损上市公司盈余管理实证研究 [J]．会计研究，1999 (9)：25-35．

[359] 陆瑶，沈小力．股票价格的信息含量与盈余管理——基于中国股市的实证分析 [J]．金融研究，2011 (12)：131-146．

[360] 陆正飞，汤立斌，卢英武．我国证券市场信息披露存在的主要问题及原因分析 [J]．财经论丛，2002 (1)：61-65．

[361] 罗玫，宋云玲．中国股市的业绩预告可信吗？[J]．金融研究，2012 (9)：168-180．

[362] 吕惠聪．大股东控制、审计监督与信息披露质量——来自深圳上市公司的经验证据 [J]．经济管理，2006 (22)：38-45．

[363] 马曙光，黄志忠，薛云奎．股权分置、资金侵占与上市公司现金股利政策 [J]．会计研究，2005 (9)．

[364] 毛新述，戴德明．会计制度改革、盈余稳健性与盈余管理

[J]. 会计研究, 2009 (12): 38 - 46.

[365] 南开大学公司治理研究中心公司治理评价课题组. 中国上市公司治理指数与治理绩效的实证分析 [J]. 管理世界, 2004 (2).

[366] 秦玉熙. IPO盈利预测自愿披露意愿减弱的原因 [J]. 会计研究, 2004 (11).

[367] 屈文洲, 蔡志岳. 我国上市公司信息披露违规的动因实证研究 [J]. 中国工业经济, 2007 (4): 96 - 103.

[368] 权小锋, 吴世农. 投资者关注, 盈余公告效应与管理层公告择机 [J]. 金融研究, 2010 (11): 90 - 107.

[369] 沈艺峰, 吴世农. 中国证券市场过度反映了吗? [J]. 经济研究, 1999 (2).

[370] 沈艺峰, 许年行, 杨熠. 我国中小投资者法律保护历史实践的实证检验 [J]. 经济研究, 2004 (9).

[371] 史永东, 蒋贤锋. 内幕交易、股价变动与信息不对称——基于中国股票市场的经验研究 [J]. 世界经济, 2004 (12): 54 - 64.

[372] 斯蒂芬·A. 泽弗等主编, 夏冬林等译. 现代财务会计理论——问题与争论 [M]. 北京: 经济科学出版社, 2000.

[373] 斯密著, 郭大力等译. 国民财富的性质和原因的研究 [M]. 北京: 商务印书馆, 1979.

[374] 宋力, 李宁. 股权分置改革前后控股股东行为变化研究 [A]. 中国会计学会高等工科院校分会第十八届学术年会 (2011) 论文集, 2011.

[375] 苏启林. 代理问题、公司治理与企业价值 [J]. 中国工业经济, 2004 (4).

[376] 孙健, 程小可. 控制权转移中的信息泄露: 市场微观结构的分析视角 [J]. 科学决策, 2010 (9).

[377] 孙永祥. 公司治理结构: 理论与实证研究 [M]. 上海三联书店, 上海人民出版社, 2002.

[378] 孙铮, 王跃堂. 资源配置与盈余操纵之实证研究 [J]. 财经研究, 1999 (4).

[379] 谭劲松. 独立董事与公司治理：基于我国上市公司的研究 [M]. 北京：中国财政经济出版社，2003.

[380] 谭伟强. 我国股市盈余公告的"周历效应"与"集中公告效应"研究 [J]. 金融研究，2008（2）：152-167.

[381] 唐跃军，谢仍明. 好消息、坏消息与季报预约披露的时间选择——管理层的组合动机与信息操作 [J]. 财经问题研究，2006（1）：38-44.

[382] 唐跃军，薛红志. 企业业绩组合、业绩差异与季报披露的时间选择——管理层信息披露的组合动机与信息操作 [J]. 会计研究，2005（10）：48-54.

[383] 陶世隆. 公平披露规则与证券市场透明度 [J]. 管理世界，2002（1）：137-138.

[384] 田利辉. 国有股权对上市公司绩效影响的 U 型曲线和政府股东两手论 [J]. 经济研究，2005（10）.

[385] 田满文. 股权分置改革中内幕交易和市场操纵行为研究 [J]. 审计与经济研究，2007，22（4）：103-107.

[386] 汪炜，蒋高峰. 信息披露、透明度与资本成本 [J]. 经济研究，2004（07）：107-114.

[387] 汪宜霞，夏新平. 招股说明书信息含量与新股长期市场表现的实证研究 [J]. 中国会计评论，2004（1）.

[388] 王华，张程睿. 两种基本财务会计信息需求与供给的矛盾和协调 [J]. 会计研究，2005b（9）.

[389] 王华，张程睿. 信息不对称与 IPO 筹资成本 [J]. 经济管理，2005a（6）.

[390] 王雄元，陈文娜，顾俊. 年报及时性的信号效应——基于2004~2006A 股上市公司年报的实证研究 [J]. 会计研究，2008，12：47-55.

[391] 王亚平，吴联生，白云霞. 中国上市公司盈余管理的频率与幅度 [J]. 经济研究，2006（1）.

[392] 王毅辉，魏志华. 财务重述研究述评 [J]. 证券市场导报，

2008（3）：55－60.

[393] 魏明海，陈胜蓝，黎文靖. 投资者保护研究综述：财务会计信息的作用 [J]. 中国会计评论，2007（1）.

[394] 魏明海，刘峰，施鲲翔. 论会计透明度 [J]. 会计研究，2001（9）.

[395] 魏明海，柳建华，刘峰. 中国上市公司投资者保护研究报告（2006－2008）[M]. 北京：经济科学出版社，2010.

[396] 魏志华，李常青，王毅辉. 中国上市公司年报重述分析：1999－2007 [J]. 证券市场导报，2009a（6）：31－38.

[397] 魏志华，李常青，王毅辉. 中国上市公司年报重述公告效应研究 [J]. 会计研究，2009b（8）：31－39.

[398] 魏志华，李常青，陈泰颖. 中国上市公司年报重述影响因素的实证研究 [J]. 商业经济与管理，2010（4）：75－82.

[399] 巫升柱，王建玲，乔旭东. 中国上市公司年度报告披露及时性实证研究 [J]. 会计研究，2006（2）：19－24.

[400] 吴东辉. 中国上市公司应计项目选择的实证研究 [J]. 中国会计与财务研究，2001（3）：48－116.

[401] 吴联生. 上市公司会计信息披露制度：理论与证据. 厦门大学博士后论文，2001.

[402] 吴联生. 投资者对上市公司会计信息需求的调查分析 [J]. 经济研究，2000.

[403] 吴晓求. 中国资本市场2011—2020 [M]. 北京：中国金融出版社，2012.

[404] 夏立军，鹿小楠. 上市公司盈余管理与信息披露质量相关性研究 [J]. 当代经济管理，2005（5）：147－152＋160.

[405] 向凯，陈胜蓝. 财务会计信息、公司治理与投资者保护 [M]. 北京：经济科学出版社，2008.

[406] 肖淑芳，李阳. 上市公司重大信息披露与股价异动的相关性研究 [J]. 北京理工大学学报（社会科学版），2004（6）：53－56.

[407] 肖星，王琨. 证券投资基金：投资者还是投机者？中国第三届

实证会计国际研讨会论文集，2004.

[408] 谢德仁.企业剩余索取权：分享安排与剩余计量 [M].上海：上海人民出版社，2001.

[409] 谢羽婷.财务重述报告公布的及时性与时机选择研究 [D].暨南大学，2010.

[410] 谢志华，肖泽忠.内幕信息、私下披露及其控制 [J].会计研究，2000 (10)：29 - 35.

[411] 薛爽.预亏公告的信息含量 [J].中国会计与财务研究，2001 (3)：117 - 143.

[412] 薛云奎，王志台.R&D 的重要性及其信息披露方式的改进 [J].会计研究，2001 (3).

[413] 晏艳阳，赵大玮.我国股权分置改革中内幕交易的实证研究 [J].金融研究，2006 (4)：101 - 108.

[414] 杨郊红.美国上市公司信息披露制度的变迁及启示 [J].证券市场导报，2005 (4)：48 - 51.

[415] 杨亮.内幕交易论 [M].北京：北京大学出版社，2001：155.

[416] 杨书怀.上市公司信息泄露减少了吗？——基于《上市公司信息披露管理办法》实施前后的比较 [J].财贸研究，2012 (2).

[417] 杨之曙，彭倩.中国上市公司收益透明度实证研究 [J].会计研究，2004 (11).

[418] 于炳华，曾建中，田满文，曾秋枝.中国上市公司并购信息披露制度优化问题分析 [J].宏观经济研究，2011 (1)：55 - 79.

[419] 于富生，张敏.信息披露质量与债务成本——来自中国证券市场的经验证据 [J].审计与经济研究，2007 (5)：93 - 96.

[420] 袁怀中，王海峰，孙硕等.后股权分置时代的我国上市公司信息披露监管研究 [R].上海证券交易所研究报告，2009.

[421] 袁知柱，鞠晓峰.中国上市公司会计信息质量与股价信息含量关系实证检验 [J].中国管理科学，2008 (16)：231 - 234.

[422] 翟林瑜.信息、投资者行为与资本市场效率 [J].经济研究，

2004 (3).

[423] 张程睿，蹇静. 我国上市公司违规信息披露的影响因素研究 [J]. 审计研究，2008 (1)：75－81.

[424] 张程睿，林锦梅. 及时披露能抑制信息泄露吗？——来自深上市公司 2007—2009 年年报披露的证据 [J]. 证券市场报，2011 (4)：1－8.

[425] 张程睿，蓝锦莹. 信息质量与投资者保护——基于对违规披露公司及其配对样本的比较分析 [J]. 华南师范大学学报（社会科学版），2011 (6).

[426] 张程睿，王华. 公司信息透明度的市场效应，中国第四届实证会计国际研讨会论文集，2005.

[427] 张程睿. 内部人动机，公司治理与信息披露质量——基于对深圳上市公司的实证分析 [J]. 经济与管理研究，2010 (5)：10－18.

[428] 张程睿. 我国上市公司违规信息披露的影响因素研究 [J]. 审计研究，2008 (1).

[429] 张程睿. 上市公司信息透明度：理论与实证研究 [M]. 北京：经济科学出版社，2008.

[430] 张程睿. 公司信息披露对投资者保护的有效性——对中国上市公司 2001－2013 年报披露的实证分析 [J]. 经济评论，2016 (1).

[431] 张人骥，朱平方，王怀芳. 上海证券市场过度反映的实证检验 [J]. 经济研究，1998 (5).

[432] 张为国，王霞. 中国上市公司会计差错的动因分析 [J]. 会计研究，2004 (4)：24－29.

[433] 张维迎. 博弈论与信息经济学 [M]. 上海三联书店，上海人民出版社，1996.

[434] 张学勇，廖理. 股权分置改革、自愿性信息披露与公司治理 [J].《经济研究》，2010 (4).

[435] 张亦春，周颖刚. 中国股市弱式有效吗？[J]. 金融研究，2001 (3).

[436] 张翼，林晓驰. 公司治理结构与管理层前瞻性盈利信息自愿披

露的实证研究，中国第三届实证会计国际研讨会论文集，2004.

[437] 张宗新. 上市公司信息披露质量与投资者保护研究 [M]. 中国金融出版社，2009.

[438] 张宗新，杨飞，袁庆海. 上市公司信息披露质量提升能否改进公司绩效？——基于2002—2005年深市上市公司的经验证据 [J]. 会计研究，2007（10）：16-23+95.

[439] 张宗新，朱伟骅. 我国上市公司信息披露质量的实证研究 [J]. 南开经济研究，2007（1）：45-59+116.

[440] 张宗新，郭来生. 上市公司自愿性信息披露的有效性研究，深圳证券交易所第六届会员单位基金公司研究成果评选，2003.

[441] 张宗新. 内幕交易行为预测：理论模型与实证分析 [J]. 管理世界，2008（4）：24-35.

[442] 张宗新. 上市公司信息披露质量与投资者保护研究 [M]. 北京：中国金融出版社，2009.

[443] 章永奎，刘峰. 盈余管理与审计意见相关性实证研究 [J]. 中国会计与财务研究，2002（1）.

[444] 赵宇龙. 会计盈余披露的信息含量——来自上海股市的经验证据 [J]. 经济研究，1998（7）：42-49.

[445] 中国证券监督管理委员会. 中国资本市场二十年 [M]. 北京：中信出版社，2012.

[446] 周福源，刘峰. 国际五大意味着高审计质量吗？——来自我国A股市场的初步证据，第六届APJAE论坛——会计与公司治理国际会议论文，2005（1）.

[447] 周嘉南，黄登仕. 投资者有限注意力与上市公司年报公布时间选择 [J]. 证券市场导报，2011（5）：53-60.

[448] 周晓苏，周琦. 基于盈余管理动机的财务重述研究 [J]. 当代财经，2011（2）：109-117.

[449] 周洋，李若山. 上市公司年报"补丁"的特征和市场反应 [J]. 审计研究，2007（4）：67-73.

[450] 朱红军，汪辉. 公平信息披露的经济后果——基于收益波动

性、信息泄露及寒风效应的实证研究 [J]. 管理世界, 2009 (2): 23 – 35.

[451] 朱晓婷, 杨世忠. 会计信息披露及时性的信息含量分析——基于 2002—2004 年中国上市公司年报数据的实证研究 [J]. 会计研究, 2006 (11): 16 – 23.

[452] 祝红梅. 内幕信息、内幕交易及其管制 [J]. 南开经济研究, 2002 (2): 16 – 20.

[453] 祝红梅. 资产重组中的内幕交易和股价操纵行为研究 [J]. 南开经济研究, 2003 (5): 60 – 62.